“十二五”职业教育国家规划教材
经全国职业教育教材审定委员会审定

普通高等教育“十一五”国家级规划教材

国家文化产业资金支持媒体融合重大项目

21世纪新概念教材：
“换代型”系列·高等职业教育旅游管理类专业教材新系

第7版

饭店管理概论

蒋丁新 主 编
黄浏英 副主编

东北财经大学出版社 Dongbei University of Finance & Economics Press 大连

图书在版编目（CIP）数据

饭店管理概论 / 蒋丁新主编. —7版. —大连：东北财经大学出版社，2022.2（2023.7重印）
（高等职业教育旅游管理类专业教材新系）
ISBN 978-7-5654-4432-6

Ⅰ. 饭…　Ⅱ. 蒋…　Ⅲ. 饭店-企业管理-高等职业教育-教材　Ⅳ. F719.2

中国版本图书馆CIP数据核字（2022）第017670号

东北财经大学出版社出版
（大连市黑石礁尖山街217号　邮政编码　116025）
网　址：http：//www.dufep.cn
读者信箱：dufep@dufe.edu.cn
大连日升彩色印刷有限公司印刷　东北财经大学出版社发行
幅面尺寸：185mm×260mm　字数：485千字　印张：22
2022年2月第7版　2023年7月第3次印刷
责任编辑：许景行　郭海雷　石建华　张晓鹏　责任校对：刘贤恩　孟　鑫
封面设计：冀贵收　版式设计：钟福建
定价：49.00元

教学支持　售后服务　联系电话：（0411）84710309

如有印装质量问题，请联系营销部：（0411）84710711

总序："换代型系列"中的"新系"教材建设

"21世纪新概念教材：'换代型'系列"中的"高等职业教育旅游管理类专业教材新系"，是反映当代世界职业教育改革发展趋势，通过"博采众长"而"避其所短"产生的一种新型职业教育教材建设模式。该系列从初创至今，经历了砥砺奋进的不断优化过程。

一、中国旅游管理教育历史回眸

在我国，旅游管理教育已经走过了二十多年的历程。二十多年,对于人生而言,可说已经走近成熟了。然而,对于一个学科的发展来说,这么短的时间恐怕只能够孕育学科的胚芽。万幸的是,这二十多年不同于历史进程中的一般二十多年。由于我们坚持了改革开放的政策,我们的视野由此而得到扩展,我们的信心由此而得到强化,我们的步伐也由此而得以加快。所以,虽然只有二十多年,但在中国的教育园地和学科家族中,旅游管理经过有效的分化与发展,已经形成了学科体系的基本雏形。如今,旅游管理专业把中等职业教育作为起点,并设有高职高专、普通本科和研究生教育(包括硕士和博士研究生教育)。这样完整的教育层次系统,展示了旅游管理教育发展的历程和成果,同时也提出了学科建设中的一些迫切需要解决和面对的问题,其中最重要的一点,就是如何在不同的教育层次和不同的教育类型上对教育目标和教学模式进行准确定位。当旅游管理高等教育领域中开始出现职业教育这种新的教育类型时,这一点就尤其显得突出了。

我国改革开放后得以重建的高等教育体系向来注重的是学科教育,一直没有给高等职业教育以足够的重视。困扰教育家们的问题似乎不是学科教育和职业教育的关系问题,而是在学科教育体系中如何区别普通专科教育与本科、研究生教育的层次和定位问题。二十多年的教育实践证明,人们在这三个层次上所做出的定位努力没有得到应有的效果。相反,在几乎所有的专业领域,都或多或少地存在着一种倾向,即专科教育仅仅是本科教育的简单压缩,而研究生教育仅仅是本科教育的有限延伸。这种状况导致了人才培养的低效率,也由于人才规格的错位而造成了人才使用上的浪费,甚至引起社会用人单位与教育机构之间在这个问题上的矛盾。

正是由于存在着这种带有普遍性的问题以及解决这种问题的动力,我国高等教育近年来的改革在这方面才有了比较大的突破:高等普通专科教育向高等职业教育转轨。这种转轨使高等职业教育在一定程度上提高了层次,引起了社会的重视,从而使高等职业教育成为高等教育体系中的重要类型。高等职业教育的登堂入室,创造了一种有效的社会氛围,也反过来促使普通专科教育不得不重新审视自己所一贯坚持的教育思想和教学模式,正视自己所面临的问题,并抓住历史的机遇。换言之,普通专科改弦更张的内力和外力都已经具备了。这种转型,是一种全方位的转换,而不是局部的调整。它涉及培养目标的重新定位、教学模式的重新选择和教学条件的有效变更。从培养目标上看,高等职业教育将更加突出人才规格的专业技能性和岗位指向性;从教学模式上看,要着力体现专业设置的职业性、教学内容的实用性和教学过程的养成性;而从教学条件上看,则必须实现教学主体的双元化(即产业部门和教育部门的有效合作)、教师队伍的“双师身份”,并拥有完备的实训手段。只有在以上几个层面实现全面转型,高等职业教育才能培养出合格的人才。在这方面,德国的双元制教学模式、加拿大的以能力培养为中心的CBE教学模式、澳大利亚的TAFE职业教育模式以及国际劳工组织的MES(职业技能模块组合)教学模式,都有值得我们借鉴的东西。

然而,比较发达国家的高等职业教育实践,我国的高等职业教育近年来并没有完全摆脱传统的学科教育模式的束缚,有的专业领域的高等职业教育与原来的普通专科教育相比,可谓换汤不换药。目前的旅游管理类专业高等职业教育在很大程度上就是这样一种情况。中国在旅游管理类专业实行高等职业教育是在全国职业教育工作会议召开后,与其他一些专业同时步入职业教育领域的。由于中国旅游管理类专业的普通高等教育二十多年来所追寻的教育模式也一直是学科教育的模式,由于人们对旅游管理类高等职业教育的性质认识不清,由于整个社会还不能建立起对旅游高等职业教育的有效支持机制,由于转型后的普通专科院校在实施职业教育时缺乏相应的软件和硬件条件,甚至由于一部分高等职业教育机构的办学动机错位等原因,脱胎于这种背景的职业教育,就自然难以脱离学科教育的定式,难免出现教育的低效率状况。其结果是导致这样一种局面:当前的旅游管理类专业的高等职业教育不过是由一些“新生的”或“转型的”教育机构承办的传统的学科教育的翻版。这种翻版在教师的知识背景、教学设计的结构安排、教材的选择和使用以及实验室建设等方面都有所体现。这种教育模式的后果,不仅仅是教育资源的浪费和学生受教育机会的丧失,而且是旅游产业发展机会的丧失。

解决这个问题,实际上是一个系统性的工程,非一朝一夕之功所能奏效。高等职业教育思想的改变,教师的培养,尤其是全社会的职业教育体制和机制的构建及完善,都需要一个过程。但是,这里也有可以马上做起的工作,那就是教材的建设。

二、教材建设:从“高等专科”到“高等职业”

教材是教育实施过程的重要载体之一。尽管教材建设也同样需要有成果的积累,但在一定情况下,教材建设的先进性、前瞻性和科学性是可以实现的。尤其是第二次世界大战以后发达国家在旅游教育领域所积累的经验,如职业教育和普通学科教育间的差别以及实现这种差别教育的制度性建设,在职业教育领域已经取得的多方面成果,在职业教育的人才规格、培养目标、教育特色等方面形成的认识,在教材建设中所探索出的先进经验等,这些都可以成为今天我国旅游管理类高等职业教育发展的基本参照和经验宝库。东北财经大学出版社现在推出的这套旅游管理类专业高等职业教育教材,正是在这种认识和思想主导下完成的一个大动作。这套教材的问世,其意义将不仅仅局限在高职教学过程本身,而且会产生巨大的牵动和示范效应,将对旅游管理类专业高等职业教育的健康发展产生积极的推动作用。

目前推出的这套“高等职业教育旅游管理类专业教材新系”,是在原“高等专科旅游管理专业系列教材”的基础上不断优化改版形成的。原专科教材由于定位准确、风格明显、作者队伍精干,已得到全国各大专院校的普遍认可。而为了适应蓬勃兴起的高等职业教育的需要,改版教材无论是在指导思想上还是在内容的组织上,又都做了彻底的调整。改版教材的相继编写,充分体现了全体编者对旅游管理类高等职业教育规律和特征的认识,对旅游管理类专业高等职业教育的规格、层次、教育对象的特点的把握,对职业教育与普通学科教育的区别的理解,以及对发达国家职业教育的借鉴。同时,这套教材也体现了我国高校教师在感受20世纪90年代世界范围内兴起的以满足旅游者个性化需求为导向的"新旅游"这一时代脉搏之后所做出的积极反应,从而使这套教材有了更超前的视野。这种独特而新颖的教材编写思路最终还通过在教材形式建设上颇具匠心的处理而进一步得以体现,使这套教材成为一种能打破传统学科教学模式、适合高职教育的目标和学生特点,同时反映教材编写样式之世界潮流的全新的"换代型"教材。凡此种种,都足以说明这是一套有特殊奉献的高质量教材。坦率地说,这套教材的问世,应该是目前旅游管理类专业高等职业教育领域的一件幸事。

三、与时俱进中的模式转换

习近平总书记在党的二十大报告中指出："教育、科技、人才是全面建设社会主义现代化国家的基础性、战略性支撑。教育是国之大计、党之大计。培养什么人、怎样培养人、为谁培养人是教育的根本问题。"这是以习近平同志为核心的党中央对新时代教育事业的总体战略部署，也是新时期中国高等职业教育课程与教材建设的指导思想。

本系列各版教材在研究和落实新时期国务院和教育部关于高等职业教育定位相关文件精神与要求的基础上,在以下方面沿着"21世纪新概念教：'换代型'系列"的方向不断前行:

1.人才培养目标定位

以新时期"就业－创业"、"与生涯对接"和"人才竞争"为导向，借鉴发达国家高等职业教育关于"职业教育与学术教育有机结合"的课改经验，"克服高职各类专业的同质化倾向"，将高等职业教育旅游管理类专业人才培养目标由"教高〔2006〕16号"（培养"面向生产、建设、服务和管理第一线高素质技能型专门人才"），经过"教职成〔2011〕9号"、"教高〔2012〕4号"和"国发〔2014〕19号"等文件的一般定位（培养"高端技能型人才"、"应用技术型人才"乃至"技术技能型人才"），提升到"职业知识"、"职业能力"与"职业道德"并重的"高等复合应用型"人才培养目标上来；同时，对照《国家中长期教育改革和发展规划纲要（2010—2020年）》关于"创新人才培养模式""着重培育学生的主动精神和创造性思维"等新时期教育要求，将"问题思维"和"创新意识"培养纳入新版教材的人才赋型机制中。

2.优化结构布局

以"'职业知识'、'职业能力'和'课程思政[①]'"为"职业学力"的三大基本内涵，以"健全职业人格"为整合框架；各章"基本训练"的基本题型与体现"基本内涵"的"学习目标"，以及穿插"同步思考"、"同步案例"、"同步业务"、"课程思政"和"教学互动"等诸多功能性专栏的教学内容相互呼应。

① "课程思政"系由本书先前各版"职业道德与企业伦理"专栏和章后"善恶研判"题型升级而来；相比先前各版，其思想政治教育内容外延更广、内涵更深。

3.着眼“双证沟通”与“互补”

在把国家职业资格标准融入专业课程内容与标准的同时，一方面着眼于高等职业学历教育与职业培训的重要区别，强化了对学生“职业学力”的全面建构，另一方面通过同步反映行业领域、国内外高职教育教学及课程改革新发展、新标准、新成果，弥补国家职业资格标准的相对滞后性。

4.兼顾各种教学方法

将“学导式教学法”、“案例教学法”、“问题教学法”、“讨论教学法”、“项目教学法”及“工作导向教学法”等诸多先进教学方法具体运用于专业课程各种教学活动、功能性专栏和课后训练的教材设计中。

5.应对“知识流变”

联合国教科文组织的研究表明：进入21世纪，不少学科知识更新周期已缩短至2～3年，处于知识结构表层的应用类学科知识尤其如此。这意味着学生在高职院校学习的相当多知识在毕业后已经过时。为应对日益加速的“知识流变性”，自2012年起将“自主学习”视为与“实训操练”同等重要的能力训练：在奇数各章“学习目标”的“职业能力”中用“自主学习”子目标替换先前各版“实训操练”述项，并相应调整了其章后“基本训练”中“能力题”的子题型。

6.落实“分层教学”

自2016年起，研究落实《教育部办公厅关于建立职业院校教学工作诊断与改进制度的通知》（教职成厅〔2015〕2号）中提出的“分层教学”要求，即在案例教学和实践教学中通过“教学环节‘多元化’”和“组建‘学习团队’”等途径，落实“分层教学”要求。

7.融合纸质教材与二维码数字资源

自2018年起，阶段性落实教育部关于“进一步推进职业教育信息化发展”，“推广……移动学习等信息化教学模式”（教职成〔2017〕4号）和“推进教育教学与信息技术深度融合”（《教育部2018年工作要点》）等文件要求精神，增加二维码教学资源，解决传统教材所缺少的“互联网+”移动学习，即纸质教材与二维码数字资源融合的问题。

8.落实“三教”改革

2020年起，全面落实《国家职业教育改革实施方案》（国发〔2019〕4号）、《教育部 财政部关于实施中国特色高水平高职学校和专业建设计划的意见》（教职成〔2019〕5号）、《职业院校教材管理办法》（教材〔2019〕3号）和《职业教育提质培优行动计划（2020—2023年）》（教职成〔2020〕7号）等文件要求与精神，重点落实“三教”改革中的“教材、教法”改革，以及“在立德树人根本任务方面，进一步创新思想政治教育模式，将社会主义核心价值观融入专业课教材”的要求。

9.“二十大精神”进教材

自2022年起，加快推进党的二十大精神进课堂、进教材、进头脑，将研究和落实“立德树人，培养德技并修的大国工匠和高素质技能人才”的“人才强国战略”作为新时期教材改革的根本任务。

四、阶段性成果

东财版"21世纪新概念教：'换代型'系列 ·高等职业教育旅游管理类专业教材新系"自20世纪90年代末全套推出到2023年,绝大部分已出七版,两种推出第八版，平均印刷三十余次,其中八种入选"普通高等教育'十一五'国家级规划教材"，两种分别入选"教育部普通高等教育精品教材"和"中国旅游协会旅游优秀教材"，四种入选"'十二五'职业教育国家规划教材"，五种入选"'十三五'职业教育国家规划教材"，三种入选"'十四五'职业教育国家规划教材"，深受广大高职院校师生的欢迎与喜爱。

五、结语

教材改革与创新是一项系统工程,旨在培养"高等复合应用型人才"的高等职业教育旅游管理类专业教材的改革与创新更是如此。我们试图在深入调查研究、系统总结国内外教材建设先进经验的基础上，与时俱进地不断推出具有我国高等职业教育特色、优化配套的旅游管理类专业的新型教材。

期待广大专家、学者和读者们继续给我们以宝贵的关怀与支持,使本系列教材通过阶段性修订,与我国新时期高等职业教育旅游管理类专业教学及课程改革发展始终保持同步。

"高等职业教育旅游管理类专业教材新系"项目组

1999年12月初稿

2023年6月修订

第七版前言

本书和21世纪同时诞生，出版20多年来深受使用学校和读者的欢迎，经常有学校同行和读者与编者讨论各种问题。为推进“三教”改革，满足我国旅游业发展到文化旅游业新形势的需要，我们对本书进行了比较大的修订。近几年来，旅游业和饭店业都呈现出一些显著的变化，饭店业的变化主要基于两个方面原因：一是消费者的消费观念发生了较大的转变，市场需求发生了变化；二是伴随着新科技的应用，饭店业本身的运行模式不断更新。由此，新的理论、新的思想、新的管理理念、新的运行模式不断出现，对饭店业产生了前所未有的影响。在这样的背景下，本书与时俱进进行了再次修订。本次修订突出以下几个特点：

1.为贯彻落实教育部《职业院校教材管理办法》（教材〔2019〕3号）的通知，体现习近平总书记关于“使各类课程与思想政治理论课同向同行，形成协同效应”的精神与要求，将前六版各章“学习目标”的“职业道德”子目标、章内“职业道德与企业伦理”专栏和章后“基本训练”中的“善恶研判”题型，升级为“课程思政”，以期引导学生树立正确的世界观、人生观和价值观。

2.尽量全方位地体现饭店业对新科技的应用，特别是互联网、大数据、平台经济在饭店业的应用。同时，适应“互联网+教育”的发展趋势，各章增加了二维码数字资源，读者扫码即可阅读或观看。

3.更贴近高职高专学生的培养目标，在传授学生系统的饭店管理理论的同时，注重培养学生的专业素养。

4.引入了一些最新理论，使饭店管理的相关理论更加完善。

5.将理论联系实际作为全书编写的指导思想，在每一章中加入很多实操性比较强的内容，帮助学生树立实操性的思维，以期对解决今后工作中的实际问题有所帮助。

6.删减了一部分已经过时的、不适应时代发展的内容，增加了反映饭店业最新发展的内容。

本书第七版由蒋丁新担任主编，黄浏英担任副主编。具体编写分工如下：浙江大学蒋丁新编写第1、2、3、4、5章；浙江大学黄浏英添加二十大相关内容，对全书进行编纂；杭州师范大学杨富荣编写第6、7章；浙江大学黄浏英编写第8、9、10章；浙江大学陈天来编写第11章。全书由蒋丁新和黄浏英统稿。

在此，谨对东北财经大学出版社相关工作人员的认真负责精神致以敬意，对各位同行的积极建议和各位参编者的辛勤劳动表示由衷的感谢。欢迎用书学校及读者继续对本书提出意见和建议，使本书内容日臻完善。

编　者

2021年11月（2023年7月修订）于杭州

目　录

第1章 饭店和饭店的业务特点

● 学习目标

通过本章学习，应该达到以下目标：

职业知识：学习和把握饭店的相关概念，旅游饭店国家星级标准，现代饭店的形态，未来饭店发展的趋势，饭店作为社会功能组织和企业的内涵，饭店的业务特点等理论与实务知识；能用其指导或规范本章认知活动和技能活动，正确解答“基本训练”中“知识训练”各题型的相关问题。

职业能力：点评“饭店员工规范操作”的局限性，训练专业理解力与评价力；运用本章知识研究相关案例，培养在与“饭店和饭店的业务特点”相关的饭店服务情景中分析问题与决策设计的能力；通过收集、整理与综合关于“饭店的业务特点及其发展”的前沿知识，撰写、讨论与交流《“饭店的业务特点及其发展”最新文献综述》；培养“饭店和饭店的业务特点”中“自主学习”的通用能力。

课程思政：结合本章教学内容，依照相关规范或要求，对“课程思政1-1”和章后“菜肴质和量都要规范”等案例中的企业或其从业人员的行为进行思政研判，强化与案例议题相关的行业规范思考和政治素质，促进“立德树人”根本任务的落实。

引例：柯兹纳和One&Only

背景与情境：柯兹纳国际集团及旗下公司，是国际领先的目的地度假胜地及超奢华酒店开发商和运营商。其旗下拥有One&Only唯逸度假村酒店、亚特兰蒂斯酒店以及曼哥海滩和高尔夫度假村酒店三个著名品牌，致力于为全球宾客不断打造充满想象力、创造力和新颖有趣的体验，从而与宾客建立亲密的情感联系。

One&Only唯逸度假村酒店专为豪华度假市场而设，素以卓越质素著称，均坐落于世界上风光最为明媚的地点。One&Only唯逸度假村酒店让宾客亲历当地独特文化风情，感受诚挚殷勤的服务和非凡的活力与热情。这些酒店包括位于马尔代夫的One&Only Reethi Rah、毛里求斯的One&Only Le Saint Géran、迪拜的One&Only Royal Mirage等。

One&Only Reethi Rah酒店位于马尔代夫北马累环礁，俯瞰印度洋。酒店典雅的别墅位于潟湖上或海滩边，拥有绝佳观海视角！

酒店由安缦御用设计师Jean Michel Gathy倾力打造。小岛拥有130座别墅，每两座别墅之间相距至少20米，户外均建有私人露台，并有园林遮挡。在内部设计中，Gathy巧妙地结合了舒适与时尚的元素，运用充满活力的色泽，配合热带原料，如柚木、藤蔓、桃花心木、椰子壳及丝绸等，展现出浓厚的东南亚风情。

资料来源　佚名．谁是柯兹纳？谁是One&Only？[EB/OL]．[2021-06-01]．https：//weibo.com/2768370207/Ju8dqbOa0?type=comment#_rnd1634176239718.

通过以上案例可以看出，建设和经营一个酒店首先要对酒店进行定位。酒店定位主要包括品牌（等级）定位、地理位置定位、规模容量定位、市场定位、客源定位、硬件定位、软件特色定位、运行定位、经济定位等。柯兹纳国际集团及旗下酒店的定位是超奢华酒店，所有的酒店要素都要围绕这个中心进行定位。

酒店的品牌既是酒店的识别标志，也是酒店定位、品质、档次的标志，传递着酒店的诸多信息。One&Only是一个高端品牌，它传递了酒店各要素的信息。另外，一个酒店除了要满足基本功能的需要，还要有自己的特色。One&Only的特色很明显。

1.1 饭店

饭店管理，由三个相关联的要素组成：第一个是管理的对象——饭店；第二个是管理者；第三个是饭店正常运行的保证——管理过程。这三者的结合，就形成了饭店管理。饭店管理者要成功地管理饭店，在具备相应素质的基础上，必须完全把握其他两个要素。了解饭店，主要是了解饭店的形态、饭店的内涵与特征、饭店的运行规律，既要了解饭店的形态和表征，也要了解饭店的本质，这两点是我们从事饭店管理所必须掌握的基本功。

1.1.1 饭店的含义

1）饭店的概念

饭店是指功能要素和企业要素达到国家标准的、能够接待旅居宾客及其他宾客，以单位时间和空间出租客房，同时为他们的旅居和社会需求提供饮食、购物、娱乐及其他服务的综合性服务性的企业。这是我国饭店的一般性概念。饭店可以有其他很多概念，人们也会从不同的角度去定义或者描述饭店。不管怎么去定义饭店，饭店的本质特征都是能够以单位时间和空间出租客房为宾客提供旅居住宿服务。所以，在很多国家，在人们社会生活中，也常常把饭店业称为住宿业或者旅馆业。在我国饭店的星级标准中，把客房作为饭店的核心产品。也就是说，衡量一个饭店是否可以称为饭店，饭店的水准和档次如何，是以客房为核心评价标准的。

饭店是一个企业，是以提供服务而生产无形产品的特殊企业。饭店是凭借房屋建筑和设备设施，通过服务员的服务，向宾客提供各种即时消费的特殊产品。饭店的服务对象主要是旅居宾客，以及需要使用饭店，在饭店消费的宾客。因为饭店的服务对象主体是旅居宾客，不管旅居宾客的旅行目的是什么，他们对旅居生活都有着共同的基本要求。为了满足这些共同的基本要求，饭店提供的服务项目也是多样的、综合性的。饭店要向宾客提供住宿、饮食、购物、娱乐等服务。各类饭店市场定位和饭店性质不同，其提供的服务项目在保证基本服务项目的前提下，还有各自的特定服务项目，如度假饭店的休闲项目、会议中心的会展设施项目、公寓式饭店的物业服务等。饭店不管以何种形式和内容经营，最终都是要达到经营目标。总括起来说，饭店经营目标是实现三重效益：社会效益、经济效益、投资效益。三重效益都应该在饭店经营中得到实现并互相平衡。

为了保证饭店各种服务功能和服务项目的水准，国家有关部门制定了我国饭店的星级标准。饭店的星级标准规定了各星级档次饭店的功能和设施要求、档次等级水准、服务质量要求等。符合国家对星级饭店标准的规定，饭店就可以上星级。如果达不到星级标准，饭店就不能上星级，而只能是普通社会饭店。饭店市场是不断发展的，人们对饭店的需求也是多元化的。适应市场的需要，饭店的形态也呈现出多样化，出现了特色饭店、主题饭店、木屋饭店、深坑饭店、洞穴饭店等各种类型的饭店。这些饭店在保持饭店的基本功能的同时，在造型、环境、主题、文化、设施、服务、运行等方面富有个性，彰显市场的差异性。

我国饭店在市场多元化需求和多元化发展过程中，出现了一大批经济型饭店。许多经济型饭店从总体上来说是达不到国家星级标准的，因为经济型饭店在饭店的综合配套、客房配套等方面比较简单。经济型饭店的特点是“有限服务、设施简约”，所以经济型饭店是以实用、方便、品位作为宗旨。其中有部分饭店的基本住宿设备设施条件已经达到星级标准，有些还比较有特色和个性。因此，非星级饭店并不一定是低档次饭店。这样，我国的饭店就可以分为两种类型：一类是星级饭店；另一类是非星级饭店（民宿也可以归入这一类）。现在也有人把非星级饭店称为非标饭店，以区别于标准化的星级饭店。在非星级饭店里，又有高水准的经济型饭店，也有低档次的社会旅馆，还有富有特色的民宿。本书讨论的主要对象是星级饭店的管理。当然，本书提出的一般饭店管理理论和方法也适用于非星级饭店。

2）旅游饭店的国家星级标准

标准化是旅游业的必经之路，国家旅游局制定了《全国旅游标准化发展规划》。通过规划，可以进一步提高旅游标准化的水平，更好地发挥旅游标准化在旅游业发展中的引领、规范和促进作用。旅游业的标准化是从饭店标准化开始的。1987年，我国首次制定并颁布了《旅游饭店星级的划分与评定》，以后该标准又经过1993年、1997年、2003年的几次修改。2010年对该标准进行了较大的修改，以全新的观念提出了新的标准，把饭店的标准化水平提高到与时代相适应的一个新阶段。

国家制定的GB/T14308-2010（简称“10标准”），规定了星级饭店应该达标的五个项目的标准：必备条件、设施设备、服务质量、管理要求、安全管理。“10标准”的特点是，根据新形势下饭店转型升级的需要，改革了以往标准中不切实际的和形同虚设的一些要求，使新标准能够以宾客为中心，切合市场需要，符合饭店运营实际。新标准对星级饭店有“六个强调”：强调必备项目，强调核心产品，强调绿色环保，强调应急管理，强调软件可量，强调特色经营。

（1）必备项目。

必备项目具体规定了一至五星级饭店必须具备的硬件设施和服务项目。必备项目是饭店进入相应星级的准入条件，如果必备项目的某一项缺失，就可以“一项否决”，使饭店失去评星资格。饭店的必备项目应该在饭店建设期就充分筹划，科学配置。如果饭店建设期必备项目就有所缺失，那么要在以后予以弥补。

（2）核心产品。

饭店的主体和核心产品就是客房，有一定量的客房，就可以称为饭店，反之就不能称为饭店。“10标准”中明确地将一、二、三星级饭店定位为有限服务饭店，就是说这些星级的饭店重点是保证客房核心产品，可以减少饭店的配套设施。与客房住宿相配套的设施、安全、卫生、服务都要达到星级标准。这就说明低星级饭店可以缩减一些设施，也可以不提供正餐，但是必须保证以客房为主体。四、五星级饭店要求提供完全服务，就是要按照星级标准配置配套设施。尽管高星级饭店的设施齐全、服务全面，但其主体和核心产品还是客房。要成功经营一家饭店，始终要把客房当作核心产品来经营。因此，怎样打造具有核心竞争力的饭店客房，是饭店经营的重要方面，也是饭店设计、营造、改造、提升的重要课题。

客房是饭店的核心产品，宾客对客房的要求就是舒适，特别是高星级饭店更强调舒适度，舒适度就成为客房核心产品中的核心。根据“10标准”，客房舒适度应该包括布草规格、床垫枕头、温度湿度、隔音遮光、照明效果、方便使用、和谐匹配、音画良好八个方面。客房的舒适度既要在饭店建设时期充分筹划、精心设计，更要在日常经营中不断营造，用心去改进，给宾客以满意的舒适度。

（3）绿色环保。

经过多年的努力，我国生态环境逐步向好，政府下决心做好环保工作，全社会也越来越重视环保，把做好环保工作当成一种自觉的行动。环境保护是饭店的职责，饭店环境保护的中心工作是节能减排。能耗占饭店费用支出的第二位，通常高星级饭店能耗占饭店营收的10%～15%。节能减排不仅能够对社会的环境保护做出贡献，而且是饭店节约开支、增加收益的重要途径。为此，“10标准”对饭店的节能减排有了更具体的标准。

第一，饭店要制订节能减排的方案。“10标准”在必备项目中提出一至五星级饭店均要求制订相应的节能减排方案并付诸实施。饭店能耗比较大，涉及的部门比较多，能耗的形式不一样，就决定了饭店节能减排是一个系统工程。为此，饭店要制订完整的节能减排方案，把这个方案作为各部门每一位员工节能减排的目标和考核依据。有了方案还要切实实施，从总体上保证节能减排取得实效。

第二，饭店要有节能减排的具体措施。“10标准”在附录3“设施设备评分表”中对星级饭店的节能减排设定了七个方面的标准，分别是：有建筑节能设计、采用有新能源的设计与运用、采用环保设备和用品、采用节能产品、有中水处理系统、有污水废气处理设施、有垃圾房。星级饭店必须达到这些标准，这也是星级饭店节能减排的基本标准。由于各个饭店的情况不同，能源的来源和种类不同，“三废”排放和处理的情况不同，在达到星级饭店节能减排的标准的情况下，还要根据各自的特点实施更多的节能减排措施。例如，有些饭店提出节能减排50条、100条等，都是节能减排的措施。

第三，建立饭店节能减排的考核制度。“10标准”提出饭店应建立能源管理和考核制度，并有档案可查。这是星级标准对饭店的要求，也应该是饭店的自觉要求。饭店有了节能减排的方案，方案是否可行，采取了哪些有效的措施，措施实施的结果怎么样，就要靠考核来检查。饭店通过考核，能够把节能减排落到实处，能够知道哪些措施是切实有效的，哪些措施还需要改进，从而把节能减排工作开展得卓有成效。

（4）应急管理。

“10标准”把饭店的应急管理提到了一个很高的高度。之所以把应急管理提到这个高度，是遵从以人为本的观念，从对人的人身安全极度负责出发。饭店的服务对象是宾客，宾客在饭店可能会因为突发事件而受到安全的威胁，甚至是对生命的威胁。为了尽可能减少或者消除这些威胁，饭店就必须在保证安全的前提下，做好应急预案。在面对突发事件的时候，能够及时做好应急处理。应急管理的重点是做好应急预案。饭店一般要制定和完善自然灾害（特别是地震、海啸、水灾、酷暑、严寒等）、火灾、食品卫生、公共卫生、治安事件、设备设施突发故障等突发事件应急预案。

饭店应急预案不应仅仅是写在纸面上的一个方案，而应是一个包含多方面内容的综合体，应该有很强的预见性、应急性、可操作性。应急预案要求在观念上有人本观念和应急临战观念，在环境上要有合理的空间和相应的设施。在设备物资上要有完备的设备和物资准备，在人员上有一个应急情况下的组织系统，有各岗位人员的应急责任制。在措施上要有平时的常备不懈，平时的应急演练，应急环境、设备、物资的检查制度。

饭店的应急预案是在遇到突发状况时的一种应急措施，是饭后整体安全体系中的一个组成部分。可以说，应急预案是在饭店保证日常安全基础上的应急措施。作为饭店来说，工作重点应该放在日常的安全管理方面。只要饭店对安全管理充分重视，安全管理系统完备严密，安全管理制度环环落实，饭店的安全就有了根本的保证，应急预案启动的概率也会大大降低，甚至不用启动应急预案。

（5）软件可量。

软件可量，就是说对饭店的“软件”——员工服务质量的评价有可以衡量的标准。饭店服务质量有很大一部分是员工的服务，员工服务质量的高低对饭店服务质量有决定性的意义。以前，很多饭店重硬件、轻软件，导致我国很多饭店的硬件是世界一流的，但服务质量却是低水平的。“10标准”针对我国饭店的这种倾向，确立了饭店“软件”可量的标准。

软件可量，是以科学管理的理论为基础，对饭店产品进行系统化、程序化、流程化。应把饭店的某一服务项目分解为几个服务过程，对每个服务过程设计一个服务规程——服务流程，对每个服务规程又规范化为一定的动作，按项目→规程→动作来评价饭店的员工服务质量。这样，饭店就要对服务项目、服务规程、作业动作进行科学的设计，确保饭店员工按照服务规程进行作业，以保证服务质量。饭店对服务质量的控制和评估，不仅要考量服务效果，还要考量服务过程，考量员工的服务动作和程序，考量细节方面。通过软件可量，促使饭店不断地提高服务质量，将优质服务进行到底。

（6）特色经营。

特色经营是今后饭店经营的基本宗旨，“10标准”第一次把特色经营作为饭店的标准提出来。饭店在经营过程中，产品开发应遵循市场规律，打造差异化产品，体现饭店的特色。随着社会的发展，饭店业也呈现出多元化发展趋势，饭店产品多样化、个性化越来越明显。由于消费者对饭店产品的要求各不相同，能够适应某一细分市场需要的饭店纷纷涌现。在市场竞争中，饭店要明确自己的市场，要对自身进行定位。饭店定位完成以后，就要着手打造特色产品，通过特色经营赢得市场。

“10标准”在保证饭店基本条件达标的基础上，因势利导饭店特色化、差异化经营。比如，在设施设备评分表中将分属商务会议饭店和休闲度假饭店两种类型饭店的主要硬件设施进行归类，突出饭店的定位和市场导向。商务会议饭店设施包括行政楼层、大宴会厅或多功能厅、会议厅、展览厅、商务中心等。休闲度假饭店设施包括温泉浴场、海滨浴场、滑雪场、高尔夫球场、风味餐厅、游泳池、各类休闲运动设施等。这样一来，不同的饭店就有了自身的定位，根据定位在设备设施方面就有所侧重，从而体现了饭店的特色经营。

“10标准”对饭店特色制定的标准，只是在大类上的引导，规定了某一类特色饭店所要具备的设备设施标准。实际上，特色饭店的种类和形式是多种多样的。饭店的特色可以表现在建筑外观上，可以表现在装修特色上，可以表现在物品特色上，可以表现在主题显示上，可以表现在文化特色上，可以表现在环境氛围上，可以表现在餐饮特色上，可以表现在市场客源上，也可以表现在对客服务上。饭店有特色（个性），就可以明显地区别于其他饭店而为目标客源所青睐。饭店有特色也就比较容易形成核心竞争力，有利于饭店参与市场竞争。在建设饭店和经营饭店时，要把饭店的特色经营放到一个重要的位置上。

同步案例 1-1

中国大陆首家星巴克集装箱概念店开业

背景与情境：据星巴克官方报道，继2018年夏天亚洲首家集装箱星巴克在中国台湾花莲开业后，中国大陆首家星巴克集装箱概念店于2020年9月9日正式营业。这是星巴克在上海的第800家门店，这家概念店的开业也让上海刷新了星巴克在全球单个城市的门店数量纪录！

此次坐落于上海宝山智慧湾科创园的星巴克概念店，是一个以集装箱为主题的个性化定制园区，主体建筑由六个大小不一的集装箱组合而成，创意拼搭，错落有致，极富结构感和韵律感。

这家由集装箱交叠穿插的概念店共有两层。一楼由两大集装箱组成，分为点单区和用餐区；二楼由两个露台、室内用餐区及空中连廊组成。

一楼整体空间宽敞，透明玻璃墙落地，与店外青砖相连接，阳光可穿过玻璃洒落在店内，给人一种通彻透辟的空间感受，没有了钢筋水泥的厚重，反而赋予了建筑一种轻盈感。

二楼的露台和空中连廊让概念店更具通透感和艺术感。两处室外露台很适合在秋日午后点一份甜点，小啜一杯咖啡，静静享受午后的惬意时光。空中连廊两侧也都是落地玻璃窗，阳光直洒进来，一眼能望到尽头。

连廊的墙壁上挂着咖啡豆种植的场景画作和星巴克美人鱼形象标志，让这间集装箱概念店更具艺术感。园区内还有中国3D打印文化博物馆，与新店的设计主题与元素相呼应。

工业风格集装箱+咖啡体验+艺术展融合，这家星巴克集装箱概念店整体建筑极具未来感！

以集装箱为材料的概念店全部由回收材料构成，不仅简单大气，还在很大程度上缩减了能源与材料的使用量，在保证了外观设计感的同时，又为保护环境做出了贡献。

环保是星巴克一直强调的，例如在2018年年底星巴克便换掉塑料吸管，全部用纸质吸管来代替。星巴克在低碳环保方面下足了功夫。

资料来源　佚名. 中国大陆首家星巴克集装箱概念店［EB/OL］.［2020-09-18］. https://www.sohu.com/a/419368890_772595.

问题：星巴克集装箱概念店的特色是什么？这种类型咖啡馆和传统格调反差很大，人们会喜欢吗？为什么？

分析提示：星巴克集装箱概念店从定义“什么是咖啡馆”出发，诠释了现代咖啡馆的功能。对一个咖啡馆的理解，可以从创新、空间结构、组725、体验（物质享受、精神享受）、环保、投资、社会功能、文化等方面思考。

业务链接 1-1

饭店评星“无利可图”

自从我国推行饭店星级评定工作以来，对饭店上档次、规范化起到了重要作用。如今，越来越多的高档饭店不参加星级评定了。很多饭店认为，评上了星，对于提高知名度、提升销售额没有什么直接的效益，故不愿参评。这样的变化耐人寻味。有人认为“无星酒店”是“八规六禁”的避风港，也有人认为星级饭店的硬件、人力、物力、财力投入过多，容易造成浪费。有人认为饭店一上了“高星级”，接踵而来的就是各种检查和考核。因此，现在的饭店只要有高水平的设施和服务，就可以保证饭店的品质，也就有了满意的市场前景。所以，饭店评星已是“无利可图”。一些饭店经营者认为，品牌比星级更重要，饭店都热衷于加盟国际和国内著名连锁饭店的品牌。

一些饭店把计划评星得分需要的华而不实的设施去掉，换成实实在在的饭店设施。你认为这一趋势是喜还是忧呢？

1.1.2 未来饭店发展的趋势

进入21世纪，科技的发展，特别是网络技术的发展，使市场的商业模式发生着巨大而深刻的变化，我国饭店业的发展呈现出欣欣向荣的景象。尽管在一些年份星级饭店的总量会有所减少，但总的增长趋势未曾改变。截至2019年年底，全国星级饭店管理系统中共有星级饭店10 003家，其中一星级62家，二星级1 658家，三星级4 888家，四星级2 550家，五星级845家。

全国星级饭店，特别是高星级饭店的经济效益普遍较高，每年的平均房价和出租率呈增长趋势。2012年到2013年中共中央颁布“八项规定”和“六项禁令”，在政府部门和干部中反腐倡廉，反对铺张浪费。2013年颁布了《中华人民共和国旅游法》，把旅游活动纳入了规范化的轨道，规范了旅游企业的行为。饭店未来发展的根本趋势是转型升级，以新的产品、新的内涵、新的运行模式、新的营销手段经营饭店。

2019年年末开始延续到2022年的新冠肺炎疫情来势凶猛，给全球的饭店业以沉重的打击，造成了不可估量的损失。曾几何时，在国庆节、春节期间生意兴隆的一些热门饭店，疫情期间竟然门可罗雀。现实警示我们，饭店管理者不光要做好顺风顺水时的经营管理，还要有过紧日子的预案。未来饭店的基本功能不会有太大的变化，但功能的扩展、功能的表现形式、功能的内涵会有较大的变化。这些变化主要表现在：

1）经营观念上的变化

经营者必须牢固树立市场化思维。饭店经营就是根据市场需要、市场变化发展而生产饭店产品，满足宾客需要，为宾客提供服务。为了满足宾客的需求，饭店的建设和运营必须以市场需求为依据，明确饭店的定位，制定相应战略，形成自己的核心竞争力。饭店在紧紧围绕市场建设和运营的同时，也要充分预计到未来市场需求的变化，保持经营战略目标和经营内容的前瞻性、灵活性，能够在变化发展中掌控市场，参与市场博弈。

现代饭店经营是一种融合经营。融合经营不是单纯地从管理和服务方面进行提升，而是融合了不同思想、理论、技术、方法、形态，从多方面着手经营。饭店的融合经营的层次主要有：资本运营层面、文化和历史层面、运行模式层面、主题灵魂和精神层面、意境和情怀层面。比如，融资上市、网红打卡、带货直播、信息传播、主题饭店、跨界经营、饭店集群等都是融合经营的表现形式。

饭店在树立市场化思维的同时，还要树立以宾客为中心的人本意识。宾客是饭店经营和服务的中心。饭店在经营中是以宾客的需求为导向的，根据饭店的定位和目标宾客来设计和生产饭店产品。饭店要根据宾客需求的变化（也就是市场的变化），不断改进和创新产品，生产令宾客满意的产品。饭店有了人本意识，就会在市场上立于不败之地。

2）饭店的规范化和个性化服务

饭店必须按照国家标准和行业的规定，提供规范化的服务。规范化服务是科学管理的产物，既反映了饭店的运行规律、宾客的消费规律，也反映了宾客的共性需求。

规范化服务是饭店科学管理的基础，也是饭店正常运行的必要条件。我国目前在规范化方面做出了很大的努力，国家旅游局制定的《全国旅游标准化发展规划（2016—2020）》对旅游业标准化提出了更高、更具体的目标。饭店也将把标准化作为饭店经营的基石。饭店是一个特殊的服务行业，对专业化的要求很高。饭店无论哪个部门的业务都有很强的专业化要求。未来饭店的发展更需要专业化的管理、专业化的设备设施、专业化的服务、专业化的人员、专业化的用品、专业化的环境。

由于饭店提供的是无形产品，饭店服务的对象是具有不同个性需求的个体，因此，饭店需要尽可能向宾客提供个性化的服务。随着人们物质生活水平不断提高，人们的消费选择余地也不断扩大，消费的个性化特点越来越明显。如果说饭店的规范化服务是星级饭店的基本标准，那么个性化服务则是超越规范的人本服务，两者相结合就构成了饭店的优质服务。

说到饭店的规范化和个性化服务，就要提到饭店提供服务所带来的舒适度。现在宾客入住饭店不仅有使用价值方面的需要，而且追求生活上的舒适。生活上的舒适是从多方面来体现的，其中有感官所感觉到的舒适度，比如，灯光设计是温馨的，门铃、电话铃是悦耳的，色彩是感人的；有使用过程中所感觉到的舒适度，比如，饭店的使用空间是合适的，沙发和椅子坐着是舒服的，床垫是软硬适中的，所有的开关使用是方便的。诸如此类都体现了饭店的舒适度。

3）饭店趋向智能化、信息化，互联网将成为饭店营销的重要平台

现代社会是信息化社会，信息是一种重要的资源，并且可以依附多种载体传播。饭店是公众使用设施，信息化就显得尤其重要。饭店的信息化主要有两个方面：一个是饭店的智能化信息系统；另一个是饭店对信息平台——互联网的运用。

饭店智能化信息系统主要包括若干个系统：综合布线系统、计算机网络系统、卫星电视及有线电视系统（含VOD系统）、消防及公共广播系统、安全防范系统、语音通信系统、一卡通系统、公共信息发布系统、能源计量系统、多媒体会议系统、饭店管理信息系统、客房智能化控制系统、停车场管理系统、餐饮无线点菜系统、其他需要的系统。不同星级饭店可以根据饭店的实际情况和需要配置相应的智能化系统。随着智能化和网络技术的发展，饭店将会更多地参与智能化设施和网络系统的建设。

在信息技术不断更新的时代，饭店要充分利用信息技术进行管理。饭店利用信息技术主要有三个方面：一是利用信息平台和信息技术，对饭店进行管理。饭店通过互联网和专业网站接收新的信息，了解各种方针政策，了解社会动态，了解业界的情况，了解市场，了解新需求和新产品，把握时代发展的脉搏。二是利用信息平台和信息技术与各相关单位和部门保持联系，使饭店永远处于业界的网络中。三是利用信息平台和信息技术进行市场营销工作。饭店通常利用信息系统建立数据中心，以数据为支撑，掌握管理上的主动权。饭店利用CRS系统（也称中央预订系统），实现饭店的自动销售、自动预订、自动服务、自动营销。一般CRS系统采用移动互联网架构，可以与相关团体和个人建立广泛的联系。饭店利用CRM系统（也称客户关系管理系统），管理宾客资源，共享宾客资源，建立宾客档案，广泛联系宾客，从而以现代化手段进行市场营销。饭店还利用O2O、App、OTA（在线旅行社）等形式进行市场营销，提高经营效益。

教学互动1-1

互动问题：

(1) 你经常使用手机上网吗？使用手机上网时你主要关注哪些方面？

(2) 你经常通过淘宝网购物吗？如果上淘宝网你是用手机操作还是用电脑操作？你觉得这样的购物方式有什么好处？

要求：

(1) 教师不直接提供上述问题的答案，而引导学生结合本节教学内容就这些问题进行独立思考、自由发表见解，组织课堂讨论。

(2) 教师把握好讨论节奏，对学生提出的典型见解进行点评。

饭店的智能化和信息化要依赖信息技术和互联网，现在饭店逐步从以PC为终端的基本模式，朝云计算、移动互联网方向发展。

通过智能化和信息化，饭店要达到的目标：一是设备设施的现代化，采用智能化的设备设施，满足宾客对于饭店智能化设备设施的追求。二是饭店运行过程的现代化。例如，饭店提供客房智能化控制系统，不但让宾客感到很方便，提高了舒适度，而且大大提高了饭店服务工作的质量和效率。三是通过智能化营造舒适宜人的消费环境。现代饭店对环境的要求越来越高，空气质量的各项指标、室温的标准、灯光亮度的标准、噪声标准、水质标准等都是宾客衡量消费环境的重要指标。四是利用智能化和现代科技降低能耗，提升运营效率，增加多重营收，实现整体的降本增效。饭店能耗高是一个普遍的问题。降低能耗，一方面要靠全员的节能环保意识，另一方面离不开高科技手段，大到房屋建筑，小到用水用电，都要利用高科技来降低能耗。

同步案例1-2

国内外智慧酒店经典案例大盘点

背景与情境：

(1) 法国巴黎MuranoResort——智能家居式酒店

法国巴黎MuranoResort完美地诠释了在智能化时代什么是真正的智能酒店。这里有智能化的指纹锁系统，客人进入房间之前都必须通过该系统认证，在将安全防御做到极致的同时，你不必担心忘带钥匙进不了房间。这家酒店客房最大的亮点在于床头旁的灯光控制器，客人可依据个人生活习惯/喜好来设置多种情景模式，调节不同的色彩从而赋予每个房间不同的个性。

(2) 日本东京半岛酒店——至臻完美

半岛酒店是一个浪漫、魅力和时尚的代名词。追求服务每个细节的至臻完美，为客人创造难以忘怀的住宿体验。酒店拥有全城无可比拟的美景，皇宫花园和日比谷公园近在眼前。知名室内设计师桥本夕纪夫选用大地色、木材、漆器和大理石进行混搭，并在设计中充分考虑各项设施的功能性，诠释出日本丰富的文化遗产。半岛酒店为客人营造奢华舒适的居住环境，被赞为“国际设计闪耀日式精彩”。

半岛酒店最大的亮点之一是酒店设有内部研发部门，20名工程师为客人提供最具人性化的智能科技服务。无所不在的按钮以“润物细无声”的方式，将酒店华丽的风格融入其中，只要客人按下了房间走廊墙壁上的第一个按钮，小屏幕上就会立即显示出室外的天气和湿度，为出门穿衣提供贴心的建议。同时，半岛酒店还拥有智能电话接听系统，电话响起时房间内的广播和电视将变成静音状态。

(3) 中国香港奕居酒店——绿色奢华主义

奕居酒店由建筑师傅厚民倾力设计而成，充分考虑到幽静居住之感，遵循“少即是多”的减法原则，摒弃一切不必要的功能和花哨，却又不失奢华感受。通过特定的笔记本电脑，酒店工作人员可以随时随地为客人办理电子化入住登记，而客人则可通过客房内的电视办理退房，通过电子邮箱接收账单及相关资料。轻触iPadtouch或iPad显示屏，即可接收多元化的信息，如酒店介绍、送餐服务、本地旅游资讯、天气情况……

(4) 美国西雅图Hotel1000——请勿打扰

一系列全天候多用途智能外设基础设施，从登记入住、室内温度调节到商务工作、居住休闲等，都能通过网络平台来完成，员工可通过门铃下方的智能系统检查房间是否有人入住，以及入住的话是否已提醒“请勿打扰”。客房可以提供流量稳定的淋浴设备，让人在舟车劳顿的旅途中得到全身心的放松。

(5) 阿联酋阿布扎比皇宫酒店——超级智能

阿布扎比皇宫酒店极尽奢华之道，与古老的宫殿式外观相比较，酒店内部的高新科技应用处于世界前沿。除了拥有赏心悦目的景点外，该酒店最大的亮点就是遍布100公顷区域内的无线上网，以及游泳池和私人沙滩。入住这里的客人每人都可以通过一台超级智能掌上电脑设定叫醒提示、影视下载、召唤服务员、购物、结账退房等。酒店安排专人负责网络安全监控，包括16个防火墙与侵入探测系统——好的智慧酒店就是一点儿也不需要担心隐私的泄露。

资料来源　佚名. 国内外智慧酒店经典案例大盘点［EB/OL］.［2020-03-13］http://www.qianjia.com/html/2020-03/13_362457.html.

问题：

(1) 酒店的智能化表现在哪些方面？

(2) 你认为酒店的智能化如何体现人本意识？这种智能化会增加酒店的运行成本吗？

分析提示：通过案例分析酒店的智能化表现，解读酒店的人本意识。

4) 饭店定位和创立品牌重于上星级

饭店星级制的目的是促使饭店经营规范化，并分出饭店的档次。当人们的消费心理趋向成熟后，消费者会更注重饭店的品牌和服务品质，饭店在经营理念上也从重星级转到了重定位。饭店品牌是指其产品品质精良，社会形象好，具有明显区别于其他饭店的特征，并长久为公众所信赖的识别系统。优秀的饭店品牌，有利于宾客对饭店运行模式和饭店品质产生信赖。饭店品牌也是饭店规范化和个性化的表现。饭店的星级仅表明该饭店已达到国家规定的星级标准中的某一级别，它表现了饭店的共性标准；而饭店的品牌更多地表现为饭店的个性和特色，它易于“创造顾客”，造就宾客的品牌忠诚度。饭店有了自己的品牌就有了市场号召力和市场优势，也就会带来饭店经营上的优势。

饭店的品牌以饭店的品质为后盾，以市场和宾客的认可为目的，自然而然就离不开饭店的定位理念。饭店的定位是指饭店通过其产品及相应品牌满足顾客需求，塑造饭店独特的品质、个性、文化和良好形象，并在消费者心目中占据一定位置。

定位理论的创始人是美国的艾·里斯与杰克·特劳特。2001年，定位理论被美国营销学会评选为有史以来对美国营销界影响最大的理论。

从定位理论出发，饭店定位理念是“一个中心，两个基本点”。

一个中心：以打造品牌为中心。饭店市场是由多种类型、多种档次的饭店组成的。饭店定位首先要确定饭店在市场中的位置，确定自己的角色，这就是饭店的经营决策。根据经营决策，饭店可以着手设计和生产适应这个市场需要的产品，逐渐打造成一个有明显特征的品牌。

两个基本点：以市场竞争导向为基本点、以进入顾客心智为基本点。

饭店的管理者在市场竞争中能够发现一定的规律，并以其为导向，做好饭店的定位。例如，有些饭店的宾客群是事业有成的中产阶层，而有些饭店的宾客群是80后、90后、00后，各个群体的需求明显不同，这就会影响到饭店定位。

定位，从本质上来说，就是品牌在顾客心里的位置。定位理论侧重于顾客的心智模式是因为：当前，信息技术的迅猛发展给了顾客更多的选择，顾客的认知对于饭店的营销而言愈发重要。

5）大数据、互联网、平台经济

目前，饭店业的发展进入充分利用大数据、互联网、数字化、平台经济的时代。

大数据的利用对饭店定位和经营具有重要的影响。饭店通过对大数据的利用能够及时了解市场的需求状况、市场细分的态势、客流量情况等。饭店通过对这些数据进行收集、分析，可以充分挖掘出蕴含在其中的巨大商业价值。

大数据和平台经济的依托是互联网。饭店的互联网思维是一种用户至上的思维，就是在互联网+、大数据、云计算等科技不断发展的背景下，饭店利用新科技对饭店市场、宾客、饭店产品、饭店价值链、饭店的经营管理以及对整个社会商业生态进行重新审视的思考方式。饭店运用互联网主要有以下几个方面：第一是大部分的信息联系和信息记录都依托互联网来完成，比如饭店各部门的信息联系、饭店与宾客的联系等。第二是互联网在市场营销方面发挥重要作用。市场销售要依靠互联网，宾客信息的反馈也离不开互联网。第三是饭店的智能化建设需要以互联网作为支撑。第四是饭店的供应链管理和资金运转都离不开互联网。

平台经济是由数据驱动、平台支撑、网络协同的经济活动单元所构成的新经济系统，它实际上是一个虚拟市场，通过第三方平台网络把市场的两侧——供给方和需求方联系起来。通过平台运营，饭店、宾客、合作平台三方都能得到好处。平台经济模式的流行，能够大幅度降低饭店和宾客双方的交易成本，提高交易效率，使双方交易变得简单快捷。平台方也能够把庞大的信息资源转化为有用的价值。随着信息技术的发展，平台经济模式将与饭店业结合得更加紧密，并会更广泛地在饭店跨界中得到运用。

互联网、大数据、平台经济的广泛利用将给饭店业的客源状况、产品构成、经营管理、服务质量等方面带来深刻影响。饭店管理者应秉持两个思维：一个是时代性思维；另一个是前瞻性思维。时代性思维，就是要紧跟时代变化，及时运用新思想、新方法、新工具，与时代合拍。前瞻性思维，就是立足现实，考虑未来。例如，现在的客房是传统的结构功能区，那么未来的客房功能区会有什么变化，空间应该怎么布局？客房的电视机仅应具备播放电视节目的功能吗？现在大堂的中心是总台，那么未来的饭店大堂的中心还会是总台吗？等等。

学习微平台

延伸阅读1-1

6）中端饭店和经济型饭店将占据很大的市场份额

我国从20世纪70年代末开始建设现代旅游饭店，特别是在国家颁布饭店的星级标准以后，旅游饭店大多以星级标准为建设标准。21世纪初，随着国外的经济型饭店、汽车旅馆等简约型饭店被引进我国，我国开始发展经济型饭店。近几年，我国的经济型饭店发展的速度非常快，有的城市一年中新建的经济型饭店就有近百家。

与此同时，我国的中端饭店也迅速崛起，发展势头超过了经济型饭店的发展，形成了如铂涛、维也纳、亚朵、桔子水晶、丽枫、和颐等一批知名的连锁品牌。中端饭店和经济型饭店已经占据了相当大的市场份额，是一支充满活力的力量。从发展趋势来说，中端饭店和经济型饭店将会成为我国饭店业发展的主流。一般来说，中端饭店是指具有有限而高品质的硬件，齐全的服务，富有个性特征的饭店。也就是说，中端饭店硬件不一定很齐全，但品质要求与星级饭店相似，而且突出实用。除了必要的项目外，中端饭店还提供一些类似于星级饭店的服务，更有自己的特色服务。中端饭店的风格、产品、氛围、服务等具有自己的特色，比如有的饭店把大堂变为书吧式的空间，给宾客一种轻松随和的感觉；有的饭店在客房方面着手，如设置情侣客房、古典客房、亲子客房、数码客房等；有的饭店早餐供应品种齐全，菜品新鲜品相好，便于宾客选择。

7）异军突起的民宿饭店

可能是因为标准化的星级饭店容易使人们产生审美疲劳，也可能面对大城市成堆的钢筋水泥、成排的移动铁疙瘩、灰蒙蒙的空气，人们在闲下来的时候，往往有一种想逃离的感觉，于是民宿饭店应运而生。据统计，2019年我国民宿市场营业收入209.4亿元，同比增长38.92%，民宿数量达到16.98万家，房源总量突破160万套。民宿饭店，通常是利用城乡居民自有住宅、集体用房或其他配套用房，结合当地人文、自然景观、生态和环境资源以及农林牧渔生产活动，为旅游者休闲度假、体验当地风俗文化提供住宿、餐饮等服务的处所。

民宿饭店之所以被称为民宿，可以理解为是民间的，和“民”最为亲近的一类住宿设施。民宿饭店和星级酒店、商业酒店不一样，也有人称民宿饭店为“非标饭店”，民宿饭店有其显著的特点：

特点一，民宿饭店首先要体现一个“民”意。“民”意就是以民为依托，以民为意境。民宿饭店是以民房作为住宿的载体，是民房改造而成的。民宿饭店不像星级酒店有统一的星级标准，民宿饭店需要符合国家规定的消防、卫生、安全等条件，可以各自发挥，各显特色。民宿饭店往往体现着主人的意识和情怀，体现着主人的待客之道。民宿饭店的主人会和客人聊天、讲故事、一起从事农副业活动，亲自服务宾客。宾客住在民宿饭店，享受的不是模式化的酒店生活，而是一种当地普通原住民的

"民"间生活。

特点二，民宿饭店选址。现代酒店业的"祖师爷"美国的斯特达拉认为酒店的根本是"选址，选址，还是选址"，今天随着交通运输业越来越发达，许多酒店业的从业者并不把祖师爷的告诫当成金科玉律，而民宿饭店的建设者却把它当成重要准则。民宿饭店一般建设在当地人文景观、自然景观突出地区，以及生态环境资源丰富的农林牧渔生产活动区域。在这样的环境里，宾客能够感受和大城市不一样的生活，与大自然亲近，与原生态的民俗亲近。

特点三，民宿饭店的设施特色。在中国大地上，特别是在农村，住宅无论是外观造型还是内部空间布局都各有特色，实用性非常强。民宿饭店就是利用这些具有历史积淀的老建筑，按照原有的地方风格，整修外部环境，把地域特色文化符号融入室内装饰中。通常的做法是：基本设施（比如卫生间、卧室、给排水和暖通设施等）都进行现代化改造，形成了既有地方风格特色，又与现代生活吻合的民宿饭店。

民宿饭店的规模一般都不大，通常仅有几间客房到十几间客房。国家旅游局颁布的《旅游民宿基本要求与评价》行业标准规定"单幢建筑客房数量应不超过14间(套)"。

特点四，住民宿饭店是一种生活方式。相较于传统酒店，住民宿饭店是一种全新的生活方式，诠释的恰恰就是个性、自由、随性的生活态度。它不像星级酒店那样规范、刻板，不同的民宿饭店有不同的特色和不同的生活方式，也就是说民宿饭店是有"性格"的。在这里，每个人都可以找到适合自己的环境，找到适合自己的归属。

在我国，民宿饭店发展方兴未艾，成为我国住宿业和休闲业的一个重要组成部分。民宿饭店要强调一个"民"字，就是说，选址要考虑环境、交通、亲民，运作要有民俗风情，强调体验。民宿要有灵魂，灵魂就是特色文化，民宿的硬件和软件都要体现地方文化，这才是民宿的核心竞争力。民宿的发展势头很好，同时也要防止一哄而上，不管客观条件，拍拍脑袋就搞民宿。

未来社会是快速发展和急剧变化的社会，饭店的发展也日新月异，饭店建设、饭店管理、饭店服务、经营模式等都会发生很大的变化。研究和从事饭店管理，要经常关注饭店发展的趋势，永远与时俱进，把握发展的主动权。

1.1.3 饭店是社会功能组织

了解了饭店的概念后，就要进一步了解饭店内涵中的一些共性问题，以加深对饭店概念的理解。

在我国，饭店有很多称谓，如宾馆、酒店、大厦、度假村、山庄、迎宾馆等。所有这些不同称谓的企业实体都必须具有饭店的共性特征，它们的基本功能总是服务于旅居者或其他宾客，提供住宿、饮食、购物、娱乐、会议、社交等综合性的服务，其中最根本的就是要提供住宿，它们都是具有同一性质的社会功能组织。

饭店存在的意义是因为饭店的功能是社会所必需的，饭店就成为社会的功能组织，饭店是社会的一个组成部分。社会功能组织是指饭店以其自身特有的功能接受社会分工，承担社会责任，成为社会功能的一个组成部分。饭店要发挥社会功能，就要具备特定的功能要素。功能要素就是饭店要发挥社会功能所要具备的各种条件。饭店的功能要素主要有：

第一，饭店提供服务的依托是空间。饭店必须以房屋建筑的空间和相应的设备设施为依托，满足宾客的旅居及其他的使用需要。

第二，饭店必须具有合格的前厅和客房住宿功能，提供有限服务。高星级饭店还需要有餐饮、娱乐、购物等综合配套功能，提供完全服务。饭店的住宿功能又必须具备睡眠、休息、书写、梳洗、调节室温、基本供应（如开水、物品）等各种功能要素。对住宿功能的基本要求是舒适、安全。饭店必须提供与这些使用功能相一致的服务项目。

第三，根据国家标准，饭店要配备各种设备设施，配备各种物资物品。饭店保证取得并向宾客供应各种能量，如电能、热能。

第四，饭店要拥有一定的资金实力，以保证饭店业务的正常运转。

第五，饭店需要具备相应的管理能力和服务提供能力。饭店的工作人员包括管理人员和服务人员。饭店的工作人员必须是经过系统培训具备了相应能力和素养的专业人员，他们具有专业上的不可替代性。

第六，饭店的运行模式。饭店运行是一种有规律的活动，要反映自身的运行规律和特色，饭店必须有自己的运行模式。

第七，饭店的灵魂和宗旨。饭店的灵魂就是饭店的企业文化，而饭店的宗旨则是饭店的三重效益（社会效益、经济效益、饭店员工的个人效益）。

第八，饭店的氛围和环境。饭店的服务对象是人，饭店的产品是无形产品。无形产品需要人去使用并细心感受。饭店就是要营造一种环境和氛围，给宾客以美好的感受。

第九，饭店的经营理念和行规。饭店的经营理念是饭店经营的行动指南。一般的饭店经营理念有市场决定产品、宾至如归、以人为本、宾客总是对的、满意服务、微笑服务、质量是生命等。除了经营理念，行规是饭店应该遵循的行业准则。饭店的行规有成文的，也有约定俗成的。

我们列举了饭店的九个功能要素。这九个功能要素是每个饭店存在、运行和发展的基础，是饭店发挥社会功能时，能被社会所感知到的，也是社会评价饭店最重要的九个要素。

1.1.4 饭店是企业

饭店是一个企业。饭店的性质不管是国有企业、合资企业还是民营企业，它们都是按照国家有关的法律法规成立，按国家相关的法律法规运行。

饭店企业是具备饭店生产要素，为满足社会需要，从事饭店服务经营活动，以营利为目的的自主经营、自负盈亏、承担风险、独立核算，具有法人资格的基本经济单位。认识企业本质，是我们经营饭店的必要前提。饭店企业要具备的企业要素有：

1）独立的法人资格

饭店要从事经营活动，首先要具有法人地位。法人是指具有一定的组织机构和独立的财产，能以自己的名义进行民事活动，能独立享有民事权利、承担民事责任的组织。饭店要具有法人地位就需要：有符合法律规定并为社会所需要的经营范围；拥有国家规定的生产要素，完成工商企业登记和其他的法定登记，取得营业执照和其他经营所需的证照。饭店在取得法人地位后，方能合法从事经营活动。作为法人，饭店就要自主经营、独立核算、自负盈亏，在承担经济责任的同时承担社会责任。

2）必备的生产要素

饭店的生产要素简单而言就是人、财、物、空间、信息、环境。人，是指饭店的管理者和服务人员，以及他们的组合形式，即组织系统。财，是指饭店可用于自由支配的资金。物，是指固定资产和流动资产。空间，是指在房屋的基础上适合于饭店经营的各功能空间布局。信息，是指保证饭店正常经营的内外信息以及由此组成的信息系统。环境，是指饭店的内外环境，既有实体环境和环境氛围，也有空间环境和经营环境，它是饭店整体的一个组成部分。

3）正常的经营活动

企业只有通过经营活动才能满足社会需求，并取得经济效益。经营是一个变数很大的概念。饭店的经营活动，应该是一种合法的、正常的经营活动。所谓合法，是指饭店经营必须遵守国家的法律法规，遵守行规，以这些法规为准绳，自觉约束企业行为和作业行为。例如，有些饭店在消防安全、卫生防疫、劳动工资、排污耗能等方面时有违规现象发生，这是要严格防范的。所谓正常，简单地说，就是饭店要能提供给宾客满意的服务，在满足宾客需要的同时，饭店取得良好的经济效益。现在国家旅游行政部门在对星级饭店评估时，也要考核饭店的经营业绩和经营效益。为此，饭店应该有正常的客源市场、正常的运作体系、正常的接待及价值交换过程、正常的资金运转过程，并取得良好的投资回报和经济收益。

饭店经营也会出现两种异常情况。第一种情况是经营不善。由于管理的原因或者一些客观的原因，饭店经营出现了或是运营混乱，或是管理不顺，或是服务无序，造成的后果是饭店经营状况不佳，有的饭店会陷入恶性循环。这种情况下，饭店只有找出影响饭店经营的症结所在，才能对症下药。另一种情况是非常时期的非正常经营。非常时期往往是由客观原因（特别是外界的原因，比如自然灾害、交通阻断、城市戒严等）造成的，饭店无法正常经营。比较典型的是2020年暴发的新冠肺炎疫情对饭店业的影响。在不可抗力的影响下，饭店只能顺势而为，根据不同情况做好应对。

4）合理的产权制度

饭店要成为一个企业，就要有与现代市场经济相适应的体制和制度上的保证，建立现代企业制度。无论从我国经济体制改革的大局面来说，还是从饭店自身的经营和面对市场竞争的态势来说，饭店都要建立产权制度。产权制度在我国已经实行多年，尽管产权制度在理论上是比较明确的，但在很多饭店的实际运营中，产权的表现形式仍旧比较混乱。

产权是法定主体对财产所拥有的占有权、使用权、收益权、处置权的总和。产权的本质是要区分企业的财产所有权和法人财产权，并使它们实行分离。产权可以分为两个层面：第一个层面是饭店投资者的财产所有权。投资者投资了，就表明他拥有了财产所有权，财产所有权仅表现为资产的占有量。实行股份制后，财产所有权就表现为投资者占有股权的份额，产权制下的财产所有权一般不再表现为实物量的形态。投资者拥有了产权，就表明他拥有资本股份的占有权、股份处置权、财产收益权和剩余索取权。第二个层面是饭店企业法人拥有投资者投资所形成的全部法人财产权，成为法人实体。简单地说，就是饭店企业法人实际占有了全部财产的使用权，通过对法人财产的使用，产生价值增值，取得收益权。拥有饭店法人财产权，就会产生一系列的权利。第一，对法人财产的实际占有权。饭店法人占有了饭店法人财产，就要用以经营。经营中要保证符合投资者的投资意向，保证资产的保值和增值。第二，对法人财产的使用权。饭店法人使用法人财产从事经营活动，通过经营活动取得收益。饭店经营者不仅要遵循董事会的决策，保证经营的正确方向，还要对法人财产具有高度的责任感，充分发挥自己的聪明才智和管理才华，使法人财产得到充分利用，并实现利润最大化和品牌最优化。第三，对法人财产的收益权。法人财产的收益权主要有：饭店经营的收益权，即营业收入和利润，饭店在营业收入中的再投入和利润中提取的再投入部分；饭店对投资者的投资回报，饭店缴纳的税款，饭店对社会的其他回报；饭店经营者的收益、饭店职工的收益、基金积累。第四，对法人财产的处置权。处置权主要有：饭店法人根据董事会的决策，可以对资本和财产进行整合和调整，对经营业务区块做出决策和调整，在职权范围内做出追加投资或退出经营的决策等。

饭店实行产权制度是饭店管理现代化的必然趋势。为了保证管理者能够充分利用法人资产从事经营活动，创造效益，一方面要求管理者具备良好的职业素质，具有职业经理人的责任感，另一方面也要建立一定的制约监督制度。其形式之一就是实行业主代表制度。

酒店业主代表，是指业主方在实行现代企业制度的饭店的利益代表。业主代表的主要职责：通过对酒店的管理团队的日常经营管理决策的制定、实施和运营的结果进行检查和监督，达到确保业主资产实现保值和增值的目的，确保法人资产运营和使用的效果。业主代表在饭店内没有行政职务，但他们有明确的职位和职责，他们不参与饭店的具体管理工作，但会对饭店运营过程进行观察、分析、评介，把握饭店是否按照董事会的决策和饭店的计划正常运行，将情况及时向董事会汇报，同时及时地把董事会的指示和意见反馈给饭店的管理团队。

饭店企业的本质是要进行生产经营活动，在生产经营的过程中取得三重效益。对饭店企业来说，三重效益既是饭店企业追求的目标和取得的成果，也是饭店对社会的责任和回报。这是因为社会效益是对社会的回报。经济效益，一方面是饭店向社会提供产品得到的回报，另一方面又通过税收回报社会。管理者个人成长效益，既能保证作为社会功能一部分的饭店能长盛不衰地满足社会的需要，又能为不断发展的饭店事业提供有用人才。为了保证饭店的三重效益并能在社会进步的过程中保持饭店的时代感，饭店企业要十分重视自身的社会责任。

在市场经济日益发展，企业道德规范和职业道德被日益强调的大环境下，饭店企业的责任逐步凸显出来。饭店企业的责任主要表现为：

- 对社会分工和社会功能的责任。饭店接受了社会分工，承担了社会的功能，就要充分发挥其自身的功能，完成社会赋予的分工责任。饭店应有社会角色意识。
- 对饭店本身的责任。饭店是一个企业，就要保证完全具备企业要素，在经营的过程中取得三重效益。饭店应有效益意识。
- 对社会的影响。饭店是各地人群的汇集点，是一个城市的窗口。饭店的企业行为直接影响到城市的形象和行业的声誉，也影响自身的名声。因此，保证优质服务就成了饭店的生命。饭店应有优质服务意识。

• 对宾客的责任。宾客的存在，是饭店存在的基础，宾客的消费是饭店的经济来源。所以，饭店应把宾客看作是第一位的，是朋友。宾客始终是饭店经营的中心。饭店对宾客的责任就是“宾客至上、服务第一、物有所值”。

饭店应该有服务意识。服务意识就是饭店从业人员在明确自己和宾客的关系后，主动尽责地为宾客提供满意服务的指导思想和行动。饭店从业人员和宾客的关系就是服务和被服务的关系，饭店人员的职责就是通过尽心尽责的工作为宾客提供满意的服务。

• 对投资者的责任。饭店是由投资者投资建立的，投资的目的就是要取得相应回报。饭店要在保证资产保值增值的基础上，确保投资者能取得合理的投资回报。

• 对饭店员工的责任。饭店员工包括饭店的管理人员和服务人员，他们是饭店效益的创造者。饭店应摒弃简单雇工的思想，必须对他们的人生价值负责。饭店首先要为全体员工提供一个就业和发展的平台，使员工有一个立足的根基和发展的起点。饭店应为他们设计职业生涯，应让他们掌握一技之长并不断发展，应给予他们应有的劳动报酬和福利待遇，真正使员工成为饭店最宝贵的企业要素。饭店应该有对员工的人本意识。

• 对环境的责任。社会环境（无论是人文环境还是自然环境）需要社会的所有成员来共同维护。饭店是公共服务设施，对社会环境、社区环境有着直接的影响，因此，饭店要在环境保护方面负起应有的责任。饭店应该有环保意识。

饭店管理是对一个企业的管理。管理者在管理饭店时，不光要掌握管理的技巧和方法，而且要真正弄懂饭店企业是什么。管理者只有真正弄懂了饭店企业是什么，才能知道该从什么地方、以什么为核心和重点来进行有效的管理。

课程思政 1-1

楼层的洗消间

背景与情境：按照国家对饭店的评星标准，饭店客房的每个楼层或者几个楼层应该设置一个洗涤消毒间（简称洗消间），用于洗涤茶杯、烟缸之类的物品。在东南沿海某地有一家四星级饭店，各楼层都设有洗消间，但洗消间变成了储藏室，堆放棉织品和客房用品。洗消工作都在客房的卫生间解决，服务员在客房卫生间洗涤杯具等，用药物在洗脸盆里消毒杯具。他们认为，杯具按照国家规定洗涤并消毒就行了，洗消工作放在客房卫生间进行不存在任何问题。如果某客房有住客，那就拿到空房或者待打扫房去洗消。

问题：

(1) 这家饭店对杯具和用品这样处理是否合理？为什么？

(2) 从洗消的场所分析这样处理是否合理。

(3) 从洗消的过程分析这样处理是否合理。

研判提示：从国家对星级饭店的要求标准、饭店从业人员应该具有的职业道德两个方面进行分析。

学习催平台

延伸阅读1-2

同步思考1-1

问题： 如果这家饭店在建设的时候就没有设置洗消间，那么客房杯具和用品怎么洗消？

理解要点： 根据不同饭店的空间结构，集中解决洗涤杯具的问题。

1.2 饭店的业务特点

饭店经营犹如一场绚丽的舞台剧。饭店的服务规程就是剧本。饭店的管理者就是导演，间或他们还要跑龙套。饭店的服务员就是演员。鞭炮一响，大戏开场，一般也不谢幕了。演好一台戏，固然需要有好的剧本，好的导演，好的演员，但更需要演职人员吃透剧本，理解剧情，进入角色。管理好一个饭店也要吃透饭店管理的内涵，理解饭店运行的规律，进入每个人的角色。因此，我们要对饭店的业务特点进行分析。

1.2.1　饭店生产和销售无形商品

饭店和宾客的关系，是饭店为宾客生产和向宾客销售饭店产品，宾客进入饭店购买并且使用饭店产品。饭店和宾客是以饭店产品为纽带联系在一起，两者形成了一种共存的交换关系。饭店产品就成了揭示饭店运行规律、体现饭店管理本质的支撑点，也成了饭店舞台剧演绎的主题。

1）饭店生产和销售饭店产品

饭店产品也称为饭店商品，是饭店经营过程中为宾客在使用饭店期间提供的使用价值的总和。饭店产品是由饭店生产和销售的。饭店产品首先表现为给饭店宾客带来使用价值。饭店产品的使用价值具有多种形态，如住宿、饮食、购物、娱乐、休闲等。不管饭店产品的使用价值表现为什么形态，这些使用价值都是由饭店自身生产出来的，它是一种商品。饭店经营和商业企业的经营不一样，商业企业经营是实现商品的流转，在商品价值上，它有追加的流通价值，但商业企业本身并不生产产品。饭店是凭借着空间和设备设施，通过员工的劳动，创造一种新的使用价值。这种使用价值的生产完全是为了提供给宾客消费，通过交换，实现产品的价值。因而，饭店产品就具有了商品的完整形态。认识饭店是生产和销售一种产品，认识饭店产品是一种商品，对我们按商品生产和销售的规律来经营饭店具有很重要的意义。

现在，电子商务风起云涌，正在革新传统的商业模式。一般商品除了通过实体店购买外，人们正在越来越多地利用电子商务平台进行网购、团购、定制等，其优势越来越明显。饭店产品既然是一种商品，当然也可以利用电子商务平台进行网购、团购、定制等。特别地，饭店生产的是无形产品，可以利用收益管理分时段销售，有利于利用App、OTA等形式随时订购。现在很多饭店正是利用各种信息平台销售产品，以新的方式进行交易。

2）饭店生产和销售的是无形商品

说饭店是生产性企业，生产和销售一种商品，往往有很多人不理解。工厂是生产性企业，它生产产品，这很好理解；饭店可没有生产什么实实在在的产品，怎么也叫生产和销售一种商品呢？为此，我们把饭店作为一种特殊企业来进行研究，研究其特有的生产方式和运行规律，研究其本质特征，从而进行有效的管理。

我们说饭店生产和销售一种商品，是指饭店生产和销售的是无形商品。所谓无形商品，其基本特征就是产品一般在特定空间现场消费，产品不可携带，产品是以一种使用价值的形式被消费，产品的总体不具有实物形态。饭店产品，不同于一般的实物产品。一个实物产品进入流通领域后，当消费者购买了这一产品，那么顾客就可以从商店带走它。如果宾客购买了饭店产品，当他离开饭店时，他并没有带走一个实物产品，但他却是实实在在地就地消费了饭店产品。实物产品的生产、交换、消费在时间和地点上都是分离的，而饭店产品的生产、交换、消费在时间上几乎是同时的或是间隔时间很短。实物产品的销售实现是把商品卖出去，而饭店产品的销售和消费是要把消费者——宾客请进来，占据空间就地消费。实物产品是以一个有形的、具体的、确定的实物形态出现的，它的使用价值、产品质量、劳动价值都凝聚和集中表现在这一实物产品上。而饭店产品的使用价值是由多种不同性质的使用价值综合组成的，其使用价值、产品质量、劳动价值也就分散在产品的各个方面而无法凝聚和集中。这一切都说明了一点：饭店产品从总体上讲是无形产品而非实物产品。无形产品和实物产品有着很大的区别，从而形成了无形产品生产、销售、消费价值等方面的特点。这些特点表现在：针对具体宾客而言，每一个饭店产品质量是不同的；使用价值的内容和量是随机的，因而产品价值也是可变的。管理者根据这些特点，合理组织饭店产品的生产和销售就要具备较高的管理艺术。

3）饭店产品价值和产品计价

饭店产品的特殊性，带来了饭店产品价值组成的特殊性。饭店产品的价值主要由饭店设备设施提供的转移价值、使用物品的消耗价值、实物产品（主要是餐饮产品）的价值、活劳动的价值四部分组成。宾客使用饭店，饭店的设备设施提供宾客消费的使用价值，而设备设施本身对宾客来说并不是商品。宾客使用设备设施是要根据使用量的多少来付费的，使用量的多少，通常是以占有特定空间、时间的多少来计量的，于是饭店的时空特性就形成了饭店经营管理中重要的观念。由于饭店是由时空形成产品的，因此饭店产品的价值和计价就和时空有着紧密的联系。饭店产品定价的方法主要有：第一，饭店产品定价是分别对个别产品使用价值进行定价。饭店产品既然是由各个性质不同的个别产品综合而成的，那么饭店产品的价格就由个别产品的价格综合而成，比如餐饮价格、客房价格、娱乐项目价格等。饭店产品定价，也就是对各个具体个别产品的定价。第二，计价就要有产品的计量单位。饭店产品的计量单位也是根据产品性质不同而不同。饭店产品根据计价需要通常分为两类：一类是实物产品（主要是餐饮产品），它是按照实物的实际价值进行计价；另一类是非实物产品，比如客房、会议室等，这些产品的消费是以占用空间为主要形式，这类产品就以空间的单位量和时间的单位量结合起来作为计价单位。时间的计价单位，我们通常称为时段。例如，客房是以间·天为计价单位，KTV是以间·小时为计价单位等。这里的天、小时等都是时段。饭店产品具体价格的确定，要视各个饭店的具体情况而定。

根据饭店产品的时空观念，我们可以分析以下三个观念性的问题。一是关于饭店产品的不可储存性。因为饭店产品是无形产品，所以其具有不可储存性。这里所说的不可储存性，是指饭店产品时段上的不可储存性。二是计价的科学性和实用性。既然按时段计价，那么时段的准确确定就很重要。例如，客房是以24小时的时限为时段，但现在很多饭店按照行业的约定俗成是以每日中午12时为使用一天客房的结账时限，而宾客使用客房几小时则是不重要的。有的饭店为了方便宾客，把结账的时限定在14时。又如，KTV包厢，有的饭店是以小时为时段，而有的饭店则以一次（一般是半天，即4~5个小时）为时段。三是时间和空间对于饭店来说，也是重要的生产要素。对这两个生产要素，要充分认识，合理利用。比如空间，饭店的空间是用来产生效益的，空间的布局就值得用心规划。空间布局有总体布局、结构布局、局部布局、单位空间布局、生产性和非生产性空间布局等。在饭店中，市场趋热的空间要扩大，市场趋淡的空间要缩小。总之，研究空间因素，是饭店经营的一个重要方面。

同步思考1-2

该怎样计费

背景资料： 在饭店经营过程中，时空问题常常会引发宾客和饭店之间的纠纷。下面列举一些常见的纠纷，请同学们进行分析：

(1) 饭店的限定结账时限为12时，超过12时到18时加收半天房费，超过18时加收一天房费。12时往往是宾客的用餐时间，那么先结账还是先用餐？有的宾客还要续住，可是等用餐后赶回房间，房门却打不开了，需要去总台重新做钥匙，有点麻烦。

(2) 饭店限定了结账时间，但并没有规定入住时间，也就是说，昨天任何时候进店入住的宾客，到今天的12时都收一天房费。

(3) 凌晨入住的宾客，在当天的12时以前离店，是否也要收一天的房费？如果有的宾客早晨6时离店，那么他在客房里待的时间甚至还不到5小时。如果是凌晨入住，住到明天的中午12时离店，那么很多饭店仍是收取一天的房费。

(4) 饭店的标准间一般是住2个人。但有的宾客在租了一间标准间后，在标准间里住3个人、4个人，甚至5个人（不含小孩）。为此，饭店往往出面干涉，认为一个房间只能住2个人，其余人需另外租房。由于总台并没有明确规定标准间的住宿人数，由此又会发生纠纷。

(5) 一间核定能容纳8个人活动的KTV包厢的租费是120元/小时。该包厢在某天出租后，里面坐了12位宾客。这种超员使用饭店空间，必然会带来成本支出增加。那么对超员使用的KTV包厢是否应该加收费用？

(6) 餐厅包厢是给确定的宾客使用的。中餐的宾客用餐以后，有的宾客就离开了；有的宾客会留下来继续打牌，甚至一直玩到晚餐开餐以前。那么这些宾客在用餐以后继续使用包厢，饭店是否要收费？

(7) 有些饭店学习欧美国家和日本的做法，宾客到店要在12时以后才能够入住，但允许宾客的行李寄存，哪怕有空房也要执行这个规定。这个规定合理吗？

问题： 以上这些问题该如何解决？

理解要点： 按照饭店产品的时空观念和计量方式去分别解决。

1.2.2 饭店业务的强文化性

20世纪80年代初，我国有了现代意义上的饭店，到现在算来也有40个年头了。一开始，我们并不懂得什么是现代饭店，但形势又迫切需要现代饭店。于是，我们就照着我国香港的、国外的饭店依样画葫芦地建饭店、管饭店。我们学习、摸索、总结，直到今天，我们知道了饭店是一个生产销售产品的企业，饭店产品是一种文化产品，文化内涵对饭店有着重要的意义。这些认识成为全体饭店从业人员的共识。

理解饭店文化，首先要界定什么是文化。对文化，词典一般的概念是由地域、历史、民族、政治、意识形态所决定的人类知识、信仰和行为的整体，它包括语言、思想、信仰、风俗习惯、禁忌、法规、制度、工具、技术、艺术、礼仪以及其他有关成分。目前，人们从不同的视角表达和使用“文化”的概念。“文化”对饭店而言也是一个重要的概念。我们所说的饭店文化是指大文化，饭店通过业务形式和存在状态表现了大文化的全部内容。饭店文化有其外在的表现形式，也有其内在的精神内涵。饭店文化既有其个性特色，又有其时代特征，从而形成饭店文化的和谐统一。

“饭店所追求的是文化和品位而不是豪华。饭店建设首先是文化建设，有了文化才会有饭店精神。”一位知名品牌饭店的总经理如是说。现代饭店所追求的就是文化和品位。这是因为：第一，饭店的服务对象是人，人类创造了文化，人们也要享受文化，在享受文化中再积聚创造文化的能量。在一个学习型社会中，感受文化是一个重要的学习过程。饭店要给宾客以精神和文化的感受。第二，旅居者对文化的盼求。饭店接待的对象大部分是旅居者。旅居者的共同动机，就是要探求异地文化。饭店也是旅居者的目的地。饭店是旅居者的“家外之家”，因此，饭店的文化就有二重性：一是让宾客在生活中，特别是在精神方面体验异地文化；二是让宾客在生活中，特别是在物质方面体验本土文化。即使是本地宾客使用饭店，也要求饭店有一定的文化氛围，能够得到一种体验。比如在饭店吃饭，就能够感受到家里感受不到的餐饮文化；在饭店休闲吧喝茶，能够感受到富有意境的茶文化。第三，面对地理、历史、政治、文化方面的差异，饭店形成了独具特色的企业文化。饭店的服务对象是人，人们有对文化选择的需求，总有人要选择特定的文化。饭店形成了一定特征的文化，也就是选择了需要这一类文化的宾客这一块市场。第四，文化是饭店产品价值的组成部分。饭店产品是无形产品，无形产品的价值构成中，不仅有成本费用支出的价值，还有文化氛围营造的价值。人们对精神生活的诉求越来越高时，饭店的业务就势必带有强文化性。饭店文化是饭店品牌的必要内容，也是饭店核心竞争力的重要组成部分。加深饭店的文化底蕴，彰显饭店的文化特色，是饭店参与市场竞争、争取客源的必然要求。

饭店的文化性是饭店文化内涵和外在表现的统一，是服务意识和服务过程的统一。饭店的文化建设也要从饭店的企业文化和饭店的表现状态两方面来进行。要体现饭店业务的强文化性，饭店要做好如下工作：

（1）饭店的文化理念。饭店的文化理念是人的理念。饭店的从业人员，首先是饭店的管理者要有饭店产品强文化性的理念。饭店管理者应从理念上意识到，饭店提供给宾客的产品不但是一种旅居或其他用途的使用价值，也是一种文化产品。这种产品洋溢着浓郁而沁人心脾的文化韵味。饭店的文化理念要明确：在经营中，饭店的文化性要让宾客感到其生活在一种特定的文化氛围中，生活在某个特定的地域；同时，其又会感到在很多方面和在家里一样方便和亲切，从而产生“宾至如归”的感觉。

（2）饭店的文化主题和个性特色。饭店的文化性表现在饭店业务的各个方面，它要有一个主题贯穿始终。饭店的文化主题有两个方面必须牢牢把握：一个是文化的主题定位，也就是饭店文化主题定位在哪一个类型和风格上。我们可以把文化主题定位在某一地域、某一民族、某一历史阶段，提取其典型的表现形式形成文化主题及风格。比如，深圳的威尼斯酒店是选取意大利的特别是威尼斯的风格作为饭店主题。山东济南的舜耕山庄以舜教耕种为主题的山东式牌坊、中式庭院形成了华丽典雅的中国山东风格。杭州的四季酒店是以现代风格为主调，又把江南的诗情画意融入其中，与前面的西湖交相辉映。风格是一种感染力，它能给宾客愉悦的心情和美的享受。另一个是主题所表现的对客态度。饭店通过特定的服务形式来表现一种文化，这种文化又反映了饭店对客的态度。比如，很多饭店餐厅点菜是在海鲜池和菜馔陈列区，而不是在桌边点菜，有的饭店卫生间备有藤凳供宾客化妆时坐，有衣物柜架供宾客放衣物，这些都是一种饭店特色，它反映了饭店对宾客的态度。饭店的文化要有主题，主题中也有文化的多元兼容，以适应宾客的需要。饭店的文化主题有三个要素：一是饭店功能的共性要素；二是饭店的特色风格；三是饭店的时代感。

（3）饭店文化的品位和水准。饭店文化是给宾客享受的，能被人享受的文化应该有较高的品位和水准。饭店文化在主题已定的前提下，无论是在内容确定上还是在表现形式上都要有高尚的情趣和悦人的美感。饭店文化切忌粗俗、无规则、无章法、不伦不类和粗制滥造。

（4）饭店文化的系统性。饭店产品是由各业务过程所产生的使用价值综合而成的，它是各业务产生的使用价值的系列。在这个系列中，各项单项产品的使用价值都有其具体的文化内涵和表现形式。所有这一切都要服从饭店的文化主题和整体理念，使得各单项产品文化特色协调和谐，形成饭店文化的整体系统。

鉴于饭店文化的重要性，各饭店都非常重视文化建设。应该明确的是：饭店文化更多地体现为一种外显的状态，一种表现形式。饭店文化的内涵和基础是饭店的企业文化。饭店要进行文化建设，更重要的是要进行饭店的企业文化建设。有了优秀的饭店企业文化，就会有饭店优质的产品文化。饭店文化首先是某一民族或地域文化的充分体现，又是各国、各地文化的有机融合与和谐统一。文化是源于民族或地域的，因民族和地域的不同产生了不同的文明和文化。旅游业始终遵循一个原则，即越是民族性的文化就越带有世界性。饭店在设计文化时，总要以某一民族或地域文化为主题，形成饭店风格。一般情况下，以本国本地区的民族文化特征为饭店的文化主题较容易成功，但也不能使饭店的风格千篇一律。有些饭店从客源主体市场及功能考虑，引进非本地民族或地域的外来文化作为本饭店的文化主题，这也是可取的。饭店在确定文化主题的前提下，要结合客源主体、市场需求、社会状态等多种情况，形成饭店主题明确的多彩文化。饭店的多彩文化是融合中外文化、古今文化、多领域文化于一体，服从整体且服务于整体。多彩文化是有主题的多种文化的融合和组合，切不可把多彩文化当作多种文化的堆砌而失去饭店文化的主题。

饭店业务的强文化性是饭店的一种属性，它是通过饭店的现实状态和业务的各个环节各个方面表现出来的。具体地说，饭店业务的强文化性是通过饭店的硬件和软件两个方面来体现的。硬件所表现的文化是那些固定而变化不大的，视觉能触及的对象，主要包括饭店的建筑造型、装修所形成的风格特色、环境艺术风格、设备设施及用品的风格、VI设计所形成的风格。软件所表现的文化有固定的，也有不固定的，有视觉能触及的，也有视觉不能触及的，主要包括饭店的企业文化和饭店的精神、饭店的服务理念及其在业务过程中的实践、服务的行为规范、服务规程的设计、语言文字的设计、信息系统的设计、收费的标准和形式的设计等。

既然饭店业务的强文化性是由人来设计、布置、营造的，那么饭店从业人员的文化素养就决定了饭店业务文化性的水准。营造饭店文化氛围的关键是要不断提高从业人员的文化素养。饭店从业人员应把文化素养作为其基本素质之一。在学习和工作过程中，要不断地积累并提高自身的文化修养，对古今中外的文化都要有较系统的了解，使自己成为文化领域里的杂家。同时，饭店从业人员对现代文化要非常了解，对各种现代文化的特征要有清楚的认知，这样就能在饭店的经营中保证饭店文化的品位和魅力。

业务链接 1-2

充满文化情趣的义乌大酒店大堂

义乌大酒店是一家四星级酒店，也是第一批“浙江省特色文化主题酒店”。义乌大酒店在进行文化定位时颇费了一些心思。当时酒店设计总策划提出：酒店设计一定要有文化主题。那么定什么文化主题呢？义乌市没有很著名的历史文化积淀，如何定位才好？突然，一个灵感产生了，骆宾王不就是义乌人吗，能否就此挖掘文化主题？骆宾王，字观光，唐代诗人，“初唐四杰”之一。他年少成名，7岁时作《咏鹅》诗，被称“神童”。《咏鹅》朗朗上口，在我国妇孺皆知，活泼形象。《咏鹅》可以作为酒店的文化主题。在酒店的文化建设方面，大堂带给宾客进入饭店的第一感觉和印象，所以文化主题首先在这里得到体现。义乌大酒店大堂的主题是一个鹅池。进入大堂，是一个形似杭州苏堤六桥形式的通道，表现了江南水乡随处可见的小石桥。通道的一侧墙面上设计了一片叠水水流，表现了江南山区常见的小瀑布，潺潺的流水通过通道流入另一边的鹅池。

鹅池是一个呈不规则形状的100多平方米的水池，池水清澈见底，周边以各种形态的太湖石装饰，尽量表现野趣。鹅池的边上紧邻着以青石铺就的大堂吧。大堂吧配置藤编的桌椅，柜台上放着土纸包的茶叶和茶点，正面一侧还贴一小张红纸。在此小憩，好友相聚，品一壶香茗，观池水轻漾，鱼乐清波，“白毛浮绿水，红掌拨清波”时隐时现，真是情趣盎然。不时会有小朋友趴在池边戏水，平添了几分情趣。

大堂上方，是一幅国家级非物质文化遗产大型瓯塑浮雕作品——《义乌庙会》。瓯塑是浙江独有的一种雕塑艺术，它用彩色油泥通过一定的设计和工艺，雕砌出一幅众多人物栩栩如生的雕塑。这幅瓯塑以义乌的民俗为题材，表现了古代义乌庙会的盛况。画面里，有赶集的、捏面人的、杂耍的、表演杂技的、舞龙舞狮子的、摆摊卖货的，还有迎龙灯、叠罗汉、义乌高跷、锣鼓班、义乌道情、义乌花鼓、义乌说唱、小锣书、双簧等，更有义乌特色——鸡毛换糖。林林总总，把义乌丰富多彩的民俗尽情展示出来。

一边是充满乡村韵味的鹅池，恬静而微波徐徐，高朋满座；另一边是庙会的热闹场景，把义乌的地方文化表现得淋漓尽致。宾客到此，一定会先领略一番这里的民俗文化，然后融入这个环境，从而认识骆宾王的家乡——义乌。

1.2.3 饭店业务的综合性

1）饭店业务综合性的含义

某饭店在开业务周会时讨论了业务问题。客房部提出，工程部以后在接到报修后，要在规定时间内进房维修，以保证客房正常运转。前厅部提出，销售部在跟踪会议时信息传输不够及时，导致会议发生的一些临时费用入账不及时，使得前厅在和会议主办单位结账时产生漏账现象。餐饮部提出，客房部的餐盘收集不及时，导致餐盘在楼层有堆积现象。餐饮部还要求前厅部在通知团队用餐时，能在团队抵达的前一天及时发委托通知单。会议就这几个问题达成了一致并做出决定。

同步链接1-1

以党的二十大精神为指引 全面彰显中国文化

从这几个问题可以看出，在一个饭店中，各部门的业务存在着纵横交错的联系。这些联系一旦发生脱节，就会产生服务质量的缺损或业务运行的缺陷。而诸如此类问题往往是饭店可能会发生而又要竭力避免的。要使饭店的业务正常顺畅地进行，就要重视饭店业务的综合协调性。

这里所说的饭店是一类综合性的企业，是指饭店是由功能各异的多个部门构成的，饭店产品也是由这些部门所生产的使用价值综合而成的。所有这一切都是为了满足宾客的需要，它使宾客在食、住、购、娱、游、公务、休闲、社交等方面的需求能得到满足。饭店要在同一时间的不同空间满足宾客不同的使用需求，也就意味着饭店在同一时间能提供宾客在饭店停留期间不同需要的各种独立的产品使用价值。这就产生了这样一种状况，一方面宾客的使用需求是一个完整的产品，其可以包括住宿、用餐、娱乐等多种使用价值，它是由多种使用价值组合而成的；另一方面，多种使用价值又是各不同部门相对独立地生产的，这些独立生产的使用价值都依附在饭店这一总体上。基于此，就产生了饭店业务的综合性。

2）饭店业务综合性的特点

饭店业务综合性的特点表现为：

（1）饭店前台各部门业务的独立性和其产品的单一性。

饭店前台各部门的业务从形式上看都有其独立性，各前台部门都生产能满足宾客某种需要的产品，如客房部提供住宿服务，前厅部提供商务、通信服务，餐饮部提供饮食服务等。但是前台各部门生产的产品使用价值只能满足宾客对饭店的某方面的需要，它不可能以一种产品去满足宾客全部的旅居和使用需要。这就决定了一个部门不可能成为一个饭店，饭店是各部门及各部门使用价值的总和。饭店各部门必须保证本部门生产合格产品，该产品又要有机地组合到饭店总产品中去。

（2）宾客需求的多样性和空间上的同时性。

宾客来饭店消费一般不会单纯消费某一产品，特别是旅居宾客更是如此。宾客对饭店需求的多样性和随意性，使得饭店必须在同一时间不同空间提供各种不同的使用价值。饭店的各部门业务是在横向上展开而保持相互联系的。在同一时间里，不同宾客的需求可能不一样。比如早晨，有的宾客要睡觉，有的要离店办手续，有的要晨练，有的要用早餐，饭店就要在空间上同时满足各位宾客的需求。对单个宾客来说，可能会在同一时间关注两个产品的使用价值，比如房内用餐，在餐厅包厢唱卡拉OK。对于单个宾客而言，饭店的使用价值在时间上通常是继起的。比如，宾客用餐完毕，就想去喝咖啡、去阅览室等。饭店为了满足宾客的需求，就要合理分割饭店空间，设置不同的空间功能，并在同一时间发挥若干空间功能，这就是饭店业务的综合性。饭店功能空间设置得是否合理，就显示了饭店的综合实力。

(3) 饭店业务的相互依赖性和联系性。

一家饭店总会有多种功能和多项业务，各项业务似乎又是独立的，但事实上饭店的各项业务之间都相互依赖、相互联系。饭店前台各部门直接面向宾客，为宾客提供直接的服务。所有这些服务使用价值的产生都离不开后台各部门的支持。它需要工程部提供的各种供应支持，需要财务部提供的账务和财务支持，需要人力资源部提供的人员支持，需要保安部提供的安全保证。各部门间也有着纵横交错的联系，客房是宾客住宿的空间，但客房的房内用餐、吃水果，离不开餐饮部，客房的通信服务、账务服务要靠前厅部。餐饮部的地毯清洁、玻璃清洁、棉织品洗涤又要依赖于管家部。团队的用餐安排，会议室的使用安排，又来源于销售部。可以这么说，一家综合性的星级饭店，少了任何一个部门都将寸步难行，并且每个部门都会和其他部门存在纵向的、横向的双重联系。各部门的纵横联系和协调，组成了饭店的业务网络，组成了饭店的业务整体，也组成了完整的饭店产品。饭店业务的综合性特别强调在部门业务准确完美的同时，要使各部门的业务相互联系而成系统。

(4) 饭店业务的互动共进性。

饭店业务的综合性还表现在饭店业务的相互制约、互动共进性上。饭店业务往往一荣俱荣、一损俱损。一个部门的业务红火，会带动其他部门业务的共进；其他部门业务的繁荣也会促进某一个部门业务的繁荣。饭店业务是随着市场变化而不断调整的。当市场变化引起饭店市场定位及业务发生变化时，饭店的各部门业务也会随之调整。这种调整是部门业务本身的调整以及部门业务和其他各部门业务的相互适应和衔接。饭店业务的综合性必然带来饭店业务的协调性，业务的协调性是指各部门、各部分业务的协调。饭店业务协调性的特点主要表现在：

①有分工就有协作。饭店产品是一个整体，这个整体又是由各部门的业务组成的，于是饭店整体的内部就产生了分工，产生了部门。在现代饭店里有分工就有协作，只有通过协作，才能把部门的产品组合成饭店产品。饭店部门间的合作是一种互相补给、互相衔接、互相适应的关系。它们之间不是简单的产品之和，而是一种有机的组合。这种分工合作从饭店规划设计起到饭店经营一直贯穿其中。

②优质服务是各部门共同努力的结果。饭店业务不管有多少种类，不管有多少个业务区域，都是饭店产品的组成部分。饭店产品以整体形象出现，因此饭店各部门的业务一方面要树立自身的产品形象，要得到饭店其他部门的有力支持；另一方面各部门也要尽量支持其他部门的业务，从而使业务能做到珠联璧合、天衣无缝，使宾客在感受一个个具体使用价值时，能感觉到饭店整体产品的完美和谐。由此我们说，饭店的优质服务是各部门共同努力的结果。有的部门或人员认为，我只要做好本职工作，

管住自己的一亩三分地就可以了。这是十分狭隘的小农意识。饭店有很多工作是不分内外的，也往往会突破工作职责的外延范围。比如，前厅部开出委托单，要求给某回头客客房送水果篮，餐饮部根据委托单送了水果篮，结果这些水果并不是该客人喜欢的，第二天客房部原封不动地拿了回来。按理说，各部门谁都没有过错，它们都完成了自己的本职工作，可是结果呢？部门间的合作，不但要关注各部门做了什么，还要关注做得怎样。无论什么工作，饭店都要讲究效果，讲究优质，所以必须强调协作和共同努力。这些协作和共同努力是围绕着宾客，为宾客提供优质服务展开的。

③饭店业务的交叉性要求饭店作业的充分协调。饭店业务往往是你中有我，我中有你，互相交叉。例如，宾客在餐厅消费，但账单是汇总到总台，各种酒吧分散在各个场所，有在客房部的，有在前厅的，有在游泳池边的，有在庭院里的，但所有酒吧可能都由餐饮部管理。健身中心在康乐部，但去健身中心活动的往往是住店宾客居多。业务的交叉使得各业务间的衔接和协调随时可能发生，因此协调也就成了全体员工的日常工作之一。

④饭店服务产品的一致性。在强调饭店产品的整体性的同时，我们也就强调了组成产品各部分的一致性。所谓饭店服务产品的一致性，是指饭店各生产要素所提供的使用价值以及其产生的产品在质量、规格、档次、氛围等方面均能处于同一水准。例如，设备效能的一致性、服务质量的一致性、物品档次的一致性、环境氛围的一致性等。饭店服务产品的一致性，既是协调的要求，也是协调的结果。饭店特别要避免各部门产品和各生产要素使用价值之间的反差，不能因为某一方面的低水准影响了产品的整体性，于是产生了100−1=0，或100−1<0。

⑤饭店业务协调的随机性。饭店业务协调有很明显的随机性。饭店业务的协调，是以宾客为中心的协调，一切都是围绕着宾客进行的。宾客在饭店活动有其规律性，也有其随机性。应该说，任何企业的业务都有协调，但生产实物产品的企业的协调是有规律性的。而饭店业务的协调既有规律性的，也有随机性的，而且随机性的业务协调量相当大。例如，有一位宾客来到了大堂副理处，提出了自己的诉求，大堂副理可能马上要进行业务的调度，也可能马上会产生与相关部门业务的协调。因此，灵活应变，主动适应，随机调整业务，是饭店业务的“家常便饭”。

饭店业务的综合协调性，使得饭店运行像一首乐曲一样和谐、优美、协调、有节奏，带给宾客舒适和享受。其中，信息系统起着重要作用。现代饭店非常注重智能化建设，目的是提高对客服务的质量，提高工作效率，提高饭店的服务品质。智能化建设的核心是信息系统。饭店建设一个现代化信息系统，在宾客和饭店之间、饭店各部门之间建立广泛高效的联系，使得提供优质服务、保证高效运行成为可能。比如，宾客是否在客房内的信息，随时能够传输到前厅部和房务中心，便于后者掌握房态，及时为宾客提供服务。又如，宾客利用饭店智能化系统，通过客户端查询需要的信息，或者处理一些信息（如叫早、订购车票、预订餐饮等），饭店各相关部门就能够及时反馈信息或者做出反应，提供相应的服务。各部门通过信息系统互相协调，减少了扯皮和拖沓，减少了无效劳动。

1.2.4　饭店业务中的情感内涵

在今天的社会生活中，到处在强调人性化、人本化，说到底也就是以人为本，以人为中心。人本，就是要讲人的需求、人的本性。饭店的服务对象是人，也同样要讲人本。人有思维、有感情、有人性、有复杂的心理、有个性。饭店和宾客有交流和沟通，两者的关系就会有情感的维系，于是就产生了饭店业务中的情感内涵。

宾客离开了自己熟悉的环境，进入饭店后有两种感觉会油然而生。一种是陌生感和孤独感。因为周围的一切和原来的生活环境不一样了，就会产生陌生感。由于有陌生感，就会有环境孤独感，对环境的孤独感是因为平时熟悉的人和环境都不存在了。宾客的陌生感和孤独感并不是形式上的，更多的是心理上和情感上的感觉。通过饭店服务尽快让宾客融入饭店的生活中去，是饭店服务所希望产生的服务情感效应。所谓服务情感效应，是指饭店在提供某种使用价值时，不但使宾客得到使用价值上的满足，而且会使其在情感上产生共鸣而接受饭店，并逐步融入饭店生活中去。我们通常也把它称为融情服务。通过服务情感效应，我们希望能化解宾客的陌生感和孤独感。另一种是不习惯。不习惯是指宾客进入饭店后生活上和精神上的不习惯，对环境的不习惯。宾客离开了原来的生活环境，生活的环境就改变了，就会感到一切都不习惯。每个宾客都有自己的生活习惯和个性偏好，而饭店是规格化、统一化提供产品供给的，这两者就会有不协调。因此，饭店要做的是使宾客在感情上、心理上和生活上能和饭店和谐共融，能使宾客在饭店期间舒适满意，从而真正做到“宾至如归”。要做到这一点，饭店就要在向宾客提供优质服务的同时，用正面的或潜移默化的方式和宾客进行情感上的沟通。在满足宾客生活上、精神上的需求时，要满足宾客情感上的需求，即产生服务情感效应。饭店正是利用宾客这种心理规律和旅居的生活规律，通过优质服务和融情服务，使宾客产生对饭店的旅居归属感。宾客产生归属感并和饭店融合在一起，这是“宾客满意”的最高境界，也是饭店提供优质服务的最高境界。它所带来的直接效果就是增加效益和增进宾客的品牌忠诚。比如，有的饭店由楼层服务员给住店客人写一封短信放在茶几上，使宾客感到管家服务的亲切。总台服务员带姓称呼宾客，也有一种亲近感。根据客史资料提供宾客习惯的服务，做到个性化服务，可使宾客体会家的感觉。

饭店业务的情感内涵，对饭店经营有着重要的影响。饭店生产和销售的是无形产品，这种无形产品从本质上讲也是情感产品。因为无形产品不仅仅提供一种使用价值，还包含有大量的情感的附加值。

1.2.5 饭店业务的独立性和员工行为的自我制约性

饭店是一个不同于其他行业的独特行业。饭店是生产性企业，但生产的是无形产品，它是现代企业，但无大机器生产。饭店特有的业务形式和业务规律带来了饭店劳动的特点。

饭店劳动的特点是手工劳动和脑力劳动相结合，以手工劳动为主；单体独立作业和群体协作相结合，以单体独立作业为主。手工劳动，就有一定程度上的自由度和随意度；单体的独立作业，也有员工自由支配自己行为的宽松度。在饭店，不存在大机器生产，也就不存在机器对人的制约性。在工厂中，只要机器运转，工人就需要跟着机器的运转来操作，工人以机械的作业过程为劳动的主要形式，不可能随时改变自己的作业内容和程序。在饭店中，员工是跟着宾客的活动和业务的运转而作业的。宾客的活动和饭店业务运转有一定的规律，但也有一定的随机性。这就决定了员工在工作中既要按服务规程规范作业，又要因人因事而随机应变。这个度怎样把握，就离不开员工的自我制约。而员工要有良好的自我制约，就应该具备三个基本条件：第一，完备的饭店意识和合格的饭店行业素质。第二，成熟的规范作业精神。第三，应变自如的能力。

正因为员工行为的自我制约，才使得饭店业务综合协调卓有成效。由于饭店业务的综合协调性，各部门、各岗位间存在着经常性的、广泛的业务和信息联系。饭店的优质服务和品牌是由各部门、各岗位的通力协作及共同努力而造就的。这里的通力协作，就是员工的协作，人起着决定性的作用。饭店业务的综合协调既有制度作保证，也有信息系统作纽带。制度要靠员工来执行，信息要由员工来控制。制度是刻板的，而饭店的接待业务是千变万化的；信息是直观的，而信息的处理是各种各样的。在办理业务过程中，饭店既要求员工能照章办事，使业务办理规范有序，又要求员工能充分发挥自己的能动性，办理好每一个具体的业务。做到这一点，要靠员工的自我激励、自我制约。饭店要具备完整的信息系统，信息对饭店无形产品的生产和销售有着重要的意义。信息系统可能会传输不完整的具体信息。具体的信息要成为业务运转的一大助力，就离不开员工对信息的利用、处理、传输和反馈等。饭店信息同样有一个时间上的伸缩度。信息的质量和信息的利用往往对服务质量有着重要影响。要保证员工对信息处理的质量，员工就必须实行自我制约。综上所述，饭店员工要通过自我制约，发扬自我调节、主动配合的精神，与相关部门和岗位互相衔接、互相支持、互相补充，使饭店业务综合协调卓有成效，使业务能圆满地进行。

员工行为的自我制约，会为饭店赢得宾客的赞誉。饭店宾客是形形色色、各种各样的。当宾客来到饭店时，他们会按照自己的生活方式、思维方式对待饭店和饭店服务。宾客不会过多地考虑员工的思想和情感，他们首先把员工当作职业人来看待，其次把员工当作人来看待。作为一名合格的员工，要对宾客热情、礼貌、诚恳、周到，要为宾客提供满意的服务，这就要求员工必须具备良好的素质。员工良好的素质包括敬业精神、职业责任、外在形象、内在素质、语言谈吐、行为动作等。员工有了良好素质方能上岗，但这些良好的素质能否转变为现实的作业行为，在于员工对自身的把握和愿望。员工对自身的把握就要有自我制约，能用情感和理性去对待宾客和业务。员工对待宾客，是“以变应万变”。宾客不会总是通情达理的，但不会经常不通情达理。面对各种宾客，员工要学会应变，会运用服务的技巧。员工对宾客的褒奖表扬要谦和得体地回应，对宾客的批评指责要虚心接受，因势顺变，积极弥补。对宾客的无礼言行，员工应有礼有节，以教养和包容来化解。对宾客遇到的困难，要热忱提供帮助，排忧解难。可见，作为一个服务人员，工作看似简单实则不然。他们有人的七情六欲，但他们更有职业的责任，这就是自我制约的结果。

同步案例 1-3

酒店员工个人演讲稿

背景与情境：

尊敬的各位领导、各位同事，感谢大家给予我这次讲话的机会，在此我就自己的工作来谈谈自己的经验，也是给大家分享一下自己的体会，从而把酒店的工作做得更为出色，更好地服务宾客。

酒店的工作，并不是一个人做好就够了，而是需要我们一起配合才能真正做好，这也恰恰体现了我们的团队精神。在工作中，很多情况下我们需要同事的帮助，并且很多的沟通工作也是为了更好地去为宾客提供服务。无论是前台还是后勤部门的工作，其实都是如此，只有我们积极地做好配合，酒店的工作才能做得更好。特别是在新冠肺炎疫情暴发初期，为了做好酒店的工作，我们努力提升了服务质量，这些都离不开大家的配合。

做好酒店的工作，服务态度是非常重要的。无论我们的心情是怎么样的，只要到了工作岗位，就要把之前所遇到的问题放到一边去，生活中的琐事不能影响到我们的工作，要用积极的心态面对宾客，去做好服务。其实我们从事的服务行业总是会遇到各种不同的宾客，有些好说话，有些不好说话，不过这并没有太大的关系，只要我们做好自己的服务工作，自然会得到宾客的认可。我们在工作中锻炼了自己，提升了自己的工作能力。

我所分享的也就是这么多，我觉得除了工作经验的积累还需要不断去思考，经历得多自然会较快地成长。我也相信，只要我们一起努力，酒店就会变得更加美好，我们也会有更多的收获。谢谢！

资料来源　范文苑．酒店个人演讲稿［EB/OL］．［2020-09-25］．http：//www.fanwenyuan.com.

问题：

（1）“我”就是酒店人的写照，真挚朴实，自豪而亲切，“我”对饭店工作的协调是怎么理解的？

（2）“我”的自我表白，字里行间有酒店员工自我制约精神的阐述吗？何以见得？

（3）“我”的感受对酒店员工有普遍意义吗？为什么？

分析提示：分析“我”对酒店的理念、对酒店从业人员的职业素质的理解。

饭店业务的特点要求饭店员工在工作中有自我制约性，员工的自我制约性，是员工素质的一个重要组成部分。要使自我制约成为员工的自觉行动，饭店就要：

第一，形成饭店先进的、有内涵的、系列的企业文化，形成饭店的一种精神和氛围。在企业文化的熏陶下，在企业精神的主导下，员工行为能体现企业精神，能够有自己的职业责任感和自身的价值观，能营造企业氛围，从而自觉地实现自我制约。

第二，通过培训和日常管理，塑造员工的自我制约精神。对员工的培训是集中式的塑造，对员工的日常管理是一种潜移默化的过程。在对员工的塑造中，逐步克服自然意识，克服自我观念，以强烈的饭店意识替代自然意识。

第三，严格规范管理，坚持规范治店的宗旨。规范，是饭店科学管理的基础，是优质服务的基础。饭店必须首先按规范来要求员工、管理员工，使员工养成规范作业的习惯。我们不是提倡个性化服务吗？个性化服务和规范服务并不矛盾。规范服务是根本，个性化服务是在规范的基础上超规程服务；超规程服务的具体作业过程，也必须是规范作业。

第四，培养员工的应变能力。员工的自我制约，不光是要按服务规程规范操作，还需根据宾客的个性需要，根据业务情况随机应变，根据不同情况采用不同的服务方法，以取得宾客满意的效果，这就是应变处理。应变处理同样需要员工有自我制约的能力。比如，在餐厅，有的宾客点了一个榨菜番茄汤，菜单上没有这个菜，但厨房里有榨菜和番茄；又有宾客点了一盘麻婆豆腐，提出不要麻也不要辣，那叫什么麻婆豆腐啊？宾客提出来了，是给宾客照做不误，还是按规程说菜单上没有这个菜，把榨菜番茄汤换成榨菜肉丝汤，把麻婆豆腐换成家常豆腐，这就要具体情况具体应对。如果员工在作业中只是照章办事，就会引起宾客的不满或遗憾。

第五，以柔性管理来激励员工自我制约。饭店有了制度和规范管理就有了基础，可是仅仅这样还是不够的。饭店要通过柔性管理，通过对员工的人本关怀，鼓励员工自觉地做好自我制约，更多地发挥自己的积极性和创造性，发挥自己的潜能和聪明才智。什么是柔性管理呢？正如一位饭店管理者所说："柔性管理的基本宗旨是内在重于外在，心理重于物理，身教重于言传，肯定重于否定，鼓励重于惩罚，激励重于控制，务实重于务虚。"也正如一位员工所说："我对宾客满腔热情　是因为我心中有个太阳，我对宾客无微不至地关怀，是因为有人无微不至地关怀着我，我对工作全心全意，是因为我没有后顾之忧。"我们可以总结一条真理："饭店把我当人看，我把自己当牛看，饭店把我当牛看，我把自己当人看。"我们希望全体饭店管理人员能够以柔性管理去温暖员工、感动员工、发展员工、激励员工，使员工在自我制约中把平常的业务做得更出色。

本章概要

□ 内容提要

本章是全书的开篇，意在引出饭店。就像制造汽车，先要确定汽车关键的三大系统，然后再设计汽车的外观造型和内饰。本章从分析饭店的内涵着手，阐述饭店的本质规律。本章说明了饭店概念，提出了在21世纪饭店发展的趋势和方向，阐述了饭店作为社会功能组织，饭店作为企业的特点和要素，强调了饭店对社会的责任，饭店对各相关对象的责任。本章的重点是阐述饭店的业务特点，正因为饭店产品的特点和饭店业务的特点，才使饭店区别于其他企业，才使饭店成为一类特殊的企业，成为一个行业。阐述饭店的业务特点是为了揭示饭店的运行规律和本质，使以后各章在阐述饭店管理时，有规律可循，有管理的依据，所以它也成为饭店管理的理论基础之一。

□ 主要概念和观念

▲ 主要概念

饭店　饭店品牌　社会功能组织　企业　产权　饭店的三重效益　饭店产品　文化　服务情感效应　民宿　中端饭店

▲ 主要观念

经营观念　人本意识　产权意识　饭店时空观念　业务协调意识　服务情感意识　饭店服务的融情意识　自我制约意识

□ 重点实务

星级饭店、中端饭店、经济型饭店、民俗的特点和区别

基本训练

□ 知识训练

▲ 复习题

1）怎样理解饭店服务规范化和个性化的统一？

2）饭店产权制度对饭店管理有什么影响？

3）如何理解饭店产品是无形产品？

4）怎样理解民宿饭店？民宿饭店的灵魂是什么？

▲ 讨论题

1）什么是有限服务？什么是完全服务？

2）饭店产权就是指饭店所有权吗？

3）饭店员工为什么必须有行为的自我制约？

□ 能力训练

▲ 理解与评价

如果饭店员工都按照服务规范操作了，我们认为这只是完成了一个合格的饭店产品，对宾客来说这还是不够的，为什么？

▲ 案例分析

【训练项目】

案例分析-Ⅰ。

【相关案例】

小院饭店是饭店吗

背景与情境：小院饭店是一家简单的住宿饭店，位于杭州南山风景区。饭店的主要空间是客房（拥有16间客房），客房的设施简单实用，有空调、卫生间，客房窗明几净，富有情调。小院设有一个餐厅，只有20个座位，供宾客享用免费早餐，同时也提供中餐和晚餐。小院饭店除了有两间工作用房外，还有一个备有自动洗衣机的洗衣房，宾客可以自己动手洗衣服。小院饭店有一个小厨房，里面备有电磁灶和微波炉，宾客可以自助烹调、加热食品。小院饭店前面和后面各有一个院子，院子里绿树成荫，宾客可以自摆桌椅，自带茶水，在此喝茶小憩。小院饭店三面群山环绕，山上茶树郁郁葱葱。晚上在院子里可以看见满天繁星，听鸟啼虫鸣，潺潺流水，诗情画意美不胜收。客人大多数是来喝茶品茗，或者弈棋打牌，或者泼墨挥毫。茶都是自家产的龙井茶，水就是门前的泉水，食材既有自家地里的蔬菜瓜果，还可以去山上抓自家养的鸡、鸭、鹅、鸽子等。有些城里人专门来这里小住。由此，小院主人自称为民宿。小院总共雇了3位员工，1位厨师，2位服务员。饭店的员工虽然有分工和岗位职责，但分工不分家，基本上每个员工是什么工作都要做。开业以来，小院饭店的生意一直很好。

问题：

1）小院饭店能称为饭店吗？

2）有人认为，饭店的本质是服务，小院饭店设施不全，大多是自助，服务项目很少，所以称其为饭店过于勉强。你认为是这样吗？

【训练要求】

以班级小组为单位组建训练团队，分析案例提出的问题，拟出《案例分析提纲》；团队讨论，形成《案例分析报告》；各团队在班级交流和相互点评《案例分析报告》；在校园网的本课程平台上展出经过修订并附有教师点评的各团队《案例分析报告》，供学生相互借鉴。

▲ 自主学习

【训练项目】

自主学习-Ⅰ。

【训练目的】

见本章“学习目标”中的“职业能力”。

【训练步骤】

1）将班级同学组成若干“自主学习”训练团队，每队确定一人负责。

2）各团队根据训练项目需要进行角色分工。

3）各团队通过校图书馆、院资料室和互联网，查阅“文献综述格式、范文及书写规范要求”和近三年关于“饭店的业务特点及发展”研究的前沿学术文献资料。

4）各团队综合和整理“饭店的业务特点及发展”研究的前沿学术文献资料，依照“文献综述格式、范文及书写规范要求”，撰写《“饭店的业务特点及发展”最新文献综述》。

5）在班级交流各团队的《“饭店的业务特点及发展”最新文献综述》。

6）在校园网的本课程平台上展出经过修订并附有教师点评的各团队《“饭店的业务特点及发展”最新文献综述》，供学生相互借鉴。

□ 课程思政

【训练项目】

课程思政-Ⅰ。

【相关案例】

菜肴质和量都要规范

背景与情境：潮悦小镇是某四星级饭店的一个粤餐厅，其制作的潮州卤水和潮州菜在当地很有名气，每天来就餐的宾客往往需要取号排队。有一天，餐厅主管小陆正在餐厅巡视，突然发现靠窗口××号桌的宾客和服务员发生了争执。只见宾客很不满意地指着一盘叉烧肉说，你们的菜单上注明叉烧一盘是200克，怎么这盘叉烧就这么几块肉，我们一人两块都吃不到。服务员辩解说：“一盘叉烧就是这个量，肉好量足，我们这里的叉烧肉全市有名，来用餐的客人差不多都会点这个菜，从来没有哪个客人提出过意见，都说这个菜好吃，你们觉得不满意可以退菜，但没有必要找理由。”客人的火气上来了，声音也大起来。小陆见状赶紧跑过来，先安抚客人说：“这里可能有些误会，这样吧，我再给你们换一盘，一定让你们满意。”可是客人不依了，你说我找理由，那好，我们把这盘叉烧去过秤，如果是200克，我向你们道歉，如果量不足，你们赔偿我的损失。小陆劝道：“算了吧，是我们服务不到位，我向你道歉，叉烧我再给你换一盘吧。”客人依旧不依不饶，非要把叉烧端去过秤。无奈之下，小陆只好陪着客人去厨房过秤，一过秤，实际分量是140多克，缺斤少两差不多

50克。客人也没有多说什么扭头就回餐厅了。于是，小陆把一盘超量的叉烧端给了客人，并和刚才那位服务员一起向客人道歉，并当场给客人的餐费打了五折。客人终于心平气和了，只是说了一句："品牌店，菜肴的质很好，量也要足，不能偷工减料，就是质和量都要规范。"小陆把客人这句话告诉了总经理，总经理就把这句话作为餐厅的座右铭，并发动全饭店员工着力提升服务质量。

问题：

1）缺斤短两现象在饭店时有发生，这是由多种因素造成的，当然也可能是饭店有意识做手脚。怎样才能解决这个问题？

2）服务员和小陆的处理方式出发点有什么不同？

3）做餐饮怎样理解"菜肴质和量都要规范"？

【训练要求】

以班级小组为单位组建训练团队，研判案例提出的问题，拟出《思政研判提纲》；团队讨论，形成《思政研判报告》；各团队在班级交流和相互点评《思政研判报告》；在校园网的本课程平台上展出经过修订并附有教师点评的各团队《思政研判报告》，供学生相互借鉴。

第2章 饭店的社会性和社会联系

学习目标

通过本章学习，应该达到以下目标：

职业知识：学习和把握饭店的社会性和社会联系的相关概念，饭店存在的客观性，饭店的社会作用，饭店和客源、业主、上级主管单位、政府各部门、供应单位，以及新闻媒介方面联系等理论与实务知识；能用其指导或规范本章认知活动和技能活动，正确解答“基本训练”中“知识训练”各题型的相关问题。

职业能力：点评“饭店与社会沟通关系的必要性与沟通范围”，训练专业理解力与评价力；运用本章的理论和实务知识研究相关案例，培养在与“饭店的社会联系”相关的饭店服务中分析问题与决策设计的能力；通过“饭店对客服务中的礼节礼貌”的实训操练，培养相关专业技能。

课程思政：结合本章教学内容，依照相关规范或要求，对“课程思政2-1”和章后“饭店开业带来的影响”等案例中的企业或其从业人员的行为进行思政研判，强化与案例议题相关的行业规范思考和政治素质，促进“立德树人”根本任务的落实。

学习微平台

延伸阅读 2-1

引例：宁波接待香港贵宾饭店如何准备

背景与情境： 宁波某四星级饭店是这次接待香港宁波同乡会代表团的定点饭店，代表团全体成员都入住该饭店，市政府接待中心也设在该饭店。针对这次接待任务，饭店已动员全体员工投入各项准备工作中。饭店制订了完善的接待计划，明确了各部门的工作职责和工作程序。同时从饭店设施、安全保卫、礼仪接待、员工培训、会场服务、周边配套等多方面进行准备，营造"回到了家乡"的氛围，保证"满意+亲情"的服务品质，重点围绕高规格团队接待的各项标准展开日常工作。

在接待方面，饭店根据宾客活动的时间表与市政府外事车队建立网络连线，掌握机场接送站时间和代表团到离店时间，并准备了两辆备用车辆。同时，饭店和交警部门保持联系，对饭店周边交通进行必要的疏通和管制。饭店和城管部门保持联系，对饭店周边的市容街道环境进行常规性的管理和清洁，展现良好的城市风貌。

在报到、返程、日常接待服务方面，饭店和市政府接待中心保持沟通，对客房、迎接礼仪、个性化服务、用餐菜单、晚间活动、礼品派送等方面都进行了预先的安排。饭店选派一名GRO（客户关系主任）跟随重要客人，提供贴身管家式服务。所有客房提前摆放鲜花、水果、会务组的祝福卡；提前做好文印、宣传、广告、医疗卫生、菜单表、作息时间表、会议日程表、旅游安排表、领导座次表等会场内外布置等后勤服务工作。

在财务服务方面，饭店选派一名财务人员具体协助市政府接待中心及时结清用房、用餐、用会议室等饭店消费情况，精打细算，节约开支，提供饭店不提供的其他所有财务服务。

在饭店服务和安保方面，饭店经理全程跟踪，具体协调饭店客房、餐饮、会议、娱乐、财务、后勤、动力保卫、医疗、饭店安全保卫等方面的工作。同时，饭店加强了警卫，与公安部门、通信部门、食材供应部门、鲜花供应点、供水供电部门、文艺演出部门及时沟通联系，保证接待任务圆满完成。

问题：

(1) 饭店对接待该团队的重视表现在哪里？这些工作在平时的业务运行中会产生吗？

(2) 这家饭店要和哪些政府部门沟通联系？

(3) 在不接待重要团队或者没有重大接待任务时这家饭店需要和这些政府部门联系吗？

2.1 饭店的社会性

饭店存在于社会之中，必然会和社会发生广泛的联系，商品经济越发达，这种联系就会越广泛、越紧密。社会是以一定的物质生产活动为基础而相互联系的人们的总体。社会的本质是联系。饭店是一个社会功能组织，我们要研究饭店和饭店管理，就要研究饭店的社会联系。饭店要生产饭店产品，饭店产品生产的投入，无一不和社会存在联系。饭店要销售产品，要接待来自世界各地、各行各业、各个层面的宾客，这又得和社会有密切的联系。饭店的生存和发展，必须考虑社会背景，扎根于社会文化的土壤中，脱离社会的饭店，一天也不可能生存。饭店的社会联系既有与饭店外部环境、外部各方的联系，也有饭店内部的社会联系。这里我们主要讨论饭店和外部社会的联系。

2.1.1 饭店存在的客观性

行业的产生是社会发展的结果。饭店作为一个行业，其产生和发展是因为社会的发展需要有这样的功能，存在客观必然性。研究饭店管理，要对饭店有正确的社会定位，有准确的功能设置，充分发挥饭店的社会作用，承担社会责任。我们讲饭店是社会生活的需要，是说饭店是满足那些在地域上进行临时性旅行迁徙者临时居住需要而产生的。它的前提是人们的居住形式的定居性，但人们又经常要作地域上的移动。人类社会实现第一次社会大分工后，农业成了人类生存的基础。农业的发展，结束了一部分人的游牧生活，使得人们不再到处迁徙漂泊，人类开始了定居生活。由于社会的联系，人们还要外出旅行。特别是随着生产力的发展，人们在政治、经济、军事、外交、文化、贸易等方面的往来日益增多。随着文明的发展、亲缘关系的交往，社交活动的增多，旅游的蓬勃兴旺，旅行成为社会生活中不可缺少的组成部分。旅行要离开永久居住地，旅行者在旅行中就需要旅居。旅居就是旅行者离开永久居住地，在旅行中作临时性的居住生活。旅居生活的保证就是饭店。当今，商品经济不断发展，经济全球化的势头越来越猛，人们的社会交往和联系、人们的旅游、人们的跨地区活动日益频繁，从而带动了饭店业蓬勃发展。人们的社会联系和社会活动不断增多，这些联系和活动需要有社会性的公共场所，饭店就是这种公共场所的重要组成部分。于是，我们要认识到，饭店是人们离开永久居住地外出旅行时旅居的临时寓所，是旅行者的“家外之家”。正所谓“在家千日好，出门一时难”。为了给宾客排难解忧，为了使宾客在饭店能平衡心理，饭店就提出了服务的宗旨——“宾至如归”。

饭店是适应社会的需要而产生和存在的。随着经济的发展和社会的进步，饭店在形态、功能、内容等方面也会发生变化。这种变化主要表现在四个方面：第一，饭店功能的变化。饭店的功能除了住宿和饮食的基本功能外，只要社会需要的，饭店能设置的功能，饭店都会根据市场需要而设置，饭店功能的内容也就五花八门、千姿百态了。第二，饭店的硬件设施越来越具有时代感和文化内涵。饭店的硬件设施一方面注重现代化、科技化、实用化，另一方面更注意环保和健康。第三，饭店的服务趋向于现代化、多样化、人性化。服务，不仅是满足宾客的旅居和使用价值的需要，而且，注重满足宾客精神的、心理的需求。不但要满足宾客常规的需求，还要满足宾客享受的需求。服务正变得生动而感人。第四，饭店管理正呈现出多元化和多彩化。饭店管理的模式多种多样。饭店管理既有饭店集团、连锁饭店模式化管理，也有单个饭店的单一模式。模式化管理有各自的特点，单一模式也是百花齐放、姹紫嫣红。所有这些管理都会促进我国饭店管理的现代化和多样化。

2.1.2 饭店的社会作用

接待旅居者，接待各种类型宾客在饭店活动是饭店的社会功能。饭店在发挥社会功能的同时，也必然会对社会产生影响。因为饭店是一个公共场所，在这里，有很多人会进来接触、使用、感受饭店；也会有很多人走出去，把对饭店的感受和评判带到四面八方。发达的互联网使得饭店和社会联系更紧密，人们可以通过网络查询饭店，进行订房、订餐、结账。宾客也可以通过网络点评饭店，宣传饭店，直接影响饭店在公众心目中的形象。这样，饭店就会向社会施加影响。饭店在发挥社会功能的同时，也显示了其在社会中的作用。饭店和社会的广泛联系以及作为社交活动的重要场所，使得它的社会作用更为显著。饭店的社会作用主要表现在：

1）饭店是社会生活的一个组成部分

人类的社会生活是由多种内容组成的，社会越发达、越繁荣，社会生活的内容也会越丰富。人们到异地活动需要饭店；人们享受生活需要饭店；人们的礼仪活动需要饭店；人们的社交活动需要饭店；人们的公关活动需要饭店；人们的民俗庆典活动需要饭店。社会的政治、经济、外交、文化、宣传活动需要饭店；社会的会议、仪式活动需要饭店；社会的会展活动需要饭店。饭店联系着社会生活的各个方面，在越来越大的范围内为社会生活提供服务。饭店也和越来越多的组织、法人、个人产生日益增多的联系，从而成为社会生活中不可缺少的一个组成部分。试想，一个现代社会没有饭店将会是一个什么样的情形？由于饭店是社会生活的一个组成部分，饭店就要融入社会中去，那么经营饭店就要和社会生活紧密地联系在一起。根据现代社会生活的特征来设置饭店的功能和服务项目，使饭店最大限度地满足现代社会生活的需要。饭店要经常关注市场，饭店市场就是社会对饭店的需求以及需求的变化，就是饭店能不断生产适合和满足社会需求的产品。

2）饭店在管理和服务方面的表率作用

饭店的表率作用是相对于国内的其他行业而言的。饭店能在管理和服务方面成为国内其他行业的表率，是因为饭店是走在改革开放前沿的行业之一，也是和社会接触面最广的行业之一。饭店面对的是国际市场，要适应国际市场宾客的需求。因此，饭店的经营理念、管理水平、服务质量都应和国际市场接轨而达到较高的水准。饭店的管理和服务就应该超越国内市场的生产力水平，具有先进性和超前性。鉴于这种情势，饭店业早在20世纪80年代初就引进外资，引进国外先进的理念、管理和服务；一大批饭店随之摆脱了传统意识和计划经济模式的束缚，实现了管理和服务的现代化。这在当时国内绝大多数企业还处在计划经济的体制下，管理原始、产品落后、效率低下、服务恶劣的环境中，无疑是一枝独秀。在改革开放的浩荡春风中，在市场经济的冲击下，许多企业和行业已经意识到自身的落后，纷纷提出了“宾馆式服务”“宾馆式环境”等。这些企业和行业把饭店规范的管理和服务作为自己效仿的对象，饭店先进的管理和服务对国内其他行业起到了表率作用。进入21世纪以后，世界经济变化更快，饭店也没有停留和满足于现状，仍旧在积极引进或从自身升华管理的理念、形式、方法、手段，让自身的管理始终能保持先进水平。

3）饭店在社会文明礼貌方面的表率作用

饭店是人与人交往的行业，十分注重礼貌。我国饭店在引入国外饭店礼仪的内涵和形式的同时，始终没有放弃民族传统，因而饭店的礼节礼貌既有时代特征，也有民族特色，较完美地体现了人们积极的精神风貌。社会总是要发展的，经济越发展，社会越进步，人们就会越崇尚文明礼貌，越唾弃野蛮和粗鲁。在这种情况下，饭店的文明礼貌就为社会所推崇。正因为饭店业的文明礼貌走在了社会的前沿，所以许多行业（特别是服务性行业）纷纷提出向饭店学习，提倡"宾馆式服务"。饭店的文明礼貌有力地促进了社会相关行业礼貌风尚的形成。随着社会精神文明的进步，饭店在文明礼貌方面绝不可以满足现状，而是要不断地与时俱进，使文明礼貌水平不断提高。

教学互动2-1

互动问题：

（1）饭店业能够走在社会文明礼貌方面的前列，有哪些自身方面的原因？

（2）我国的出境旅游团常有某些团员的不文明行为遭人诟病，这些不文明行为会出现在我国的饭店吗？如果出现了如何处理？

要求：同"教学互动1-1"的"要求"。

4）饭店在社会中的经济作用

饭店是一个经济组织，经济组织就要对社会有经济贡献。饭店在社会中的经济作用主要表现为：

第一，饭店是旅游业的重要组成部分。旅游业是我国的新兴产业，是国民经济发展新的经济增长点。2019年，国内旅游市场和出境旅游市场稳步增长，入境旅游市场基础更加牢固。全年国内旅游人数60.06亿人次，比上年同期增长8.4%；入境旅游人数14 531万人次，比上年同期增长2.9%；出境旅游人数15 463万人次，比上年同期增长3.3%；全年实现旅游总收入6.63万亿元，同比增长11.1%。

第二，饭店业能为国家提供外汇收入。饭店业的经济活动属于再分配的范畴，涉外饭店创造的外汇收入直接增加国民收入，对国家来说是一部分新创造的价值，同时也是国家的外汇收入。

第三，饭店业能够刺激和引导国内消费，拉动内需的增长。一方面，随着人们生活水平的提高，会越来越多地使用饭店；另一方面，现代饭店逐步明确了自身的市场定位，逐步使产品满足特定市场层次的需求，饭店的消费主体是国内消费者，这对拉动国内消费有积极的意义。

第四，增加国家税收。饭店的经营能够增加国家的税收，从而增加国家的财政收入。

第五，对资本运营的作用。资本投入饭店，转为不动产。目前我国地产和房产的保值和增值作用比较明显，投资饭店业，能保证资本的保值和增值，投资风险较小。饭店业也为资本提供了很好的投资方向，成为资本运营的一个热点。例如，饭店业品牌的输出和特许经营权的输出都是饭店的资本运营的形式。

第六，饭店业在农村脱贫和新农村建设中的作用。广大农村的脱贫是全面建成小康社会的根本。我国正在进行社会主义新农村建设，旅游和饭店在新农村建设中具有非常积极的意义。现在社会主义新农村旅游、农家乐旅游、现代农业示范区旅游、世外桃源山村旅游、农家风情民俗旅游等，正把大量的旅游者引向农村。要接待旅游者，就要有饭店，农村的饭店不是大饭店，很多是独门独户的农家院，里面不但设施齐全、卫生安全，而且有一种淳朴的农家氛围，有热情周到的服务。农家居舍一建就是一大片，这些特别的饭店不但满足了旅游者的需要，在一些地方还深受旅游者的青睐，常常是供不应求。在黄山旅游区、婺源旅游区、杭州西湖风景区，这样的农家旅舍比比皆是。可见，饭店在我国的新农村建设和地区脱贫工作中起到了重要的作用。

近几年，我国的农村现代化的新形式——特色小镇建设、田园综合体建设蓬勃发展，遍地开花。这些形式往往和旅游度假结合在一起。大量城市的民众离开城市去农村、田野、山林、渔村等地寻求静谧、清新、质朴、天然，他们的行为就是旅游度假休闲。顺理成章，这些地方都需要饭店以供人们停留。因此，这些地方的度假酒店、山村别墅，特别是民宿就像雨后春笋般欣欣向荣。当然，这些形式给中国农村带来的好处也是显而易见的。

5）饭店在解决劳动力就业方面的作用

我国是一个有着十四亿人口的国家，也是一个人均资源相对贫乏的国家。饭店是劳动密集型行业，它能较多地吸纳社会劳动力，解决了相当一部分人的就业问题。饭店对从业人员素质要求比较高，因此饭店会对从业人员进行素质和专业技能培训。通过不断培训，饭店人员的素质相对比较高。饭店人员流动性很大，需要源源不断地从社会上招收员工，解决了社会上一部分人的就业问题。

6）饭店是一个城市的窗口

饭店要接待国内外的各种宾客，旅居者对该城市和地区的最初印象和切身体会往往源于他们下榻的饭店。经常外出旅行的人们最初通常是以评价他们下榻的饭店来判断一个城市的。旅居者到了一个城市，首先要安排住宿。旅居者在一个城市逗留时间最长的地方也是饭店。饭店提供给宾客的服务是与食宿起居密切相关的，因而饭店带给旅居者的不仅是对一个城市的第一印象，而且是一种细致入微的体验。旅居者的体验就成了他们评价这个城市的一个组成部分。这样，饭店就成了一个城市的窗口。通过这个窗口，人们从一个侧面看到了一个国家、一个地区、一个城市的精神风貌、民族文化、文明程度、经济发展水平和生活水平。由此，饭店经营要树品牌、树形象，从大处着眼，从细微处着手，以暖风催春的创新精神和细雨润物的踏实作风去展示饭店及城市的完美品质和诱人的吸引力。

同步案例 2-1

乡村振兴民宿发展模式——莫干山

背景与情境：莫干山位于浙江省湖州市德清县境内，距离杭州市70公里。德清县莫干山镇以民宿为基础产业，构建了多层次产业体系，通过政策扶持、外资引进、人才利用，打造了莫干山特色小镇。莫干山镇被评为全国美丽宜居小镇，入选首批中国特色小镇。

民宿产业

莫干山导入多元主题化的民宿产业，形成了全国民宿产业的高地，历经外来人群投资、本地居民投资、政府引导发展三大阶段。为规范引导民宿产业的发展，德清县 2015 年出台了县级民宿等级划分标准《乡村民宿服务质量等级划分与评定》，将民宿划分为精品民宿、优品民宿和标准民宿三类；在民宿管理上，实施政府与民间机构共同管理，2015 年出台《德清县民宿管理办法》，通过对消防、污染、安全防护、接待设施等方面进行规定，加强对民宿的规范和引导，并成立民宿发展协调领导小组，对民宿经营等方面进行监督检查；在土地政策上，对民宿项目实行“点状供地”，出让投资者房屋落地的土地，减轻企业负担，减少土地浪费。

旅游产业

挖掘莫干山及周边旅游资源，按照康体健身和民国体验发展主题构建全域旅游产业。依托莫干山风景名胜区，打造户外生态运动基地，修建莫干山国家登山健身步道；打造“环莫干山游”，串联莫干山周边旅游资源，山上山下联动发展；出资对镇区街道进行民国风格改造，植入老式照相馆、布鞋、老酒、咖啡馆等怀旧风格的业态，建造了小型博物馆、VR 体验馆、复古钟楼等建筑。举办音乐节、国际自行车赛事、山地越野竞赛等节庆活动，提升莫干山品牌知名度，打造国际休闲旅游品牌。

莫干山的精品民宿有上百家，实现直接营业收入 3.5 亿元。动辄千元一晚的价格俨然成为当地民宿的标配。依托良好的生态和百年度假传承，莫干山大力发展以民宿、精品酒店为代表的休闲度假新业态，成为中国乡村民宿的聚集地和标杆，成功建成国家级旅游度假区。衍生而来的配套产业、出租农房和流转土地等方式，让村里的沉睡资产变成了现实资本。仅莫干山一带的 60 多家“洋家乐”，带动的农民房屋出租收入、流转土地收入等财产性收入就超过 1.83 亿元。

资料来源　佚名. 乡村振兴民宿发展模式——莫干山［EB/OL］.［2021-02-18］. http：//www.reportway.org/xiangcunnews/25683.html.

问题：莫干山的民宿发展成为一个集群，产生了怎样的社会效应？

分析提示：莫干山拥有丰富的资源，在发展旅游结合乡村振兴方面走出了以发展民宿集群为特色的新路子。民宿的发展带动了莫干山的全域旅游，带动了周边景区和旅游点的发展，带动了美丽乡村建设，带动了乡村全面小康建设。民宿的发展显示了它强劲的社会效应。

学习微平台

延伸阅读 2-2

2.2 饭店的社会联系

管理的本质是处理好各种关系，因此管理饭店必须要有系统观念，要全面地了解饭店各方面的联系。饭店是社会的一个组成部分，在社会结构中占有一定的地位。社会的联系性质和社会的多元结构，决定了饭店和社会各个方面存在着广泛的各种形式的联系。饭店以其特定的社会功能向社会提供服务，发挥着对社会的作用，接受社会的评判。同时，饭店也要利用社会的各种功能为自身服务。这就是社会联系。饭店和社会的联系比一般企业更为广泛。这是因为，饭店的服务对象是人，饭店是社会各种关系的演绎舞台，饭店产品的特殊性使得饭店和各种类型的消费者直接见面，和消费者直接接触，这里面就存在着复杂的关系。饭店在接待人的过程中，需要向社会获取各种保障和保证，其中有各种物质资料的保障，有各种社会环节条件的保证，有政府

同步链接 2-1

以党的二十大精神为指引　饭店业助力乡村振兴

相关部门的支持。这里都是一种社会关系的联系。饭店能否很好地生存和发展，往往和饭店能否恰当地处理好各种关系密切相关。因此，饭店管理者必须了解并娴熟地处理好各种社会关系。能否恰当有效地处理好各种关系，也决定了管理者能否有效地管理饭店并取得良好的效益。

饭店的社会联系主要有五个方面：饭店和客源的联系，饭店和业主、上级主管单位的联系，饭店和政府各部门的联系，饭店和供应单位的联系，饭店和新闻媒介的联系。

2.2.1 饭店和客源的联系

客源是饭店的生命之源，财富之源。客源一般有三类：第一类是由客源单位输送的单位客源；第二类是通过订房网络平台输送的客源；第三类是自己找上门来的散客。单位客源往往量大且比较稳定，特别是我国的大中型饭店，会议客源占总客源的比重很大，所以这类饭店比较重视会议市场的客源。旅游团队在我国的饭店客源中也占有很大的比重，旅行社是相当一部分饭店联系最多的单位。对客源单位，饭店要有经常的伙伴式的联系，相互支持，力争双赢。与客源单位的联系主要有两种形式：一种是由市场支配的业务联系，它主要通过合同和其他形式进行联系，这种联系是由市场和供需规律决定的，双方联系的准则是交换关系；另一种是感情的联络，双方通过各种形式的沟通和感情交流，建立起一种良好的人际关系。在饭店和客源单位的联系中，两种形式的联系都是必要的，两种形式的联系互为补充，相得益彰。网络平台客源是饭店客源的重要来源。随着信息技术和网络技术的快速发展，电子商务越来越普及，饭店网络平台客源的比重越来越大。饭店与散客的联系有几个环节是重要的：第一个环节是宣传和销售，通过信息渠道使饭店和散客联系起来。第二个环节是饭店接待，当散客成为饭店的宾客后，要通过良好的服务使宾客产生品牌信赖。第三个环节是宾客离店后的心理感受及以后的品牌忠诚度。做好了这一环节，这些散客不但能够成为饭店的回头客，而且能够成为饭店品牌的宣传者。第四个环节是充分利用网上订房、订房App等信息技术手段，使散客不需要通过代理商或者分销商而方便地订房。第五个环节是利用自媒体和网红打卡扩展客源。饭店有自己的特色，能够吸引宾客，特别是年轻人。让饭店成为网红的打卡点，通过自媒体宣传饭店，扩大饭店的知名度，以吸引更多的宾客。网红传播可以成为广告宣传的重要补充。

2.2.2 饭店和业主、上级主管单位的联系

饭店总有个所属关系，或属于投资的业主，或属于某主管单位。饭店主体和所属主体之间就存在一定的联系。在现代企业制度条件下，投资者有所有权，但没有经营权；饭店管理者有法人财产权，但没有所有权。这两者之间要平衡和协调。这种协调主要表现在：投资者关心的是资产的保值和增值、投资回报，管理者关心的是经营利润，这两者的目标要一致。中国的投资者往往会以各种形式干预饭店的经营事务，饭店管理者又往往会由此而改变经营策略。为了能使两者取得一致，各司其职，饭店就要经常和业主及主管单位交流和沟通，一方面取得投资者的信赖，从而给予管理者更大的自主权；另一方面在沟通中使投资者理解并建立对专业管理的信心，有利于管理者按照自己的思路去经营饭店，维持正常的经营秩序。饭店管理

者要经常和董事会、主管单位、监事会、股东们沟通，取得他们的信任和支持，听取他们的意见和建议，使他们对饭店经营能够放心、称心、顺心。饭店管理者在经营过程中要能够正确地贯彻执行董事会的决策，完成饭店的计划指标，使饭店和业主都能够满意。

2.2.3 饭店和政府各部门的联系

社会是有着复杂结构的人际关系的总和。社会秩序的正常运行，离不开国家法律法规的制约，离不开政府各部门开展的行政管理工作。作为社会组织成分之一的饭店，就和政府各相关部门产生了一定的联系。

饭店要开展经营，首先需要在市场监督管理部门进行登记，以保证饭店经营的合法性。通过登记，市场监督管理部门能够维护饭店的合法权益；饭店也要接受市场监督管理部门的监督，从而使饭店走在合法经营的轨道上。此外，饭店要进行税务登记并依法纳税，饭店和税务部门产生了税务上的联系。

饭店为宾客提供直接的生活服务，因此起居饮食和环境都要讲究卫生，自觉做到卫生规范。为了保证饭店的卫生符合国家标准，由政府卫生防疫部门指导监督饭店的卫生防疫工作。饭店和所在地的卫生防疫部门应保持经常性的联系。卫生工作是饭店的一项非常重要的工作，可是很多饭店的卫生工作做得并不规范，特别是在饮食卫生方面常常出现负面报道。饭店不但要自觉地执行卫生法规，而且应该更多地寻求和接受卫生防疫部门的监督和帮助。

宾客外出旅行安全第一。饭店要保证自身和宾客的安全，维护社会治安，做好安全保卫工作。同时，饭店还要协助相关机构做好社会稳定工作。饭店作为流动人口的一个中转站，既要维护宾客的权益，也要防止社会不良分子利用饭店进行违法活动。为了饭店的安全，饭店和安全部门、公安机关就有专门的和日常的业务及工作联系。

饭店是人群集中的地方，很多饭店又是高层建筑，国家对饭店消防的标准要求很高。饭店消防工作以防为主，要求做到万无一失。饭店消防主要靠自身把消防措施条条落实，同时也需要消防部门的指导监督，因此饭店和消防部门就有密切的联系，特别是消防知识的培训、消防技能的培训、消防实战演习，都离不开消防部门的支持和帮助。

饭店在开展文化娱乐活动时要遵守各种规定，与文化和旅游部门保持业务上的联系。

饭店要使用各种燃料，排放废气和污水，人群集中地方和场所空气质量要达标，厨房要排放油烟和污水，要处理垃圾，这些都需要有相应的处理措施。在日益强调环保的今天，饭店更需要和环保部门进行通力合作。

饭店要被纳入行业管理之中。饭店的涉外资格、星级评定、星级资格的复查、日常业务指导、行业法规的实施、管理人员培训等，多数是由文化和旅游管理部门来组织的。

交通道路和停车问题是当前饭店经营过程中需要面对的一个突出问题。饭店在有重要或大型接待任务时，其周边的交通道路就会格外拥堵，甚至要进行必要的交通管制。饭店必须要有良好的交通条件和停车场所作为经营前提。为此，饭店就要和道路交通管理部门以及市政建设部门打交道，需要和这些部门保持经常性的联系。

除了上述联系外，饭店还和物价、劳动、城建、城管、外事、侨务、街道社区、绿化、司法部门等政府部门有着一定的联系。联系形式各不相同，各有特点。由此可见，饭店管理者处理关系的能力十分重要。

课程思政 2-1

现在怎么处理和政府各个部门的关系

背景与情境：饭店要处理好和政府各部门的关系，取得这些部门的支持和帮助，往往会采取各种有效的方式。某饭店所采取的方式是，逢年过节请相关政府部门来饭店聚餐、联欢、座谈。饭店利用自己的优势宴请大家，再赠送一些礼品，以对各部门的支持和帮助表示感谢。饭店利用传统节日，会给政府相关部门赠送一些特产，如端午节赠送一些粽子，中秋节赠送一些月饼，春节赠送一些自己生产的腌腊制品等。饭店认为这些是理所当然的人情关系。如此，饭店也确实得到了政府各部门的支持和帮助。然而，在饭店内部有些员工私下议论，这不是变相行贿吗？饭店在助长不正之风？中央“八规六禁”颁布以后，这些“人情关系”都在禁止之列。饭店不用再请客送礼，省了很多事；政府有关部门也拒收饭店送来的礼品，清静了很多。

问题：

(1) 在新形势下，饭店应该怎样来处理和协调与政府各部门的关系？

(2) 饭店送一些自产自销的礼品以联络感情，也得到相关部门的一些帮助，这种做法和职业道德有关系吗？

研判提示：联系中央“八规六禁”和我国特有的人情关系传统进行分析。

2.2.4 饭店和供应单位的联系

饭店是生产无形产品的企业，有生产就有投入和耗费。饭店生产的是供宾客旅居生活所需要的服务产品，要耗费和投入各种能源、原料及各种生活用品。这些物质资料都是由各供应单位或供应商提供的，由此饭店和供应单位或供应商就存在密切的联系，保持着采供关系。饭店和供水的自来水公司、供电的供电公司、供气的煤气公司、供油的石油公司、供热的热电公司等有着业务的联系。饭店所用的物资物品少则上千种，多则几千种，这些物资都是由供应商提供的。供应商的企业性质各不相同，订货供货形式、付款方式等都有诸多的不同，饭店是按照市场规律和行情，根据各供应商的行业规矩与之进行交易和买卖联系。饭店除了购买各种实物产品外，还要为宾客代买代办飞机票、火车票、汽车票、轮船票等，由此饭店就和民航、铁路、公路、轮船公司以及这些系统的代理公司发生业务上的联系。

同步业务 2-1

饮料的决策

年底，某五星级饭店要确定第二年饮料的供应商以及饮料品种。饭店采供部在和供应商洽谈的过程中，遇到了两个问题：一是某国内著名葡萄酒代理商提出，如果饭店在橱窗里陈列了他们的葡萄酒，就不能再出售国内其他品牌的葡萄酒，这样饭店才能得到优惠价和保证供应量，否则这两点都难以保证。而饭店认为，宾客在饭店消费，应该有多个饮品品牌可供选择，供应商提出的条件无法接受。二是饭店某酒类供应商要求在提供给饭店的酒类品种中，引入一些低档的白酒进行代销。而饭店认为，这些低档酒进入饭店，会降低饭店的档次，所以不同意引进低档酒，于是双方就产生了矛盾。从过去的合作情况看，这家酒类供应商供应给饭店的各种酒不仅价格优惠，而且品质有保证。

饭店如何采购饮料是一件很平常的事情，也是一种程序化的决策。就是这样一种看似简单的决策，也存在饭店和饮料供应商的关系问题、与消费者的关系问题，以及和有关酒类渠道的关系问题。当然，最后饭店和供应商一定要达成一致的意见，关键是怎样运用关系处理的技巧，恰当地处理好关系，使双方都能够满意。而在处理这一关系时，一定要利用饭店是优势方这个前提条件。

2.2.5　饭店和新闻媒介的联系

现在是信息时代，饭店要开拓市场，要打响自己的品牌，必须利用各种传媒手段开展宣传。饭店要经常借助媒体宣传自己，将饭店的名称、饭店举办的活动、饭店的各种信息向社会广而告之，以便树立自身的形象，使饭店能够拥有一个良好的市场环境。饭店有时会举办一些宣传自己、回报社会的社会活动，如文艺、体育、慈善、公益等活动。

饭店和社会的联系是广泛的，也是复杂的。饭店和社会的联系有多种形式，有的联系是以政府规定的形式进行的；有的联系是以公关的形式进行的；有的联系是一般的业务联系；有的联系是专题性的专门联系；有的联系是通过情感的联络而进行的。至于采用什么样的方式进行联系，则由管理人员根据经验和判断来决定。饭店处理好与社会各方面关系的目的是树立自身的形象，营造自身生存和发展的良好社会空间，争取更好的经营效益。饭店的每位管理者都应该对饭店的社会联系内容、社会联系的方式有清晰的思路，能掌握处理社会关系的各种技巧，熟悉处理社会关系的艺术，能恰当地、圆满地处理好和社会各方面的关系。

处理好各种社会关系，要求管理者熟悉相关业务流程，处理关系要有专业性。例如，处理饭店的物资采购，有的物资是需要压货的，有的物资是由供货商提供现场服务的。又如，处理饭店和公安机关的关系，根据公安机关的行业管理要求，既不要侵犯宾客的隐私，给宾客一个宽松的环境，又要掌控好整个饭店和宾客的活动。再如，处理饭店和旅行社的关系，饭店的对外报价，饭店和旅行社的合同条款、结算方式等，这些都需要有专业知识。饭店管理者在内应该是一位好管家，对外应该是一位好的外交家。

饭店和社会各方面的关系是客观存在的，没有了关系也就没有了社会，这是一种合理的、正常的社会存在。当然，合理不合法，或者合法不合理的现象也会时而出现。有的关系是有一定游戏规则的，有的是没有游戏规则的。处理好这些关系，往往要靠管理者的艺术性，离不开管理者的正确判断和处事的能力。总之，饭店和各方面都应该保持良好的关系，从而使饭店既能富有个性，也能够有一个适宜的外部经营环境。

本章概要

□ 内容提要

本章重点阐述了饭店的社会功能和饭店的社会联系。我们研究饭店管理不但要从饭店本身出发，深入地剖析和揭示饭店的本质和它的运行规律，还要把饭店放在社会的大环境中，从更广阔的社会视野中去理解饭店的本质和它的社会性。阐述饭店的社会功能时提出了饭店的社会责任，使饭店管理者能够有明确的社会责任感，同时明确自己的社会定位，在扮演好饭店社会角色的同时，能够争取更大的社会效益。阐述饭店的社会联系时，强调饭店和社会的互相依存、互相联动的关系，要正确地、艺术地处理好饭店和各方面的关系，使饭店有一个良好和谐的发展环境。通过本章学习，应该初步树立用发展的、联系的眼光看饭店的发展和饭店管理的理念，更深刻地去认识饭店、认识社会。

□ 主要概念和观念

▲ 主要概念

社会　旅居　饭店的社会性　饭店的社会功能　饭店的社会联系　网红饭店

▲ 主要观念

系统观念　社会责任观念　社会关系观念　现实社会观念

□ 重点实务

社会联系的原因　饭店的社会性　饭店的文明礼貌

基本训练

□ 知识训练

▲ 复习题

1）社会发展对饭店变化的影响有哪些方面？

2）针对我国社会交往中礼节礼貌的现状，谈谈饭店在礼节礼貌方面的表率作用。

3）根据已经学过的知识，你认为饭店的经济作用有哪些？

▲ 讨论题

1）以自己外出旅行的经历谈一谈饭店存在的必要性。

2）饭店在处理社会关系时，有时会赠送一些礼品，这是一种正常的社会交往形式吗？

3）你认为饭店和社会的联系相比商业企业更复杂还是更简单？为什么？

□ 能力训练

▲ 理解与评价

当投资者要投资设立一家饭店时，就意味着将有一个新的饭店要进入社会，饭店是否要和社会沟通关系？需要和哪些部门沟通关系？

▲ 案例分析

【训练项目】

案例分析－Ⅱ。

【相关案例】

新媒体营销玩转五星级酒店 线上营收突破1 600万元

背景与情境：长期以来，中国酒店行业的发展形势并不乐观。数据显示，锦江、华住、首旅如家三大酒店集团近年的RevPAR多次呈现下滑趋势，说明酒店需要拓展客房以外的业务收入。

以美高梅在亚龙湾的酒店为例，非客房收入的增长点首先体现在餐饮上。亚龙湾的酒店餐饮团队打造出某网红产品，一年卖了600多万元，不仅吸引了外地游客，很多当地人也会专门过来品尝。其次是挖掘旅行需求，深耕亲子市场，开发了面积达8 000平方米的海上城堡乐园项目。

频繁出差的商旅人士往往"不是在酒店，就是在去酒店的路上"。从住客角度来看，往往会有这样的思考模式：在住前，下飞机之后我就要打车，而打车前会考虑酒店能不能推荐吃的；而在住中，电视的打开率非常高，也会注意到酒店床品的舒适与否。在新媒体的帮助下，酒店与旅客的所有触点均存在增加非客房收入的机会。

酒店企业所开展的各项活动都离不开网络技术，互联网的持续发展也使得酒店行业的营销活动体现出新的活力。在新媒体环境下，企业经营所要面对的市场竞争越来越激烈，想要有效提升营销的效果，就必须进行改变，积极转变思维习惯。换言之，不仅需要巩固与传统媒体之间的合作，还需要有机整合新媒体背景下的生态传播力，与此同时，更应该准确掌握传统媒体与新媒体的传播规律，最大化提升营销效果。

放眼整个酒店业，非客房收入还处于探索阶段，并未有"标杆"出现。但是在2020年，借助新媒体玩法和持续的创新策略，宝矿集团旗下多家酒店的非客房营收均实现了不同幅度的上涨，实现了1 600多万元的营收，在很大程度上辅助了酒店整体营收。其中，以静安瑞吉酒店为代表的下午茶，更是成为当下的网红产品。

面对疫情，宝矿集团旗下酒店积极展开了生产自救，例如酒店餐厅制作一些盒饭拿到周边的写字楼进行售卖，取得了不错的业绩，外卖收入达到了140多万元。

资料来源　佚名．新媒体营销玩转五星级酒店 线上营收突破1 600万元［EB/OL］．［2021-05-19］．https：//www.sohu.com/a/362525942_118838.

问题：

1）宝矿集团旗下酒店和媒体是什么关系？酒店还需要和哪些单位建立联系？

2）其他饭店可以仿效这种做法吗？

【训练要求】

同第1章"基本训练"中本题型的'训练要求"。

▲ 实训操练

【训练项目】

"饭店的文明礼貌"知识应用。

【训练要求】

实训要求：将班级学生以小组为单位组建若干训练团队，选取本章"重点实务"中的"饭店的文明礼貌"教学内容作为操练项目，模拟游客与旅游企业服务人员，进行"'饭店的文明礼貌'知识应用"的项目实训。

【训练步骤】

1）将班级学生以小组为单位组建若干训练团队，每团队确定一人负责。

2）各团队学生选取本章“重点实务”中的“饭店的文明礼貌”教学内容作为操练项目进行“情境设计”和“宾客与饭店服务人员”的角色分工。

3）各团队以相关实务教学内容为业务规范，进入角色，体验本项目模拟实训的全过程。

4）各团队学生交换角色分工，再次体验本项目模拟实训的全过程。

5）各团队学生记录本次模拟实训的主要情节，总结实训操练的成功经验、存在的问题及解决的办法，在此基础上撰写《“‘饭店的文明礼貌’知识应用”实训报告》。

6）在班级讨论交流、相互点评与修订各组的《“‘饭店的文明礼貌’知识应用”实训报告》。

7）在校园网的本课程平台上展出经过修订并附有教师点评的各团队《“‘饭店的文明礼貌’知识应用”实训报告》，供学生相互借鉴。

□课程思政

【训练项目】

课程思政-Ⅱ。

【相关案例】

饭店开业带来的影响

背景与情境：善源饭店是江南一个三线城市中唯一一座现代化高星级饭店，饭店选择在元旦开业。开业这天，店外鼓乐齐鸣，好不热闹。饭店里，挺拔帅气的行李员热情地为来宾提供服务。排成两排的礼宾姑娘身着清一色的旗袍，彬彬有礼地接待引领宾客。餐厅服务员有条不紊地为宾客让座、上茶水、挂大衣。服务员个个都精神饱满，面带微笑，着装整齐，举止大方。开餐了，几十桌的筵席，气氛热烈，只见上菜的服务员排成一列，手托托盘，有序地给每一桌上菜。桌边服务员殷勤地为宾客斟酒倒水，上菜撤盘。大部分宾客来自地方，很多是农村干部，很少看到这样的场面。这次开业典礼无疑带给来宾以极大的震动，终于见识了现代饭店、现代礼仪是什么样子。接下来的一年多时间里，这个城市的医院首先提出医院要提供宾馆式服务，医院派出人员到饭店学习。医院还邀请饭店派人对院方相关人员进行服务和礼仪培训，以改善服务态度，提升服务质量。接着，这个城市的中国银行分行也和饭店取得联系，邀请饭店派出人员对市中银系统的全体员工进行礼仪培训，希望文明之花在中银系统遍地开花。一时间，“宾馆式服务”成为这个城市服务行业的普遍口号。服务规范化、人员文明礼貌成为这个城市追求的目标。

问题：

1）一个饭店开业给这个城市带来了什么影响，为什么？

2）医院、银行、服务行业为什么要学习宾馆式服务？是“人之初，性本善”吗？

3）饭店业对社会的影响为什么比其他行业大？

【训练要求】

同第1章“基本训练”中本题型的“训练要求”。

第3章 饭店管理的含义和要素

学习目标

通过本章学习，应该达到以下目标

职业知识：学习和把握饭店管理的含义与要素等相关概念，饭店管理的主体、客体、目标、职能及社会背景等知识；能用其指导或规范本章认知活动和技能活动，正确解答“基本训练”中“知识训练”各题型的相关问题。

职业能力：点评‘饭店集团提升管理人员不能直接提级到岗’的做法，训练专业理解力与评价力；运用本章的理论和实务知识研究相关案例，培养在与“饭店管理的含义和要素”相关的业务情景中分析问题的能力；通过收集、整理与综合关于“饭店管理要素”的前沿知识，撰写、讨论与交流《“饭店管理要素”最新文献综述》，培养“饭店管理的含义和要素”中“自主学习”的通用能力。

课程思政：结合本章教学内容，依照相关规范或要求，对“课程思政3-1”和章后“一些饭店的卫生乱象”等案例中的企业或其从业人员的行为进行思政研判，强化与案例议题相关的行业规范思考和政治素质，促进“立德树人”根本任务的落实。

引例：饭店服务质量源于饭店管理的水平

案例1

Cherry该怎么办？

背景与情境： 前台服务员Cherry在工作中遇到了一件烦心事，为此深受困扰。客人王先生于4天前入住本酒店一间商务客房，房租为686元/夜·间，计划入住时间为2天，其在办理入住时缴纳了1 400元的预付款。根据宾客预留的信息，在王先生入住酒店2天后的上午，Cherry打电话到王先生的房间询问其具体离店时间，王先生告诉Cherry，他的事情还没有办完，因此要延迟离店。于是，Cherry要求王先生方便时到酒店前台续费以保证他能够继续租住，王先生很痛快地答应了。然而，2天时间过去了，尽管Cherry又催了王先生两次，但仍未见其前来续费。Cherry很担心会出现宾客逃账的现象，但又不能过于生硬与直白地催王先生缴费。

问题： 如果你是Cherry，你会怎么办？

案例2

饭店出现的两个问题

背景与情境： 一天下午，一位香港客人来到上海一家饭店总台，怒气冲冲地责问接待员："你们为什么拒绝转交我朋友给我的东西？"当班的一位实习生小黄连忙查阅值班记录，不见上一班有关此事的记载，便对客人说："对不起，先生，请您先把这件事的经过告诉我。"客人便讲述了此事的原委。他几天前住过这家饭店，前两天去苏州办事，离店前预订了今天的房间，并告诉总台服务员，在他离店期间可能有朋友会将他的东西送来，希望饭店代为保管。服务员满口答应了，但这位服务员却未在值班簿上做记录。第二天，当客人的朋友送来东西时，另一位当班服务员没有见到上一班服务员的留言交代，又见客人朋友送来的是衬衫，便拒绝接收。客人知道此事后十分恼火，认为饭店言而无信，存心跟他过不去，于是便有了一开始责问接待员小黄的那一幕。

美国著名管理学家坦明在分析顾客投诉时阐述了一个见解，被称为"85/15"模式：在宾客的投诉中，员工责任往往只占15%，其余85%是程序上、管理上或者其他原因。换言之，大部分原因在于饭店的管理。

资料来源 佚名. 酒店管理案例分析［EB/OL］.［2021-08-16］. http: //www.fanwen118.com/info_26/fw_3912066.html.

学习微平台

延伸阅读3-1

问题：

（1）两个案例出现的问题原因何在？这与员工素质有关吗？

（2）补救这两个问题，需要从管理上着手吗？

（3）怎样理解坦明的论断？

3.1 饭店管理的含义

文化和旅游部发布的《2019年度全国星级饭店统计报告》显示，截至2019年年底，全国星级饭店管理系统中共有星级饭店10 003家。此外，还有许多不同档次的精品饭店和中端饭店。作为星级饭店，其硬件和软件的标准必须达到国家的统一标准。

然而同一星级的饭店却在硬件、产品、服务、氛围等方面有着明显的差异，这些差异就是由管理所带来的。比如：

同样的两家四星级饭店，去A饭店，宾客有预订，服务员很快就拿出了宾客的预订资料，并只用40秒钟就为宾客办完了入住登记手续。办完手续后，当宾客说他的司机正在擦拭汽车玻璃上的泥水时，大堂副理马上派行李员给这位司机送去了瓶装饮用水，使人一进饭店就有一种温馨感。去B饭店，门外没有门卫指挥车辆，预订宾客到总台，总台在电脑上找不到预订单，入住登记足足用了7分钟。同样，当宾客说汽车的清洗储液罐需要加水时，行李员告诉司机，可以用瓶子去公共卫生间取水，一进这个饭店就使人感到憋气。

两家服务质量差异甚大的四星级饭店，从表面上看，是员工素质的差异，是服务的差异。那么，出现这种现象的根本原因何在？难道不是管理水平的差异？饭店要有效益，必须要有良好的产品和服务，这又有赖于饭店的管理。我们说"管理出效率，管理出效益"，可见管理对饭店的重要性。要想管理好饭店，就要对饭店管理的含义有明确的、全面的了解。

3.1.1　饭店管理的概念

饭店管理属于管理的范畴，饭店管理归根结底还是管理。我们在讨论饭店管理之前要对管理有一个初步的、概括性的认识。

管理的几个经典概念：

1）职能说

法约尔的定义：管理就是实行计划、组织、指挥、协调、控制职能。

2）环境说

孔茨的定义：管理就是设计和保持一种良好的环境，使人在群体里高效率地完成既定目标。

3）协调说

管理被定义为切实有效支配和协调要素，并努力达到组织目标的过程。

4）支配对象说

杨文士定义：管理就是组织中的管理者，通过实施管理职能来协调他人的活动，使别人同自己一起实现既定目标的活动过程。

这四个对管理的定义是从不同的角度阐述了管理的内涵和本质。四个定义有着共性的内容：第一，管理的主体是管理者，也就是四个定义的主语。第二，管理都有管理的对象。第三，管理都有目标，也就是管理的结果和发展的愿景。第四，管理的职能。管理职能的存在也就是管理的过程。第五，管理都是在一定的社会背景下进行的。也正是从这五个要素出发，我们来讨论饭店管理。

在对管理有了基本的认识后，就可以谈一下饭店管理了。

饭店管理，就是管理机构和管理者在认识客观对象的前提下，执行决策、组织、指挥、沟通、协调、控制等管理职能，形成最大接待能力，完成业务过程，保证饭店三重效益的活动的总称。

饭店管理是一种活动，这种活动是以管理者为主体，以市场和饭店为对象，以饭店业务为主要过程，以实现三重效益为目的，以管理者执行管理职能为主要形式。饭店管理是一个复杂的过程，有着丰富的内容。

3.1.2 对饭店管理概念的说明

基于饭店管理的概念，我们可以对饭店管理作进一步的解读。

1）饭店管理是一个变化着、发展着的活动过程

饭店管理自古就有，在我国自从有了旅居设施，就有了旅居管理。从客栈到大饭店，旅居设施有了历史性的转变，饭店管理也就有了历史性的飞跃。饭店管理是随着时代的发展、饭店业的发展而不断发展变化的。应对这种发展变化，管理者的心智模式也要随之不断地更新。我们以前对饭店服务质量的评判是以能否实施服务规程，达到服务规范为标准的，现在我们对服务质量的认识是在规范的基础上，以宾客是否满意为标准，从服务质量发展到饭店品质，从刚性管理发展到柔性管理，这就是一种发展变化。

2）饭店管理是一个边缘性的概念

饭店管理有原始的经验管理和现代的科学管理之别。在经验管理方式下，往往资产所有者既是业主，也是管理者。他们管理饭店的依据是自己的经验和主观意识，管理缺乏规范，人治代替制度，事无巨细都归于最高管理者。科学管理的基本特征是追求制度化、规范化、系统化，按照客观规律对对象进行管理。饭店的非大机器生产、以手工劳动为主、宾客的随意性等特点使得饭店管理无法和生产实物产品的企业一样完全标准化，因此很容易使管理游离在科学管理和经验管理之间。而我们在重视经验管理的同时，重点研究和实施的必须是饭店的科学管理。饭店科学管理的基本特征为：规范化+艺术化+人本化。同时我们要非常重视饭店的管理经验。当然，饭店形态的多样性决定了饭店管理的性质也不是整齐划一的。比如，那些个人投资的小型饭店、民宿、会所式饭店基本上是以经验管理为主，管理过程往往带有管理者的个人意志。这些饭店的管理者也会把现代饭店的一些理念、规范、技术移植到管理中，形成了一种混杂型的管理模式。

3）饭店管理的个性化特征

管理是个一般化的概念，饭店是一个具有特殊性的行业，单个饭店是一个富有个性的具体企业。把一般性的管理规则运用到具体的饭店，从而产生新的管理理论和方法，这就是饭店管理。饭店管理要研究饭店行业，更要研究具体的饭店，目的是要形成自己的饭店管理理论、规律、方法等。一个五星级的饭店和一个三星级的饭店，一个商业性的饭店和一个度假村，一个合资饭店和一个民营饭店，它们之间的管理会是一样的吗？饭店个体的差异、饭店管理者个性的差异、饭店生态环境的差异、饭店社会环境的差异等，都会使饭店的管理各有特色，所以我们说饭店管理具有个性化特征。

4）饭店管理要有中国特色

在中国，我们管理的饭店都是中国式的饭店，中国式的饭店就要有中国特色。这不是愿意不愿意的事情，是饭店不可违背的市场规律。我国的饭店管理是“在认识客观对象的前提下”进行的。“对象”就包括中国社会和中国文化的大背景，中国企业生存的生态环境的大背景。中国人讲人情，人际交往讲感情，办事情讲交情，礼尚往来能生情。如果在管理中没有人情和感情，不注意礼尚往来，能管理好饭店吗？

5）饭店管理包括经营和管理

从管理的本身来说，饭店管理应该包括经营和管理两个方面。但是，随着市场的重要性日益凸显，经营的重要性也逐渐凸显出来，于是人们习惯于把经营作为一个单独的概念。实际上，经营和管理是两个不同的概念，但又是密不可分的。经营主要是对外，就是通过市场来进行决策，决定生产什么和怎样销售。对饭店来讲，也就是饭店应该有什么样的产品，怎样把宾客吸引进来。经营的重点是产品定位和交换，也就是营销，目的是取得最大的交换价值。管理主要是对内，就是怎样来生产优质产品，用高效率、合理成本生产出宾客需要的产品，目的是产生最大的产品价值。交换价值的最大化是以产品价值的最大化为基础的。经营决定管理，管理保证经营，两者缺一不可。饭店管理者不但应该是一位好的管家，还应该是一位出色的营销专家。

6）饭店管理是一个完整的过程

饭店管理是一种活动，这种活动贯穿于饭店运行的全过程。饭店管理从饭店立项选址起，就已经开始了。在饭店建成运行若干年以后，饭店要转型升级，要不断地与时俱进，不断发展。所以，饭店管理要从建设饭店到经营饭店的全过程着眼，管理有开始，却没有结束，除非一个饭店不存在了。作为一个饭店管理者，不能把自己局限在能够管理接待过程，而要同时精通对饭店的筹建，能够应对饭店的转型升级，使自己成为一个精通饭店管理的通才。有一家按照“四星级”标准建造的饭店，饭店建成了，高薪请了高级管理人员来管理。经理们一来，看了大堂就愣了，他们发觉前厅除了一个 4 平方米的行李房外，没有其他的附属用房，饭店没有员工电梯，大堂装饰纯粹是进口大理石的堆砌，没有氛围可言。大堂和一楼餐厅相连处有一点装饰，但又非常俗气。先天的“胎里疾”就是筹建时的管理失误造成的。那么，你去管理吧，想要评“四星级饭店”，可能吗？

同步链接 3-1
以党的二十大精神为指引提高饭店管理的有效性

7）饭店管理中的大小事

我们通常说管理者要管大事，看大局，这没错。问题是在饭店几乎没有什么能够称为“大事”的事，饭店的大事几乎都是由小事组成的，小事一不小心就变成了大事。许多的小事都是临时产生的。饭店管理者的层级不同，处理大小事的比重也不同，这就要求管理者把握好处理大小事的度。这一点也是饭店管理和其他企业管理的不同点。

3.2 饭店管理的五大要素

饭店管理是生动的、充满丰富想象力和琐碎实事的一种活动。这种活动不像单纯的物质运动那样简单和有严格的规律，它是由多种要素综合而成的一种有规律而又随机的过程。现代饭店管理是由五大要素组成的活动。饭店管理要成功，必须优化这五大要素。

3.2.1 饭店管理的主体——管理者和管理机构

饭店管理活动总是表现为管理主体对管理客体的作用。管理主体是指在饭店中执行管理职能，对饭店进行管理，拥有相应责权的管理者和由他们组成的结构集团。管理主体也就是管理饭店的那些人。在饭店管理过程中，管理主体对管理客体的作用是管理活动最主要的形式。饭店的运行是按照管理主体的决策意志和其职能进行的。因此，在饭店管理过程中，管理主体起着主导作用。管理主体是具体的人，他们的品行、才智和行为决定了饭店的品质和水准，决定了饭店的内涵和形象。管理主体是饭店管理过程中的决定性因素，在饭店管理过程中应该对管理主体有充分的认识。

1）饭店管理者

对饭店进行管理，并由组织任命的责任人就是饭店管理者。饭店管理者对饭店管理有着决定性的作用，因此饭店对管理者有特定的素质要求。

一般来说，他们必须具备能够管理相应星级饭店的基本素质和业务素质，具备相应的管理能力。他们必须是经过专业培训的，有相应的饭店管理专长和相应的岗位工作经验的人员。他们要经过资格认定并在实践中被证明是能够胜任其职的从业人员。他们应该是按照规范由组织正式任命的管理者。饭店中层以上管理人员应该有上岗证，持证上岗。

从饭店的特殊性和饭店管理的特殊性来说，饭店管理者应该具备“一力四性”。“一力”就是管理者的管理能力，“四性”就是管理者应该具有的对管理的德性、悟性、灵性、艺术性。

“一力”——管理者的综合素质，主要是指管理者的才力和能力，它是管理者能够卓有成效管理饭店的实力。管理者的“一力”包含着管理者的思维和形成思路能力、决策能力、组织能力、人事管理能力、财务管理能力、现场指挥能力、处理问题能力、执行能力，并能够综合协调各种职能，协调各个部门，协调各项业务，总体把控整个饭店的运行和发展。同时，管理者需要具备相应的才华和知识水平，具备相应的智商和情商。

教学互动 3-1

互动问题：

（1）你具有作为管理者的潜质吗？

（2）有人认为书本上是学不到管理者的能力的，你认为是这样吗？

（3）你认为能力从何而来？

要求：同“教学互动 1-1”的“要求”。

四性——德性、悟性、灵性、艺术性。德性，是指管理者的道德、品质、气度、心态、作风、责任。它是第一位的，是成为一个合格的饭店管理者的充要条件。悟性，是指认识、研究、悟道，也就是能从事物的现象上去理解分析，从而感悟到事物的规律，“知道那是什么”，进而提出自己的见解，形成自己的合理的结论。悟性的本原是外来的，悟性更多地表现在过去和现在的理解感悟。灵性，是指灵感和创造性。管理者在感悟的基础上，了解了事物的本质，激发自己的灵感，通过筹划，或者进行事物创新，或者圆满解决问题，使饭店也充满生气、灵气。灵性更多地表现在对以后和将来的认识和预测，从而提出创新设想，不断采用新技术，运用新思想，使饭店富有活力。今天，管理者的灵性显得特别重要，有了灵性，管理者就会不断地产生灵感，从而创造适合市场和消费者需要的新产品、新模式、新方式、新形象，使得饭店总是生气勃勃，不会显得老旧过时。比如，现在饭店采用富有自身个性的迎客机器人、客房魔镜、不同风格的客房、城市会客厅式大堂、茶座式总台等都是由第一位饭店管理者的灵性所致。管理者的灵性是最能够体现管理者管理能力的因素。艺术性，是指管理的艺术化，管理者通过灵活的、策略的、易于被人接受的方式进行管理，从而取得比硬性管理更圆满的结果。管理的艺术性需要管理人员的情趣、方法、语言、处事技巧，让管理过程看上去很美、很圆满。

同步案例3-1

选拔谁当房务部经理

背景与情境：这是一家正在筹建的四星级饭店，饭店董事会任命何新担任该饭店的总经理，并授权何新组建管理机构，选拔和任命部门经理。房务部是饭店管辖范围最广的部门，所以选拔房务部经理应很慎重。在部门经理的选拔过程中，产生了两位房务部经理的候选人——张三和李四。两位候选人的学历、经历都差不多，都是从其他星级饭店的基层干到部门经理。在对两人进行考评时，几乎是难分高低。但是在撰写管理方案时，两位候选人对人员的管理产生了不同的管理理念：

张三认为对人的管理应该是：制度为准，规范为要，淡化人治，奖罚分明，人人平等。

李四认为对人的管理应该是：制度是根本，关系也重要，对员工应该柔性管理，以表扬为主，尽量少批评，基本不处罚。出了一般差错纠正就好了，不一定要处罚。

管理理念的差异是明显的，那么确定谁当部门经理呢？考评小组成员提出了不同意见，各有各的见解和理由。最后要由何新来拍板。

问题：

（1）如果你是何新，应该确定谁当房务部经理？理由是什么？

（2）这个实例能够带给我们什么启发？

分析提示：两位候选人各有所长，每个同学可根据自己对饭店管理的理解得出答案。

学习微平台

延伸阅读3-2

2）管理主体的合理结构

管理主体是一个结构集团，它是由管理者组成的。所谓结构集团，是由不同的管理层级和岗位的管理人员，按照饭店特定的管理内容所形成的一种具有合理结构的群体。这个结构集团是按照饭店管理的规律和饭店业务运行的实际需要而形成的。饭店主体的合理结构有一般模式，没有统一模式。有些饭店会采用塔式结构，有些饭店会采用扁平结构，有些饭店会采用九部一室，有些饭店会采用四部一室，机构和人员都会各不相同。每个饭店都是根据各自的决策来形成结构集团。饭店的结构集团应该是高水准的、高效率的、精干的、富有活力的、科学的。

3）管理主体的权威性

管理主体要实施管理就必须有权威性。管理主体能够对客体进行管理，能够对客体发挥作用，在于管理的强制力量和管理的感召力量。力量来自管理主体的权威性。权威性源于两个方面：一是组织权威，即由正式组织以明文规定的形式所确定的管理者的组织权力，有了组织权威才有管理者，才有管理者的管理权威，才能够使管理者的权力和权威具有法理上的合法性，管理者才能够发号施令、组织指挥，具有制约他人的合法性。因此，在管理者的权威中，组织权威是主要的权威。二是由管理者个人素质所形成的威望和魅力，也称个人权威。这些个人素质包括人品人格、意识道德、能力作风、业务水平、专业知识、人际关系。个人权威是管理所必需的，它是管理过程中对组织权威的必要补充。在现阶段及不远的将来，我国不缺高大上的饭店，缺的是具有个人权威的管理者，特别是高级管理者。培养一批具有饭店管理素质，具有个人权威的饭店管理者，是饭店业界以及文化和旅游部门一个艰巨的任务。

4）管理主体的地位

管理主体是饭店的管理者，他们在饭店拥有法人财产权。法人财产权实际上也是对饭店财产物质形态的支配权，即对财产物质形态的占有权、使用权、收益权、处置权。因此，管理主体是实际掌握饭店实物资产的集团。管理主体在饭店的地位，决定了他们必须对饭店的资产负责，对资产投资负责，对经营管理负责，必须以自己的全部努力来争取饭店的最大成功。

3.2.2　饭店管理的客体

有管理的主体，就自然会有管理的客体。管理客体是指饭店管理的对象和内容，是构成饭店的各种要素以及它们的组合方式和运行规律。饭店管理的客体有其可控性、规律性，但也充满着随机性。管理的主体和客体形成了一对管理的矛盾。管理就是要使主体和客体取得平衡和一致。饭店管理就是要以主体的素质和实力去驾驭客体，最大限度地发挥客体的效用。认识客体，对饭店管理来说也就显得非常重要。饭店管理的客体有四层含义：

1）管理客体的要素

管理客体是管理的对象，首先是指构成饭店接待能力的生产要素。这些生产要素主要有人、财、物、时间、空间、信息等。饭店管理要列出所有这些生产要素的种类清单，要确定这些生产要素的品质和标准，通过一定的途径拥有这些生产要素。然后是管理对象延伸的要素，延伸要素大部分是复合要素。所谓复合要素，是指由两个以上的生产要素相关联而形成的客体要素，如市场要素、宾客要素、文化要素、人脉要素、环境要素、安全要素等。管理者必须全面掌握这些要素。

2）生产要素的组合和协调

如果管理客体所包含的各生产要素是孤立存在的，那么它们就不可能成为接待能力，对饭店和管理而言是没有实际意义的。生产要素只有按照一定的规律有机地组合在一起，并协调地运动起来，才能成为实际意义上的生产要素。各生产要素的组合是一种有机的、有规律的组合。在饭店，这种组合存在空间上的结构关系。所谓空间上的结构关系，就是各生产要素的空间定位以及它们之间的相互关系。比如，餐厅和厨房的比例、前厅空间和饭店接待量的关系、人员的岗位定位、物资的使用定位、资金的投向定位等。生产要素的组合也有数量上的比例关系，如服务员的整房包干数、菜肴原料的投放量等。这些都需要管理者在确定饭店接待能力时保持清醒，并能够有效地把握和掌控。

3）管理客体的运动

对饭店来说，管理客体的实质性意义是它的运动过程。客体作为组合起来的生产要素，只有在运动中才能生产饭店产品，才能接待宾客，进而产生效益。客体的运动过程，就是饭店业务的进行过程，也是饭店接待宾客的过程和饭店产品生产-消费的过程。这是一个动态的、有规律且带有很多不确定性的过程。在这一过程中，饭店管理者要充分调动饭店各生产要素，组合生产要素，形成接待能力，完成接待过程。管理主体对这一过程的管理是最重要的管理，也是难度最大的管理。把握这一过程，需要管理者拥有理论知识和实践经验。

4）管理客体中，人是最重要的要素

如上所述，管理客体是由许多要素组成的，在诸多要素中，起决定性作用的要素是人。第一，人能驾驭客体中的其他要素，主体对客体的管理，首先是对人的管理，再由人去使用和管理其他要素。在饭店管理中，没有客体中人的要素，客体的其他要素将无法发挥作用。对于人是管理客体第一要素的观念，很多饭店管理者的认识是模糊的。其表现为，在饭店建设和运行中，重视硬件的建设，往往忽视软件的建设。现在一些规模较大的管理公司对待高端管理人员多采用拿来主义，不重视储备和培养人才。其结果不是拔苗助长就是才不配位，管理饭店的水平不高。第二，人具有能动性。饭店对人的管理，不是要求人作规则的机械运动，不是要人去例行公事，而是要求人能够发挥能动作用，以产生更好的效果。第三，对客体的管理，是把对人的管理放在主要位置。特别是对饭店管理而言，人在工作中有自我制约性，人的“思维—动机—行为”对过程和结果都会产生直接的影响，管理就是对人的管理——这是饭店管理的一条基本原则。第四，从业人员的标准。客体的人，是饭店的从业人员。他们必须具备饭店从业人员的行业素质。行业素质是靠专业学校培养的，是靠饭店培训而造就的。饭店对员工的行业素质通常具有严格的要求。

同步思考3-1

客房的定额管理

背景资料： 某星级饭店有330间客房，客房管理是整个饭店管理的一个重要方面。客房部在管理中提出“以定额管理为基础”的管理方法。客房部实行的定额管理有：对服务员清洁整理客房的数量确定定额，对服务员每天领用消耗品的数量确定定额，对不同类型客房清洁剂的消耗确定定额，对棉织品的周转数量确定定额，对楼层仓库库存确定定额，对各种客房清洁整理作业时间和服务时间确定量化标准，对客房大清洁卫生、清洗地毯都确定周转期等。这样就把客房的管理客体纳入了量化管理的轨道上。客房部对各客体要素形成了一个定额管理体系，其好处是多方面的。定额管理在使客房管理规范化和标准化的同时，也有力地促进了客房的成本控制。

问题： 你能运用科学管理的理论和方法来确定以上客房管理的各项定额管理具体应该怎么操作吗？

理解要点： 联系科学管理理论中的定额管理理论，利用核定的方法，采用表单的形式进行操作。

3.2.3 饭店管理的目标

任何管理总是有一个目标，饭店管理的目标就是创造效益。饭店是企业，企业投资是为了获取回报，企业的运行是为了在经营过程中产生增值。饭店的效益是一个综合性的概念，其中有多重的单项效益。通常我们把饭店的效益归结为三重效益。

1）经济效益

饭店的经济效益是饭店最根本的效益，是饭店综合效益的主干。饭店是一个经济组织，经济组织的功能就是要创造经济效益。饭店的经济效益主要表现在饭店的各项经济指标上。经济指标有用绝对数来表示的系列指标，如经营收入、利润、平均房价等，而饭店总经理一般更关注饭店的营业总利润（GOP）。经济指标也有用相对数来表示的，如客房利用率、成本利润率、资金利润率、投资回报率、毛利率等。饭店管理者始终要把经济效益放在重要的位置，予以时时关心。

2）社会效益

社会效益是指饭店经营活动给社会提供的功能和产生的影响，社会对饭店的接受程度和社会对饭店的反响。饭店的社会效益和饭店的经济效益有着同样重要的作用。饭店以生产和销售饭店产品为其存在的基础。作为商品的产品，其生产和销售是以产品具有社会效益为前提的。有了社会的接受，才有产品的销售。产品的社会影响越好，饭店的知名度越高，饭店的市场就会越大。没有社会效益的产品就不会有良好的市场。所以，从某种意义上来说，饭店的社会效益比经济效益有更重要的地位。管理大师德鲁克曾说过：企业的任务不是生产利润，而是要创造顾客。试想，如果有了顾客，宾客盈门，饭店的经济效益会差吗？所以饭店不应把着眼点放在价格和利润上，而应放在产品的生产适应性上，通过生产和销售市场需要的产品来创造利润。由此，我们就提出了饭店创品牌的新课题。

饭店社会效益主要包括：饭店的产品和功能能够适合和满足生活和市场的需要，饭店的产品质量和服务质量能够得到社会和市场的认可；饭店的利用率和市场占有率达到了较高水平，饭店在社会上享有很好的声誉，饭店给予了社会应有的贡献，饭店以自身的爱心回报社会，饭店在社区有很好的人脉；饭店对环境没有不良的影响，饭店为城市的风貌做出贡献。当然，饭店的社会效益有很多方面，有的是明显的，有的是不明显的。作为饭店本身，要有对社会的感恩之心，积极创造社会效益。

深刻理解饭店的社会效益，积极创造饭店的社会效益，是我国饭店目前需要特别强化的内容。

3）投资效益

饭店的投资效益是指饭店投资的总体效益，也指投资所形成的各要素的效益。投资的总体效益表现为投资的产出和投资回报。投资形成各要素的效益主要是投资固定资产的效益和投资从业人员所产生的效益。我们这里主要讨论从业人员的人生效益。

支撑饭店取得效益的主要力量是饭店的全体员工，因此没有全体员工的人生效益，也就很难取得饭店的其他效益。而这一点，常常被许多饭店所忽视，会导致的结果有：有些饭店的员工工作积极性不高，饭店的效益也因此受到影响；有些饭店留不住人才，留不住员工，员工的流失率高，为此很多饭店经常为招收员工而疲于奔命。

饭店要想取得良好的效益，要想在市场竞争中有出色的表现，就必须重视员工的人生效益。

员工的人生效益是指员工在饭店工作期间为饭店创造价值的同时，他们所能够得到回报的价值总和。饭店员工人生效益从理论上来说，是因为员工为饭店付出了劳动价值，他们应该得到相应的回报。在实践中，饭店是一个与时俱进的行业，有着很强的时代性，饭店要求员工有适合时代需要的素质，因此员工也就要不断地提高素质水平。从这个意义上来理解员工的人生效益，就可以把员工的人生效益界定为以下几个方面：

第一，员工现有的工作环境，包括饭店的企业文化、饭店的风气、饭店的人际关系环境、饭店的工作条件等带给员工的满足感。

第二，员工的精神价值，包括员工的人格尊严、员工的价值体现、员工的精神生活、员工的主人翁精神、员工的主动性与创造性的发挥等能够得到满足。

第三，员工的成长和发展，包括员工的学习和培训、职业阶段目标的设定、各种技术技能的提高计划、员工职业成就的认定等。

第四，员工的报酬，包括员工应有的合理的工资、奖励、福利、劳动保险等。

第五，员工的生活条件，包括员工在工作期间的生活条件、员工的业余生活安排等。

第六，员工的学习条件。员工学习除了自身努力以外，饭店应该为员工提供相应的条件。

员工的人生效益应该和饭店的前两个效益同步发展。

课程思政3-1

饭店里的“恳谈会”

背景与情境：某五星级酒店的管理团队实行每个月举行一次总经理和员工的“恳谈会”制度。每个星期，由各一线部门选出5位代表和职能部门的代表一起参加总经理召集的“管理人员和员工的恳谈会”。恳谈会的内容分为基本议题和自由发言两部分。基本议题是指总经办收集一个时期宾客的意见、部门意见、员工意见、饭店经营情况后，经过梳理形成的几个需要大家讨论的问题。自由发言是指与会员工根据个人的想法提出一些意见和建议。恳谈会受到了员工的热烈欢迎，参会员工通常都会带着一种使命感去参加会议。

恳谈会上，总经理、部门经理等管理人员和员工的地位是平等的，大家坐在圆桌旁开圆桌会议。总经理简短发言后，主要由员工发言。员工发言时有啥说啥，以提问题、说缺点、提批评意见为主，没有禁忌。同时，员工也可以提出建议或改进管理和服务的方案。有的员工有委屈，有怨气，也可以在这里表达出来，甚至可以质问总经理。这种恳谈会给饭店带来的效益是巨大的。第一，通过恳谈会，密切了饭店管理层和基层员工的关系，把员工的人格尊严、员工的价值体现、员工的精神生活、员工的主人翁精神落到了实处。员工心情舒畅，工作起来特别积极主动。第二，员工直接接触宾客，他们能够把宾客和市场的需求信息反馈给饭店。第三，员工能够如实反映饭店管理、运行、服务、市场等内部实际情况，便于饭店管理层全面了解。第四，能够发挥员工对管理层的监督作用。

问题：

(1) 你认为这样的“恳谈会”有必要吗？为什么大部分饭店没有这样的“恳谈会”？

(2) 如果员工面对面批评或者质询总经理，会使总经理威信扫地吗？

(3) 你认为饭店的中层和基层管理者会欢迎“恳谈会”吗？

研判提示：“恳谈会”是酒店根据马斯洛的“需求层次理论”和麦格雷戈的“X-Y理论”而创立的一种民主管理的方法。结合这两个理论，从“恳谈会”的目的、饭店的目标、管理者的使命理解“恳谈会”的意义。

3.2.4 饭店的管理职能

管理职能是管理学上的概念。管理职能就是管理行为所具有的特定的功能。饭店管理职能，就是管理者在管理饭店时所表现出来的特定的功能。管理职能是一种行为的功能，这种功能是以管理对象的存在为基础的，以管理者的管理行为为表现形式。只有在管理主体对管理客体发挥作用时，管理职能才能表现出来。而管理者的管理行为有其特定的内容和方式，它一定区别于服务员的作业行为。所以，在饭店的运行过程中饭店人员就表现出了两种不同的职能：一种是作业过程，主要就是服务员的对客服务过程和作业操作过程；另一种是管理人员执行管理职能的过程，通过管理者执行管理职能，饭店的各要素才能产生作用，才能转化为饭店的接待能力，饭店才能发挥其功能。所以，饭店管理者的职责就是执行管理职能。

饭店的管理职能包括：决策和计划职能、组织职能、指挥职能、协调职能、控制职能、沟通职能、领导职能等。饭店管理中的这些职能是每个管理者必须掌握并要在管理过程中加以运用的。每个管理职能可以是一个独立的职能，而在大多数情况下，各种管理职能往往是互相融合、共同发挥作用的。管理者要恰当地发挥管理职能，把管理工作做得精细到位。

同步案例 3-2

让李霜做什么工作合适

背景与情境：李霜是从省体工队退役的体操运动员，得过多个奖项，她的体操功底很深，于是应聘到友好饭店担任康体部的健身操教练。由于李霜教学有方，所以深受学员的欢迎，友好饭店的健身运动会员越来越多。在李霜的带动下，康体部成立了健身俱乐部。看着红火的健身运动，饭店总经理建议把李霜提拔为部门的副经理，以带动康体部更好地发展下去。李霜担任了部门副经理以后不再从事教练工作，她发现自己并不会管理，不知道该干些什么。时间一长，李霜无所作为，而原本生意兴隆的健身操班也仅能维持运营。李霜想辞去副经理职务，专心教授健身操，发展健身俱乐部的会员。总经理认为这样就有些大材小用了。

问题：你认为李霜的想法对吗？为什么？

分析提示：人尽其才，才尽其用是用人的一个重要原则，这个原则要体现在李霜的身上。

3.2.5　饭店管理的社会背景

我们在前面已经讨论了饭店的社会性。从饭店的社会性出发，我们知道饭店管理必然会受到社会背景的影响。饭店管理的社会背景是指对饭店的存在、发展、变化起重要作用的客观情况（包括历史延续和现实环境）。社会背景是一种客观存在，饭店管理者不可能从根本上改变它，也许可以作局部的改进，但从根本上说，我们只能去适应它。社会背景包括：①历史情况和历史的传承，其对人们的生活和习惯有着根深蒂固的影响；②现实环境，就是构成现实社会形态的各种要素。所以，社会背景是一个很复杂的系统结构。特别是在中国，几千年的文明史和社会发展进程给我们打上了深深的烙印，而现实的社会生活又呈现了五彩缤纷的多元因素，两者相叠加使得我国的社会背景很特殊。比如，我国的饮食文化和酒文化之丰富，是世界上其他国家不可比拟的；中国人讲亲情，中国人讲关系，中国人喜欢在酒桌上谈事情等，都会对饭店管理产生很大的影响。

饭店管理的社会背景主要包括：

1）外部社会背景

（1）国家的形势和大政方针，主要有国家的政治经济形势、方针政策等，国家受外部大环境的影响。

（2）区域社会环境，是政府的执政状况、政府的服务理念、社会风气、经济状况、城市情况、物价水平、民众的消费心理、当地的风俗民情、影响饭店的各种自然环境条件。特别有影响力的是区域社会发展的水平、现代化程度、科技发展水平、人们的理念和观念。

（3）行业。饭店业是一个行业，行业就有行业的规则。饭店管理的过程要遵守行业规则。行业的规则包括行业的运行规律、行业所具有的特点、行业的理念、行业的现状和发展状况、行业的法律法规、行业中约定俗成的规则、行业中的竞争对手以及与本行业相关行业的情况。

（4）市场情况。应根据市场学的内容，充分了解市场的情况。

（5）饭店面对的现实。在既有的外部社会背景下，饭店所面临的问题和解决这些问题的途径。

2）内部社会背景

（1）饭店的产权性质和产权的形式。饭店产权的性质决定了饭店的体制和相应的机制，它是制约饭店管理的主要因素。比如，国有企业讲究“走程序”，民营企业讲究“老板这么想”，外资企业讲究“按制度办”，不同的产权和体制，就有不同的内部环境。

（2）投资者的目标。投资者投资饭店，其目的和要求是不一样的，有的投资者是为了经济效益，有的是为了本集团的形象，有的是为了找到资金出路，有的是为了建一个窗口等。不同的饭店经营目标产生了不同的理念，就会对饭店的管理有不同的要求。饭店管理是按照投资者的目标和要求所设定的框架进行的。

（3）饭店的关系结构。所谓关系结构，是指饭店有两层关系：一层是组成饭店决策层的人员以及这些人员的关系。饭店从投资者到董事会、中层以上的管理者组成了一个权力集团。这个集团中的关系就构成了饭店的关系结构。另一层是饭店和外界的关系状况，即饭店和有联系的单位与人员之间的关系。关系结构决定了饭店的决策，决定了饭店的运行，也决定了饭店管理中各方的权利、义务和责任。以上两个层次的关系对饭店管理有着重要的影响。管理者在开展管理以前和进行管理过程中，都会经常梳理这些关系，理顺这些关系，创造一个良好的经营环境。

饭店管理的五大要素都会对饭店管理产生影响，管理者在管理饭店的过程中要充分顾及这些要素的作用，把握好各要素的作用强度，使管理成为得心应手的事情。

本章概要

□ 内容提要

本章是饭店管理的基础篇。在对饭店有了全面的认识以后，我们就要对饭店进行管理。饭店管理是在一定的管理理论指导下，管理者执行管理职能，达到管理目标的过程。管理首先要掌握管理的理论。本章要求从理论上理解饭店管理的含义，理解饭店管理是一个理论和实践的系统。理解科学管理的含义，对饭店管理要达到现代的科学管理，进而要求全面理解饭店管理的五大要素。不但要求理解五大要素中每个要素的含义和在管理中的作用，而且要求能够理解五大要素在管理中的相互关系以及表现方式。结合管理理论的学习，真正理解饭店管理的特点、要点和难点。

□ 主要概念和观念

▲ 主要概念

管理　饭店管理　经验管理　科学管理　管理主体　管理客体　社会效益　一力四性　饭店管理职能　社会背景　饭店关系结构　管理者的灵性

▲ 主要观念

现代科学管理观念　经营管理观念　管理主体权威观念　生产要素组合观念　三重效益关系观念　外部社会背景　内部社会背景

□ 重点实务

饭店管理五大要素　管理者的管理个性化　管理者德性　员工人生效益

基本训练

□ 知识训练

▲ 复习题

1）饭店服务质量差异的根本原因是什么？

2）简要地说明饭店管理五大要素之间的关系。

3）饭店管理主体的素质要求是什么？

▲ 讨论题

1）你对饭店的社会背景怎么认识？社会背景和社会的阴暗面有联系吗？

2）一位管理者很有悟性，但缺乏灵性，他能够很好地管理饭店吗？为什么？

3）你对饭店社会效益怎么理解？饭店管理的社会效益为什么处在优先的地位？

□ 能力训练

▲ 理解与评价

现在一些知名的饭店管理集团习惯于从本集团内部培养管理人员。集团通常要求管理人员每提升一级，必须经过一段时间的专门培训和实习，不能直接提级到岗。这是为什么？

▲ 案例分析

【训练项目】

案例分析-Ⅲ。

【相关案例】

操心的老板

背景与情境：山东省某市的一位老板投资兴建了一家四星级酒店，老板聘请专业的管理团队来管理。开业以后，酒店的生意做得红红火火，老板对这个管理团队评价不错。这位老板有一个习惯，就是喜欢坐在大堂吧喝茶，看着大堂里的人来人往，别有一番心情。有时候老板就在大堂吧和客户谈生意，在大堂吧和朋友休闲。由于老板在大堂吧可以观察到酒店的运行情况，因此发现"问题"就可以直接"解决"。

客房部发现有些宾客在不是很冷的天气里不喜欢开空调，但往往会要求加一条毯子，于是打报告要求采购一批毛毯。这件事被老板知道了，老板找来了客房部经理，认为再采购一批毛毯是浪费，不如使用备用被子。客房部发现有的宾客在房间会客，人一多，客房烧水壶的开水只够泡三杯茶，第四位客人就要等了，因此申请采购一批热水瓶，以备宾客的需要。老板认为，客房有烧水壶了，没有必要再添加热水瓶，如果访客多了，可以来大堂吧喝茶嘛。又是一个否定。餐饮部采购了一批小火锅，推出了宾客喜欢的个性化的火锅美食。这些小火锅被老板看到了，他很不高兴地说："这个东西是烫老酒用的，怎么能拿来吃火锅？以后不要拿出来。"然而餐饮部没有听老板的，继续推出小火锅美食。这个小火锅美食深受宾客喜爱，每天晚餐的时候小火锅座位供不应求，甚至连包厢也会点小火锅。

老板经常对酒店的运行进行监督"纠错"，对酒店提出"合理化建议"，指导部门经理应该怎样管理。老板经常教导管理人员，我管理那么大的公司，管着上千人，我的管理经验可比你们多啊，你们要多学学哦。

问题：

1）这位老板对酒店有着深厚的感情，他经常在大堂吧指导业务，这对酒店而言是有益还是有害？

2）老板对酒店经营业务提出的不同意见可取吗？为什么？

3）老板提出个人意见，这和酒店管理有什么关系？

【训练要求】

同第1章"基本训练"中本题型的"训练要求"。

▲ 自主学习

【训练项目】

自主学习-Ⅱ。

【训练目的】

见本章"学习目标"中的"职业能力"。

【训练步骤】

1）将班级同学组成若干"自主学习"训练团队，每队确定一人负责。

2）各团队根据训练项目需要进行角色分工。

3）各团队通过校图书馆、院资料室和互联网，查阅“文献综述格式、范文及书写规范要求”和近三年关于“饭店管理要素”研究的前沿学术文献资料。

4）综合和整理“饭店管理要素”研究的前沿学术文献资料，依照“文献综述格式、范文及书写规范要求”，撰写《“饭店管理要素”最新文献综述》。

5）在班级交流各团队的《“饭店管理要素”最新文献综述》。

6）在校园网的本课程平台上展出经过修订并附有教师点评的各团队《“饭店管理要素”最新文献综述》，供学生相互借鉴。

□ 课程思政

【训练项目】

课程思政–Ⅲ。

【相关案例】

一些饭店的卫生乱象

背景与情境：据报道，针对××酒店被曝出工作人员“用抹布擦杯子、用浴巾擦马桶”一事，××酒店日前在其官微发布声明称，调查结果显示，相关工作人员已接受过客房清洁标准及程序培训，但实操中未遵照清洁标准进行客房清洁。酒店方面认为，媒体曝光内容无法代表其日常营运和服务标准。

“酒店管理层对客房部员工已再次进行客房清洁运营标准及流程培训，严格贯彻每间客房卫生清洁标准，确保运营标准被妥善执行，酒店将强化客房抽查规定，保证每次检查严谨到位，确保实际卫生状况符合标准。”值得注意的是，××酒店官微对该声明设置了评论关闭功能。

即便如此，“五星级酒店用浴巾擦马桶”“酒店回应服务员用浴巾擦马桶”等相关话题依旧迅速冲上微博热搜，网友纷纷表示“员工是你家的吧，培训不到位也是酒店责任，不要一出事就推得干干净净”“不完全是员工的责任吧，反映的是管理标准和制度问题”“一直在曝光，一直视而不见”。

两年前，在网友“花总丢了金箍棒”以“杯子的秘密”为话题曝光的酒店行业卫生问题中，一些国际著名品牌和国内高星级酒店就因“用使用过的方巾擦杯子”“用洗发水浸泡杯具”“用擦杯具的抹布擦坐便器”等问题纷纷上榜。在业内人士看来，疫情出现后，消费者对住宿业的卫生、安全尤为重视。

资料来源　佚名．一些饭店的卫生乱象［EB/OL］．［2020-11-25］．http：//news.hexun.com/2020-11-25/202498220.html.

问题：

1）案例中暴露的一些高星级饭店的卫生问题是什么性质的问题？涉及职业道德和企业道德吗？

2）产生这些丑恶现象的原因是什么？应该怎样彻底清除这种现象？

3）随着这些现象的曝光，宾客住店会产生心理阴影，饭店应该如何消除宾客的顾虑？

【训练要求】

同第1章“基本训练”中本题型的“训练要求”。

第4章 饭店管理的内容框架

学习目标

通过本章学习，应该达到以下目标：

职业知识：学习和把握饭店管理内容框架的相关概念，饭店建筑实体，饭店的决策，计划，服务质量和人力资源开发，以及饭店的业务、财务、工程设备、物资和安全保卫等方面的管理理论与实务知识。掌握饭店前台管理者的管理职责，能够把管理者的管理职责和管理的相关内容结合起来；能用其指导或规范本章认知活动和技能活动，正确解答“基本训练”中“知识训练”各题型的相关问题。

职业能力：点评“前台管理者与饭店在决策和营销计划上的异同”，训练专业理解力与评价力；运用本章的理论与实务知识研究相关案例，培养在与“饭店管理的内容框架”相关的业务情景中分析问题与决策设计的能力，通过“五星级饭店管理内容框架比较”的实例操练，训练相应专业技能。

课程思政：结合本章教学内容，依照相关规范或要求，对“课程思政4-1”和章后“光盘行动的矛盾”等案例中的企业或其从业人员的行为进行思政研判，强化与案例议题相关的行业规范思考和政治素质，促进“立德树人”根本任务的落实。

引例：餐饮的现场管理

背景与情境： 一家县级市的四星级饭店，有餐位约800个，其中大餐厅有餐位460个，饭店餐饮在当地一直经营得很好。朱军是这儿的餐饮部经理。朱军比较年轻，本科学历，又在饭店工作了4年多，工作表现一直不错。朱军一般每天在开餐前要对餐饮部的各部分进行一次全面的巡视检查。在开餐时，朱军一般会在现场进行管理，指挥协调和控制业务的进行，业务都能有条不紊地进行。中秋节那天，餐厅的宾客爆满，大餐厅里都加了桌，业务十分繁忙。用餐高峰，大餐厅就出现了一些问题：早到的宾客菜肴后上，后来的宾客菜肴先上；有的桌凉菜吃完了，热菜还没有上，有的宾客结账要等较长时间等，宾客抱怨多起来了。朱军认为问题的关键是厨房出菜跟不上。于是，朱军就脱了西装到厨房帮厨师长调度厨房业务，同时帮厨师一起做。这时，饭店总经理刚好巡视到大餐厅，看见这样的局面，他马上找来了捋着袖子的朱军，要他去餐厅的划菜岗，在那个岗位上指挥整个餐饮部的业务。朱军上了划菜岗后，前后调度，全面指挥，渐渐地餐厅的业务流程顺了，问题逐步得到解决，宾客的不满也渐渐少了。这时，朱军意识到，划菜岗是联系宾客、餐厅和厨房的枢纽，在繁忙中抓好了这个环节，就是抓住了"牛鼻子"。这个管理过程也让朱军懂得了，平时的规范管理和超常的例外管理有着不同的要求和方法。

问题：

(1) 在餐厅用餐时间，朱军是否应该在现场管理？为什么？

(2) 朱军和总经理对现场管理的认识有什么不同？

(3) 根据此例，你认为现场管理应该是什么样的管理？

4.1 饭店管理纲要

饭店管理是一件复杂而随机的事情。这个过程不但有规律性的业务过程，也有很随机的宾客活动过程和饭店的服务过程。饭店所面临的社会背景条件是千变万化的，饭店的业务也要随机应变，这就使得饭店的业务具有丰富多彩的内容。饭店的服务绝大部分是琐碎的日常事务，多是"小事"。饭店管理者大小事都应该管理，而且要有条不紊地、合理地进行管理和业务活动。就好像一个乐队，不同的乐器，有那么多的声部，有那么多的音符，要把它们组合成一段和谐的旋律，就要靠指挥的水平。指挥要抓住主旋律和每个乐章的主要声部，也就是抓住一部乐曲的纲而把乐曲演奏得充满感染力。饭店管理也是一样，应在众多的因素中，抓住管理的纲，以纲举目张的方法来管理好饭店。所以，在理解了饭店管理的概念和基本理论以后，我们就要来讨论如何管理好饭店。管理饭店从何着手？首先我们就要抓住饭店管理的纲要，把纲要作为一个线索，循序渐进，把饭店管理工作做得有声有色。

4.1.1 饭店建筑实体

1）建筑实体的外观

建筑实体的外观包括：①建筑实体的造型、体量、基本风格；②饭店外观的含义、象征意义、标志；③建筑实体的外装修，主要有装修风格所表现的含义、装修的表现手法、外观色彩、外装修材料；④外环境，按照饭店功能的一般要求进行外环境的规范设置，根据饭店风格形成外环境的特色和风格。我们可以比较广州白天鹅宾馆、北京王府饭店、杭州黄龙饭店、上海金茂君悦大酒店，看看这几家饭店的外观有什么不同，各有什么特点。

2）建筑实体的功能

建筑实体的功能包括：①饭店的功能设置、功能的构成、功能的特色、功能的亮点；②饭店的功能布局，主要是内部功能布局，即不同层面空间的功能布局、同一层面的功能布局、功能结构的内在联系、各功能布局和空间布局的合理性等；③功能布局的科学性，要做到布局体现饭店的规范、饭店的对客理念和态度、饭店的人本意识、饭店的氛围、饭店的经营方式、饭店产品的个性；④功能空间的意识，即必须是实用的，对宾客来说是方便的，最好是傻瓜型的。

3）饭店的风格

饭店的风格包括：①饭店装修所形成的风格，它要给宾客传递一种文化信息和精神感受；②饭店风格的主题，各不同功能空间的主题特色，主色调，风格的时代特征和文化内涵；③饭店风格要和饭店的市场定位、饭店的档次、饭店的核心竞争力一致。

4）智能化及节能建筑

现代饭店应该尽量做到智能化。智能化会需要一些空间，如控制中心、自助登记设备、设备用房、楼层弱电桥架空间等。智能化对一些空间也会有改变，如停车场及入口处、客房中心、消控中心、客房卫生间等。饭店建筑按照国家规范和标准，应该是节能建筑，建筑设计要充分体现节约能耗，提高能耗效能。比如，建筑的朝向对采光、通风、隔音的影响。空间高度应合理适中，空间太大会造成能耗的浪费，可以采用太阳能、空气能热泵、地热能等。饭店智能化及节能建筑的内容很多，在饭店建设和运行时，都需要考虑到。

5）建筑实体的劳动节约

这是指：①建筑实体要保证在最大限度上节约劳动，其中包括物化劳动和活劳动；②建筑实体要保证在最大限度上节约能源，要使用一切可能的手段和方法节约能源；③建筑实体要保证是符合环保要求的。

教学互动 4-1

互动问题：

（1）饭店建筑实体的各个方面，主要由建筑师构思并设计完成。建筑师的水平和风格是否对饭店建筑实体有决定性的作用？

（2）饭店建筑实体的设计、布局是否需要决策，饭店的投资者和饭店管理者要参与决策吗？

（3）在饭店设计中，应该是老板听设计师的，还是设计师听老板的？

要求：同“教学互动 1-1”的“要求”。

6）建筑实体的九大系统

建筑实体的九大系统是指：①供电系统——包括生活用电、动力用电；②给排水系统——包括供水（冷、热水）系统，生活用水系统，消防用水系统，排水（污水、废水、废水再利用）系统；③空调系统——包括制热、制冷、新风系统；④安全防范系统——包括报警、消防、防盗、监控系统；⑤通信系统——包括有线通信、无线通信、移动通信；⑥垂直运输系统——包括客梯、货梯、消防梯、工作梯、自动扶梯、观光梯、升降机；⑦网络系统——包括有线网络系统、无线网络（WiFi）系统；⑧排气系统——包括排废气、排油烟；⑨弱电智能化系统。

业务链接 4-1

饭店装饰风格协调吗？

千禧大酒店是在大都市中的一家中外合资的五星级饭店，饭店的外观是一座线条流畅的现代化高层建筑。饭店的一层是大堂。大堂的风格完全是简欧风，线条流畅，空间宽阔，符号特征明显，装饰富丽堂皇，色彩明快。沿着宽大豪华的旋转扶梯到达二楼。二楼是中式餐厅，其中有20个包厢。这里主要烹饪燕窝、鱼翅、鲍鱼，以粤菜菜式为主。因为是中餐厅，餐厅的装修具有浓郁的中式风格，空间装饰了花格、回纹、漏窗等，包厢还采用了中国园林借景的手法，回廊曲径，楼台亭阁，进入二楼就好像进入了苏州园林。二楼和一楼的风格、韵味、氛围是迥然不同的，形成了明显的反差。

学习微平台

延伸阅读4-1

4.1.2 饭店组织

（在第5章学习）

4.1.3 饭店的决策和计划

1）饭店的决策

（1）饭店决策的概念。饭店决策就是根据饭店的背景条件和饭店经营的目的，对饭店的整体和局部的经营要素及其组合运行做出决定，并实施这一决定的过程。简单地说决策就是做决定。

（2）明确决策目标。就是要明确这个决策的目标是什么，明确要解决的问题。饭店决策的基本目标是饭店的定位，根据定位，做出具体的决策。饭店的业务有很大的随机性，业务量也不会很平衡，所以饭店的决策会因业务的情况，成为常态性的一个管理职能。

（3）明确相关的因素。饭店决策会受到内外各种因素的影响和制约，饭店要根据这些因素来做出决定。因此，决策前必须对各种因素有客观而全面的掌握。要掌握这些情况，就要进行调查研究，掌握大量的资料和素材，这一工作对决策是至关重要的。特别是现在社会进入了大数据时代，饭店也一样，大数据为饭店的决策提供了客观科学的依据，饭店可以通过提取和分析有用数据，得出结论，支持决策。比如，某饭店餐饮部门在对大数据进行提取分析以后，发现饭店餐饮最受欢迎的是公司套餐，利润最高的是婚宴，据此，饭店对餐饮经营做出了正确的决策。

（4）列出决策的方案。在明确相关因素后，就要设计方案。对一个决策可能只有唯一的选择，也可能有多种可供选择的方案，不管是什么情况，都要先列出方案。方案必须有可行性和预期效果两个方面的内容。

（5）评价方案。如果只有一个选择，那么就是对方案进行修改和完善。如果有多种方案，就要对方案进行评价。评价方案有多种方法。评价方案既要全面分析各个方案的利弊，也要突出重点，一个决策的重点和亮点是非常重要的。

(6) 选择最佳方案。在有几个可供选择的方案的情况下，我们要对方案进行选择，因为实施的方案只能是一个。选择方案是在前面的工作都完成后进行。选择方案要注意确定方案实施的价值标准，即方案的预期效益。另外，选择方案要有相关人员的论证，特别是直接相关人员，重大决策应该请相关的专家一起进行论证，并多听取他们的意见。方案选定以后，一定要进行修改、补充、完善。

(7) 保证方案的实施。决策的结果就是确定一个令人满意的、可以实施的方案。方案确定以后，就要实施。实施的主要方面有：方案必须是为大多数人所接受的；方案必须是科学的，因此它的预期效果一般不会和实际效果偏离很远；方案实施过程中有具体的配套方案和各部门的相关决策方案。

2）饭店的计划

(1) 饭店计划的含义。饭店计划是面向未来，立足现实，通过对饭店经营业务活动的运筹、计议、决策、规划，对一定时间内饭店经营业务活动的全面安排所确定的结果。计划是决策的结果，也可以说，有决策才有计划。

饭店的计划可以单指计划本身，也可以指饭店的计划管理。饭店的计划有两方面的内容：一方面是决策和计划的制订；另一方面是计划的实施。饭店有决策就一定有计划，有计划就一定有实施。

(2) 饭店的计划指标体系。计划的核心是计划指标。计划指标是饭店在计划期内用数值或文字来表述的饭店经营各方面要达到的目标和水平。饭店的计划指标不是几个指标，而是一个指标体系。每个饭店的指标体系可能都会不一样，饭店管理者应根据饭店的不同情况来具体确定饭店的计划指标体系。

(3) 饭店的计划体系。根据不同的需要，饭店的计划有不同的类型。饭店计划的类型主要有：从时间上来分，有战略计划、长期计划、年度综合计划、月计划、专项接待计划、其他专项计划等；从层次上来分，前面的各个计划都有饭店计划、部门计划，还可以有业务单元计划。这些计划就组成了饭店的计划体系。

(4) 计划的制订和实施。计划的制订过程就是饭店的决策过程，在饭店对需要决策的对象进行决策以后，就可以制订计划。当然决策是前提，制订计划是一个过程，制订计划重要的是对计划的技术处理，使计划具有可操作性和激励性。计划的实施受多种因素的影响，就管理来说，计划的实施主要是要执行控制职能，用科学的控制保证计划的圆满完成。现在饭店最大的弊病是计划文件是一套，实施又是一套，使得计划成为一纸空文。应该克服一种偏见：计划就是指标。其实计划是指导饭店和部门在计划期内工作和活动的指南，按照计划去开展业务活动，这个就是控制职能的一部分。

(5) 计划的灵活性和可变性。一般来说，计划有它的科学性和权威性，计划是饭店运行的纲领，不能轻易变动。在饭店的环境条件发生较大变化时，饭店的计划也应随之而变。比如，有些饭店在阶段性经营后，经营效益远超预期，于是经营计划就会改变。自2020年年初暴发的新冠肺炎疫情，使得我国饭店业几乎按下暂停键，这时饭店就要马上对年度的决策和计划进行修改。

同步案例 4-1

饭店建设方案的决策

背景与情境： 某市是江南一个经济发达的城市，为了扩大城区，市政府决定搬迁到新城区。因为新城区刚刚规划，所以一切都在兴建之中。由于市政府在这里，这里将建设很多的公用设施，如会展中心、大剧院、商业中心、高级住宅区、商务区、体育馆等。一家公司准备在新城区离市政府300米的地方建一家五星级饭店。饭店的规划规模约3.8万平方米。美国的一家设计事务所做了一个饭店的方案（甲方案）。这个方案的特点是比较均匀地分配了饭店空间面积，它以客房为中心指标，客房数约300间，按比例配备了各个公用空间的面积，例如，按比例配备了餐饮面积、娱乐面积、前厅面积等。这是一个比较合乎常规的方案。投资者研究了这个方案后，觉得这个方案结构布局比例合理、比较平稳，但和市场需求可能会有一定的差距。因为该城市的星级饭店比较多，且同质化倾向比较明显，而该城市的会展、会议、展销活动比较多。于是，投资者又请国内的一家单位做了一个方案（乙方案）。这个方案将客房数减少到260间左右，缩小了客房空间，扩大了餐饮面积，餐饮面积是甲方案的2倍，而且扩大了会议室的空间面积，使饭店能够举行大、中、小型会议，去掉了KTV的部分，增加了较大面积的多功能厅。在决策中，投资者选择了乙方案。

学习微平台

延伸阅读 4-2

问题： 你能分析投资者的决策是否合理吗？

分析提示： 决策的依据是条件，决策的目的是效益。根据这家饭店的内外条件，分析其能够取得效益的产品。

4.1.4 饭店的服务质量

1）饭店服务质量的含义

（1）饭店服务质量的概念。饭店服务质量是指饭店向宾客提供的服务产品适合和满足宾客需求的程度。这种需求包括宾客对饭店物质的、精神的、心理的、情感的需要。饭店服务质量是饭店工作的中心，服务质量的水平体现了饭店产品和品牌的品质，现在饭店往往把饭店的服务质量管理提高到饭店的品质管理。

（2）饭店服务质量的内容。饭店服务质量包含多方面的内容，主要有饭店的设备设施、服务水平、实物产品、安全保卫、文化氛围等方面。

（3）服务质量的标准。服务质量的优劣程度的评判标准有两个：一个是根据国家星级标准制定的饭店的服务质量保障标准，以及地方旅游部门和其他部门制定的有关饭店服务质量标准；另一个是宾客的感受和评判结果。

2）规范和个性化服务

（1）规范服务。饭店的服务质量首先表现在饭店产品的规范上。规范是服务质量的核心，是服务质量的基础，也是服务质量的标志。质量管理乃至饭店管理始终把重点放在规范上。宾客对服务质量的评判，首先是对饭店规范的感受和评价。

（2）个性化服务。个性化服务是在规范的基础上对宾客提供的一种符合宾客个性化需要的服务。现代饭店的理念不仅是规范，而且要使宾客满意。宾客满意在于宾客对个性化需求的满足。由于宾客个体的差异性和需求的差异性，饭店服务在满足共性需求的情况下，提出了满足宾客的个体需求。当然个性化服务要根据饭店的等级而区店施用，对要求完全服务的饭店，就要尽量做到个性化服务；对有限服务的饭店就要因地制宜，根据条件提供个性化服务。

（3）两种服务的支撑和融合。规范服务的支撑是饭店的制度，主要是服务规程，因此饭店服务规程的制定和发展是饭店服务质量的基本保证。饭店必须认真地制定和实施服务规程。个性化服务的支撑是员工的应变能力、反应能力、服务的技术技巧。而这两种服务的共同支撑是饭店的理念，员工的意识、员工的精神、员工的综合素质。这两种服务不是互相独立的，而是在对客服务过程中互相融合而体现服务品质。所以，饭店服务是一个既很规范，又很灵活的富有情趣的工作过程。

同步链接4-1

以党的二十大精神为指引推进饭店业高质量发展

3）服务质量保证体系

（1）饭店服务质量保证的特点。由于饭店业务的特殊性，饭店服务质量的保证就要根据饭店业务的特点实施。饭店服务质量保证主要靠的是饭店的规范和员工的素质，外在的控制只是一种辅助手段。饭店服务质量的控制重在内在的塑造，并辅以外在的监督。

（2）意识领先。要保证服务质量，必须要求全体人员意识领先。饭店要经常地、有意识地向全体员工灌输服务质量意识，全体员工要牢固地树立服务质量意识。服务质量意识的层次也要分阶段不断地提高。这是饭店服务质量保证体系的根本。“别闲着，自己找事做，机会在于把握，成功在于努力！成就团队辉煌，助我人生成长。”当员工把饭店的服务质量和自己的成长捆绑在一起时，就会以责任感去保证服务质量。

（3）快乐员工工程。饭店服务质量，从根本上来说是由员工来保证的，所有的优质服务都是员工做出来的，因为“服务质量是靠做出来的，而不是靠检查出来的”。所以，员工的工作是服务质量保证的关键。员工要有优质服务，他们首先要是快乐员工。有了快乐员工才有快乐工作，有了快乐工作才有优质服务。造就快乐员工，创造快乐的工作氛围，使员工有快乐的心理感受，是饭店的一项系统工程。

（4）建立服务质量控制系统。应按照管理学控制的职能和过程，对服务质量实施控制。按照控制的输入、处理、输出、反馈的过程，建立饭店的质量控制系统。

（5）建立饭店的服务质量信息系统。这个信息系统包括外界的信息和饭店内部服务质量的信息，把信息系统作为饭店提高服务质量和控制服务质量的依据。

（6）对服务质量主体的考评和奖惩。饭店必须对服务质量进行考评，考评有班组部门的，也有个人的，一般将服务质量考核和绩效考核结合在一起进行。在考核以后，需要进行必要的奖惩。

4.1.5　业务管理

1）饭店业务的决策和构成

（1）对饭店业务的认识。饭店业务管理是饭店所有管理中最重要的管理，也是饭店最主要的工作。饭店一切管理和工作都是围绕着业务活动而进行的。饭店管理主要就是对业务的管理。

（2）饭店业务决策。饭店业务决策就是决定饭店和部门业务的内容、构成、特色、过程、形式。业务决策要兼顾饭店业务的基本功能、饭店的特色和饭店的核心竞争力、饭店的效益。

（3）饭店业务的构成。饭店业务的构成是指饭店各种业务的量以及它们之间的相互关系。饭店业务的构成有两个方面：一个是由各部门的不同业务所组成的饭店业务以及它们的量的多少；另一个是单个部门内部各种不同业务和它们的组合。饭店业务的构成是饭店业务运行的基础。

2）饭店业务运行组织

（1）业务运行组织的含义。饭店业务运行组织就是把饭店和各部门的业务组织并运行起来，使宾客在饭店能够得到满意的产品。

（2）生产要素的组织。饭店和各部门要使各种生产要素全部以合格的形式来组合形成饭店的接待能力；各生产要素还要有足够的数量分配到储备、准备、经营的各个环节。生产要素的组合，主要是构成生产要素的种类、各类要素的量，以及各类要素之间数量的比例。比如，一个西餐厅，确定了具体的餐位后，就要有西餐厨房的合理配置。如餐厅需要设置几个服务岗位，每个服务岗位需要几位服务员；需要配备多少类西餐具，每一类西餐具需要多少数量；需要各类饮料杯多少；附属的用品需要多少等。一般西餐开餐需要的物品，都应在列。

（3）业务的时序组织。业务的时序组织是饭店业务组织最常用的方式，所谓业务时序组织是指按照各项业务具体作业组成部分在时间先后上的排列时序及各项业务进展的时序规律来组织业务过程。例如，宾客总是先登记后入住的，总是先点菜再用餐的。根据这样的规律，就可以有序地来组织饭店的业务。按业务的时序来组织业务有两种基本形式：一种是按业务程序来组织，比如客房的整房程序；另一种是按宾客活动程序来组织，比如团队退房程序。

①按业务程序来组织。这里有四个阶段是业务组织的关键点：第一是业务准备阶段的业务组织；第二是业务进行时的业务组织；第三是业务结束后的业务组织；第四是信息的反馈和业务改进。这四个阶段的业务组织都有其特定的内容。饭店业务如果作为一个过程，一定有这四个阶段。饭店通常都是按照这四个阶段对业务进行组织的。

②按宾客活动程序来组织。这种业务组织就是以特定的宾客的活动程序为依据而进行的业务时序组织，如团队的接待、会议的接待、大型活动的接待、VIP的接待等。这里强调了对象的特殊性和针对性，其中既有业务时序组织的共性规律，也有特定对象的个性特点。

业务链接 4-2

饭店团队接待业务

饭店接待旅游团队是经常的事情。达和饭店是一家三星级饭店，接待的一般是境外旅游团，人数一般为30～60人。达和饭店对团队离店的业务组织流程是：由前厅通知各相关部门第二天团队的离店时间。第二天由总机叫早，然后总机通知餐厅团队已经叫早了。在团队去用早餐时，由房务中心、保安、行李员一起收集团队的行李，然后把行李集中在大堂，或团队行李处。在团队用完餐下楼时，一方面，房务中心的服务员马上进房查房（即进房二查）；另一方面，行李员和领队核定并签发行李。签发完了，如果团队大巴已经到了，行李员把行李装车、点数，团队办理离店手续。等团队全部上车后，饭店相关人员送别团队。这就是对团队离店业务按时序组织的形式。

4.1.6　人力资源开发

1）饭店人力资源的含义

（1）饭店的人力资源既是一个单体的概念，即单个人的能量和能量发挥的情况，也是一个整体的概念，即作为单体人力资源组合成的整体的能量和能量发挥的情况。

（2）饭店人力资源的基本理念。在饭店，人人都是人才，对每个人都需要进行人力资源开发。所谓饭店人才，就是具备了饭店行业素质的人。饭店作业的主体是人，人需要被尊重，尊重产生生产力。人力资源是一种资源，是资源就可以不断地开发和发掘，所以饭店必须不断地开发人力资源。

2）员工的招收和定位

员工的招收和定位包括：①招收人员，即按照需要和标准招收符合饭店要求的人员；②对员工进行分析评价，了解员工；③对员工进行定位。

3）员工的培训

（1）培训的含义。培训是对员工的训练和塑造。培训是给新员工或现有员工传授其完成本职工作所必需的基本理念、意识观念、基本知识和技能的过程，是一种有组织的知识传递、技能传递、标准传递、信息传递、管理训诫行为。培训是对员工成长的投资，也是对饭店发展的投资。

（2）培训的形式。饭店培训有多种形式，主要有集中授课式培训、部门班组讲课或者研讨式培训、实践操作培训、场景培训、实战适应性培训、带岗培训、专题培训、形体训练、实习性培训、参观学习培训等。培训的内容要根据饭店的需要和现代饭店发展的趋势而设置。

4）合理使用人才

合理使用人才包括：①合理使用人才的理念；②使用和培养相结合；③从严考核；④设计职业生涯。

5）合理的分配

合理的分配涉及分配体制、机制和形式。

6）对员工的激励

对员工的激励包括激励的方式和企业文化建设。

同步案例 4-2

借鉴“海底捞”的人力资源管理

背景与情境：“海底捞”的人力资源管理的基本理念是“幸福成长模式”。看一下其是如何应用两个著名的组织行为学理论到人力资源管理的实践中去的。

（1）马斯洛需求层次理论分析

其观点是人们的需求可以划分为生理需求、安全需求、社交需求、尊重需求和自我实现需求这五个层次。

在生理需求层面，“海底捞”为员工提供正规住宅，并且日常生活设备一应俱全，为员工提供舒适的衣服和鞋子，教授员工基本的交通规范等，使员工的生理需求得到满足，有利于员工全身心投入到工作中。

在安全需求层面，“海底捞”给员工以家的感觉，使员工对于身体、心理以及经济方面的安全顾虑得以消除，有利于激发员工的积极性。

在社交需求层面，“海底捞”教导员工相处和谐有礼貌，把彼此当成家人，员工认为自己是“海底捞”的主人，这些方面使得员工有强烈的归属感，有努力工作的动力和决心。

在尊重需求层面，“海底捞”对员工做基本的城市生活的培训，帮助员工建立起自信心，并且还将员工视为手足、姐妹，在员工权限方面放权很大，给予极大的信任，这方方面面的措施使得员工感恩和回报，更加努力，愿为企业付出。

在自我实现的需求层面，“海底捞”有明确公平的晋升途径，各个岗位的员工都尽力发挥自己的力量，即使是扫厕所的大叔也是乐呵呵的，员工自我价值的实现和自我能力得到认可使其感到幸福，进而融入组织，为组织的发展尽自己的最大力量。

（2）成就激励理论分析

其主要观点是：在生理需求得到满足的情况下，人们还有权力需求、归属需求和成就需求。其中权力需求是对他人施加影响和控制他人的欲望；归属需求是指与别人建立良好的人际关系，寻求友谊的需求；成就需求是人们实现具有挑战性的目标和成功的愿望。

在权力需求层面，“海底捞”对管理层和一线员工的授权很大，不同管理层都有很大金额的审批权，而一线员工有免单权，高级管理层有开店计划中的极大权力，例如装修规模，选地址，开店时间等，通过放权去培训锻炼员工，充分调动了员工的积极性。

在归属需求层面，“海底捞”把员工当成家人并且每个员工也把自己当成“海底捞”的主人，让顾客幸福，就必须先让员工幸福，正如“海底捞”的老板张勇所说：“要想让员工对待顾客像家人一样好，你就必须对待员工像家人一样好。”这样使得每个员工心中产生了强大的心理归属感，从心理上融入组织并为组织努力工作，将自己的目标和组织的目标结合起来，使二者达到了统一。

在成就需求层面，明确的晋升制度、清晰的晋升途径和公平的晋升机会使得一线员工看到了未来的希望，激发了员工努力工作的动力。可以说正是这不拘一格的提拔和发现人才的制度才使得“海底捞”拥有如此众多的优秀员工，也正是这些优秀的员工才带来了“海底捞”价值的不断增长。

资料来源　佚名．借鉴“海底捞”的人力资源管理［EB/OL］．［2019-11-02］．https://zhuanlan.zhihu.com/p/89806735.

问题：

（1）“海底捞”对人力资源管理的基本思想是什么？

（2）“海底捞”的“幸福成长模式”在星级饭店可以复制吗？为什么？

分析提示：“海底捞”对员工的理念是“对待员工像家人一样好”。星级饭店最重要的资源也是从事服务业的“人”。

4.1.7　财务管理

饭店财务管理包括：资金和资本的管理；资金筹措和融资管理；资金运用管理；财务控制与监测管理；利润分配管理；财务分析。

4.1.8　公共关系和市场营销

（在第8、9章学习）

4.1.9　设备工程管理

设备工程管理包括：设备设施管理，即设备设施的配置和投资决策管理、设备设施的更新改造管理、设备设施的运行管理、设备设施的资产管理与档案资料管理、设备设施的维护保养管理；水、电、气的供应管理；节能和环保管理；技术队伍和人员素质管理。

4.1.10　物资管理

饭店物资管理包括：饭店物资的三级管理体系；饭店使用物资的决策，物资的采购供应计划；物资采购（物资采购程序、物资控制系统）；物资定额管理（物资的消耗定额、储备定额、资金定额）；仓储和物资发放管理。

4.1.11　安全保卫管理

饭店安全保卫管理包括：宾客安全管理、饭店安全管理、员工安全管理、卫生防疫安全管理、网络信息安全管理、危机管理、防止犯罪；安全保卫系统组织；安全保卫工作实施脉络；饭店突发事件的处理和控制。

以上我们对饭店管理纲要作了一个简要的说明。我们说饭店管理首先就要抓住以上的纲要，纲举目张。顺纲管理，饭店的业务才能正常进行。管理者必须学会抓纲举要。饭店管理纲要只是为饭店管理提供了一个管理的架构，饭店管理还有很多具体的项目和丰富的内容。管理纲要为我们理出了一个线索，饭店管理的成功还需要管理者“一力四性”的发挥。

4.2　饭店前台管理者的管理职责

饭店管理者要执行管理职能，这是一般规律。管理者的岗位不同，职位不同，执行管理职能的具体内容也是不同的。饭店工作的性质从大类上来分，可以分为前台部分和后台部分。前台部分是饭店的营业部分，直接面对宾客，所以尽管前台的业务内容有很大的不同，然而在管理上，却有着许多具有共性的方面。我们在这里把前台管理中具有共性的管理职责作一个归纳。饭店前台各部门管理具有共性的方面可以具体化为以下的职责：

4.2.1　职责范围

1）职责范围的界定

（1）职责范围的界定，就是要确定某一管理者管理的区域范围，管理的对象范围，管理的业务内容，管理的目的和标准，从而确定管理的职责和权限。

（2）组织定位。职位确定后，就要确定某一位具体的人员到这个职位上。

2）管理者的职责

管理者要全面负责自己管辖部分的经营管理工作，贯彻执行饭店和部门的决策和计划，保证完成本部门的各项计划指标。

同步思考4-1

房内用餐的餐具

背景资料： 饭店总经理在作巡视检查时，发现在某一个楼面消防通道里有十几个餐盘和其他餐具。总经理询问是怎么回事。楼面服务员说，这些餐具是客房部用的，因为餐饮部没有来收取，所以就堆放在消防通道里，以不妨碍楼面的正常作业。总经理询问，那你们为什么不把餐具拿下去？服务员说，这是餐饮部服务员的职责范围。总经理马上询问了餐饮部关于这些餐具的情况。餐饮部说，可能是工作忙，没有顾得上来收取客房的餐具，如果在楼面的餐具较多，是否可以请客房部帮忙送一下，因为宾客是在房内用餐，餐饮部不知道宾客什么时候用餐完毕，时间一过，可能就忘了，收取餐具有一定的难度。

问题：

(1) 房内用餐的餐具应该由谁来收取？

(2) 怎么样操作比较合理？

(3) 如果你是总经理，你会怎样思考？

理解要点： 职责范围和业务界限的划分，饭店部门之间的互相合作。

4.2.2 对本部门的经营决策和营销

1）了解市场

(1) 负责对市场的调查分析，充分认识国内外的同类市场，重点是本地饭店的市场。

(2) 经常浏览与经营有关的各种信息，把握现时的市场动态和发展趋势。

(3) 做好本部门的业务统计，从统计数据的规律中了解和分析本部门的市场境况。

2）部门决策

(1) 根据市场情况和饭店决策，确定本部门的市场定位、产品定位、特色风格、经营决策。

(2) 确定和调整相应的管理方式和作业的形式。

(3) 进行业务设计。管理者要在决策后对本部门进行业务设计，业务设计主要有：业务种类的设计、业务内容的设计、业务形式的设计、服务规程的设计、各种业务的特色设计。根据市场的需要和饭店的发展，调整和改革业务设计。

(4) 宾客关系。宾客关系要做好的工作有：开发和联系宾客；和宾客保持良好的关系；宾客信息管理；做好宾客服务工作，使宾客产生亲切感和归属感；在饭店的营销决策指导下，制定和实施有效的对宾客的公关政策。

4.2.3 对业务的管理

管理者要全面组织、指挥、协调、控制业务的进行。

1）管理者应该有业务的专长权

(1) 管理者必须对本部门的业务非常熟悉，能够把握业务的各个环节和标准，从而能够对部门进行业务管理和指挥，并能进行业务指导。

（2）管理者应该基本熟悉饭店其他部门的业务。只有熟悉了饭店其他部门的业务后，管理者才能使本部门和其他部门很好地协调，才能保证本部门业务的顺利进行。

2）业务管理的日常工作

（1）了解情况。管理者每天上班后的第一件事是阅读各种报表，了解前一天部门的运行情况及营业情况；确认当天的任务和业务情况，了解部门的例外事件，了解其他应该了解的情况。同时要了解饭店及其他部门的情况，统筹兼顾，做好工作安排。

（2）指令和检查。对下属各班组发出必要的指令。布置工作，并检查各预定任务的落实情况，安排时间听取各班组的汇报。如果有例外情况，可以先着手解决急于解决的问题。

3）现场管理

我们强调管理者特别是中下层管理者要有一定的时间作现场管理。现场管理的主要职责有：

一是巡视各班组的业务运行情况是否正常，特别是服务规程的执行情况以及服务质量情况，了解各班组的实际运行情况。了解部门的业务量、接待人数、收益状况，掌握动态。

二是听取现场的汇报，现场办事，现场解决问题。

三是检查重点任务、大型任务的准备落实情况，特别要注意任务的特殊性，注意各个细节。如果接待任务正在进行中，要检查和了解这些任务的接待进行情况。

四是在业务进行时的现场巡视、指挥、协调、控制。根据不同的业务和不同的情况，重点执行某一管理职能。

五是检查业务结束后的工作情况，并对重要任务、一天的工作或是一个接待过程的结果进行总结和评估。

六是和宾客接触，听取宾客的意见和反映，了解产品的市场适应性。

4）关注业务状况和计划指标

管理者要关注本部门业务状况，定期对本部门的业务状况进行分析。管理者每天、每周、每月、每半年或在其他的确定时期对计划指标进行检查和衡量，并做出相应的决策。

5）和相关部门的联络和信息沟通

管理者是信息沟通的关键点，要做好两方面的工作：一是本身要和各相关部门进行信息的沟通和联络，保持相互业务的平衡和衔接；二是要检查和监督本部门各岗位人员和相关岗位与部门的沟通和信息联络工作，保证岗位相互间的业务是平衡和衔接的。

6）部门内的协调工作

管理者要做好部门内的协调工作，部门内有的有几个不同的部分或单元，有的有不同的若干个岗位，这些单元和岗位都存在着相互的协调和工作的衔接。部门内或单元内也需要经常进行各种生产要素的调配和协调，这些工作都需要管理者进行管理。

4.2.4 服务质量的管理

1）服务质量的特殊性

饭店的服务质量是一个整体，同时服务质量又是由各部门各个环节的服务质量组成的。保证饭店的服务质量就是要保证饭店各部门、各岗位的服务质量。饭店的服务质量既有全面性，又有各部门的特点。保证服务质量是管理者的中心任务。

2）规范服务

规范服务包括：领导制订和完善本部门的服务质量计划，提出阶段性的服务质量目标；制定并不断完善服务规程，组织执行服务规程，使部门的服务和作业规范化。

3）超规程服务

超规程服务包括：培养员工的应变能力，为宾客提供个性化的服务；以规程为基础，不能脱离服务规程；制定超规程服务的相关制度，提出超规程服务的一些基本要求和内容，把握超规程服务的度。把一些超规程服务的案例，通过点评和演示，进行实训作业。

服务质量管理除以上三个方面之外，还包括：现场监督检查业务进行过程中的服务质量，发现好的苗头及时表扬，发现问题及时纠正；每天做好服务质量的绩效记录，并进行服务质量的总结和评估，提出提高服务质量的举措。

4.2.5 对人力资源的管理

1）制订计划

部门和人力资源部一起制订部门的人力资源计划，特别是对岗位定编、编制定员、人员招聘、人员结构、技术力量、人员培养、人员素质、人员学习提出目标和计划。部门内的各班组都要制订相应的计划。有了计划，都要按照计划执行。

2）提名和任命

部门经理和主管按人事制度对下属管理人员提出候选人名单，并按规范任命。

3）业务培训

（1）组织部门的业务培训，提高全体人员的素质。培训应该是部门管理员工的重要内容。

（2）培训的形式。培训有部门的单独培训，有班组的培训，有和人力资源部配合的培训。部门培训主要是业务培训，也有素质培训、外语培训、专门技术培训、专题培训等。管理者要当培训老师、考评者、培训组织者。

4）绩效考核

管理者要负责对下属人员进行考核，提出或审核对本部门人员的奖惩意见。管理者要定期对下属进行绩效考核，填写考核表，并根据月度考核结果确定下属的劳动报酬和奖惩。

5）沟通和激励

（1）管理者要经常和下属进行思想沟通和交流，以便相互间能够有更多的了解和融合。

（2）部门的管理者要和饭店一起建设企业文化，营造部门的企业文化氛围。

（3）管理者还要有针对性地做好激励工作。

6）关心员工

应关心员工的思想、感情、情绪、生活、困难、福利。一方面要正确引导员工在各方面健康地成长；另一方面具体帮助员工解决实际问题，以部门的士气提高部门的凝聚力。

4.2.6　对财务的管理

1）财务管理的范畴

（1）对管理者来说，财务管理包括投资、资产、资金、营业收入、成本、费用、利润、税金等的管理。管理者需要具体处理资金业务，所以必须对财务进行管理。

（2）管理者应意识到自己和财务的关系，必须理解财务的含义，懂得财务管理。部门是直接运营资金的单元，具体包括现金流、物资的使用和管理。

2）努力提高营业收入

管理者对确保完成经营指标、提高营业收入负有责任。部门要根据饭店决策，通过提高产品质量，提高产品销售量，努力提高部门的营业收入。

3）控制成本费用

（1）和财务部一起，核定部门以及单项消耗对象的成本费用水平（比如餐饮部要核定菜肴的投料标准，客房部要核定整房单间的消耗标准等），制订部门的成本费用计划，把成本费用计划落实到各个班组、各个环节，按计划控制成本费用的投入。

（2）班组是控制成本费用的第一线，因此控制应从这里做起。

4）定期分析

（1）在班组、部门会上定期分析成本费用情况，做到对消耗心中有数。

（2）对消耗和成本费用超标的情况要分析原因，能降的就要降下来。对消耗和成本费用较大、超过了计划标准，或者消耗过低、较大幅度低于计划指标的，也要分析原因，以保证饭店产品的质量。

5）制定部门财务指标

制定部门和班组营业收入、毛利率、利润的指标，保证完成指标。每个部门的指标重点是不一样的，例如，客房部主要是抓消耗，餐饮部主要是抓毛利率等。管理者要抓重点。

同步案例 4-3

餐饮部的额外流动资金

背景与情境：大河宾馆是地处经济繁荣的某地级市的一家三星级饭店，饭店餐饮部设有中餐厅、西餐厅、宴会厅、食街等，拥有约800个餐位。餐饮部的平均日营业额约5万元，餐饮部核定毛利率为47%，饭店给餐饮部核定的流动资金为40万元。有一年年底，餐饮部要推出生菜拼盘外卖、当地名菜打包外卖、单位批发外卖等。这些业务是在饭店外部消费的业务，是为了增加营业收入。在餐饮部外卖试销期间，生意非常好，每天的营业额达到了数万元，为此需要增加流动资金50万元。饭店在审核了餐饮部的决策后，认为这个方案是可行的，同意增加50万元的流动资金。不过这50万元的流动资金是计划外的流动资金，作为餐饮部向饭店暂借的资金，资金回笼后，就予归还，不计利息。由此产生的资金利润，由餐饮部和饭店三七开。饭店在财务管理上严格把握资金的运用、控制和决策。

问题： 饭店和餐饮部这样的运作模式、这样的资金管理方式是否合理？

分析提示： 资金流转才会产生效益，饭店为了效益就需要投资，有投资回报就是合理投资。投资要符合国家法规和财务制度。

4.2.7 对设备的管理

1）资产管理

各部门要和工程部合作，一起做好设备的资产管理。设备的资产管理包括对设备进行编号、登记、记录以及对资产的价值管理。

2）设备的维护保养

设备的维护保养包括日常的维护保养、检查修理、大修和更新。

3）设备的运行管理

应按规范使用设备。

4）部门的节能和环保

应和工程部一起制定节能和环保的制度，在本部门内监督制度的执行。

5）设备的选择和更新换代

科技快速发展，新科技、新设备、新技能也不断出现，饭店会根据决策，因时而为，选择新的设备，更新旧的、不适用的设备。

4.2.8 对物资的管理

1）物资决策

部门应该提出需用物资的种类、等级、数量、价格、品牌等。由饭店物资管理部门决策拍板，并制订物资采购计划。

2）物资采购

物资由饭店规定的采购部门，或者特定的人员实施采购。饭店有严格的采购制度，这个采购制度会保障物资采购的科学性。

3）物资的领用

（1）管理者要制订部门的物资计划，控制计划的执行。

（2）审核、签发部门的物资申购单和物资的申领单，建立部门物资的领回清点制度。

4）物资的定额管理

（1）储备定额。核定部门的物资储备定额、各小仓库的储备定额，按照定额储备物资。

（2）消耗定额。以消耗对象为单位，确定物资的单位消耗定额和消耗总量，并按日、月、业务季对物资的消耗情况进行考核和分析，并予以控制。

5）仓库管理

要管理好自己所管辖范围内的小仓库。

（1）进仓管理、储存管理、领用管理、直进物资的管理、账务管理。

（2）每月组织和监督本部门仓库的清仓盘点，发现问题及时处理。

4.2.9　安全管理

1）执行饭店的安全规范

（1）在本部门执行饭店的安全规范，并和安全部门经常保持联系和进行信息沟通。

（2）和安全部门一起制定本部门的安全制度，并落实各项制度。

2）具体做好各项安全工作

（1）管理者每天要进行安全检查，可以和巡视结合起来一起检查。

（2）发现安全隐患，要及时改正或者马上追查，有些需要马上上报饭店，不能有一点马虎。

（3）在防火、防盗、防骗、防其他安全事故方面要特别强化管理，管理者要力争做到事事周全，防患未然，重任在肩，万无一失。

（4）每天做好安全工作记录，不断改进安全工作。

（5）定期组织本部门对安全器械、安全设备、安全通道、网络安全进行检查。

（6）完善安全信息系统，要求网络系统安全，终端作业安全，相关的弱电系统安全。

3）培养员工的安全意识

（1）在培训中，提高员工的安全意识，使员工牢牢记住饭店安全的重要性。

（2）员工在工作中要有高度的安全防范意识，一是要严格按安全作业的规范进行作业，二是发现问题马上要处置并报告，三是发现可疑情况要积极采取防范措施并向有关方面报告。员工的这些行为一方面需要培养，另一方面需要管理者的引导和督促，同时要经常进行检查。

（3）鼓励员工提出安全保卫方面的合理化建议，管理者要重视从实践中来的安全新课题。

4）安全事件的处理

（1）饭店安全事件的处理界面。饭店安全事件处理是有明确的界面分工的，管理者按照自己所在的界面充当处理安全事件的角色。

（2）出现安全事件，管理者要负责按事件处理规范，组织和实施处理程序。

（3）如果事件应由公安部门或饭店安全部门处理，部门要积极做好配合和协助工作。如果事件应由部门处理，管理者就要全权负责处理，为此管理者就必须懂得相关的法律、规定、专业知识，并要培养这方面的能力。

课程思政 4-1

饭店对安全问题的反应

背景与情境：西京饭店是我国西北地区的一家高星级饭店，饭店所处的城市刚好在连接两个省会城市的中线上，交通方便，人来车往，一片繁忙景象。

一天，西京饭店监控中心的员工发现，在9楼有几个人在服务员正在打扫卫生的房间门口往客房里张望。由于服务员打扫卫生时把工具车横在客房门口，刚好挡住了房门的进出口，因此这几个不速之客无法进入房间，只能在房门口张望。他们不进房间也不呼叫服务员。然后，服务员打扫下一个房间时，他们又重复刚才的动作。这马上引起了监控人员的注意，监控人员立即打电话给保安部和房务中心报告这个情况，并要求及时处置。保安部派员去9楼查看。到了9楼，保安员礼貌地对这几位说：先生，请问你们是哪个房间的？需要服务员开门吗？这时，一位来者回答：我们不是住店的，我们是××大酒店筹建处的，想看看你们的客房作为参考。保安员礼貌地说：对不起，能看看你们的证件吗？因为客房是私密区域，进入楼层要么有住宿房卡，要么在前台登记。你们没有登记，那么麻烦你们出示身份证件好吗？这时，其中一位来者出示了××大酒店筹建处的工作证。保安员说：谢谢，这样吧，既然是兄弟单位，我带你们去公关部，你们和公关部沟通，由公关部带你们参观，既方便，又全面，还可以大大方方地参观，可以提各种问题。这几位来者一听这个建议，觉得是个好主意。于是他们跟着保安员一起去了公关部。

问题：如何评价该饭店对安全问题的反应？

研判提示：饭店的安保作用，饭店管理和安保的关系，饭店员工的岗位责任和职业道德。

这里我们对饭店管理的职责作了一个大概的说明，每个管理者在对饭店的管理中总有这些职责。当然这里所说的职责仅仅是一般职责。饭店管理者在执行管理职能、履行管理职责时，要注意以下几个方面问题：

第一，管理的职责要和管理的具体内容相结合，行使管理职责一定是和具体的业务内容结合在一起的。具体的业务内容不一样，管理职责的表现形式也是不一样的。比如对物资消耗定额的管理，客房部要对每位整房员的一天消耗总量进行核算，没有必要要求每个客房的消耗量是一样的；而在餐饮部的厨房，在核算消耗定额时，就需要对每个菜肴的原料消耗量进行统一的核定。

第二，管理职责因管理层级和岗位不同而不同。我们在这里对管理职责作了一般性的说明。实际上，由于管理层级的不同，管理的职责有共同的方面，也有不同的地方。例如，部门经理和部门主管的管理职责，前者的宏观性比后者要强，后者的具体业务管理要比前者深入。由于管理岗位的不同，管理的职责也会有很大的区别。例如，饭店的职能部门和饭店的业务部门在具体的管理职责上，会有很大区别。餐饮部的厨房主要是保证菜品的质量和出菜时间，而餐厅的管理是做好宾客的消费服务。

第三，管理职责的要求和形式因饭店的不同而不同。一是饭店的规模不同，其管理职责的要求和形式就会不同。二是饭店的星级不同，其管理职责的要求和形式也会不同。三是饭店的管理风格和企业文化不同，管理职责的要求和形式也不同。例如，一个大型饭店，管理者的巡视管理是分层级进行的，每天部门经理下达指令也主要是通过媒介的信息传递；而一个中型饭店，巡视管理就要求全面巡视，每天部门经理下达指令主要是通过面对面的形式。

法约尔说：（管理的）原则是灵活的，而且能够适用于每一种需要，问题是要知道如何利用它们，这却是一项困难的艺术。饭店管理者在管理饭店、行使职责时就要把管理的职责和饭店的具体情况结合起来，运用自己的“一力四性”，把饭店经营得有声有色、富有活力。

本章概要

□ 内容提要

本章进入了饭店的具体管理，主要阐述了两个方面的内容：一是提出了饭店管理的纲要。饭店管理纲要是多年来理论工作者和饭店管理者对我国饭店管理的探索、总结、归纳得出的规律性结论，是我们管理饭店的基本路径。饭店管理纲要所揭示的内容包括职能管理和业务管理两大分支，使我们能够对饭店管理的架构有一个完整的、清晰的系统思维。二是提出了管理者的管理职责，它是在纲要的基础上，使管理更加具体化。管理职责是指在具体的饭店管理中，一个管理者所要履行的业务管理职责和职能管理职责。管理是每个饭店管理者一定要从事的工作，也是管理者应该做好的工作。管理职责也为饭店管理者提供了一份工作的任务清单，一个合格的饭店管理者要完成清单上的全部工作。本章还揭示了饭店管理者在具体的管理过程中，要把饭店管理的纲要、管理的职责和具体的饭店结合起来，这样才能有效地进行管理；饭店管理者要从事多项内容的管理，所以管理者应该是一个通才，是一个杂家。饭店管理者只有通过不断地实践、不断地学习才能成为合格的饭店管理人才。

□ 主要概念和观念

▲ 主要概念

饭店决策　饭店计划　计划指标　业务决策　业务构成　业务运行组织　业务时序组织

▲ 主要观念

科学决策观念　规范化和个性化观念　人力资源观念　饭店安全观念　业务专长观念　现场管理观念　部门财务管理观念　安全观念

□ 重点实务

饭店功能布局　建筑实体的九大系统　业务时序组织　突发事件预案

基本训练

□ 知识训练

▲ 复习题

1）为什么要提出饭店管理纲要？

2）怎样理解饭店功能布局的科学性？

3）饭店决策应该有哪几个步骤？

4）业务构成包括哪两个方面？它们之间有什么联系？

▲ 讨论题

1）现场管理很重要，有一位部门经理一天花6个小时在现场管理，这样是否就是现场管理？

2）为什么管理者上班的第一件事是阅读报表？

3）管理者要参加部门的业务操作吗？为什么？

□ 能力训练

▲ 理解与评价

前台管理者从管理岗位来说，要执行饭店的决策和营销计划。既然饭店有了决策和营销计划，为什么部门还要有决策，还要有部门的营销计划？

▲ 案例分析

【训练项目】

案例分析-Ⅳ。

【相关案例】

好菜肴为什么不受欢迎？

背景与情境： 宏业饭店是一家尚未评星的高档饭店，饭店地处一个经济发达的中等城市，王路是这家饭店的董事兼总经理。饭店在近段时间经营得不错，特别是会议餐和政府接待工作都有很好的口碑。可是在国家制定相关政策以后，餐饮的生意下滑很多。王路为了发掘新的利润增长点，就想在餐饮上下功夫。王路最近出差去了深圳，在深圳品尝了粤菜，特别是潮州菜。他对粤式烧烤、潮州菜的卤水赞不绝口。王路是湖南人，口味喜欢辣，他想起两次出差去重庆和成都，对那里的川菜产生了美好的印象。王路知道当地没有粤菜和川菜，而粤菜和川菜都是中国的大菜系，名声很大。主意有了，王路就召集餐饮部的管理人员开会。在会上王路把自己的想法告诉了大家，大家都觉得可以试试。会后，王路布置了工作，一方面把现有的两个中型餐厅改造成特色餐厅；另一方面前往广州和成都去请厨师。经过紧张的筹备，两个餐厅如期开张。开张后生意兴隆。可是好景不长，不到一个月，两个餐厅的生意就渐渐淡了下来。到后来，两个餐厅只能勉强维持。而同时，饭店做本地菜的大餐厅却一直生意红火。

问题：

1）为什么这么好的菜肴会不受欢迎？接下去该怎么办？

2）请你用饭店管理纲要和饭店管理职责的理论帮助王路做出决策。

3）饭店餐饮的变化过程和文化有关吗？

【训练要求】

同第1章“基本训练”中本题型的“训练要求”。

▲ 实训操练

【训练项目】

五星级饭店管理内容框架比较。

【训练要求】

对本地两家五星级饭店进行实地考察，对其管理内容框架进行比较分析。

【训练步骤】

1）将班级学生分成若干训练团队，每团队确定一人负责。

2）各团队分别选择本地一家五星级饭店，对其管理内容框架进行实地考察。

3）各组通过图书馆和互联网，对发达国家著名五星级饭店管理内容框架进行调研。

4）各团队就所选本地五星级饭店与发达国家著名五星级饭店的管理内容框架进

行分析比较。

5）各团队就所选本地五星级饭店管理内容框架之不足提出优化建议，在此基础上撰写《“本地××五星级饭店管理内容框架”优化建议书》。

6）在班级讨论交流、相互点评与修订各团队的《“本地××五星级饭店管理内容框架”优化建议书》。

7）在校园网的本课程平台上展出经过修订并附有教师点评的各团队《“本地××五星级饭店管理内容框架”优化建议书》，供学生相互借鉴。

□ 课程思政

【训练项目】

课程思政-Ⅳ。

【相关案例】

光盘行动的矛盾

背景与情境：“光盘行动”是饭店和餐饮业的一个创举，倡导厉行节约、反对浪费，带动大家珍惜粮食，到饭店吃饭时，点餐不浪费，吃光盘子里的食物，若有剩余打包带回家。“光盘行动”受到了餐饮业的积极拥护，也得到了广大消费者的普遍响应。珍泉大酒店是我国北方一个三线城市的五星级酒店。酒店在餐厅发起“光盘行动”，但是困难重重。当地的习惯是请客要大盘出菜，多点菜，菜要多到宴请结束后还会剩下很多，不但剩菜的盘子多，而且每个盘子有一定量的剩菜，这样才显得主人大方，有面子。饭店发起“光盘行动”，常常会遭到宾客的抵制。宾客说：“我出的钱，浪费是我的事情，关你什么事？你的光盘，不是明摆着给我丢脸吗？”那给宾客的剩菜打包吧，宾客也不同意：“打包，我可没有小家子气到这个程度，当着客人的面打包？你还是拿个袋子给我的脸打包吧！”饭店也很为难，“光盘行动”是大势所趋，而在这里却很难推动。于是饭店想了一个办法：宴请宾客用餐，如果不实行“光盘行动”，要么追加服务费——清理和处理垃圾的费用；要么列入提醒人群名单，下次再来，服务员会事先多次提醒宾客：合理点菜，合理搭配，不要浪费，“光盘行动”。因为这个城市就这么一家五星级酒店，要排场的宾客还不得不到这家饭店来，所以饭店可以“牛”，而宾客也常常抱怨。饭店和宾客为了“光盘行动”而矛盾不断。

问题：

1）饭店响应号召推行“光盘行动”，为什么会有阻力？

2）饭店为了贯彻“光盘行动”采用了两种办法，从企业的职业操守层面来看，你觉得可行吗？

3）面对这种局面，你有什么更好的管理办法吗？

【训练要求】

同第1章“基本训练”中本题型的“训练要求”。

第5章 饭店组织管理

● 学习目标

通过本章学习，应该达到以下目标：

职业知识：学习和把握饭店的组织原则、结构、组织管理内容和规章制度等理论与实务知识；能用其指导或规范本章认知活动和技能活动，正确解答“基本训练”中“知识训练”各题型的相关问题。

职业能力：点评“饭店投资者干预饭店经营管理者”的做法，训练专业理解力与评价力；运用本章专业知识研究相关案例，培养在与“饭店组织管理”相关的业务情境中分析问题和决策设计的能力；通过收集、整理与综合关于“组织原则和组织结构”的前沿知识，撰写、讨论与交流《“组织原则和组织结构”最新文献综述》，培养“饭店组织管理”中“自主学习”的通用能力。

课程思政：结合本章教学内容，依照相关规范或要求，对“课程思政5-1”和章后“餐饮应对临时任务”等案例中的企业或其从业人员的行为进行思政研判，强化与案例议题相关的行业规范思考和政治素质，促进“立德树人”根本任务的落实。

引例：会议销售员

背景与情境：饭店接待会议是经常的事情。林和大酒店是一家有320间客房的四星级饭店，饭店接待的会议很多。以前接待会议是按照饭店的部门分工组织，即会议需要哪些不同的服务，就由相关部门提供。例如，会议需要鲜花，就由销售部提供，会议需要水果，就由餐饮部提供，会议需要增加客房，就由前厅部提供。这样分工是明确了，可是每个部门提供的服务都要经过两个或者更多的部门，而且需要由两个或者更多部门的审批，所以效率就比较低，往往满足不了会议的需要。为此，林和大酒店对会议接待进行了组织上的调整。饭店的会议接待统一由销售部牵头，由一位副总全权负责会议业务和销售部的管理。销售部对每个会议都有责任，销售经理进行全程跟踪服务，会议提出的各种服务要求，跟踪销售经理有权当场决定并开出单子，并把信息传输给相关部门马上落实。这个信息是一份指令单，其权威相当于饭店副总的指令。这样一改，不但满足了会议各种不同需求、临时需求，而且减少了一些中间环节，大大地提高了效率。对于饭店来说，有一个会议接待的统一发布信息的口子，每个部门接到任务单马上就可以行动，不必再审批，而且可以把提供服务的消费费用及时记账，有效地提高了饭店的服务质量。

问题：

(1) 上例是否说明饭店分工了反而会引起部门间的不协调？

(2) 会议销售员的作用是什么？这和饭店管理有什么关系？

(3) 上例告诉我们饭店的效率来自哪里？

5.1 组织原则和组织结构

组织职能是饭店管理的重要职能。组织职能的有效性直接影响饭店的服务质量，对饭店的最终效益也有直接影响。企业文化影响下的非正式组织不但影响饭店的效益，而且关系到饭店的精神面貌和企业风气。组织职能也是衡量一位管理人员管理水平的重要标志。饭店的组织职能有两重功能：一是合理组织和调配饭店的各种资源，组合成接待能力。这一功能是动态的，日常经常进行，表现为形式上的重复并周而复始。二是形成饭店的管理体制和组织结构，以保证饭店的正常运行。这一功能是相对静态的，一旦形成饭店的组织结构，这种结构就是稳定而固态化的。这两种功能本章都将进行阐述，并将重点放在后一种功能上。我们将按现代管理的思维讨论饭店这一特殊企业的组织原则、组织形式，包括体制上的组织形式、饭店组织的内容、作为组织组成部分的制度等。由于生产力的发展，饭店的组织管理内容很多，而要有效地进行饭店的组织管理，其前提是首先确立组织的原则和组织结构，进而管理饭店组织的其他方面。

5.1.1 饭店组织原则

饭店组织管理首先是形成饭店的组织形式和组织结构。饭店的组织形式和组织结构都是根据饭店的特点和需要形成的，不同的饭店可能有不同的组织形式。不管形式上有什么不同，组织都必须服从目标。为了保证组织的有效性，应按现代管理的原理确定饭店组织的原则，不管什么样的组织形式都应该遵循饭店组织原则。

饭店的组织原则主要有：

1）组织形式服从组织目标

组织目标是组织行动的目的。饭店管理的一切都是为了实现目标，没有目标也就用不着管理，也就不需要组织职能。饭店的目标就是效益，即三重效益。效益又和效率有密切的关系，组织也就必须服从效益和效率的原则。

（1）组织形式要和饭店市场相协调，服从饭店市场竞争的需要。饭店组织要和市场紧密联系起来，有利于与市场信息的沟通，有利于强化促销，如饭店设置营销部、公关部；前厅有大堂副理、宾客关系经理、“金钥匙”等；餐饮部有餐务委托。这些都是和市场相联系的组织形式。

（2）组织形式要为效率服务。饭店效率既取决于全体员工的积极性和士气，又取决于组织的有效性。由于饭店业务形式的分散性和业务内容的随机性，员工的积极性和士气再高，也还需要组织的有效性以保证效率。为了饭店的效率，饭店在组织管理上要做到：

第一，根据跨度原则和实际需要确定饭店的组织层次。层次太少违背等级原则，容易造成混乱；层次太多环节就多，运行缓慢，这两者都会影响效率。一般来说，层次能简则简，如中小型饭店没有必要设总监层，其前厅也没有必要设主管。

第二，按需设岗位。饭店岗位的设计是很有科学性和艺术性的工作。岗位是应工作的需要而设置的。一个岗位要分析其功用、内容、工作量、和其他岗位的关系、有无替代性等。对可设可不设的岗位一般不设，但对应设的岗位也不能随意取消。岗位设置是随着饭店各种情况的变化而变化的，一些饭店现在设置了信息管理主管（经理），主要负责饭店信息系统和智能化运行的管理。有的饭店设置收益主管（经理），负责饭店收益管理的政策制定，实施饭店的收益管理。

第三，精兵简政，精简人员。在核定每个岗位合理的工作量后，按工作定额配备人员，每个岗位尽量不要有富余人员。饭店工作内容弹性较大，因此在人员配备上一般偏紧配置。人员精干、工作量饱和，才能保证效率和提高效益。

（3）管理职位为管理目标服务。管理职位正是为管理而设的，职位设置不当就会造成管理的错位而使管理混乱，严重影响饭店目标的实现。有很多饭店正是因职位滥设而形成尴尬的局面：要么三个和尚没水喝——工作推三阻四；要么把组织目标放在一边，为争权夺利而钩心斗角，造成饭店服务劣质低效。管理职位一定要按需设置，绝不能因人设置或随意设置。根据科学管理的原理，饭店设置总经理后，按需配备副总经理或总经理助理，高级管理层副职应从严控制。部门经理（包括总监层）以下的管理职位基本上是一职一人不设副职，视需要可设置助理，以保证效率。职位的合理设置能使饭店各部门成为一个有效的协作系统，有利于组织目标的实现。

2）饭店的组织路线要为目标服务

就饭店来说，目标确定以后，管理人员就是决定因素。用人，就是饭店的组织路线。饭店的组织路线是“德才兼备，以德为重”。饭店处在激烈的市场竞争环境中，现时饭店面临的不仅仅是效益好坏的问题，还有生存问题。首先是饭店生存问题，它要靠人去营造生存空间，然后再由人去创造效益。使饭店成功的是人，使饭店失败的也是人。管理层的人是其中的主要因素。为了实现饭店的目标，必须选拔那些经过考验的、德才兼备的人员到管理岗位上来。饭店管理人员的选拔标准应是“本质好、会管理、懂业务”，也就是我们所说的需要具备“一力四性”。饭店一定要克服裙带用人、画线用人、关系用人、亲情用人、酒肉用人、媚我用人等坏风气，以饭店利益为重，克服自我，选拔人才。饭店要有一套用人的竞争机制，有一套人才选拔的方法，使优秀人才都能脱颖而出。闻名国内外的明星企业——杭州万向集团创始人鲁冠球的用人之道是：有德有才要重用；有德无才可小用；无德无才自食其力；无德有才坚决不用。一位成功企业家的用人准则也许会给我们一定的启发。

3）等级链和指挥统一原则

（1）概念。等级链的原则是由法国管理学家法约尔提出来的。法约尔用一个大环下面挂着若干链条的图示来表示等级链。大环表示最高管理者，一条链条表示组织中的某一个业务系统。我们以饭店为例来说明等级链的含义。等级链表明，饭店作为一个组织系统从上到下形成了各管理层次，从最高层次的管理者到最低层次的管理者组成了一个链条系统结构——等级链。这个链条系统结构反映的组织特点是：第一，它是有层次有等级的；第二，每一条链上的各环是垂直且相互联系的，所有的链都连接于最高一环——总经理。这个链条结构是一条权力线，是发布命令、指挥控制、信息反馈的途径。从等级链的原则出发，可以引出组织管理中的一些基本原则。

（2）权力和责任原则。等级链是一条权力线，每一环的层次上都有相应的权力。在一条链上，上一环摆动，下面连的各环都要跟着摆动，每一环的摆动都受上一环的牵制。这就形象地表明一个组织中的各部分和个人应服从统一意志才能做到组织运行的有序。某一环之所以可以使以下几个环跟着自己动，是因为这一环的领导力量——权力。要使组织服从统一意志，必须建立管理者的权力和权威。管理者的权力应由组织给予明确规定。各级管理者拥有权力，也应担负相应的责任。饭店组织的要求是把责任明确地落实到人，什么责任该谁负，谁该负什么责任都应该很清楚。

（3）服从命令原则。等级链是传达命令的通道，命令传达顺畅则链条系统和谐。如果命令不被服从，链条结构在某一环上会发生断裂而殃及以下各环和整个系统。由此，饭店强调在组织上必须服从命令。由于饭店业务的机动性和随机性比较大，个人行为的机动性和随机性也比较大，因此对服从命令的要求比其他行业更高些。饭店业有一句话叫作“饭店就是军队”，是指饭店的纪律和饭店对命令的服从都应该像军队一样。饭店业还有一句话叫作“对上级的命令不管对错与否都应该执行”。这话听起来好像不顺耳，但实际上也是对的。如果借口命令是错的而拒绝执行命令，则任何命令都可以因种种理由而遭拒绝。命令应该有其严肃性。当然从权责一致的原则出发，指挥者应该对自己的命令负责，如果命令真错了，谁发布的命令就该由谁负责。

教学互动5-1

互动问题：饭店在给员工培训时提出“对上级的命令不管对错与否都应该执行”，有相当一部分员工认为这一点很难理解：如果上级的命令是错的，为什么要执行？有员工认为正确的提法应该是：正确的要坚决执行，错误的就应该抵制。员工的说法对吗？

要求： 同“教学互动1-1”的“要求”。

（4）命令统一原则。第一，从最高管理层到最低管理层的命令应保持一致，命令不能是简单地复述，而应该由执行者根据自身环境的具体情况给予发挥和具体化。第二，从等级链看，链环是垂直且一环扣一环的，没有脱节，也没有三角扣。所以，饭店的命令要层层下达，都应该是指挥者向直接下属下达而不越级指挥，也就是管理者在下达命令时也不得“串岗”。第三，现代组织要求饭店每个员工只有一个顶头上司，他只应听命于这位顶头上司。

饭店遵循服从命令的原则是完全必要的。在贯彻这一原则时，我们不能机械地去理解。服从命令原则还要和授权的原则结合起来。就是说员工在不违反原则的前提下，针对不同宾客的不同要求，可以灵活地处置，以满足宾客的需求。

4）组织宽度与授权原则

（1）组织宽度原则。组织宽度是一位管理者能够有效领导、监督、指挥直接下属的人数。管理者的指挥宽度是有限度的。有人曾提出，饭店总经理的指挥宽度为3，副总经理的指挥宽度为4，部门经理的指挥宽度为6，主管的指挥宽度为6，领班的指挥宽度为12。以上的宽度指最大限度。实际上，这些都只能是经验数。每个饭店的情况不同，组织宽度也不完全相同。组织宽度取决于多种因素，如管理人员的能力、员工的素质、饭店的规模、各部门的业务情况等。组织宽度决定了饭店的组织形式是金字塔形的。

（2）授权原则。饭店组织就是根据组织宽度而分成多个管理层次。每个层次的管理者要对目标、对上司、对下级负责。管理者要管理在他管理宽度范围内的事务，就要拥有权力。组织的原则是对各级管理者授权。当组织在确定了各管理职位后，也应当同时确定该职位所拥有的权限。如果最高管理层把大小权力都高度集中，那么没有被授权的管理职位就形同虚设。授权，是正式组织的授权，一部分是由制度给予明确规定的，一部分则由上司在职权范围内以一定的形式授予。权力和职位应相称，授权过大或过小都是对权力的误解。

在饭店管理中，授权的含义会更广泛。授权，不仅是对各级管理人员管理权的授予，还包括对员工业务处置权的授予。因为如前所说，饭店没有大机器生产，不存在机器对人的制约，作业员工在工作范围内有较大的自由活动权。而员工作业的对象——宾客，又有很大的随意性和主观性。因此，在相当多的时候，员工是根据实际情况，根据宾客的需求来做的。这些随机应变是不可能在制度或规范里加以规定的，它需要员工发挥能动性，用应变能力去恰当地处置。因此，饭店在一定的范围内应该给员工一定的授权，使他们可以在授权的范围内自主地、独立地去处理很多对客服务方面的事务。

（3）权力的制约。授权是为了管理，为了实现饭店的目标。权力绝不应成为牟取私利的凭借。对管理者的权力应该有制约手段。制约饭店各级管理人员的权力，要有一种制约的机制。对饭店最高管理层可由监事会、董事会、党组织、职代会等来制约，同时在饭店最高管理层中各成员相互之间有监督制约机制。各部门经理的权力一方面受上级的检查监督和制约，另一方面应受到相关职能部门的监督和制约，同时，部门经理的权力应受到本部门员工的监督和制约。所有对权力的监督和制约都应有相关的制度给予规定，真正做到“把权力关进笼子里”。如果饭店管理者在其管辖的范围内权力不受约束而可以为所欲为，就为腐败和堕落提供了温床。

学习微平台

延伸阅读5-1

同步案例5-1

饭店提升服务质量妙方——给员工授权

背景与情境： 你饭店的员工是否经常置身于以下的情景中：饭店每天的离店结账时间是在中午12：00以前，但某位客人询问前台接待人员，自己能否在下午2：00之前离店；饭店餐厅的服务员接到一份价格中等的家庭订餐单，餐厅菜单上没有客人要点的菜，然而顾客却坚持不用其他菜来替换；餐厅菜肴出现质量问题，客人感到非常不满，要求餐厅的服务员立即进行处理和补救，同时客人希望马上得到答复。诸如此类的问题常常会令服务人员应接不暇，但是有时客人们往往会得到服务员这样的回答：“很抱歉，这个有点难办”或“我得和我的主管商量一下”，甚至会听到很无奈的回答：“我希望能为您做点什么，但是现在我什么也做不了。”可以设想，遇到如此尴尬的状况，客人不悦之情是显而易见的。但是如果换一种方式解决问题呢？如果能授权服务员变通规章制度，自发和灵活地处理一些问题，而不是互相推诿或仅指望管理人员来处理问题，结果很可能会令客人感到满意。这就把一个不可回避的问题摆在了饭店管理者面前：对员工进行一定的授权。

对员工的授权不仅仅是简单意义上的授予其权力，而是管理人员在将必要的处置权、信息、知识和报酬赋予服务一线员工的同时，让他们主观能动地、富有创新地工作。也就是说“授权”通过赋予服务人员一定的权力，来发挥他们的主动性和创造性。“授权”可以实现饭店内部有关的信息、知识和报酬的共享，使员工对饭店和客人有较充分的了解，并因此备受激励。除此之外，“授权”还强调对员工的尊重，把员工从细枝末节的严格规定和制度中解放出来，让他们自己寻找解决问题的方法，并对自己的决定和行为负责。适当“授权”能唤起员工的工作责任感、创造性和对顾客的真切关怀。“授权”不但使员工工作更投入，还会使顾客满意度增加。员工这种自我负责的，对客人热情而周到的服务，可以成为饭店保持竞争优势的有效举措之一。

资料来源 佚名. 饭店提升服务质量妙方——给员工授权［EB/OL］.［2021-08-19］. https：//doc.mbalib.com/view/cf1916f5c00347e8318d16ccd29bd371.html.

问题：

（1）一般的大中型饭店需要对服务员进行授权吗？授权范围怎么界定？

（2）饭店对服务员授权了会出现问题，甚至会乱套吗？

分析提示： 饭店的管理权属于相应等级的管理人员，“授权”是指把一部分的管理权授予一线服务员，使一线服务员对临时出现的问题有处置权。饭店面对宾客，出现的问题有很强的时效性，一线服务员能否当场处理是关键。授权，也是对一线服务员的信任，对服务质量的保证，对饭店声誉的维护。参考丽思卡尔顿酒店的授权制度。

5）饭店组织的系统原则

管理的系统学派从系统论出发提出了企业管理的系统理论。系统理论认为一个系统最本质的要素是它的“组织联系”，组织联系形式的不同就形成这个组织系统和那个组织系统之间的区别。例如，工厂系统是以实物产品为纽带而形成系统内的组织联系，饭店则是以宾客的旅居生活为纽带形成系统内的组织联系。饭店的组织联系一方面会和平台相关联，和平台的关联是双向沟通，这就是组织联系的延伸；另一方面，饭店进入互联网思维时代，互联网使得饭店的组织联系更紧密、简约、高效，组织联系会发生一定的变化，随之，饭店的组织系统原则也会有一个动态的变化。我们正是从饭店系统的“组织联系”特点出发来确定饭店组织的系统原则。

（1）强调组织目标。组织是为目标而存在的，一个组织应有一个统一目标。饭店的统一目标是饭店的整体效益，即整体三重效益。为了实现饭店的目标，饭店确立的宗旨是一切为了宾客旅居生活的圆满，即“宾客满意”。饭店在业务设计和业务组织时都是以宗旨为准则，生产最优的饭店产品。饭店在内部协调上也是以宗旨为准则，不管要克服多大的困难，即使饭店要做出一定的牺牲也不能损害宾客的利益，饭店不能把内部矛盾暴露给宾客。为了整体目标，饭店各部分的局部利益要服从整体利益，必要时，可牺牲某些局部的最优方案以保证整个系统的最优方案。

（2）各部分的目标和责任。系统中各部分的性质和职能由它们在整体中的地位所决定。饭店内各个部分之所以存在，是因为每个部分都以自己的部分目标实现饭店的整体目标，以自己的部分目标为系统承担责任。根据组织对任务分配的功能，饭店要把总目标进行分解，成为各子系统各部分的分目标。分目标要明确，分目标和总目标的关系同样要明确。饭店的组织系统、目标系统要和经济责任制挂起钩来，目标-责任-利益分配应一致。

（3）组织的均衡性。系统理论认为整体或有机体之所以正常运转是因为它趋于一种“稳定状态”，即取得了均衡。均衡是指各部分间、各业务间的均衡。饭店不生产实物产品，而它的对象——宾客又有很大的随机性，饭店的“稳定状态”就带有自身的特性。饭店的“稳定状态”在于组织结构的均衡、工作量和任务的均衡、服务质量的均衡、效益的均衡。组织的均衡性在于组织设计和业务设计要有均衡性，信息系统的设计要有联系性和合理性，员工的业务素质和定编要有均衡性，业务的运转要由管理者实施组织职能，使业务协调一致。例如，有些饭店是以接待团队旅游、会议为主，那么早餐厅的面积应该相对大一点，因为早餐用餐人员比较集中，餐厅安排早餐服务员也要多一些。又如，饭店的信息中心一般是在前厅（也有在销售部），那么在信息设计中，前厅与客房中心的信息沟通应以即时信息为主，而前厅与餐饮部门的信息沟通以定时信息为主。均衡不是平均，而是指相互间的协调一致。例如，有的饭店以客房为重，那么其他各部分就围绕客房与之配套达到均衡；有的饭店以餐饮娱乐为主，那么客房及其他部分要与之配套达到均衡。组织的均衡是饭店在组织管理中要经常注意的一个方面。当然，均衡是有时间性的，它不可能是永久性的。因此，饭店在组织管理中要根据业务量的变化和决策的变化，合理地调配和组合饭店的各种资源及生产要素，使组织能处于较佳的均衡状态之中。

同步案例5-2

举行婚宴的各部门协作

背景与情境：饭店承接婚宴是经常的事情。宾客对婚宴都非常重视，因为毕竟举行婚宴是人生的一件大事。饭店对婚宴也非常重视，因为婚宴不仅能给饭店带来可观的效益，也是饭店档次和水平的体现。然而，承接一场婚宴并不是很简单的事，它需要饭店各个相关部门的密切配合。在销售部或者餐饮部接到婚宴预订后，就需要和相关部门发生联系，一盘棋地综合考虑婚宴的方方面面。现在举行婚宴，还有一些新形式、新花样、新要求。例如，婚宴的场景布置要有新意，有的要布置成宫廷婚礼，这种形式重点在于工程部搭建设施、灯光、音响等方面的配合；如在杭州西湖旁边的酒店，有的新郎新娘要装扮成许仙和白娘子，由画舫迎送到饭店码头，这就需要酒店准备码头迎接、发船联络、嘉宾接待、安保服务等。举行婚宴时，前厅部：负责前厅的接待，大堂的迎客安排，囍屏、报到台布置，门童要迎送宾客、摆放欢迎牌等，或者制作婚宴电视屏，接待宾客上下车。餐饮部：餐饮是婚宴的重头戏，餐饮部负责婚宴的整个过程，包括厨房菜肴的制作，餐厅的接待，和婚庆公司合作完成婚庆现场布置，配合宾客完成各种婚礼仪式等。客房部：要为新人准备更换服装的客房，如果宾客有需要，还要为新人准备新房。销售部：除了接单以外，要协调和安排好各项工作，特别是和婚庆公司的联络。工程部：负责婚礼的灯光、音响、餐厅视频的播放、供冷或供暖，协助婚庆公司进行婚庆现场安排。安全部：负责安全保卫，并要指挥交通。办公室：是机动队，哪里需要到哪里去。一场婚礼，要调动饭店相关的部门一起工作，各个部门既要各司其职，完成本部门的工作，又要互相合作、互相协调，共同努力，使一场婚礼能够喜气洋洋、热热闹闹、圆满完成。

问题：你认为在婚礼接待过程中，应该由哪个部门作为牵头的部门？

分析提示：哪个部门和其他部门接触最多，或者哪个部门是整个婚宴的重头戏。

6）团结和谐的原则

饭店目标的实现要靠饭店全体员工团结和谐、万众一心，因为“团结就是力量”“人心齐泰山移”。饭店正是依靠上下团结而形成的合力使组织完成目标。现代社会，不管从事什么事业都需要团队，需要组织有团队精神。团队精神，就是大局意识、服务意识和协调意识。组织是一个系统，饭店组织要把系统中的各部分、各种资源拧成一股劲指向目标，成为一种和谐的矢力，减少摩擦力，消除反作用力和其他方向的力。因此，团结和谐的团队精神成为饭店的一个重要的组织原则。

（1）组织必须团结。组织的特征是有目标，多个人协作劳动。加入到饭店组织中来，首先是基于共同的目标，这个共同目标可以分解为部门及个人的目标，其中个人的目标是以共同目标的实现为前提的。既然目标一致，就应团结和谐。饭店业务是协作劳动，其协作的程度和要求较其他企业更高。在协作劳动中，每个人既要做好本职工作，又要保持与组织其他岗位的协作。如果不团结，协作就会受到损害，导致目标的残缺。饭店业务从个体来看是独立的分散劳动，但又有很紧密的联系，只有团结才有协作，犹如乐队的合作。把独立的分散劳动组合成一股劲，就需要团结，需要每个员工的团结合作意识。人人都有团结的意识和行为，那么，饭店的业务过程就是一篇和谐的乐章。当前，市场竞争靠的是企业的实力，靠的是企业的合力，实力和合力来自组织的团队精神，组织的团结是组织具备团队精神的前提。正如法约尔所说，团结是明智的，分裂是自己对公司的犯罪。

（2）饭店不团结的因素。饭店作为一个组织，有多工种和多岗位的协作，工种和岗位又有相对的独立性，因此工种和岗位间产生矛盾和不平衡是很正常的现象。这由管理的协调职能来解决。不团结是指由个人的意识和情绪支配而形成的人为矛盾及情绪对立。造成饭店不团结的因素主要有：

第一，利益重于目标。分工会产生各部门的利益。当人们的目光只注意到个人和小团体的利益时，就往往会把利益置于目标之上，漠视目标和利益的关系。利益上的矛盾如果用情绪而不是用理智来对待的话，就会产生情绪上的冲突而导致不团结。

第二，思维和心理上的狭隘性。当一个人在思维和心理上以自我为中心时，就摆不正自己的位置，会过多地指责对方的言行，不客观地把良好感觉和正确永远留给自己。心态的不端正会带来不团结。饭店大多数岗位的特点是独立操作、广泛联系，在联系的过程中如果不能正确对待自己和正确对待别人，就容易产生矛盾。饭店从业人员应该有团队意识，当你来到饭店这个集体中，你就不再只是一个自然人、还是一个社会人，一个饭店人。社会人应该把个人和集体联系起来，需要调节自我、约束自我，使自己适应集体的生态，而不要企图让集体来适应个人。作为饭店人，个人就要遵循饭店的运行规律，遵守饭店的服务规程，谨言慎行，把自己放在合适的位置。

第三，无事生非。饭店不是机器生产，饭店的工作性质决定了其员工在一天里往往会有空闲的时间，如客房部服务员整理完了房间以后，餐饮部员工在两餐之间的间隔时间，另外饭店会有淡旺季，在淡季时相对来说就会比较轻闲一点。空闲时往往会人多嘴杂、无事生非，因此饭店在企业文化建设时要创造一个避免无事生非的优良环境。

第四，管理者的素质和管理水平。管理者的素质好，管理水平高，饭店就有一种正气，就会有良好的企业文化；反之，管理者素质不够好，管理水平不高，往往会产生简单粗暴、厚此薄彼、任人唯亲、主观武断、赏罚不明、吹牛拍马、弄虚作假甚至腐败的作风。如此，一个鲜有正气的饭店会团结吗？所以，一个饭店的团结关键在于管理者。

以上是饭店产生不团结的一些主要原因，还有其他一些原因也会导致不团结。饭店管理者对饭店产生不团结的原因要进行分析，消除饭店内产生不团结的根源，使饭店组织机体健康，朝气蓬勃，目标一致，富有凝聚力。

（3）团结和谐是有原则的。团结和谐是为了实现组织目标，而不是为了一种表面的形式，因此，团结和谐必须有原则。这个原则就是以目标为准则，以正气为前提，以真诚为纽带，营造饭店团结和谐的氛围。饭店会有思想斗争，会受到歪风的侵袭，饭店的团结和谐就应有很强的原则性。饭店的一般矛盾和不团结是完全不同的，饭店在处理不团结问题时要分清是非，坚持真理，纠正错误，使饭店的团结和谐成为一种风气。

（4）组织保证。要使饭店组织能真正团结一致，做到长治久安，一方面要加强企业文化的建设，另一方面要有组织保证。组织保证主要有：第一，从制度上、道德观念上确立每位员工的人格尊严观，以人格力量建立起人与人之间的正确关系，互相尊重、互相关心，并以此来规范和约束每个人的言论和行动。第二，以制度形式界定破坏团结的言论行为，并有相关的处罚手段。第三，各级管理人员在组织团结和谐方面要起模范表率作用，同时做好工作，消除不团结的隐患，对发生的不团结现象应以高度的责任感及时处理纠正。

课程思政5-1

这样回答投诉对吗？

背景与情境： 天辰大酒店是一家开业不久的五星级饭店。总台的服务员都是新入职的年轻姑娘。她们常常要回答宾客的各种问题。

(1) 一位宾客预订了一个标准间，他来到总台时，总台给他保留的是一间商务房。宾客提出异议，总台服务员说：“这是销售部通知我们的，我们是按照销售部的通知给你保留房间的。”

(2) 一位宾客办理入住后，又回到总台对服务员说：“这个房间的空调不启动，你怎么把这样的房间给我？”服务员回答：“哦，对不起，这是一个维修房，我们已向工程部报修了，他们怎么还没有去修理啊，这工程部也真是的。好吧，我给你换一个房间吧。”

(3) 协议单位使用客房以后，协议单位办公室主任来签单，连报了三个名字，都说不对。办公室主任火了，说叫你们的总经理来。后来总台和销售部联系了，是两个部门内部衔接没有做好。总台抱歉地说：“不好意思，是销售部搞错了，所以我们这里没有你报的名字，现在请你签单。”

(4) 饭店的餐厅采用扫码点菜，宾客点了一盘炭火烤肉，注明不要加麻味（花椒）不要加香料。烤肉上桌以后，宾客发现表面还是加了一层孜然香料。宾客提出投诉，要求退菜。服务员就和宾客说：“点菜单上是写明了，那是厨房搞错了，厨房来了几位新厨师，菜单也不看仔细。好吧，给你换一盘吧。”

问题：

(1) 总台在遇到宾客投诉时，这样回答宾客对吗？为什么？

(2) 把饭店内部的弊端暴露给宾客有违职业道德吗？

(3) 模拟上述情景，怎样的回答是正确的？

研判提示： 从饭店内外有别和饭店礼貌用语、饭店员工素质等方面进行分析。

5.1.2 饭店组织结构

饭店的组织形式表现为组织结构。饭店的组织结构是指饭店各部门的划分，各部门在组织系统中的位置、集聚状态及互相联系的形式。组织结构从形式上看由两大部分构成：一是饭店内各部门的划分；二是在系统中各部门的组合形式。饭店的组织结构反映了管理者的经营思想、管理体制，直接影响经营的效率和效益。组织结构是在遵循组织原则的基础上根据饭店的实际情况确定的。

1) 饭店各组成部分的划分

饭店各组成部分的划分是根据饭店的组织原则和饭店的业务特点进行切块和分层的。

(1) 饭店的所有者。所谓饭店的所有者是指饭店的投资者，它拥有产权的所有权，对产权有最终决策权，并以所有者的身份监督并约束经营者的经营管理行为。饭店所有权的形式不同，饭店的组织结构也不同。我国很多的饭店因为资本中有国有股或者是国有企业，所以就有饭店的“上级机构”的称呼。上级机构也往往是饭店的最高决策者。饭店会有投资者派出的“业主代表”。

（2）饭店内部各部门的划分。饭店有多种业务内容，根据业务内容的不同，把饭店划分成几个部门。一般饭店的部门有前台部门和后台部门。前台部门是指处于一线，为宾客提供面对面服务的部门，主要有销售部、公关部、前厅部、客房部、餐饮部、娱乐部、康乐部、商品部等。后台部门是指处于二线，不直接和宾客接触，间接向宾客提供服务的部门，主要有人事部、财务部、工程部、保安部、采购部、办公室等。部门的划分不是绝对的，它是根据组织制度，综合各种因素而确定的。

（3）其他机构的设置。饭店除业务的前后台部门设置外，根据我国的国情、法律、政治经济体制等还要设置其他机构。一是党组织的领导机构或者是党组织，它要对饭店的正常运行、经营决策、实现组织目标等起监督保证作用。二是工会、共青团、妇女组织机构。工会是职工代表大会的常设机构，工会通过职工代表大会的形式行使职工民主管理的权利，监督饭店的活动，维护广大职工的利益。青、妇组织是饭店的群众组织，根据该组织的章程在饭店中发挥积极的作用。

2）饭店组织结构类型

饭店各部门划分后，要给予饭店各部门在组织中的定位，使各部门有机地组合起来。饭店通过组织结构对系统内的各部门作定位和组合。我国有多种经济成分和多种投资形式，饭店也有多种管理模式，于是带来了饭店组织结构的多种类型。目前我国较典型的饭店组织结构有以下几种类型：

（1）直线制组织结构。

直线制顾名思义是按直线垂直领导的组织形式。它的特点是组织中各个层次按垂直系统排列，饭店的各项指令和信息是从饭店的最高层到最低层垂直下达和传递的，各级管理人员对所属下级拥有直接的一切管理职权，统一指挥，兼顾各种业务。直线制组织结构或无职能部门，或设一两个职能部门，一个职能部门兼有多种管理职能，如办公室是一个职能部门，但它兼有行政、人事、安保、财务等几项职能。直线制组织结构比较适合规模小、业务较单一的饭店。现在我国的经济型饭店大部分是这种组织结构。

（2）直线职能制组织结构。

目前，我国饭店大多采用直线职能制的组织结构。直线职能制适合有较齐全的旅居功能而无其他多种经营的饭店。直线职能制的特点是把饭店所有的部门分为两大类：一类是业务部门（也称直线部门），业务部门按直线的原则进行组织，实行垂直指挥，如饭店的前厅部、客房部、餐饮部、娱乐部、工程部等均属于业务部门。另一类是职能部门，职能部门按分工和专业化的原则执行某一类管理职能，如饭店的办公室、人事部、财务部、保安部均属于职能部门。直线部门管理者在自己的职责范围内有对业务的决定权，能对其所属下级实行的指挥和命令而负全部责任。职能部门的管理者，只能对业务部门提供建议和进行相关管理职能的业务指导，不能指挥和命令业务部门。直线制和职能制的结合形成了直线职能制的组织结构。

饭店的直线职能制组织结构可以有多种形式，目前有一种较常用的形式是总监制。总监制是指饭店的组织结构在总经理和部门经理之间加一个管理层级——总监。

总监可以分管某一方面的业务工作，如客房总监、餐饮总监等，也可以分管几个部门的工作。总监制是根据组织的宽度原则，因总经理的管理宽度过大而设立的。如在一些规模较大的饭店，客房超过500间，又有很大的洗衣房和园林绿化，饭店客房部的组织机构太庞大，就设置房务总监，统管客房部和前厅部。总监制的设置要慎重，设置不当会造成机构重叠。规模不大的饭店一般不宜采用总监制。

（3）事业部制组织结构。

事业部制组织结构在工业企业中有所采用，后作为一种组织模式逐步扩大到其他行业。这种组织结构是在总公司领导下设立几个事业部，各事业部是为特定的产品而设立的，各事业部内部在经营管理上拥有自主权和独立性。它的组织特点是：公司集中决策，事业部分散经营，每个事业部实行独立核算。饭店不生产实物产品，也就不存在像工业企业那样的以产品为中心的事业部。但饭店生产无形产品，也有产品中心问题。同时，饭店还从事与其业务相关的多种经营，还有一些下属公司。饭店实行现代企业制度后，也会出现多个下属的独立子系统，于是一些饭店采用了类似事业部制的组织结构。例如，有的饭店有附属的旅行社、大型餐馆、物业管理公司等，有的饭店有独立的公寓楼、写字楼等。通常，饭店主体是一个核算单位，饭店下属各单位又是一个核算单位，饭店主体及各下属单位均在饭店组织系统之中。饭店可设立公司职能部门，管理整个系统的相关事务，而各下属部门或下属公司也可设立相关的职能部门或职能岗位，处理子系统的相关业务。

（4）矩阵型组织结构。

矩阵型组织结构是工业企业常用的一种组织形式，特别是一些有着多种产品的大型企业，跨国公司往往采用矩阵型组织结构。饭店在发展连锁或者开拓新的领域时就会采用矩阵型组织结构。矩阵型在组织图示上把职能部门按纵列排列，把产品项目部按横行排列，互相交叉形成一个矩阵。这就形成纵、横两套管理系统。产品项目部设立经理，在总经理直接领导下进行工作。职能部门设立经理，职能部门成员可参与各产品项目部的工作。目前饭店行业采用矩阵型组织结构的主要是一些饭店集团公司或输出管理的一些大型饭店。饭店的矩阵型组织结构是在一般矩阵型组织结构的基础上作了适合饭店特点的改进。其特点是：集团公司是一个系统，公司有领导机构，有各职能部门，职能部门对各项目部进行专业化管理。公司系统下有若干个项目部，如对外输出管理的一组人就是一个项目部，公司下属子公司也是一个项目部。项目部成员接受项目部经理领导。职能部门能对项目部作专业指导检查，但无指挥权。这种组织形式使公司整个系统都在统一领导之下，但又能充分发挥各项目部的主动性和积极性。

饭店的组织结构主要有以上四种类型。当然各饭店在形成自己的组织结构时，也不可能完全按照以上四种模式，各饭店都会有适合自身经营需要的形式。除了以上四种组织结构形式外，饭店还可以有其他的组织结构形式。

业务链接5-1

从金字塔到扁平结构

某饭店是一家三星级的中型饭店，饭店拥有320间客房，700个餐位（包括16个餐饮包厢），饭店的设施符合星级要求。饭店原来的组织结构是：总经理，副总经理，总经理助理，餐饮、房务、销售、财务、工程各设立一位总监。饭店有销售、前厅、房务、餐饮、娱乐、商品、人力资源、财务、工程、安全、采供、办公室共11部1室，各部门设经理和副经理，部门经理下属设置主管，主管下属设置领班，这样就形成了饭店的金字塔直线职能制组织结构。这种组织结构在运转了两年后，饭店明显感到管理人员过多，反而做事的人少，扯皮却不少。在金字塔结构中，公文履行环节太多，影响了饭店的效率。为此，饭店决策层在有充分准备的情况下，逐步对组织结构进行了改革。饭店先是合并了一些部门，把销售部和前厅部合为一个部，把采供部合并到财务部，把商品部合并到房务部，这样就减少了三个部门。接着就是压缩管理层和管理人员数量。饭店统一取消了总监一级，取消了各部门副经理，在有必要的部门设置经理助理。除了几个必须设主管的部门外，其他部门如前厅、客房楼面一律取消主管。这样饭店的结构由金字塔变成了扁平组织。组织结构的改变，不但使饭店的效率大大提高，员工的责任感和岗位目标也大大加强了，从而带来了饭店的良好效益。

学习微平台

延伸阅读5-2

5.2 组织管理的内容和组织制度

饭店的组织管理有两方面的内容，即饭店的组织结构和对饭店业务的组织和管理，这两方面的内容又表现为各项组织管理的具体内容。这一职能是动态的日常管理工作和相对固化的组织结构相互交织在一起的执行过程。组织管理的具体内容就是在管理中，执行组织职能要做的具体工作的内容。组织管理的具体内容比较多，每个管理者在执行组织职能时的形式和方法也会不同，我们所讨论的组织管理的内容只是一般饭店的常规性内容。组织管理是对有规律的常规性内容的管理，所以要使组织管理规范化和科学化，就要有组织制度作保证。饭店执行组织职能是以组织制度为依据，组织管理的内容和组织制度是紧密地联系在一起的。

5.2.1 组织管理内容

饭店按一定的模式形成组织结构后，饭店的组织框架就形成了。有了组织框架还要填充具体的组织内容，使组织丰满而富有生气。接着要讨论的问题是组织管理的内容，即组织管理要做哪些工作，还要讨论组织的沟通和信息联系，以及保证组织正常运行的组织制度。

1）对组织结构的具体化和细化

（1）制作饭店组织图。组织图是全面反映饭店内部组织结构、权责关系、岗位分工、人员安排的综合图解。在制作饭店组织图时，饭店要解决的第一个问题是饭店内部部门的设置和管理层次的划分。部门设置有常规的设置，同时根据饭店的实际情况进行适合本身需要的设置。组织图还要表明饭店层次的划分。饭店层次也有常规性的划分，但由于饭店的规模和管理决策的不同，在管理层次上的划分也有多种形式。制作饭店组织图也就是对饭店组织结构在基本框架已定的情况下作进一步的细化。

（2）业务界面划分。在部门设置和管理层次划分完成后，要确定各部门各层次的业务内容，即把饭店所有的业务分解并划归某一部门某一层次，这称为业务界面划分。在饭店作业务界面划分时有几个要点需要把握：第一，饭店所有的业务都要有归属，哪怕再小的业务也必须落实到某一个部门，不能有“三不管”业务。第二，一些涉及几个部门的业务，一方面要强调相互间的协作，另一方面要把各部门对同一业务的权限进行明确的划分。例如，预订业务涉及销售部和前厅部，它们之间就有个界线划分问题。又如，房内送餐服务涉及客房部和餐饮部，也有个业务上的界线划分问题。第三，业务界线划分以后，要以制度的形式（如岗位责任制、服务规程等）给予确定。

（3）建立岗位责任制。业务界线的划分把各业务分配到了部门。业务分配到了部门还不够，业务需要具体的人去完成，因此管理上就要确定岗位责任制，进一步把各项业务具体落实到各个岗位、落实到具体的人。建立岗位责任制首先要确定岗位。确定岗位由饭店的决策层根据饭店的业务情况而定。岗位设置由各部门提出具体方案，报由饭店决策层裁定。每个岗位要确定工作内容、工作任务、作业规范、岗位人数。岗位责任制包括管理岗位责任制和作业岗位责任制。

（4）组织联系。组织联系主要指组织的业务联系。岗位责任制确定以后，各岗位的业务明确了，但全饭店及各部门的业务要运作起来，就要把各岗位的业务联系起来，使之相互协作、相互配合，形成一个业务协作的整体。饭店组织联系的第一步由业务设计来完成。在各部门及全饭店的业务设计中把各岗位业务通过纵横的联系而连成一个个业务过程，把一个个业务过程再通过纵横的联系而连成一个饭店的业务系统。组织联系的第二步是通过制定各业务过程的服务规程进行深化。服务规程以作业联系的形式把饭店的业务联系成一个系统。组织联系的第三步是设计建立信息系统。在组织联系中设计信息系统，主要是根据信息流和业务运作过程进行表单设计和表单传递设计，进行业务信息联系的网络程序设计，进行各部门、各岗位的信息联系设计。

2）管理人员的配备

（1）管理人员配备即用人。饭店的组织结构形成以后，在各管理岗位要配备相关的管理人员。在饭店的组织管理中管理人员的配备，也即用人的问题，是最重要的事情。饭店的成败关键是人，用人就成了体现管理者能力的一个重要方面。根据等级链的原则，各级管理人员的配备应由该岗位的直接上司提出候选人，该候选人经人事部门和上一级管理机构考察认可后再予以任命。管理人员不可能频繁更换，因此对管理人员的委任一定要慎重。

（2）确定用人标准。饭店各管理岗位的性质和内容是不一样的，各岗位对管理人员的要求也是不一样的。为了准确地选拔管理人员，使每个管理者的所长能和岗位最好地匹配起来，组织管理要确定各管理岗位的用人标准。用人标准也称管理人员岗位标准，它由三部分组成：第一部分是基本素质，包括道德行为、思想意识、学历、阅历、基本品质、个性、气质等。第二部分是管理能力，除了应考核的各种管理能力外，还应考核应变能力、思维能力、过去的经营业绩等。第三部分是业务知识和能力，包括本专业知识、饭店各业务知识、与饭店相关的各种知识。以上三部分组成了饭店管理者的用人标准。对这三部分所组成的标准应作三点说明：第一是在执行该标准时，还是要强调“德才兼备，以德为重”的原则。第二是用人标准，有的是硬标准，有的是软标准。各种标准还应由各级考核人员很好地把握。第三是特殊情况下的人才选择标准。我国饭店业发展较快，合格的饭店管理人才供应跟不上发展的需要，有的饭店只能就地应急培养，也就是选拔三部分标准中符合前两部分标准的人员作为培养对象，再对他们进行饭店管理人员素质训练、饭店管理训练、饭店业务培训，使他们成为合格的饭店管理者。对这一类管理者的选拔就不能完全按三部分标准来执行。

21世纪以来，由于我国饭店业的快速发展，饭店管理人才供给严重滞后于饭店管理的需要，于是，拔苗助长、力不能及、才不配位等情况屡屡发生。有的高星级饭店甚至把其他星级饭店的主管直接挖来当总经理。同时，一些机构看到了商机，拉一些看起来名头很大的旗号，举办“饭店××证书班”，批发吓人的“国际××证书”“国家××证书”。一些新建设的饭店急需管理人才，就饥不择食地把这些有所谓“高级证书”“高级头衔”的“专业人士”放在饭店高位。结果，我国整个饭店业的品质不进反退，很多饭店硬件是一流水平，管理和服务却是二、三流水平。鉴于此，一些饭店委托国际著名品牌管理公司管理饭店，可是问题还是发生了。一些国际管理公司在我国的业务发展太快，它们也往往“牵来黄牛当马骑”。境外公司往往会把一些并没有管理才能或管理经验但有海归背景的人员用于高位，因此管理公司名头很大，却管理平平。有一家由国际上赫赫有名的管理公司管理的五星级酒店，宾客入住套间后，结果在给饭店致总经理函中，列出了客房7个设备不能用的问题，4个服务问题。其中有：烧水壶是坏的，衣柜门关不上，客房中心送几个杯子花了40分钟等。业内认为：所有的服务问题都是管理不力而引起的，管理不力原因在于管理者，关键在总经理。

（3）对人员的使用和授权。饭店按标准选拔并配备了管理人员后，就要使用人才，让全体管理人员在饭店的运作中发挥效能。要让全体管理人员能充分地、合理地执行管理职能，组织管理在对人员使用和授权方面要做好以下几项工作：

一是饭店帮助各级管理人员处于最佳状态。饭店要引导各级管理人员对所处岗位的性质和内容，对自己所扮演的管理角色有深刻的、全面的了解，从而使各级管理人员能在管理中得心应手。管理人员的状态越好，他所管理的业务运行也就越好。

二是合理授权。各管理岗位管理人员到位后，组织要授予相应的管理权和对业务的处置权。授权是由组织的制度给予明文规定的。同时，组织制度要规定，在例外的情况下，各级管理人员所应有的按例外原则应拥有的权限。

三是用人不疑。一个组织的正常运转要靠全体管理人员去支撑。每个支撑点的选择要精，要时时关爱维护之，而不要常常怀疑其是否能支撑。组织要给每位管理者制造一个宽松适宜的环境，给他们一个放开手脚活动的天地，压给他们一定的担子，以大胆放手取代不放心。放手不等于放任，放手还是在组织制度和组织系统的控制之中，还是有一定的制约性的，这才是饭店的用人之道。

四是能上能下。用人是对人才的使用，任何物质只要使用就要维护保养。组织要使用人，更要爱护培养人。组织一方面通过制度、理念对人才多方关爱，另一方面通过企业文化形成关心人才爱护人才、互相关心互相爱护的和谐气氛。只有组织对人员付之爱，人员才会对组织报之诚。组织要针对各管理人员的不同情况，制订培养计划，有目的、有步骤地培养和造就管理人员。对管理人员要实行能上能下的政策。确有能力者要积极提拔，不胜任其职者要撤换。用人不疑和能上能下是相辅相成、缺一不可的。

五是认真考核、严格要求。组织的理念是对管理人员要大胆使用、积极培养，同时要给他们压担子，对他们进行严格的考核，使他们能成长起来，也即所谓“爱之深，求之严”。对管理人员的考核既要考核他们的工作业绩，即工作成果（包括完成计划指标情况、取得的社会效益情况），也要考核他们的管理能力、管理水平的提高程度。对管理人员的考核有每天考评、月考评和半年及年度考评。对管理人员的考核要制度化、文字化。

3）任务的分配

组织管理的目的是实现组织目标。组织目标有许多具体的内容，是由饭店各部门完成各种具体的业务任务而实现的。因此，组织管理为实现组织目标，要把组织目标的具体任务、具体内容分解落实到各部门，这就是组织管理中的任务分配。

（1）确定组织目标。饭店作为一个组织就有组织的目标，组织目标包含在饭店的计划之中。饭店的各类计划形成计划体系，计划体系的主干是计划指标。饭店在经过决策后制订了计划，在计划中提出各项计划指标。饭店的计划指标体系就是组织未来要实现的目标。组织制订计划的过程也就是确定组织目标的过程。组织目标是面向未来的纸上的条文，要使目标成为现实，饭店要指导各部门各阶段的业务活动和业务目标，也就是在计划指标的主导下，进行计划中的业务规划。至此，饭店确定组织目标的工作方告完成。

（2）分解指标和分配任务。组织确定目标以后，整个组织的各分系统都要团结一致为组织目标而努力奋斗。组织目标正是在各部门完成各自任务的基础上实现的。因此，各部门明确并完成各自的任务就成了组织实现目标的关键。为此，饭店要对各部门、各部门对各班组下达指标并分配任务。首先，饭店要把计划指标进行分解，分解成能落实到各部门的部门指标，并把这些指标落实到各部门。其次，把达到指标的各具体业务任务分配到各部门。最后，各部门根据指标和业务任务制订本部门的部门计划。这是组织管理进行任务分配的一系列工作。组织管理在任务分配以后，饭店及各级管理部门要积极创造条件为所属部门完成任务和实现计划目标创造一个良好的环境。

（3）考核目标。组织分配任务以后，要了解任务完成得怎样，是否实现了各阶段目标，就要对分配的任务和目标进行考核。饭店考核目标通常以月为单位进行，考核目标时对任务完成情况进行评估，对是否实现目标进行分析，对目标的质量进行判定。在此基础上对完成下阶段的目标和任务提出意见和措施。目标考核要分级进行。现在一般饭店都有比较完善的信息系统，通过信息系统，饭店每天的运营情况、经营业绩、业务量、重要事情等都会及时发布，并形成饭店“营业日报表”，管理人员每天可以了解饭店的经营情况。尽管饭店考核目标通常以月为单位，实际上，管理人员每天都对饭店和部门的经营情况一目了然，做到心中有数。所以饭店管理的要求和习惯是管理人员每天上班第一件事就是阅读报表。

（4）绩效考核。现在饭店一般都进行绩效考核。所谓绩效考核，是针对饭店中每个员工所承担的工作任务和目标，应用各种科学方法，引导员工认识目标并实现目标，同时对员工行为的实际效果及其对饭店的贡献或价值进行考核和评价。绩效考核是主管或相关人员对员工的工作做系统的评价。绩效考核，不光是考核员工的工作结果，还要考核员工的工作过程，不但要进行考核，还要通过控制和沟通，指导员工以及部门、班组如何去提高绩效。绩效考核要确定目标，对目标要有大家的共识。要确定考核的要素，确定考核等级，然后形成一个绩效考核的考核系统。

4）编制定员

现代管理理论的奠基人巴纳德认为，组织是由人相互作用组成的社会协作系统。组织管理要使系统有效地运作就要确定社会协作系统中的人数和岗位，就要进行编制定员。

（1）编制定员是核定并配备各岗位、各班组、各部门及全饭店的管理人员和服务员的数量。管理人员配备的步骤是：根据组织图确定各管理岗位，然后分析各管理岗位的工作量、组织宽度、岗位排班，再测算出各管理岗位所需要的人数。服务员的编制定员略为复杂些。服务员的编制定员以岗位和班组为基础进行，首先根据组织图确定各服务作业岗位，根据各岗位的工作范围核定各岗位的工作量，如客房岗位是以楼层为工作范围确定工作量，餐饮服务岗位是以餐厅为工作范围确定工作量。其次是核定各岗位员工的日工作量。最后分析排班、轮休等多种因素，测算出各岗位服务员的定员数。因饭店的工种较多，各工种岗位的编制定员方法也不完全一样。如厨师的编制定员，炉台厨师是根据餐位及炉台数、菜馔菜系来配备的；切配厨师则是根据炉台数按比例配备。工程部各机房人员按国家的有关规定和机器的看管台数进行定员。总之，饭店的编制定员是按各种不同情况以统一的组织原则来进行的。这里有两点要注意：一是定员时不能按人员跟客房数的简单比例来核定；二是在饭店劳动力费用支出逐步增高的情况下应尽量节约活劳动，尽量做到满负荷作业，但也不能不切实际地减少人员而影响服务质量。

（2）用工类型。编制定员核定了饭店的用工人数，用工还有一个用工类型的结构构成问题。用工类型是指按所用工的不同性质而形成的几种不同类型。用工类型的不同决定着员工与饭店的所属关系、契约关系、经济关系的不同。市场经济的发展，必然会导致多种用工类型的存在，也会有新用工类型产生。本着节约活劳动支出原则，饭店也很乐意根据需要采用多种用工类型，特别是饭店业务的特点和饭店经营的季节性，使多种用工类型很适合饭店。目前饭店常用的用工类型有正式工、合同工、聘用工、管理公司派驻工、临时合同工、临时工等几种类型。有些地区也有新的用工类型在产生。每家饭店总是根据市场劳务供求的形势和本身的需要选择用工类型形成自己的用工类型结构。不管饭店的用工类型结构如何，在用工中饭店所遵循的一般规律是：要有一支高素质的稳定的员工队伍；人员需要流动，但流动不能过频，数量不能过多；饭店的编制定员是个定数，饭店的实际用工数不一定就是编制定员数，实际用工数是根据业务量的大小而经常变动的。

5）劳动组织形式

（1）劳动组织形式的含义。组织管理要把各岗位单个的劳动组合成一个业务运转的整体，使每个岗位的劳动不仅有连贯性和行进性，而且有协调性和节奏性。这些要用劳动组织形式来完成。劳动组织形式是通过一定的形式和方法使饭店岗位劳动连成一个流程，随着宾客的旅居活动而行进，同时使岗位劳动横向联系和协作，形成一个和谐整体。劳动组织形式有三层含义：一是把单个的劳动组合成集体劳动，组合成为一个组织。二是纵向形成业务流程，完成特定的接待过程。三是横向组合各业务联系。劳动组织形式在各饭店有各自特定的模式，但具体的组织形式会经常有变动。例如，有大型团队到了，饭店就要加强前厅的力量，“加强”就有人员的调配。又如，餐厅工作量超负荷，饭店抽调其他部门人员到餐厅帮忙，“帮忙”同样要进行人员调整。正因为劳动组织形式要经常调整，管理人员要在行使组织职能时按需要组织劳动，在不违背组织原则的前提下，把劳动和业务组织得更富有成效。

（2）业务流程和协作。组织管理明确了岗位职责以后，要把有前后联系的相关岗位按一定的程序连起来，这就叫业务流程。饭店要进行业务流程设计。业务流程设计先是把每个岗位的作业内容按业务运行规律排列前后的程序，再把相关岗位的有前后时序关系的业务内容排列前后程序，从而形成业务的流程，业务流程有相应的服务规程与之配套。员工按服务规程进行作业，按业务流程来衔接各业务。纵向的业务联系在业务流程中得以实现，形成了纵向的劳动组织形式。岗位与岗位间、业务流程与流程间有着广泛的、经常的联系，用服务规程形式、信息形式、岗位间的法约尔跳板形式、组织协调形式等劳动组织形式来保证业务的横向联系。在业务的横向联系中信息起着重要的作用，其中通过网络的信息传输和通过表单传递进行的信息传输是最常用的信息联系方式。饭店在确定劳动组织形式的时候往往把信息联系放在一起进行设计和组织。

（3）排班。劳动组织最规则的形式是排班。排班是根据各岗位及由岗位组成的业务规律，规定它们的工作时间和时间段，规定它们的作业内容。在同一时间从事同一性质和内容的一群人就形成了班组。班组是饭店劳动的基层组织。排班实际上是以岗位或群体为单位的劳动分工形式。排班有两种形式：一是按作业时间区分，排成时间班，对作业作时间上的分工，如早、中、晚班，两头班等；二是按工作性质、业务内容排成业务班，对作业作业务上的分工，如客房卫生班、管事班等。

按作业时间排班，是以日为单位，确定日工作时间和时间段，按时间段进行排班。例如，总台的日工作时间是24个小时，每8个小时为一个时间段，一天有3个时间段，总台就实行三班制。客房整房的日工作时间是16个小时，7：30至15：30为一个时间段，称早班，15：00至23：00为一个时间段，称晚班，客房整房就实行两班制。

按业务性质排班，先对业务内容进行归类，把性质相同的业务归为一类，再对业务进行业务量的划分，业务量划分以班组能完成的量为基础，业务量划分后再配备相应的班组。有时也以区域来划分业务量，如中餐厅、宴会厅、大堂吧、屋顶花园吧等。按业务性质排班，一个班组就从事同样的工作，这样就对饭店业务进行了分工。例如，前厅是一个业务区域，在这个区域里根据业务内容的不同可有总台组、行李组、总机组、商务中心组等班组。

排班是劳动组织中一项重要的内容，也是一项很细致的工作。特别是我国实行周40小时工作制和双休日制，排班就增加了难度。排班既要做到业务分工上的合理性，又要做到工时安排上的合理性，排班非常讲究技巧和方法。排班先做作业研究，通过作业研究确定各班次的工作量、工时定额、日工作量，为核定班次人数提供依据。然后由各部门按业务特点排定业务班次，排业务班次是为了按业务性质进行分工，所以业务班次的业务界面要明确。业务班次排妥后再排时间班次，排时间班次是为了确定每个时间段的工作班组。排时间班次要明确时间段以及各时间班次的工作任务、工作内容、工作量、工作重点。

排班是一项复杂的工作。饭店业务内容较多，各业务内容又各不相同，排班就整个饭店来说种类多、形式多。排班主要是基层管理者和领班的职责，但部门经理也要经常注意本部门排班的情况，并对本部门的排班作最后的核定和认可。

饭店组织管理的内容主要有以上这些，当然饭店组织管理还包含其他一些内容。本章讨论的内容侧重于组织结构和管理体制方面的，也仅是其中主要的一些内容。组织管理还有很大一块内容是有关业务组织方面的，从学科体系的结构来说，业务组织方面的内容将在各专业课程里予以讨论。

5.2.2 饭店规章制度

1）对规章制度的认识

饭店的现代化管理强调以制度管理、规范化管理为基础。如果说规范化是科学管理的基本特征，那么规章制度就是规范化的依据和保证。由于饭店行业的特殊性，饭店在实行现代化管理中制定的制度比较多，执行制度较为严格，制度在饭店管理中起着重要的作用。饭店管理要对饭店制度有一个全面的、正确的认识，在正确思想的指导下制定规章制度，在工作中严格执行制度。

（1）规章制度的含义。饭店的规章制度是用文字条例的形式规定员工在饭店中的行为规范和行动准则。正如管理学家法约尔在近一个世纪以前指出的那样：规章制度对企业来讲是绝对必要的。饭店是一个正式组织，正式组织的特点之一就是有明文规定的规章制度。管理从原始管理飞跃到科学管理，其标志就是规范化，也就是产生了科学的企业制度系列。组织有组织的目标，为了实现组织目标就要有组织的统一意志，有组织的统一行动，而组织的统一行动由规章制度予以保证和制约。组织是多个人劳动的协作体，多个人共同劳动强调一致和协作，反对随心所欲及各行其是，组织管理把每个成员的行为纳入组织的步调中来，其方式就是规章制度。饭店有多种业务，有多个作业过程。每种业务、每种作业过程都是根据业务规律按规范进行操作的。要做到规范就要有依据、有章可循，饭店的规范依据和章法就是制度。如前所述，饭店没有大机器生产，不存在机器对人的制约，饭店要靠全体员工的自我制约。所谓自我制约实际上是员工以制度为准则自我规范在饭店的行为。从客观上讲，自我制约也就是制度制约的转化形式。由此可见，制度对饭店来讲有着重要的意义。饭店管理的责任是制定合理的规章制度，组织实施规章制度。

饭店规章制度的重要性是毋庸置疑的。在饭店实行有效的制度管理，一个重要的方面是对规章制度要有一个正确的认识。我们可从规章制度的“五性”来正确认识和理解规章制度。所谓规章制度的“五性”是指：

第一，制度的目标性。饭店为了组织目标而制定制度，所有的制度都应和饭店的目标相一致。饭店的目标是三个效益，组织是为三个效益而行动的，所有的制度都应该围绕着三个效益的目标。饭店的制度千万不能成为实现饭店目标的障碍，所以饭店的制度是在实践中逐步完善的。饭店的每位成员都应该为了组织的目标而遵守制度。

第二，制度的规范性。制度要规范员工的行为，制度本身就要规范。制度是根据饭店的每项业务每个职能的运行规律，用文字条例的形式来反映规律、提出规范。制度的制定要有客观依据和法律依据，要遵循饭店的运行规律和业务特点，避免主观意识、教条主义和形式主义。制度的制定还要有时代感，有时代气息。

第三，制度的同一性。制度的同一性是指制度应反映饭店投资方、管理方、员工方等各方面的共同要求和目标。组织如何把三者利益结合起来形成一个共同目标，让目标成为三者的共同要求，这要有个章法，那就是制度。组织的成员谁都希望组织井然有序地正常运行，谁都不希望组织是一盘散沙，这样组织就要有制度。因此，制度不应该被认为是由上级制定下级执行的条条框框，而应该认为是应各方共同要求而缔结的行为规范协议，要让全体员工认为制度是企业发展的积极因素，而不要使制度成为一种负担。在饭店要形成“我要遵守制度”的积极向上的动力，而不是“制度要我遵守”的被动压力。

同步链接5-1

以党的二十大精神为指引规范饭店业的制度管理

第四，制度的强制性和公平性。制度是由正式组织明文规定的，作为组织成员都应该遵守。制度依靠组织的力量对每个成员规范其行为，组织成员违反制度就会受到组织的处罚。这里要强调的是制度的公平性，组织成员在制度面前人人平等，谁都没有超越制度的权力。饭店员工应不断提高法治观念，人人遵守制度，人人照章办事。

第五，制度的发展性。制度是随着饭店的发展而不断发展的。如前所述，制度反映了饭店的运行规律，反映了时代的特征。饭店发展了，市场变化了，社会进步了，人们的思想水平提高了，相应的制度也会有变化。改革不合理的规章制度，制定合理的规章制度是饭店经常要做的事情。制度要发展并不是说要积累得越多越好，制度是根据需要而设置的，制度要“既必要又精简”。对那些显然过时的制度要及时淘汰。

同步思考5-1

问题：饭店强调制度，然而饭店生产的又是无形产品，很多场合下，处理事情需要员工的积极性和智慧，这种情形会影响制度的执行吗？

理解要点：制度是严肃的，饭店生产无形产品，宾客是各种各样的，员工处理问题是灵活的。

（2）饭店制度的类型。饭店是一个综合性的企业，内部业务和部门较多，对外又有着广泛的社会联系，饭店的制度就会多一些。饭店无论在开业准备阶段还是运行阶段都要进行制度建设。进行制度建设首先要知道需要建设哪些制度。于是，我们对饭店制度作了一个大概的分类列项，便于我们在实际操作时制定并不断完善制度。饭店制度大致可分为六类：第一类是有关所有制关系的制度，也可称为产权制度。它要规定饭店的投资形式、产权关系、企业组织、权益关系等，如饭店的资产管理制度、饭店公司章程、饭店公司制度等均属此类。第二类是有关体制和组织结构的制度，它要规定饭店的体制和组织结构形式，如公司组织制度、总经理负责制、党委工作制、职工代表大会制、工青妇组织制度等均属此类。第三类是饭店内部的基本制度，主要有管理方案、员工手册、服务规程、岗位责任制、经济责任制等。第四类是部门制度，是由各部门根据自身需要而制定的。第五类是专业制度，如饭店的人事制度、财务制度等均属此类。第六类是饭店工作制度，如会议制度、有关决策程序等制度。

2）基本制度

（1）饭店管理方案。饭店管理方案（也有的饭店称管理模式、管理纲要）是饭店根据饭店管理的原理和本饭店的特点，对饭店的管理思想、原则、内容、方法所做的规定。管理方案既提出了饭店整体的管理，又提出了各部门各方面的管理原则和方法，因此它是饭店实际管理工作的依据，是饭店管理的纲领性文件。

饭店管理方案可以有多种形式，每个饭店形成管理方案的结构和内容也可能不同，但管理方案的基本内容有两个部分：一部分是饭店整体管理方案；另一部分是各部门的管理方案。

饭店整体管理方案是饭店整体管理的思想和方法。首先要提出饭店的企业精神和饭店管理的基本思想，饭店管理的宗旨，对本饭店和饭店管理作基本的定位，确定本饭店管理的基本水准。其次是本饭店管理方案在各个领域的展开。这些要展开的领域主要有：组织管理、服务质量管理（或者称品质管理）、市场营销管理、公共关系管理、人事管理、设备管理、物资管理、财务管理、安全管理、业务管理、企业文化管理等，对这些管理都要提出原则、内容、方法以及管理的基调。

饭店部门管理方案是对各部门的定位以及管理各部门的思路和方法。各部门的业务内容是不同的，管理的具体内容和方法也不完全一样。各部门针对自身的业务内容和特点，提出部门管理的基本目标、思想、内容、方法。部门管理侧重于决策和计划、业务管理、服务质量、效益等方面。

整体管理方案和部门管理方案两部分有机地结合起来，就构成了饭店管理方案。饭店管理方案是饭店管理的基本依据，管理必须照此实施。饭店一般定期在店务会议上检查管理方案的实施情况，保证管理者按管理方案进行科学管理。

（2）员工手册。员工手册是饭店的又一个基本制度。员工手册是让全体员工认识本饭店的定位和全貌，规定全饭店的员工共同拥有的权利和义务、应共同遵守的行为规范的条文文件。员工手册对每个饭店来说都是必备文件。员工手册应人手一册，是饭店发放面最广的文件。员工手册与每个员工都关系紧密，因而它是饭店里带有普遍意义、运用最为广泛的制度条文。

员工手册的内容主要有：序言、总则、组织管理、劳动管理（包括用工类别、聘用条件、劳动制度、劳动合同、体格检查、试用期、工作时间、超时工资、人员培训、工作调动、调职与晋升、合同解除等）、员工福利（各种假期、医疗福利、劳动保险、工作餐等）、饭店规则（包括礼节礼貌、考勤、行为规范、员工投诉、设备使用、宾客投诉、离职手续等）、奖励和纪律处分、安全守则、企业文化、共同愿景、修订和解释等。

员工手册的内容非常丰富，包罗万象。员工手册要杜绝空话和废话，条文规定要简单明确，便于操作。饭店要经常给员工宣讲员工手册，使员工熟知其中的内容以便于执行。

（3）经济责任制。饭店的经济责任制简单地说就是在确定了组织目标后，把组织目标以指标的形式进行分解，层层落实到部门、班组、个人，并按照责、权、利相一致的原则实行效益挂钩的一种管理制度。经济责任制的核心是责、权、利的一致，这种一致是以制度或内部合同的形式予以确定的。经济责任制的内容主要有：通过决策制订计划，提出组织目标；分解计划指标并把它落实到各部门及班组，从而提出各部门及班组的经济责任。为保证完成经济责任，饭店要给部门及班组授权并创造必要的条件，提出完不成、完成、超额完成计划指标的经济利益分配方案，即收益与效益挂钩，实行绩效考核。经济责任制要提出分配与效益挂钩的具体办法，要提出考核时间、考核项目、考核方法，根据考核的实绩兑现分配，从饭店到个人层层落实经济责任制的分配方案。

经济责任制是一项很细微的工作，从制订计划、分解指标到考核业绩、落实分配都有很细的工作要做。经济责任制又是一项政策性很强的工作。该制度旨在调动全体员工的积极性，但如果处理不当，又会挫伤员工的工作积极性。在制定经济责任制时，一定要十分谨慎，经过反复讨论后才出台其方案。经济责任制每年要制定，在实施的过程中根据情况变化还要作修订。

（4）岗位责任制。岗位责任制是以岗位为单位，具体规定了每个岗位人员的职责、工作内容、工作范围、作业标准、权限、工作量等的责任制度。岗位责任制使每个员工都明白自己所在的岗位要完成哪些工作、怎样做好本职工作。岗位责任制在每个饭店都是必要的。岗位责任制的内容主要有：明确岗位和岗位名称，该岗位的直接上级（即对谁负责），该岗位的直接下级（即领导谁），岗位的职责和工作内容、工作量、工作质量标准、岗位权限，对有些岗位还要确定人员上岗的标准。岗位责任制有一套对岗位人员的考核办法，岗位考核由部门按日、周、月进行。

作为基本制度之一的服务规程也是一个很重要的制度，因服务规程在服务质量管理一章有详细的说明，这里不再赘述。

以上是饭店的基本制度，当然根据饭店情况的不同还可以有其他一些制度。基本制度的数量和对基本制度外延的认识，各饭店不尽相同。总之，基本制度的设定要能基本统驭饭店的管理和服务，能体现饭店的档次和水平。

3）部门制度

部门制度在饭店是一类很重要的制度。部门制度是指各部门根据自身的业务特点，为规范部门行为而制定的制度。如果说基本制度和专业制度是适用于全饭店的一般性制度的话，那么部门制度就具有特殊性，是只适用于部门运行的制度。部门制度的制定一方面要依据饭店的基本制度，另一方面要紧扣自己部门的业务特点，使部门制度对部门的运行能起到特别的规范行为的作用。部门制度主要有：

（1）业务运行责任制度。这类制度主要是针对业务运转而制定的，这类制度有：业务情况和业务活动记录统计制度，排班、替班、交接班制度，业务流程制度，服务质量考评制度，卫生制度，表单填写制度，信息传输制度，例外事件处理制度等。该类制度的主要内容根据部门的业务不同可繁可简。

（2）设备设施管理制度。各部门所配置的设备设施各不相同，对设备设施的管理要求也不一样。各部门在设备部门的统一指导下，根据设备部门提出的要求和各自设备的特点制定设备设施管理制度。如果一个部门拥有多种设备设施，可以按其种类制定各种设备设施的管理制度。

（3）服务质量标准。每个部门根据各自的特点和饭店的决策制定本部门服务质量标准。

（4）部门纪律。其是各部门员工的基本行为规范，是根据各部门业务特点制定的部门纪律。有些部门的部门纪律和服务规程结合起来，如打扫客房卫生时应该带3块抹布，茶具必须集中统一洗涤消毒；前厅服务员不得泄露住店宾客信息等，这些既是服务规程，也是部门纪律。

（5）物品管理制度。部门物品管理制度主要有：物品分级管理制度、物品领用使用制度、物品节约使用制度、物品保管责任制度、物品的成本核算制度、物品盘存盘库制度、重要物品专人保管制度。

（6）劳动考核制度。其包括考勤制度、任务分配工作安排制度、作业检查制度、劳动考核和工作原始记录制度、奖金分配制度、部门员工违规处理制度。

（7）信息管理制度。确定部门的信息类型和信息管理，每个岗位对信息的接收、传输、处理、反馈的基本规定。

（8）财务制度。其包括各部门收银及现金管理制度、信用消费制度、支付制度、资金审批制度、营业外收入制度、流动资金部门管理制度等。

部门制度主要有以上这些，每个饭店各部门的部门制度也不尽相同，可根据实际需要制定。以上各类部门制度有的需要单独制定，有的也可以合并起来作为一个制度。部门制度制定要具体翔实，有可操作性。

4）专业管理制度

专业管理制度主要是针对职能部门而言的。专业管理制度是指由专业的职能部门制定而要求饭店全体员工都遵照执行的那些制度。专业管理制度主要有：

（1）行政性制度。行政性制度是对饭店的行政事务所规定的一些制度，主要有行文制度、发文制度、报告制度、行政档案制度、行政主管部门联系制度、保密制度、内部接待制度等。

（2）人事制度。人事制度是人事部对所属各单位的管理制度，包括人事部所属各单位对全体员工的服务制度、技术职称考评制度、人事管理制度、劳动工资制度、奖惩制度、人员培训制度、晋升制度、福利制度等。

（3）安全保卫制度。安全保卫工作在饭店不但十分重要而且涉及面也较广。饭店安全保卫制度主要有四大类：一是和公安、安全、消防部门接轨，按这些部门要求制定的安全保卫制度。二是饭店的内保制度，包括各部门的内保制度。三是消防安全制度，包括各部门的消防安全制度。四是交通安全制度。五是卫生防疫制度。卫生防疫的面比较广，有国家规定的规范要求，也有一些特殊的要求。安全保卫制度有的是单独制定的，有的是包含在其他各项制度里的。

（4）财务制度。饭店的财务制度较多、较复杂。财务制度根据财政部门对旅游财务会计的规定、饭店的决策、本饭店的实际情况分门别类地制定。财务制度一要和国家的规定相衔接，二要和部门的财务制度相衔接，三要根据饭店实际业务运行特点制定。财务制度既要严密，又要积极为饭店的经营服务。

5）饭店工作制度

饭店在管理和行政中有许多例行的工作，对这些工作要制定一定的制度，以便在工作中照章办事。工作制度主要有：

（1）会议制度。饭店的会议不宜多，但不能没有会议。饭店的会议主要有早会、晚会、店务会议、办公会议、年会、职工大会、部门业务会议、班前会、党团组织生活会等。这些例行会议都要有制度。制度规定会议性质、参加人员、主持人、时间、内容、会议精神传达等。饭店的各类会议也要规范化，同时要注意，饭店是企业，要讲效率，可开可不开的会议尽量不开，会议力求简短，杜绝文山会海，减少时间的浪费。很多会议可以通过网络会议进行，也可以通过网络把会议内容传输给相关部门和个人。

（2）饭店总结制度。饭店要对经营情况定时作总结。总结主要有年总结、半年总结、月总结、重要接待业务总结、开展某项活动后的总结等。总结，既是对以往工作的经验积累和工作评估，也是规划今后工作的一个重要依据，因此对总结工作要用制度给予规范。

（3）决策和制订计划制度。决策决定了饭店的未来发展和业务运行，决定了饭店的效益。决策是一个过程，这个过程有一定的程序。计划是决策的结果，制订计划同样是一个有序的过程。决策和计划不是某个人的主观想象，也不是个人行为，因为它对饭店关系重大，因此要以制度对决策和计划的过程做出规范，使之成为组织的意志。决策和制订计划制度要规定决策者、决策权限、决策程序、决策结果表述、决策实施等。

（4）质量监督制度。饭店的质量监督总是要发生。各饭店的质量监督体系也不一样，要根据饭店的质量监督体系来制定质量监督制度。质量监督制度规定监督机构和监督人、监督体系、监督内容、监督范围、监督方法、监督结果处理等。

以上是饭店的基本工作制度，各饭店根据饭店特点可以增减工作制度。

6）制度的执行

制度制定是为了使饭店规范运行，要达到规范的目的必须使组织成员人人遵守制度。制定饭店制度并不难，重要的是执行制度，需要各岗位的每位员工时时处处都能执行制度。制度制定后只要在某一方面有所放松，一则可能习惯成自然地演变成一种顽疾，二则可能会向四周蔓延。所以，饭店管理要对制度很重视，并且始终把制度抓得很紧，执行制度要很严格。饭店管理特别要避免将制度“定在纸上，贴在墙上，不落实在行动上”的形式主义。饭店在制定每一项制度时都要慎重，一旦成为制度就要坚决贯彻执行，以求实效。饭店为了有效地执行制度，要做的工作主要有：

（1）经常地、坚持不懈地进行制度意识和纪律观念教育，强化全体员工的规范意识。饭店的制度多于其他企业，饭店执行制度严于其他企业，饭店落实制度难于其他企业，因为饭店员工的劳动是分散性的手工劳动。饭店执行制度全靠员工的自觉性，自觉性来源于员工的意识观念。因此，饭店通过各种形式（并非开会或批评等某种固定形式），坚持不懈地向员工灌输和培植规范意识和制度观念，使员工对纪律制度，特别是饭店制度有一个深刻的、全面的认识，牢固树立纪律和制度意识。只有在思想意识上具有高度认识，才有行动上的自觉性。

（2）不断提高员工的综合素质。真正执行饭店制度，还有赖于全体员工高水准的综合素质。员工具备了执行制度的意识和执行制度的主观愿望，但是否能真正执行制度，还要有其他素质的配合。如有了良好的业务素质，才能按制度进行业务操作和业务处理；有了较好的外语水平，才能向宾客提供优质服务；有了良好的身体素质，才能坚持站立服务和礼貌待客。饭店要实行制度管理，不仅要抓好面上的制度执行监督检查工作，还要从根本上抓培训工作，不断提高员工的综合素质。

（3）制度要有合理性。执行制度，从制度本身来说，要有合理性。饭店制定制度要抱着实事求是的态度，即制定的制度是必需的，也是可行的。例如，有的饭店规定女性员工一律剪短发，这是可行的但没这个必要。又如，有的饭店规定前台各部门员工都有价格优惠权，给宾客适当的优惠折扣是必要的，但每位员工都有打折权，这是不可行的。制度制定时条文要简洁，文字要既严密又简单，使员工容易理解、容易执行。饭店的制度切忌又多又烦琐，员工无法记住，也就难以执行。

（4）实行严格的检查考核奖惩制度。饭店在执行制度过程中要有检查监督，以保证制度的落实实施；饭店对于制度执行的结果，要有检查、考核、奖惩。对制度执行的检查、考核、奖惩，是正式组织在组织管理中的一种必要方法，也是正式组织在管理中的一个重要环节，但仅此是不够的，饭店还应重视非正式组织的力量和影响力，努力营造良好的企业文化环境，使组织成员不断得到优化和激励，使饭店形成一种浓厚的自觉遵守制度、执行制度的氛围，整个饭店充满正气和朝气，执行制度蔚然成风。制度是时代和社会的产物。随着社会和时代的发展，饭店在发展，制度也在发展和变化。因此，制度要有它的稳定性、严肃性、延续性；同时，如果发现制度有不合理的地方，一经发现就要尽快修改，保证制度的有效性和先进性。饭店要通过对制度的管理，使制度在饭店创建三个效益中发挥积极的作用。

本章概要

□ 内容提要

本章内容是饭店管理体系中的重要组成部分。本章阐述饭店的组织管理，在内容上包含了饭店组织管理的两大部分内容：一是饭店的组织结构和管理体制方面的内容；二是饭店业务组织方面的内容。所以，本章的内容就较一般的组织管理内容要丰富，重点是在饭店的组织结构和管理体制方面。本章论述了饭店组织的原则，也就是饭店组织管理的理念；论述了饭店组织常见的几种类型，其中直线职能制是目前我国饭店采用最多的一种组织形式。饭店按组织理念和组织原则形成饭店组织结构后，就要进行组织运转。组织运转也就是业务运转，本章从饭店业务组织的视角，阐述了饭店业务组织的基本要点和过程，为实际从事饭店业务组织勾画了一个路线图。饭店组织结构的稳定、饭店组织的有效运行都需要有制度的保证，本章对饭店的制度类型、饭店的制度管理作了较全面的论述。

□ 主要概念和观念

▲ 主要概念

饭店组织　等级链　组织宽度　直线职能制　组织图　绩效考核　劳动组织形式　饭店规章制度　饭店管理方案　员工手册　岗位责任制

▲ 主要观念

组织的效率和效益　德才兼备的用人原则　组织的等级链和指挥统一　服从命令　组织的系统观念　饭店的规范和制度

□ 重点实务

服从命令和执行力　权力制约　团结原则和部门利益　部门界面划分　业务流程和服务规程

基本训练

□ 知识训练

▲ 复习题

1）简述饭店的组织原则。

2）怎样理解组织的授权原则？

3）饭店制度有哪些类型？

▲ 讨论题

1）一个有220间客房，有餐饮、娱乐、商场的三星级饭店的一般组织结构应该是怎样的？

2）每个饭店的组织原则是否都是一样的，为什么？

3）饭店的基本制度有哪几个？

□ 能力训练

▲ 理解与评价

我国的民营饭店在快速发展，特别是和房地产捆绑的高星级饭店越来越多。这些饭店的投资者往往会聘请饭店管理公司或者职业经理人来管理饭店，但是很多投资者常常干预饭店的经营管理。他们认为：第一，我是投资者，有权对饭店进行干预；第二，我那么多的资产都要管理，饭店也是我的资产，当然应该绝对听我的。由于投资者的干预，一些饭店的经营者会无所适从，会遇到经营困难。如果经营不理想，投资者又会责怪管理者无能。请分析评价这种现象。

▲ 案例分析

【训练项目】

案例分析-V。

【相关案例】

饭店的那些事

背景与情境：

1）授权

一天，一位宾客情绪有点激动地跑到大堂吧台冲着调酒师说，你看看，你们的椅子是什么质量，把我的衣服都钩破了。一边说，一边拉起T恤衫的下摆。调酒师一看，客人的衣服下摆有一条十几厘米的口子。调酒师打电话给大堂副理，让他来处理问题。大堂副理来了以后，首先对客人表示歉意。对于衣服被钩破该怎么处理，大堂副理说明，自己无权处理，等明天请示以后，再给客人答复，后来又再三向客人说“对不起”。这时客人火了，大声说道：你只会说对不起，而我不需要对不起。你饭店的椅子把我的衣服钩破了，该不该赔偿我？我这件T恤花了2 000元，还是在法国买的。我现在衣服破了，无法回家，我要的是解决问题！无奈，大堂副理又打电话给值班经理，值班经理刚好是汪副总。汪副总到场以后，了解了情况，又看了钩破的T恤衫。汪副总也向客人表示歉意，并对客人说，这个品牌的T恤和其他同档次品牌的T恤，我们饭店商场里都有，我陪您去我饭店商场，您可以挑选任何一件您满意的T恤穿走，算我饭店对您的一点表示。这时，客人也觉得饭店是有诚意的，处理是满意的，就说，其实我这件T恤也穿了挺长时间了，你们只要给我一件衣服，让我能够穿着回家，不要在马路上让人笑话就可以了，也不讲什么品牌了。汪副总圆满解决了客人的投诉。问题是，如果大堂副理在这个突发事件中，有给宾客赔偿的权力，那么也不会费这么多周折了。

2）部门协作

中秋节，一个包厢里正在进行中秋晚宴，大家觥筹交错，气氛很热烈。这时，主宾站起来笑盈盈地说：各位，中秋快乐，承蒙主人雅意，我先敬大家一杯。同时，今天也很高兴，因为今天是我的生日，能够和大家一起共度佳节并过生日，乐上加乐啊。说完，把酒一饮而尽。大家也把酒干了。然后，主人也向主宾致生日祝贺。过生日得有生日蛋糕啊。主人把服务员叫过来，说明需要一个生日蛋糕。服务员答应去厨房看看能不能马上为他们准备一个。其实服务员很清楚，现在准备生日蛋糕是不可能的，为了不让宾客失望，她想尽量满足宾客的要求。服务员把生日蛋糕之事汇报给部门经理。部门经理马上和销售部联系，希望他们能够和协作的蛋糕店联系，马上送一个8寸的慕斯生日蛋糕来餐饮部。销售部即刻和协作蛋糕店联系蛋糕事宜，得到确定的答复后，销售部联系总办，请总办派车去蛋糕店取蛋糕。过了20分钟左右，一个漂亮的生日蛋糕连同生日蜡烛一起摆到了餐桌上了。看着这一切，主人非常高兴。烛光闪烁，大家在“祝你生日快乐”的歌声中皆大欢喜。知道了这个蛋糕的来历，全体宾客都对这家饭店竖起了大拇指。

问题：

1）饭店的授权是必要的吗？怎样把握一个度？

2）通过一个生日蛋糕，说明饭店应该有什么样的部门协作？

3）授权、部门协作、赔偿T恤衫、订生日蛋糕都说明，饭店工作的出发点是什么？

【训练要求】

同第1章“基本训练”中本题型的“训练要求”。

▲自主学习

【训练项目】

自主学习-Ⅲ。

【训练步骤】

1）将班级同学组成若干“自主学习”训练团队，每队确定一人负责。

2）各团队根据训练项目需要进行角色分工。

3）通过校图书馆、院资料室和互联网，查阅“文献综述格式、范文及书写规范要求”和近三年关于“饭店组织原则和组织结构”研究的前沿学术文献资料。

4）综合和整理“饭店组织管理和制度”研究的前沿学术文献资料，依照“文献综述格式、范文及书写规范要求”，撰写《“饭店组织原则和组织结构”最新文献综述》。

5）在班级交流各团队的《“饭店组织原则和组织结构”最新文献综述》。

6）在校园网的本课程平台上展出经过修订并附有教师点评的各团队《“饭店组

织原则和组织结构”最新文献综述》，供学生相互借鉴。

□ 课程思政

【训练项目】

课程思政-V。

【相关案例】

餐饮应对临时任务

背景与情境：A市是一座中型城市，该市经济发达，山清水秀、风景优美，是全国闻名的旅游胜地。百丽饭店是这座城市尚未评星的高档饭店。朱敏是这个饭店的餐饮总监，凭借着丰富的经验和敬业精神，把饭店的餐饮经营得红红火火，在网上都是好评。一天，A市文旅局在老牌餐饮品牌大观楼举行厨艺和创新菜观摩活动，邀请了全国和本省一些名厨和全国比赛中得奖的高手来A市传授经验并现场表演各自的拿手菜、特色菜、绝活儿，菜单中有黄焖鱼翅、滑炒鱼丝、清蒸鲥鱼、清汤狮子头、文思豆腐等，更有十几道获得金奖的名菜。这个活动对餐饮工作者特别是厨师有着极大的吸引力。毫无例外，这天朱敏向总经理说明后带着厨师长、餐厅经理、当家厨师等人员去了大观楼菜馆，准备一睹大师的技艺和风采，并开拓一下自己的思路，顺便学几个菜回来。中午开餐时间，大师们在做精彩的表演，朱敏等人一边聚精会神地观摩一边不停拍照，就像旱逢甘露、如饥似渴。

突然，手机响了，总经理打来电话，要求朱敏他们马上回饭店。朱敏一听懵了。原来，一个六七十人的高级考察团路过该市，原计划在下一个城市午餐，由于一些原因误了时间，只能在该市用餐。市里就把这个任务放到了百丽饭店。碰巧，百丽饭店餐饮部的骨干力量都不在。这时，总经理马上做出临时组织业务的决定。总经理派副总去厨房指挥，自己在餐厅总指挥，其他餐厅人员支援中餐厅。这个考察团在市领导陪同下，到了餐厅以后，稍作休息就开餐。由于团队人多，级别高，事情就多。开餐没多久，节奏就有点乱了。无奈，总经理只好打电话把朱敏等人调回来。朱敏等人到餐厅后，餐厅正沸沸扬扬。上菜慢，桌子上大多是空盘，服务员干着急。厨房原料不足，厨师手忙脚乱，开列的菜单杂乱无章。市办主任在跑龙套，市长尴尬地陪着，总经理到处说好话。朱敏先指挥服务员不按菜单上菜，把厨房还有的冷菜和沙拉先上，同时上一些餐前小点。再由餐厅服务员向团队宣传：杨梅是我市的特产，我们有刚制作的特色饮料杨梅汁，请大家尝一下，我们这里的地方特产琥珀花生和杨二嫂豆腐干全国闻名，也不要错过哦。琥珀花生和豆腐干商场里有卖，杨梅汁餐厅里就有。这么一操作，给厨房争取了烹调的时间。总厨要求厨房把晚上的备料先用上，一些稍加热就能够出品的菜先用。经过一番调度和调整，慢慢地餐饮节奏顺起来了。最后，宾客对这个饭店的餐饮还是给予了很高的评价。遗憾的是，朱敏等人错过了“半次”很好的学习机会。

问题：

1）为什么开餐时总经理和副总经理都在现场，餐饮运营却跟不上？

2）这个临时的业务组织得有问题吗？为什么？

3）整个餐饮的处理方式是在糊弄宾客吗？

【训练要求】

同第1章“基本训练”中本题型的“训练要求”。

第6章 饭店服务质量管理

学习目标

通过本章学习，应该达到以下目标：

职业知识： 学习和把握饭店服务质量管理的相关概念，饭店服务质量的内容与特点，饭店服务规程的制定，饭店的个性化服务，饭店服务质量管理体系，饭店服务质量教育，饭店服务质量管理方法，饭店服务质量管理效果评价等理论与实务知识；能用其指导或规范本章认知活动和技能活动，正确解答“基本训练”中“知识训练”各题型的相关问题。

职业能力： 点评“客人永远是对的”，训练专业理解力与评价力；运用本章的理论与实务知识研究相关案例，培养在与“饭店服务质量管理”相关的业务情境中分析问题的能力；通过“饭店服务质量预报会模拟”的实训操练，训练相应专业技能。

课程思政： 结合本章教学内容，依照相关规范或要求，对“课程思政6-1”和章后“一位平凡的门卫”等案例中的企业或其从业人员的行为进行思政研判，强化与案例议题相关的行业规范思考和政治素质，促进“立德树人”根本任务的落实。

引例：亚朵酒店的服务接触点设计

学习微平台

延伸阅读6-1

背景与情境：所谓服务接触点，是指顾客从入住前到离店后所接触到的饭店服务关键接触点。亚朵酒店通过对“用户旅程”的拆解，在饭店所提供的服务流程中，找到12个关键的服务接触点，进而围绕这些关键接触点配置饭店的资源和员工的工作任务。这12个关键接触点包括：

接触点1：顾客预订；

接触点2：顾客走进大堂的第一面；

接触点3：顾客到房间的第一眼；

接触点4：顾客跟饭店联系，饭店提供服务咨询的第一刻；

接触点5：顾客吃早餐的那一刻；

接触点6：顾客在酒店等人或者等车，需要有个地方待一下的那一刻；

接触点7：顾客中午或者晚上想吃夜宵的那一刻；

接触点8：顾客离店的那一刻；

接触点9：顾客离店之后，点评的那一刻；

接触点10：顾客第二次想起亚朵的那一刻；

接触点11：顾客要跟朋友推广和介绍的那一刻；

接触点12：顾客第二次预订的那一刻。

这12个接触点实质上是饭店对于顾客售前、售中、售后体验过程的分解，并运用美学、心理学、建筑学等不同的学科知识进行专业的服务设计，让顾客可以感受到一个连续的、美好的服务体验过程。具体而言，亚朵酒店采用跨界思维，除将顾客的睡眠、洗漱、上网三大核心需求做到极致以外，还融入了阅读和摄影两大文化主题，精心设计顾客的人文生活体验，将亚朵酒店打造成人们旅途中与其陪伴的伙伴、生活的“第四空间”。

在售前环节，亚朵酒店充分利用网络，让消费者感知到专属于亚朵酒店的人文生活的主题：阅读、摄影等。

当顾客走进亚朵酒店，则可以从灯光、气味、色彩、音乐、文字、摆件等逐步感受到亚朵酒店的两大主题。酒店的公共区域、客房的墙壁上、床头均可以看到反映属地文化的摄影作品。每个亚朵酒店都有一个超大的7×24小时阅读会友书吧，名为“竹居”，并提供24小时借阅服务。在亚朵酒店的大堂中，客人也都能随手在一面书墙上或者书柜中拿起一本感兴趣的读物，可免押金借阅。为了让客人有完整的阅读体验，酒店提供异地还书服务。

办理入住时，服务人员会走出柜台，夏季递上一杯清凉的酸梅饮，冬季则会提供暖暖的普洱茶，通常一杯饮料还未饮完，入住手续已经办好。在文字体验上，“宿归（客房）、相招（餐厅）、共语（多功能会议室）、汗出（健身房）、出尘（免费洗熨烘干自助洗衣房）、竹居（阅读会友书吧）”等颇具心思和人文特色的命名，无不让人产生美好的联想和共鸣。

顾客进入客房，房中摆设的一把造型独特的茶壶和几个茶杯，让你看一眼都仿佛能嗅到心旷神怡的茶清香。宵夜是免费送到房间里的，一份附加了制作方法和功效卡片的糖水等。

顾客离店时服务人员会主动送上瓶装水，若是冬季，赠送的矿泉水便是温温的，让即将离开的顾客心生暖意。

亚朵酒店着力于在每一次接触过程中，都让消费者更好地体验这种他们向往已久的感觉和生活方式。当顾客走出亚朵酒店，包里可能还装着免押金借阅且可异地归还的书籍，回味着与环境中其他顾客和员工沟通过程中所深刻体会到的源自社会文化意义的相互影响和对生活方式的思考，体味着想要成为这一群体或文化的一部分的欲望。

资料来源 佚名. 亚朵酒店授权服务口袋指导手册［EB/OL］.［2020-10-15］. https: //wenku.baidu.com/view/e7a3c714a2116c175f0e7cd184254b35effd1a43.html.

问题：

1）亚朵酒店集团为什么要梳理服务的关键接触点？并针对此作了什么样的服务设计？

2）根据本案例，饭店服务质量是否只是指员工所提供的服务？若不是，还应包括哪些内容？

上述案例告诉我们，提高饭店服务质量就是要了解宾客的需要，满足宾客的需要。满足宾客的需要是在细微处见真情的。细微处所表现出的服务质量不仅仅是一种形式、一种过程，更是饭店人的一种精神，一种对客人的态度。

饭店是服务性行业，服务质量是饭店的生命线，服务是饭店的中心工作。组织的生命力和品牌在于质量。本章用凝聚的形式讨论服务质量。服务质量管理的理论来源于基础理论，管理方法来源于管理职能，管理体系依托于组织理论。服务质量对饭店产品的生产及产品的销售都是至关重要的。饭店服务质量水平依赖于人的素质，自然而然我们就要讨论人力资源。

6.1 饭店服务质量概述

为更好满足消费升级的需求，“品质革命”被写进我国2018年两会政府工作报告，这不仅意味着强化质量的基础支撑，提升产品和服务品质，达成品牌、质量的“双提升”；还意味着要不断提高效益和技术水平，要推动品质标准与国际先进水平对接，在国际市场竞争中不断开启新的市场领域。2022年，党的二十大报告确定了“高质量发展是全面建设社会主义现代化国家的首要任务”，提出要坚持以推动高质量发展为主题，推动经济实现质的有效提升和量的合理增长。

饭店业是最具代表性的服务业，也是典型的完全竞争市场，所面临的竞争既有本土饭店和集团，也有国外的饭店和集团。提升服务质量则是饭店在国内外市场竞争中取得相对优势的最为直接的途径，也是饭店生存与发展的基础。饭店之间的竞争，本质上就是服务质量的竞争，因此，不断提高饭店服务质量，以质量求效益是每一家饭店发展的必经之路，也是所有饭店管理者共同努力的目标和日常管理的核心部分。

6.1.1 饭店服务质量的含义

优质服务可以提高饭店的知名度和美誉度，吸引客源，并使回头客一再地光临，成为饭店的忠诚顾客，最终带来可观的经济效益。所以，现代饭店都非常重视服务质量，希望通过服务质量管理，能够为宾客提供稳定的优质服务，满足宾客的各种需求，并在竞争中立于不败之地。质量意识已成为饭店管理者必须具有的一种观念，而对饭店服务质量的含义的正确理解和对其特点、内容的把握则是进行饭店质量管理最基本的前提。

饭店服务质量是指饭店以其所拥有的设备设施为依托，为宾客所提供的服务在使用价值上适合和满足宾客物质和精神需要的程度。所以，饭店提供的服务既要满足宾客生活的基本需要，即物质上的需求，还要满足宾客的心理需要，即精神上的需求。而所谓适合，是指饭店为宾客提供服务的使用价值能否为宾客所接受和喜爱。所谓满足，是指该种使用价值能否为宾客带来身心愉悦和享受，使宾客感觉到自己的愿望和期盼得到了实现。

因此，饭店服务质量的管理实际上是对饭店所提供服务的使用价值的管理。饭店所提供服务的使用价值适合和满足宾客需要的程度高低即体现了饭店服务质量的优劣。适合和满足宾客需要的程度越高，服务质量就越好；反之，服务质量就越差。

业务链接6-1

饭店服务质量与顾客满意度、忠诚度

“顾客满意度”通常基于顾客对饭店所提供产品与服务质量的预期与其实际所获得的进行比较的结果，当实际获得的产品与服务质量高于顾客的预期时，顾客的满意度会得到提升，反之，顾客的满意度则会下降。许多研究表明，满意的顾客会一再光临饭店，购买饭店的产品与服务，对饭店更为包容，传播好的口碑，向他人推荐饭店的产品和服务等，显示出比较高的忠诚度；而不满意的顾客则正相反，他们会向饭店投诉，再也不会购买饭店的产品与服务，甚至到处传播“坏”的口碑，影响潜在顾客对饭店服务与产品的购买行为等，显示出较低的忠诚度（见图6-1）。

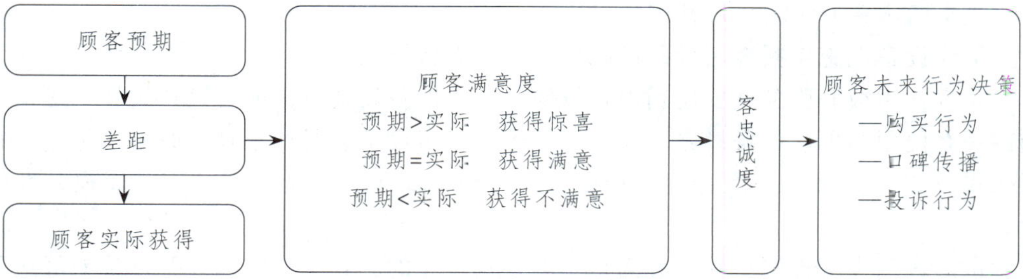

图6-1　顾客满意度与行为意图

值得关注的是，在互联网时代，许多顾客已经习惯于网络评价（如网络预订平台、饭店或集团的官方网站、专业点评网站等），或者在自己的朋友圈、微博上“晒”出自己的经历，这些顾客自发行为对饭店潜在顾客的影响巨大，甚至许多饭店的潜在顾客就是依据这些网络评价选择自己所要入住的饭店，即所谓“口碑”比较好的饭店。因此，对这些网络口碑的维护自然成为饭店每一位员工的重要任务，需要每一个部门所有员工共同提供最优质的服务，也需要负责宾客关系的管理者或员工及时

学习微平台

延伸阅读6-2

给予回复和沟通反馈，感谢那些给予“好评”的顾客，也对那些给予“差评”的顾客进行妥善的沟通与补偿，以求重新取得顾客的信任，提升顾客的忠诚度。

饭店向宾客提供的服务通常是由饭店的设备设施、实物产品、劳务服务的使用价值以及安全因素共同组成的。从整体来说，饭店所提供的服务带有无形性的特点，但局部上具体服务的使用价值又带有物质性和有形性的特点，因此，饭店服务质量实际上包括有形产品质量和无形产品质量两个方面。饭店服务质量比一般实物产品的质量要复杂且更难把握。

实际上，关于饭店服务质量通常有两种理解：一种是广义的饭店服务质量，它包含组成饭店服务的四要素，即设备设施、实物产品、劳务服务、安全因素的质量，是一个完整的服务质量的概念；另一种是狭义的服务质量，是指饭店劳务服务的质量，它纯粹指由服务员的服务劳动所提供的，不包括提供的实物形态的使用价值。本书所指的服务质量主要指广义的服务质量。

6.1.2 饭店服务质量的内容

我们对饭店服务质量有了一个基本的认识后，就要对饭店服务质量的具体内容作深入的研究。饭店服务是有形产品和无形劳务的有机结合，饭店服务质量则是有形产品质量和无形劳务质量的完美统一，有形产品质量是无形产品质量的凭借和依托，无形产品质量是有形产品质量的完善和必要补充，两者相辅相成、缺一不可，构成完整的饭店服务质量的内容。

1）有形产品质量

饭店有形产品质量是指饭店提供的设备设施和实物产品的使用价值以及服务环境的质量，主要满足宾客物质上的需求。

（1）饭店设备设施的质量

宾客进入饭店、使用饭店服务，首先看到的是饭店的设备设施。饭店是凭借其设备设施来为宾客提供服务的，所以，饭店的设备设施是饭店赖以生存的基础，它反映出一家饭店的接待能力，同时，饭店设备设施质量也是服务质量的基础和重要组成部分，是饭店服务质量的决定性因素之一。

饭店设备设施包括客用设备设施和供应用设备设施。

宾客使用饭店服务就要使用设备设施。客用设备设施也称前台设备设施，是指直接供宾客使用的那些设备设施，如房屋设施、客房设备、餐饮家具、康乐设施等。它要求做到设置完善，档次合适，舒适美观；操作简单，安全环保；完好无损，性能良好。

饭店客用设备设施有几个方面是宾客特别关注的：其一，客用设备设施的舒适程度是宾客十分关注的。舒适程度的高低一方面取决于设备设施的配置，另一方面取决于对设备设施的维修保养。其二，客用设备设施的简单方便是宾客所希望的。随着互联网、大数据、智能化、机器人等新技术的发展，饭店设备设施越来越趋向“智慧化”，这会让一些不太熟悉现代技术的宾客感到存在使用障碍。如有些饭店的触摸式控制开关，简直就是在“折磨”宾客。因此，饭店应该尽可能提供“傻瓜型”的设备设施，让宾客一看就会操作，想用就会用。因此，配置合适的设备设施，并随时保持设备设施完好，保证各种设备设施正常运转，充分发挥设备设施效能，是提高饭店服务质量的重要组成部分。

供应用设备设施是指饭店经营管理所需的、不直接和宾客见面的生产性设备设施，如锅炉设备、制冷供暖设备、厨房设备等。供应用设备设施也称后台设备设施，要求做到安全运行，保证供应，否则也会影响服务质量。

总而言之，饭店只有保证设备设施的质量，才能为宾客提供多方面的、感觉舒适的服务，进而提高饭店的声誉和服务质量。

（2）饭店实物产品质量

饭店实物产品是指直接满足饭店宾客的物质消费需要的实物产品，其品质的水平也是影响宾客满意程度的一个重要因素，实物产品质量也是饭店服务质量的重要组成部分之一。饭店的实物产品质量通常包括：

①菜点酒水质量。

如果饭店供应食品饮料，那么饭店管理者必须认识到饮食在宾客心目中占有的重要位置以及不同宾客对饮食的不同要求，如有的宾客为求满足其新奇感而品尝名菜佳肴，而有的宾客只为了符合口味而选择家常菜。但无论哪种宾客，他们通常都希望饭店饮食产品富有特色和文化内涵，要求原料选用合理，加工烹制精细，产品风味适口等。另外，饭店还必须保证饮食产品的安全卫生。菜点酒水质量是饭店实物产品质量的重要构成内容之一。

②客用品质量。

客用品也是饭店实物产品的一个组成部分，它是指饭店直接供宾客消费的各种生活用品，包括一次性消耗品和多次性消耗品，如前厅部提供给客人临时使用的雨伞、客房房卡及封套，甚至临时使用的一张便笺纸等。客用品质量应与饭店星级相适应，避免提供劣质客用品，如破损的餐具、脏污的棉织品，都会给宾客留下极其恶劣的印象。饭店提供的客用品数量应充裕，能够满足宾客需求，而且供应要及时；配备品种应适度，不宜过多，以免增加饭店成本，影响服务质量。另外，饭店还必须保证所提供客用品的安全与卫生。需要注意的是，2021年国家发展改革委、生态环境部发布的《关于进一步加强塑料污染治理的意见》中规定，到2022年年底，全国范围内星级宾馆、酒店等场所不再主动提供一次性塑料用品，可通过设置自助购买机、提供续充型洗洁剂等方式提供相关服务；至2025年年底，实施范围扩大至所有宾馆、酒店、民宿。这一规定显著改变了饭店所提供的客用品的材质和服务方式。

③商品质量。

为满足宾客购物需要，饭店通常都设有商场部，而商场部商品质量的优劣也影响饭店服务质量。饭店商品质量应做到花色品种齐全、商品结构适当、商品陈列美观、价格合理等。更为重要的是应注重信誉，杜绝假冒伪劣商品，并应符合宾客的购物偏好。现在有些特色文化主题饭店通过文创设计，将非物质文化遗产项目引入饭店，形成具有当地特色的“手办礼”，在保护和传承“非遗”的同时，更好地满足住店客人的购物需要。

④服务用品质量。

服务用品质量是指饭店在提供服务过程中供服务人员使用的各种用品，如客房部的清洁剂，餐饮部的托盘等。其质量是提高劳动效率、满足宾客需要的前提，也是提供优质服务的必要条件。服务用品质量要求品种齐全、数量充裕、性能优良、使用方便、安全卫生等。管理者对此也应加以重视，否则，饭店也难以为宾客提供令其满意的服务。

(3) 服务环境质量

常常会出现这种情况，你对一家饭店的印象特别好，但却说不出为什么，这种良好的印象只是一种感觉，实际上，这种感觉常常是因为受到该饭店服务环境的影响。饭店环境是由宾客的视觉感受的，并通过视觉效果而产生其他心理效果。

饭店服务环境质量就是指饭店的服务气氛给宾客带来感觉上的美感和心理上的满足感。它主要包括独具特色、符合饭店等级的饭店建筑和装潢，布局合理且便于到达的饭店服务设施和服务场所，充满情趣并富有特色的装饰风格，洁净无尘、温度适宜的饭店环境以及仪表仪容端庄大方的饭店员工。所有这些构成饭店所特有的环境氛围。它在满足宾客物质方面需求的同时，又可满足其精神需求。

通常对服务环境质量的要求是：整洁、美观、有秩序和安全。在此基础上，对于高星级饭店来说，还应充分体现出一种带有鲜明个性的文化品位。

由于第一印象的好坏，很大程度上是受饭店环境气氛影响而形成的，为了使饭店能够产生这种先声夺人的效果，管理者应格外重视饭店服务环境的管理。

2）无形产品质量

无形产品质量是指饭店提供的劳务服务的使用价值的质量，即劳务服务质量。劳务服务的使用价值使用以后，其劳务形态便消失了，仅给宾客留下不同的感受和满足程度。如餐厅服务员有针对性地为宾客介绍菜肴和饮料，前厅员工圆满地回答宾客关于饭店内各种服务项目的信息的询问，都会使宾客感到愉快和满意。

劳务服务质量也是饭店服务质量的主要内容之一。它主要包括以下几个方面：

(1) 礼节礼貌

礼节礼貌是以一定的形式通过信息传输向对方表示尊重、谦虚、欢迎、友好等态度的一种方式，礼节偏重于仪式，礼貌偏重于语言行动。它表明了饭店对宾客的基本态度和意愿。饭店礼节礼貌主要要求服务人员具有端庄的仪表仪容，文雅的语言谈吐，得体的行为举止等。饭店服务员直接面对宾客进行服务的特点使得礼节礼貌在饭店管理中备受重视，因为它直接关系着宾客满意度，是饭店提供优质服务的基本点。

(2) 职业道德

职业道德是人们在一定的职业活动范围内所遵守的行为规范的总和。在饭店服务过程中，许多服务是否到位实际上取决于员工的事业心和责任感，因此遵守职业道德也是饭店服务质量的最基本构成之一，它不可避免地影响着饭店的服务质量。作为饭店员工，应遵循“热情友好，真诚公道；信誉第一，文明礼貌；不卑不亢，一视同仁；团结协作，顾全大局；遵纪守法，廉洁奉公；钻研业务，提高技能”的旅游职业道德规范，真正做到敬业、乐业和勤业。

(3) 服务态度

服务态度是指饭店服务人员在对客服务中所体现出来的主观意向和心理状态，其好坏是由员工的主动性、创造性、积极性、责任感和素质高低决定的，因而饭店要求服务人员应具有“宾客至上”的服务意识并能够主动、热情、耐心、周到地为宾客提供服务。饭店员工服务态度的好坏是很多宾客关注的焦点，尤其当出现问题时，服务态度常常成为解决问题的关键，宾客可以原谅饭店的许多过错，但往往不能忍受饭店服务人员恶劣的服务态度，因此，服务态度是无形产品质量的关键所在，直接影响饭店服务质量。

（4）服务技能

服务技能是饭店提高服务质量的技术保证，是指饭店服务人员在不同场合、不同时间，对不同宾客提供服务时，能适应具体情况而灵活恰当地运用其操作方法和作业技能以取得最佳的服务效果，从而所显现出的技巧和能力。服务技能的高低取决于服务人员的专业知识和操作技术，要求其掌握丰富的专业知识，具备娴熟的操作技术，并能根据具体情况灵活应变地运用，从而达到具有艺术性，给宾客以美感的服务效果。也只有掌握好服务技能，才能使饭店服务达到标准，保证饭店服务质量。

（5）服务效率

服务效率是指员工在其服务过程中对时间概念和工作节奏的把握。它应根据宾客的实际需要灵活掌握，要求员工在宾客最需要某项服务的前夕即时提供。因此，服务效率并非仅指快速，更加强调适时服务。饭店服务效率有三类：其一是用工时定额来表示的固定服务效率，如清扫一间走客房用30分钟，夜床服务用5分钟，宴会摆台用5分钟等；其二是用时限来表示服务效率，如总台入住登记每位宾客不超过3分钟，办理结账离店手续不超过3分钟，租借物品服务要求服务人员5分钟内送至宾客房间，接听电话不超过3声等；其三是有时间概念，但没有明确的时限规定，靠宾客的感觉来衡量的服务效率，如餐厅点菜后多长时间上菜，代购物品何时完成等，这类服务效率问题在饭店中大量存在，若使宾客等候时间过长，很容易让宾客产生烦躁心理，并会引起不安定感，进而直接影响宾客对饭店的印象和对服务质量的评价。

（6）安全卫生

饭店安全状况是宾客外出旅游时考虑的首要问题，因此，饭店必须保障宾客、员工及饭店本身的安全。饭店在环境气氛上要制造出一种安全的气氛，给予宾客心理上的安全感，但不是戒备森严，否则，更会令宾客感到不安。

饭店清洁卫生主要包括饭店各区域的清洁卫生、食品饮料卫生、用品卫生、个人卫生等。饭店清洁卫生直接影响宾客身心健康，是优质服务的基本要求，所以也必须加强管理。

劳务服务质量除上述内容外，还包括员工的劳动纪律、服务的方式方法、服务的规范化和程序化等内容，同样应为饭店管理者所关注。

上述有形产品质量和无形劳务质量的最终结果是宾客的满意程度。宾客满意程度是指宾客享受饭店服务后的感受、印象和评价。它是饭店服务质量的最终体现，因而也是饭店服务质量管理努力的目标。宾客满意程度主要取决于饭店服务的内容是否适合和满足宾客的需要，是否为宾客带来享受感，饭店管理者重视宾客满意度自然也就必须重视饭店服务质量构成的所有内容。

6.1.3　饭店服务质量的特点

饭店服务所需要的人与人、面对面，随时随地提供服务的特点以及饭店服务质量特殊的构成内容使其质量内涵与其他企业有着极大的差异。为了更好地实施对饭店服务质量的管理，管理者必须正确认识与掌握饭店服务质量的特点。

1）饭店服务质量构成的综合性

饭店服务质量的构成内容既包括有形的设备设施质量、服务环境质量、实物产品质量，又包括无形的劳务服务质量等多种因素，且每一因素又由许多具体内容构成，贯穿饭店服务的全过程。其中，设备设施、实物产品是饭店服务质量的基础，服务环境、劳务服务是表现形式，而宾客满意程度则是衡量服务质量的标准。它既涵盖了衣、食、住、行等人们日常生活的基本内容，也包括办公、通信、娱乐、休闲等更高层面的活动，因此，饭店服务质量的构成具有极强的综合性。

饭店服务质量构成的综合性的特点要求饭店管理者树立系统的观念，把饭店服务质量管理作为一项系统工程，多方收集饭店服务质量信息，分析影响质量的各种因素，特别是可控因素，既要抓好有形产品的质量，又要抓好无形服务的质量，不仅做好自己的本职工作，还要顾及饭店其他部门或其他服务环节，更好地督导员工严格遵守各种服务或操作规程，从而提高饭店的整体服务质量。正如人们平时所说的"木桶理论"，一只由长短不一的木条拼装而成的木桶，它的盛水量，取决于最短的那根木条的长度。由此饭店服务质量应该有自己的强项和特色，但不能有明显的弱项和不足，否则就会影响服务质量的整体水平。

2）饭店服务质量的评价的主观性

尽管饭店自身的服务质量水平基本上是一个客观的存在，饭店也有评价服务质量的标准，但由于饭店服务质量的评价是由宾客享受服务后根据其物质和心理满足程度而产生的，因而带有很强的个人主观性。宾客的满足程度越高，他对服务质量的评价也就越高，反之亦然。饭店管理者要非常重视宾客对饭店服务质量的评价，否则，将失去客源，失去生存的基础。饭店也没有理由要求宾客必须对饭店服务质量做出与饭店的认识相一致的评价，实际上这也是无法办到的，更不应指责宾客对饭店服务质量的评价存在偏见，尽管有时确是一种偏见，但偏见有时恰恰反映了宾客的某种需求。因此，饭店员工应在服务过程中通过细心观察，了解并掌握宾客的物质和心理需要，不断改善对客服务，为宾客提供有针对性的个性化服务，并注重服务中的每一个细节，重视每次服务的效果，用符合宾客需要的服务本身来提高宾客的满意程度，从而提高并保持饭店服务质量。正如一些饭店管理者所说，我们无法改变宾客，那么就根据宾客需求改变自己。

3）饭店服务质量显现的短暂性

饭店服务质量是由一次一次的内容不同的具体服务组成的，而每一次具体服务的使用价值均只有短暂的显现时间，即使用价值的一次性，如微笑问好 、介绍菜点等。这类具体服务不能储存，一结束，就失去了其使用价值，留下的也只是宾客的感受。因此，饭店服务质量的显现是短暂的，不像实物产品那样，其使用价值和质量品质可以长期显现；饭店的服务质量也不能像实物产品那样，可以返工、返修或退换，如要进行服务后调整，也只能是另一次的具体服务。也就是说，即使宾客对某一服务感到非常满意，评价较高，并不能保证下一次服务也能获得好评。因此，饭店管理者应督导员工做好每一次服务工作，争取使每一次服务都能让宾客感到非常满意，从而提高饭店整体服务质量。

4）饭店服务质量内容的关联性

宾客对饭店服务质量的印象，是通过他进入饭店直至他离开饭店的全过程而形成的。在此过程中，宾客得到的是各部门员工提供的一次一次具体的服务活动，但这些具体的服务活动不是孤立的，而是有密切的关联，因为在连锁式的服务过程中，只要有一个环节的服务质量有问题，就会破坏宾客对饭店的整体印象，进而影响其对整个饭店服务质量的评价。比如，客房的服务质量很好，但由于供应的热水温度达不到50℃，宾客对服务质量就不会满意。又如，宾客在饭店的整个逗留过程中对饭店的服务质量十分满意，可是在临离开饭店时，却叫不到出租车，这样宾客会满意吗？会有美好的回忆吗？因此，在饭店服务质量管理中有一个流行公式：100-1<0，即100次服务中只要有1次服务不能令宾客满意，宾客就会全盘否定以前的99次优质服务，还会影响饭店的声誉。因此，饭店各部门、各服务过程、各服务环节之间必须协作配合，并做好充分的服务准备，确保每项服务的优质、高效，确保饭店服务全过程和全方位的“零缺点”。

5）饭店服务质量对员工素质的依赖性

饭店产品生产、销售、消费同时性的特点决定了饭店服务质量与饭店员工表现的直接关联性。饭店服务质量是在有形产品的基础上通过员工的劳务服务创造并表现出来的。这种创造和表现能满足宾客需要的程度取决于服务人员的素质高低和管理者的管理水平高低。所以，饭店服务质量对员工素质有较强的依赖性。

因为饭店服务质量的优劣在很大程度上取决于员工的现场表现，而这种表现又很容易受到员工个人素质和情绪的影响，具有一定的可变性，于是就产生了这样一条素质链：宾客的满意，是饭店员工优质服务的结果。员工的优质服务在于员工的素质和员工的满意程度，我们通常说只有满意的员工才有满意的宾客。员工的素质和满意程度，又依赖于管理人员的素质和满意程度。而所有人的满意又要靠饭店的理念、体制、企业文化。所以，饭店必须充分认识这条素质链，保证素质链的每个环节都是科学的，都是紧密相连的，从而以完整的饭店素质链来保证饭店的服务质量。

6）饭店服务质量的情感因素

饭店服务质量还取决于宾客与饭店之间的关系，两者关系融洽，宾客就比较容易对饭店产生归属感，产生好印象。而关系不和谐，则很容易致使宾客的小题大做或借题发挥。因此，饭店与宾客间关系的融洽程度直接影响着宾客对饭店服务质量的评价，这就是饭店服务质量的情感性特点。

课程思政6-1

“差评门”事件

背景与情境：王女士因为在某酒店体验差，而给酒店打了差评。结果，酒店希望她删除差评，并协商解决这一问题。在媒体介入后，酒店一名工作人员威胁若不删除差评就会曝光客户个人信息，因此被推上了热搜。对此，引发了网友的集体吐槽。很多网友表示自己有过类似的经历，因为给差评而被酒店工作人员骚扰过。

顾客A：之前去某地住酒店，然后环境特别差给了差评，之后酒店员工直接发我身份信息过来，告诉我不删差评就把身份信息放网上，百度了几种做法但没有效果，我又是学生，只好删了差评。之后住酒店就不怎么敢留常用号码了，微信也取消了按手机号查找功能。

顾客B：住酒店大半夜被蜘蛛吓哭了，找半天根本没人处理，我在外边站了半宿。给了差评后，酒店就开始打电话，我拒绝删评，那家店找了“呼死你”，天天各种骚扰电话，一响就是俩小时，后来没办法我换了手机号。

资料来源　综合整理相关网络信息而成。

问题：

(1) 酒店工作人员为什么如此在意差评?

(2) 你觉得针对差评，酒店工作人员的做法是否妥当?

(3) 酒店应如何处理此“差评门”事件?

研判提示：顾客的这些经历都从侧面反映出差评机制带来的问题。可以从两个方面理解，一方面从顾客角度看待问题。顾客因为体验不佳给差评，这是顾客的权利，饭店应从积极的角度进行理解，这些客人是帮助饭店提升服务质量的人，需要做的就是积极解决问题，给予有针对性的反馈和补偿，取得顾客的谅解。另一方面从饭店角度看待问题。现实中确实存在一些不太好的客人，利用平台提供的差评机制向饭店索要好处，若不能达成目标则进行恶意差评，对此，饭店员工也应该理性地处理，同样可以通过评价机制给予饭店的申诉权，通过官方途径进行处理，或退而求其次，可以通过同样的渠道进行回复，在回复中把前因后果阐述清楚，然后相信饭店潜在顾客的判断力。因此，无论站在顾客角度，还是饭店角度，此事件中员工的处理方式无疑都是不妥当的，也是违反职业道德的。

事实上，无论饭店如何努力，服务质量问题还是会出现在饭店的任何时间和空间，所不同的是存在的问题数量和层次。这是一个无法回避的客观现实。作为饭店管理者所应做的是积极地采取妥当的措施，将出现的服务质量问题对宾客的影响降至最小，避免矛盾的扩大化，其中最为有效的办法，就是通过一些真诚为宾客考虑的服务赢得宾客，在日常工作中与宾客建立起良好和谐的关系，使宾客最终能够谅解饭店的一些无意的失误。

6.2 饭店服务质量管理流程及评价

饭店服务质量是饭店生存和发展的基础。要提高饭店服务质量，就必须科学地管理服务质量；而要更好地进行服务质量管理，首先要制定饭店服务规程，并建立饭店服务质量管理体系。

6.2.1 制定饭店服务规程

在饭店服务质量管理过程中，通常是通过对服务标准和规范的制定和实施，以及各种管理原则和方法的运用，达到服务质量标准化、服务形式规范化、服务过程程序化，最终以优质服务赢得宾客。饭店服务的标准和规范比较集中地体现在服务规程中。饭店服务规程就是饭店进行质量管理的依据和基础，是饭店根据各自的等级而制定出的适合本饭店实际情况的管理制度和作业标准。

1）饭店服务规程的含义

饭店服务规程是指以描述性语言对饭店某一特定的服务过程所包含的作业内容和顺序及该服务过程应达到的某种规格和标准所做的详细而具体的规定。简单地说，它是指某一特定服务过程的规范化程序和标准。

饭店服务规程通常包含四个要点：

（1）服务规程的对象和范围。服务规程是以饭店某一特定的服务过程、服务内容为对象，只要饭店有一个服务过程，那么必定有一套与之相适应的服务规程。通常把某一特定的服务内容从开始到结束称为一个服务过程。服务规程是以服务过程为依据的，这样就对服务规程的范围作了限定。

（2）服务规程的内容和程序。服务规程要规定每个服务过程所应包括的内容和作业程序。服务内容应包括其业务内容的本身，如总台入住登记的基本内容就有接受订房、登记、证件扫描、排房、制作欢迎卡、制作钥匙、收取押金等。服务规程还要具体规定内容细节，如动作、语言、姿态、手续、信息传递、用品、权限、时限、例外处理等。服务程序是指前后的顺序。饭店的服务过程有很多个，有些互相相关的服务过程有个顺序的先后问题。服务过程按照合理的顺序排列，就形成了服务的程序。服务程序的规定要求符合服务过程的规律，同时要考虑减轻员工的劳动强度，减少物资消耗。

（3）服务的规格和标准。不同星级不同档次的饭店有不同的服务规格，不管哪一规格的服务都有标准。服务规程就是要规定服务的规格和标准，按照服务质量各具体的构成内容确定具体标准。

（4）服务规程的衔接和系统性。每套服务规程的首尾都要有与其他规程互相衔接、互相连贯的内容。如前台部门报维修的规程与工程部的维修规程的衔接，餐厅值台和跑菜规程的衔接。规程间的相互衔接和连贯，就形成了服务的系统性。

饭店服务规程可以让每位员工都明确其服务工作目标，也使饭店管理者有了检查和监控服务质量的依据，从而使饭店服务工作达到规范化、程序化和标准化的要求。

2）饭店服务规程的制定

（1）饭店服务规程制定的依据

饭店服务规程直接影响着、决定着饭店服务质量的优劣，所以必须建立在科学合理的基础上，能够真正符合宾客的需要。由此，制定饭店服务规程必须考虑以下因素：

①《旅游饭店星级的划分与评定》（中华人民共和国国家标准，GB/T 14308—2010）。

星级评定标准是各星级饭店制定饭店服务规程的基础，它提出了饭店服务基本原则和基本要求，并规定了星级饭店的服务质量保证体系，即具备适应本饭店运行的、有效的整套管理制度和作业标准。

②客源市场需求。

只有提供宾客需要的服务才有可能让宾客满意，饭店服务规程的制定也应以宾客需求为依据，应能够适应本饭店特定客源市场的要求。因此，饭店在制定规程前，必须对市场需求进行详细的调查和分析，寻找宾客真正需要的服务和对服务的要求，使所制定的饭店服务规程真正成为饭店服务质量的保证。

③本饭店的特点。

饭店服务规程的制定还要结合本饭店特点，如客源特点、饭店组织的特点、业务特点、员工素质特点以及周围环境特点等，扬长避短，最终要能够突出本饭店的特色。饭店特色也是赢得宾客忠诚的有效方法。在制定服务规程时，要使服务规程和饭店的核心竞争力相一致。

④国内外饭店管理和服务的最新信息。

饭店应了解国内外饭店管理和服务的最新信息，制定饭店服务规程时，要在力所能及的范围内，结合国内外饭店业的现状和趋势，力求使规程更加合理并符合宾客的需求，废除已经过时的内容，增加现时新的内容，使之有强烈的时代感。

⑤动作及作业研究。

在制定饭店服务规程前，还应对每个作业过程进行过程分析和动作分析，在分析的基础上制定规程，使其更具科学性和可行性。

⑥新技术的应用。

随着互联网、大数据、智能化、机器人等新技术在饭店中的应用，在制定饭店服务规程时还应考虑这些新技术的影响。在制定过程中既要保留传统酒店人工服务的人情味优势，也要体现出新技术对规程的效率优化和服务质量的提升。

（2）饭店服务规程制定的方法

饭店服务规程的制定有两种方法：一种是由集体讨论，一人执笔编制成文；另一种是由一人或数人编出规程草案，由相关人员讨论定稿。不管采用哪种形式，其原则和编制过程基本相同。

①提出目标和要求。

由饭店决策层根据饭店等级经深入分析研究后，提出本饭店服务规程应达到的目标和具体要求，并将其布置落实到饭店每一相关部门。

②编制服务规程草案。

各部门管理者召集下属主管、领班和资深服务人员讨论确定本部门的所有服务内容和服务过程，并制定出每一服务过程的规程草案。具体内容应包括：确定该服务过程的主要环节；提出每一环节的具体要求，如仪表仪容、站立姿势、行走路线、语言谈吐、操作内容、顺序及应达到的规格标准等具体细节；规定每一环节之间的衔接内容，以免因脱节而造成质量问题等。

③修改服务规程草案。

草案出台后，首先应交该服务过程所在班组的全体员工进行讨论，修改其中的不合理、不可行、不必要或不符合标准和要求部分，使其更趋可操作性。其次将规程草案在小范围内试行，在实践中进行修改，删除不现实的部分，补充应做的内容，使其更具可行性。最后将规程草案交饭店决策层审定。饭店决策层应对照目标和要求，由店务会议，或由聘请的饭店管理专家、学者对每一服务规程进行评审。经审定通过的服务规程，作为规章制度予以颁布实施。

④完善服务规程。

随着饭店等级的提高、宾客需求的变化及饭店业的发展，饭店服务规程也会随之陈旧老化。所以，饭店应随时调整服务规程，并定期修订，使之更趋适用和完美。

饭店服务规程的制定是一个复杂的过程。服务规程制定以后，不是一劳永逸的，在饭店运行的实践中，还要不断地改进。所以，饭店应该以实事求是的态度，不断完善服务规程，使饭店的服务质量不断走向新的高度。

3）饭店服务规程的实施

制定科学合理的饭店服务规程非常重要，但更为重要的是饭店服务规程的实施程度，只有切实地实施服务规程，才能保持并不断提高饭店服务质量；否则，服务规程不过是一纸空文。饭店服务规程的实施过程通常为：

（1）服务质量意识教育

通过质量教育，树立员工的服务质量意识，使员工认识到服务质量对饭店及员工个人的重要性，明确提高服务质量与执行服务规程之间的紧密联系，从而增强饭店员工执行服务规程的主动性和自觉性。

（2）服务规程作业培训

让员工自觉执行服务规程，首先要让员工掌握规程，通过服务规程的培训，就可以使员工了解到服务规程的适用对象和范围，熟练掌握服务规程的内容和要求，从而提高员工执行服务规程的规范性和准确性，提高饭店服务质量。

服务规程作业培训可以分期分批地进行，但必须保证饭店所有员工都经过培训，而且培训后必须进行考核，考核合格者才能上岗。对不合格者可限期提高、待岗或调离岗位，以维护服务规程的严肃性和服务质量的稳定性。

（3）服务规程执行过程的督导

饭店各级管理者应对所管辖范围员工的服务规程执行情况进行认真、严格的监督、检查和指导。主要可以通过服务质量信息系统和原始记录，了解规程执行情况，也可以通过现场巡视检查，及时发现存在的质量问题并作及时的纠正，使员工养成实施服务规程的良好意识和习惯。同时，饭店管理者还应经常进行服务质量的对比与评价，并根据实际情况制定出有效的奖惩措施，从而调动员工执行服务规程的积极性。

另外，饭店还应制定内容明确的设备设施质量标准、服务环境质量标准、菜点酒水标准、客用品质量标准、人员素质标准、语言动作标准等，并要求饭店员工不折不扣地执行，使之成为饭店服务质量控制的依据。

6.2.2 饭店的个性化服务

饭店顾客既有共性需求，又有个性需求，因此，他们对于饭店提供的服务既有相同的要求，如要求服务热情周到规范，又各有不同的个性化要求，如有的顾客偏爱高科技设施，有的则更加偏好人情味的设计。要想提供高品质的饭店服务，就不仅需要满足顾客的共性需求，还要满足顾客的个性化偏好。因此，饭店在实施服务规程、保证饭店服务规范化、标准化的同时，也要实施对宾客的个性化服务。

1）个性化服务的出发点

随着科学管理的产生和发展，管理和产品要求规范化和标准化，于是饭店有了服务规程。今天，当社会进入体验经济时代，人们的个性发展、个性体验的诉求越来越突出，以人为中心的人本意识越来越成为社会指导思想的时候，现代管理学就提出了“顾客满意”的原则。这个原则就是饭店个性化服务的出发点。

（1）饭店要“创造顾客”。“创造顾客”是现代管理的一个重要理念，由管理学家德鲁克提出。所谓“创造顾客”就是通过饭店的经营，把消费人群中的一部分变为饭店的消费者，从而成为饭店的顾客。要“创造顾客”，就要有产品吸引力，饭店产品吸引力的一个重要成分就是个性化的服务。现代的顾客有个性化追求，饭店有个性化服务，就有了“创造顾客”的优势。

（2）饭店的“满意产品”。饭店现代服务质量的理念是要给宾客一个“满意产品”。所谓“满意产品”就是能适合宾客需要，能让宾客感到满意，能够满足或者超过宾客期望值的饭店产品。满意产品是相对饭店的合格产品而言的。从科学管理的角度出发，要求产品是符合规范的合格产品。合格产品是符合标准的产品，它的特点是各项指标符合规定的标准，因而能够满足大家的一般需要。从现代管理的角度出发，要求产品是能够满足个性体验需要的“满意产品”。“满意产品”不但要是合格产品，而且要能够满足宾客的个性化需要。饭店提供给宾客的是无形产品，无形产品又要满足个性化需要，这就提出了饭店应提供满意产品。满意是宾客的个体满意，这就提出了饭店对宾客的个性化服务。

2）个性化服务的要点

（1）个性化服务的概念

个性化服务是指饭店在实施服务规程的基础上，根据某个宾客的需求特点、个性习惯和特殊需要，提供相应的超越服务规程的特别服务。个性化服务的基础是服务规程，而超越规程部分的依据是宾客的个性需求。

（2）个性化服务的依据

个性化服务是针对某个宾客而言的，个性化服务的依据当然就是宾客。个性化服务有两种形式：一种是做在宾客开口以前；另一种是在宾客提出要求以后。因此，饭店提供个性化服务要注意两个方面：一是宾客的预订要求和宾客的客史档案，根据这些了解宾客的基本情况。比如，客史档案中记录这个宾客喜食苹果和桂圆，那么在其即将入住的客房中便可事先为其准备相应水果，如果预订中说明客人是广东或福建宾客，则可以加放乌龙茶。二是在服务过程中的针对性服务，包括宾客临时提出的要求，宾客所表现出来的要求等。比如，一位宾客把备用的棉被拿出来了，说明他一条棉被还不够，是否在做夜床时，给他加一条毛毯。

因此，建立客史档案就是大多数饭店了解顾客个性化需求，从而为顾客提供针对性服务的重要途径。近年来，随着互联网、大数据、云计算等新技术在饭店中的普及与应用，客史档案的管理也从手工操作到系统模块自动分析和生成结果，大大提升了客史档案的使用效率。饭店通过客史档案的建立和维护，将日常工作中收集到的有关顾客的消费信息以及个人偏好全部以数据的形式、以制度化的规范文本记载下来，并通过数据分析，成为为饭店各个部门提供个性化服务、提高服务品质的可靠依据。

（3）个性化服务的控制度

个性化服务要把握一个度，就是服务到什么程度。个性化服务要尽量满足宾客的个性需要，但不是满足无限需要。个性化服务的度在于：一是不能和服务规程相冲突，不能违背服务规程。二是不能超越作业者的权限，不能自作主张地越权作业。三是对宾客过分的要求不能迁就，要遵守行业和饭店的规则，更要遵循法律和社会伦理道德。四是该收费的项目，在提供了个性化服务后，还是要照价收费。

教学互动6-1

背景资料：张先生是饭店的常客，每次入住饭店都会得到一些小惊喜，包括入住登记时，会得到小小的手办礼，不很昂贵但非常有特色；员工已经准备好登记单，只需签个字、刷个卡就可以拿到房间钥匙；员工每次都能叫得出他的姓，尊称他“张先生”而非统称“先生”；房间里多放了两包他爱喝的红茶，水果也总是他爱吃的香蕉和梨等，这些超出期望的服务使得张先生成为饭店的忠诚客人。

互动问题：

（1）客史档案是个性化、定制化服务的基础，饭店应从那些途径获得客人的相关信息或建立可以有效使用的客史档案？

（2）个性化服务会增加接待成本吗？是否需要对个性化服务增加服务费？

（3）饭店是否一定要实行个性化服务？

要求：同“教学互动1-1”的“要求”。

6.2.3　建立饭店服务质量管理体系

饭店服务质量与各个部门的工作质量以及服务过程中的每一环节的服务质量紧密地联系在一起，因此，优质服务要求饭店内每位员工树立质量意识，关注宾客的需求，并努力提高各自的工作质量，以给宾客带来满足感。饭店服务质量管理体系正是饭店为提高其服务质量而建立的，由质量管理各要素组成的一个管理系统。其主要内容包括：

1）建立服务质量管理机构

有效的管理机构是提高饭店服务质量的组织保证。饭店应建立以总经理为首的服务质量管理机构和网络，全面负责饭店的服务质量管理工作，即饭店各级管理者在总经理的直接领导下，根据本部门工作的实际情况，组建以各级管理者为首的服务质量管理小组，全面控制本部门或班组的服务质量，如餐饮部的烹点质量管理小组、餐厅服务质量管理小组、管事部服务用品管理小组等，形成遍布饭店的服务质量管理网络。管理网络的形成可以使饭店管理者及时发现问题并予以解决，把饭店质量差错降到最低限度。

2）进行责权分工

责权分工可以使所有的管理者和员工各司其职，有效地避免推卸责任，并使饭店服务质量管理的每一项规定和措施都能得到不折不扣的执行。所以，在饭店服务质量管理过程中，应明确规定饭店总经理、各业务部门和职能部门、各班组及岗位员工对服务质量应尽的责任和权限，做到责权统一。

3）制定并实施饭店服务规程和服务质量管理制度

制定和实施饭店服务规程是提高饭店服务质量的关键，也是饭店服务质量管理体系的中心内容。有了服务规程，就能够使服务员知道该做什么，该怎么做，就有了服务的规范。这样饭店就会有档次、有规则、有品质。但是饭店仅有服务规程还是不够的，服务规程要贯彻到实践中，还要有制度的保证。这个制度就是服务质量管理制度。

服务质量管理制度的内容主要有：服务质量标准及其实施工作程序、服务质量检查制度、信息管理制度、投诉处理程序以及服务质量考核（奖惩）制度等。饭店服务质量管理制度应详尽具体，但不宜过多，而且应避免重复交叉或自相矛盾而使员工无所适从。服务质量管理制度是贯彻执行饭店服务规程、满足宾客需要的前提和保证。

4）重视质量信息管理

服务质量信息是饭店进行服务质量决策的基础与前提，是计划、组织服务质量管理活动的依据，更是质量控制的有效工具，因而也是饭店服务质量管理体系的组成部分。所以，饭店管理者必须高度重视质量信息的管理。

（1）信息的收集

服务质量信息有着极其广泛的内容，但大致可分为两类：一类是饭店内部质量信息，如质量文件、原始记录、统计数字、投诉记录等；另一类是饭店外部质量信息，如国内外饭店服务质量标准、国内或国际上同类同级饭店的质量现状和质量管理动态等。饭店应注意收集各种质量信息，并汇总到饭店，以便加工和充分利用。

（2）信息的加工和传递

饭店应将收集到的各种各样的信息进行汇总、归类，并加以分析，进而加工整理出有利用价值的内容，并迅速传递至相关部门或管理人员，为其进行质量管理提供充分可靠的依据。同时，饭店要每天、每周、每月对饭店的服务质量信息进行加工整理，及时发布到饭店各部门，使饭店和各部门对服务质量有一个全面的认识。

（3）信息的反馈

使用质量信息的部门或人员应将质量信息的使用结果反馈给饭店，饭店应将此结果作为新的质量信息加以整理分析，并可重新传递至有关部门人员。这就是饭店质量信息的反馈过程。

（4）服务质量信息的储存

质管部应将所收集和处理过的各种质量信息储存保管起来，这些信息既可用来总结服务质量管理经验，分析质量管理成果，又有利于饭店决策层对信息的总体把握和进行饭店质量管理的决策，从而不断提高饭店服务质量。

5）处理服务质量投诉

相对于感到不满而不投诉的宾客，宾客提出投诉是一件好事。曾有统计资料表明，投诉宾客的大多数会成为饭店的回头客，因为这些宾客认为饭店服务有不足，但他对饭店有信心，相信饭店会改进服务；而绝大多数感到不满而没有投诉的宾客往往不会再光临这家饭店。所以，饭店管理者应正确认识和妥善处理投诉，把宾客投诉视为发现问题、改善服务质量的机会和动力。处理好宾客投诉，可消除宾客的不满，其本身也是饭店服务质量管理的重要内容。所以，饭店应制定处理服务质量投诉的原则、方法和措施等。

饭店处理宾客投诉的原则通常有：不争论原则，即树立“宾客永远是对的”意识，即使宾客是错的，也抱着宽容的态度，不与宾客争辩；隐蔽性原则，即处理投诉时应尽可能减少对其他宾客的影响；及时性原则，即投诉的处理应以第一时间处理为好；补偿性原则，即给予宾客适当的情感补偿和实物补偿。在处理宾客投诉之后，管理者还应及时对所发生的问题进行深入调查，追根溯源，以找出问题的关键成因，并采取措施，如修改质量标准、工作程序，进行培训等，以防止同类问题的再出现，最终使饭店服务质量趋于“零缺点”。

6.2.4　进行饭店服务质量教育

饭店服务质量教育的内容应包括：上岗前的教育，包括饭店员工手册、礼貌礼节、职业道德、语言艺术、宾客习俗等；质量意识教育，包括服务观念、标准观念、全面质量管理观念等；质量标准教育，包括服务规程、设备设施标准、服务环境标准、实物产品标准、劳务服务标准、质量等级标准等；服务技能培训，包括饭店前后台各部门、各服务（工作）环节所需的所有技能操作训练；质量方法教育，包括全面质量管理、质量问题分析、零缺点质量管理、服务质量控制等；投诉处理教育，包括服务质量投诉的原因、投诉处理的原则和程序等。

同步链接6-1
以党的二十大精神为指引提升酒店业服务质量

饭店服务质量教育可更新员工的质量观念，树立质量意识，提高员工整体素质，从而提高饭店服务质量，是非常有效的一种质量管理手段。

6.2.5　采取有效的服务质量管理方法

只有采取有效的服务质量管理方法，才能真正提高饭店服务质量，为宾客提供令其满意的服务，使饭店取得良好的经济效益。目前，饭店中通常采用的服务质量管理方法主要有：

1）饭店全面质量管理

全面质量管理（Total Quality Control，TQC）起源于20世纪60年代的美国，首先在工业企业中应用，后又推广到服务性行业，取得了良好的效果。它是把经营管理、专业技术、数据统计和思想教育结合起来，形成从市场调查、产品设计、制造直至使用的一个完整的质量体系，使企业质量管理进一步科学化、标准化。日本在推行全面质量管理中取得了卓越的成果，并使之又有了很大发展。我国在1978年引入目标管理等的同时引入了全面质量管理的方法，并开始在工业企业中推行，后又将其引入商业、饭店业等服务性行业，现已在各行业得到广泛的应用，并取得了一定成效。

（1）饭店全面质量管理的含义

饭店全面质量管理是指饭店为保证和提高服务质量，组织饭店全体员工共同参与，综合运用现代管理科学，控制影响服务质量的全过程和各因素，全面满足宾客需求的系统管理活动。它要求以系统观念为出发点，通过提供全过程的优质服务，达到提高饭店服务质量的目的。

（2）饭店全面质量管理的特点

饭店全面质量管理的特点可归纳为以下四个方面：

①全方位的管理。

如前所述，饭店服务质量不仅包括有形产品质量，还包括无形产品质量；既有前台服务质量，又有后台工作质量。所以，饭店服务质量包括饭店工作的各个方面。全面质量管理就是针对饭店服务质量全面性的特点，对所有服务质量的内容进行管理，即全方位的管理，而不是只关注局部的质量管理。

②全过程的管理。

因为饭店服务质量构成内容的全面性，且饭店服务质量是以服务效果为最终评价的，所以，影响服务质量的因素是全方位的，既有服务前的组织准备，又有服务中的对客服务，还有服务后的善后处理，而这三者又是一个不可分割的完整的过程。而饭店服务质量管理正是对此全过程的管理，形成了全面质量管理有别于传统管理的两个观念：其一是侧重预防为主，防患于未然，服务质量管理的重点从“事后把关”转变为更重事先预防，事实上，饭店服务出现问题，其事后的弥补是非常困难的；其二是要求饭店内部树立“如果你不直接为宾客服务，那么，你就应为宾客服务的人服务”的观念，即强调工作的下一个环节就是你的宾客，就是你服务的对象，你必须负责让其满意，最终使得饭店服务过程中的每一个环节都符合饭店质量管理的要求，即全过程管理。

③全员参与的管理。

饭店服务基本上是通过员工的手工劳动来完成的，因此，饭店中的每位员工及其工作都与服务质量密切相关。饭店所提供的优质服务不仅仅是前台人员努力的结果，同时也需要后台员工的配合才有保障。所以，全面质量管理要求全体员工都参加质量管理工作，并把每位员工的工作有机地结合起来，从而保证饭店的服务质量。所以说，饭店服务质量管理是全员性的管理。

④方法多种多样的管理。

饭店服务质量的构成丰富，且影响质量的因素复杂，既有人的因素，又有物的因素；既有客观因素，又有社会、心理因素；既有内部因素，又有外部因素。要全面系统地控制这些因素，就必须针对具体情况采取灵活的管理方法，才能使宾客全面满意。因此，全面质量管理要求饭店管理者能够灵活运用各种现代管理方法，从而提高服务质量。

综上所述，全面质量管理是饭店以宾客需求为依据、以宾客满意为标准，以全过程管理为核心、以全员参与为保证、以科学方法为手段，运用全面质量的思想和观念推行的服务质量管理，它是达到饭店预期的服务质量效果的一种有效的管理方法。

同步案例 6-1

服务质量预报会

背景与情境：4月下旬，某饭店一小会议室内正在召开一个月一次的服务质量预报会。主持会议的是分管饭店服务质量的总经理办公室的韩主任。

会议中心议题是“春夏之交饭店服务质量的预测与控制”，韩主任向大家汇报自上次预报会以来饭店在服务质量方面存在的问题以及宾客投诉概况。接着，他把近几年来本饭店在这个季节的服务质量作了比较系统的分析。然后，他请各部门的质量预测员就本部门的具体情况对未来一个月的服务质量进行预测。

与会者事先都有充分准备，大家发言时简短扼要，抓住主题，每人讲话 5~8 分钟。

最后，韩主任作了酒店下个月的质量预报。他的预报是分部门进行的。首先，他提到客房部。他说，接下去的一个月气温多变，上旬冷，下旬热，因此客房部应预先准备好毛毯和加热器，服务员要做好窗户卫生工作，以便气温升高时通风散热。服务员还要随时留心宾客的细微需求，及时提供帮助调节空调的服务。接着他一个部门一个部门地预测并提出控制办法。他特别提到前几年这个季节启动AHU风机时，大量灰尘从扇翼中吹出，曾导致一些宾客投诉。今年又到了开动AHU风机的时候了，工程部人员必须留意，避免发生类似的事情。

韩主任一共提出7条主测条目和相应控制意见。接着与会者展开讨论，两位副总分别谈了自己的看法。最后，总经理办公室把本月的服务质量预报用中英文写成文件，交酒店中外方总经理签字后在全店正式发放。

问题： 为什么饭店中需要召开服务质量预报会？

分析提示： 宾客投诉多发生于离店之时，等管理者了解到时，已为时太晚，全面质量管理要求的是全过程的管理，服务质量管理的重点已经从‘事后把关”转变为“事先预防”。事实上，饭店服务出现问题，其事后的弥补是非常困难的。而饭店进行服务质量预测正是符合这一全面质量管理的特点，是有一定科学依据的。在每次发出预报后便在店内通过多种形式宣传，引起每个员工的重视；到了月底便检查预测的正确率和控制措施的效果，吸取经验教训，逐步提高预测的质量和作用。

2）服务质量分析

进行饭店服务质量分析，可以帮助饭店管理者找出存在的质量问题及其产生的原因，从而找到有针对性的解决问题的措施和方法，以保证同类的质量问题不再出现。饭店根据自身的特点，采用适合饭店的质量分析方法分析质量状况，从而不断提高服务质量。

（1）自查分析法

自查分析法是饭店在服务质量分析时使用最多的方法，这种方法是指在一定的时期，由饭店的三级组织（饭店、部门、班组）对所辖范围的服务质量进行自我检查和分析。检查和分析是以饭店的服务质量标准和服务规程为依据，以实际服务工作和由此产生的服务质量为对象，进行对照检查分析。通过检查分析，对本范围内的服务质量有一个基本的评估，同时要分析：服务质量的优点和长处是什么？服务质量的缺陷是什么？宾客的评价是什么？产生服务质量现状的原因是什么？今后的服务质量需要做哪些工作？怎样实施服务质量计划？

自查分析法的好处是比较切合实际，问题分析得比较透彻，对本部门员工的教育也比较现实而深刻。

（2）对比分析法

对比分析法，顾名思义就是通过对比，发现本饭店在服务质量上的长处和短处，扬长避短，提高本饭店的服务质量。对比分析法有几个要点：第一，要对比，就必定要有一个参照物。饭店通常用这么几个参照物：饭店的规范标准、饭店的阶段质量计划、同档次饭店和相关行业的质量情况、市场信息。第二，饭店在现阶段服务质量的实际情况。这个实际情况要有具体的记录，还要有一定的数据。第三，对比要有一个指导思想，就是饭店所要达到的服务质量水准、饭店产品的质量标准、市场的需求情况。有了这三个要素，饭店就可以进行服务质量的对比分析。对比分析的重点是清楚地了解饭店的服务质量优势和特点，检验饭店的指导思想是否正确，从而发扬饭店服务质量高的长处，显示自己的特色。同时要清楚地知道本饭店的不足和弱点，特别是宾客反映比较多，或者反映比较集中的问题，以及本饭店员工和管理层发现和反映的问题，通过对比，发现自身的差距和影响程度。通过对比还要看到，随着时代的发展，现在饭店服务质量的趋势是什么，本饭店哪些方面存在不足，饭店就会有一种危机感。应做到心中有数，然后要分析产生此现象的原因，分析现象后面深层次的问题，从而能够改进管理和服务，有效地提高服务质量。

（3）排列分析法

排列分析法主要是通过对影响饭店服务质量因素的统计分析，找出影响饭店服务质量的主要因素，可分四个步骤进行分析：

①收集服务质量问题信息，通过宾客意见书、投诉处理记录、各种原始记录等方式收集有关服务质量的信息。

②将收集到的质量问题信息进行分类，统计、排列，制作服务质量问题统计表，如表6-1所示，在表中计算出比率和累计比率。

表6-1 **服务质量问题统计表**

质量问题	问题数量	比率（%）	累计比率（%）
菜肴质量	130	65.0	65.0
服务态度	36	18.0	83.0
外语水平	20	10.0	93.0
娱乐设施	8	4.0	97.0
其他	6	3.0	100.0
合计	200	100.0	100.0

③根据统计表绘制排列图，左侧纵坐标表示问题数量，右侧纵坐标表示累计比率，如图6-2所示。

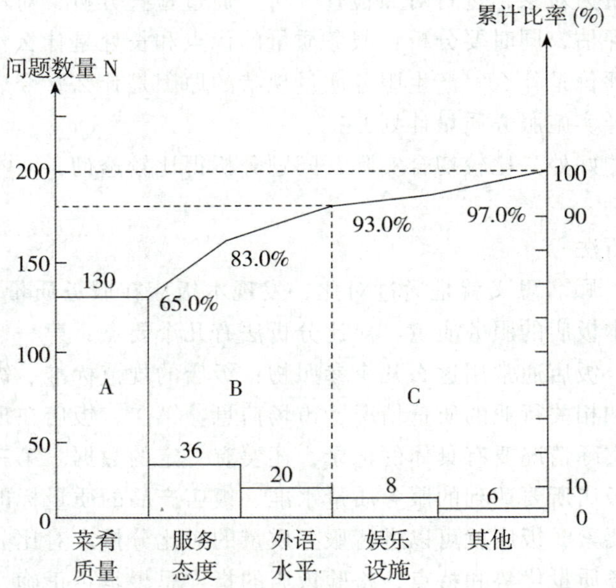

图6-2 服务质量问题排列图

④分析找出主要质量问题。排列图上累计比率在0~70%的因素为A类因素，即主要因素；累计比率在70%~90%的因素为B类因素，即次要因素；累计比率在90%~100%的因素为C类因素，即一般因素。找出主要因素就可以抓住主要矛盾。

业务链接6-2

影响顾客满意度的五个因素

在饭店中，影响顾客体验满意度的因素有很多，从饭店提供的产品和服务角度考虑，主要有五个方面的因素，即：有形性、可靠性、反应速度、质量保障、同理心。

①有形性。

从顾客感知角度而言，影响顾客满意度评价的“有形性”是指顾客在饭店中对“所能看到的”服务与产品的体验和评价。例如，员工着装是否符合职业特点、整洁、美观；提供的食物是否不仅可口而且美观；客房的设施和用品是否非常舒适，而且看起来就很有吸引力；饭店的装修是否具有较高性价比，而且看起来精致、氛围宜人；饭店的建筑外观、前厅大堂这些公共区域是否看起来很有吸引力；饭店是否配备了一些看起来很酷的现代化和高科技的设备，而且契合顾客的需要等。

②可靠性。

可靠性，主要是指饭店的服务和产品让顾客感觉前后一致、言行一致，而且稳定、无差错的程度。也就是无论顾客来多少次，对产品或服务的体验是一致的，饭店所宣传的和顾客实际获得的是一致的，设施设备等硬件完好、运行稳定，即使遇到一些服务问题，饭店都能够给予及时、妥善的处理等。通常，当饭店提供的产品与服务是稳定的、与顾客预期一致的，就比较容易获得顾客的认同。

③反应速度。

反应速度，一方面是指顾客对饭店能够为顾客提供及时、快捷的服务的感知。比如，在类似结账高峰这样的工作繁忙时段，饭店是否为避免顾客的长时间等候，配备充足的后备人员，让每一位顾客都得到及时的服务；或者提供自助结账设备供顾客选择；或者为顾客提供类似阿里“信用住”的免结账查房服务等。另一方面，反应速度的感知还体现为饭店员工对于意外事件的反应速度。也就是说，当顾客提出的服务要求超出饭店的常规，员工是否能够及时为顾客提供帮助，以及是否会付出额外的努力来提供服务满足顾客的特殊要求，影响顾客对服务的感知。

④质量保障。

服务质量的保障，是顾客对饭店员工提供服务或产品过程中产生的关于质量保证的综合性感受。在这一过程中，饭店的员工表现得训练有素、自信能干，且经验丰富，能够提供各种服务信息，回答顾客的各种问题，而且饭店管理层也给予一线员工足够的授权和支持等，这些能让顾客在与饭店交往过程中感觉很顺畅、很舒服，自然会认为饭店的服务品质是有保障的，会给予比较高的满意度评价。

⑤同理心。

同理心，是指顾客感受到饭店或员工设身处地理解自己的状况的程度。主要体现在情绪自控、换位思考、倾听能力以及表达尊重等与情商相关的方面。也就是说，当顾客出现问题或需要帮助时，员工应该能够设身处地为顾客着想，敏感地预见顾客的一些个性化需求，并提供相应的服务，而不是缺乏同理心地、机械地执行程序。很多顾客之所以偏好人的服务就是因为“人”提供的服务是有温度的、温暖的。从饭店角度而言，亦是如此，服务品质好的饭店通常能够预见顾客的需求，并提供相应的服务，如免费机场穿梭巴士、特殊的饮食选择、残疾人设施、婴幼儿服务等。

顾客对饭店产品和服务从这五个方面产生的综合感知，最终形成顾客对饭店产品和服务的满意度评价，影响着顾客的未来决策，在互联网时代背景下，由于网络评价具有传播速度快和传播范围广的特点，对饭店未来潜在顾客的决策的影响也是极大的。

（4）PDCA管理循环

找出了服务质量问题，分析了产生质量问题的原因，下一步就该寻求解决问题的措施与方法，这就需要运用PDCA管理循环。

PDCA即计划（Plan）、实施（Do）、检查（Check）、处理（Action）的英文简称。PDCA管理循环是指按计划、实施、检查、处理这四个阶段进行管理工作，并循环不止地进行下去的一种科学管理方法。PDCA循环转动的过程，就是质量管理活动开展和提高的过程。

PDCA管理循环的工作程序分四个阶段：

①计划阶段（P）。PDCA管理循环的计划阶段内容包括：首先，分析服务质量现状，用圆形图找出存在的质量问题；其次，用因果图分析产生质量问题的原因；再次，找出影响质量问题的主要原因；最后，提出解决质量问题的质量管理计划，即应达到的目标及实现目标的措施方法。

②实施阶段（D）。饭店管理者组织有关部门或班组以及员工具体地实施质量管理计划所规定的目标。

③检查阶段（C）。饭店管理者应认真、仔细地检查计划的实施效果，并与计划目标进行对比分析，看是否存在质量差异，是正偏差还是负偏差。

④处理阶段（A）。总结成功的管理经验，使之标准化，或编入服务规程，或形成管理制度加以推广应用。同时，吸取失败的教训，提出本轮PDCA循环悬而未决的问题，自动转入下一循环的第一步，并开始新一轮的PDCA管理循环。

PDCA管理循环的四个阶段缺一不可。只计划而没有实施，计划就是一纸空文；有计划，也有实施，但没有检查，就无法得知实施的结果与计划是否存在差距和有多大差距；若计划、实施、检查俱全，但没有处理，则不但已取得的成果不能巩固，失败的教训不能吸取，而且发生的问题还会再次重复，如此，服务质量就难以提高。因此，只有PDCA四个阶段都完成且不断地循环下去，才会使饭店服务质量问题越来越少，即饭店服务质量不断提高，最终趋向“零缺点”。

同步思考6-1

背景资料：一家在中等城市的四星级饭店，有760个餐位，一直以来生意还不错。最近由于部分员工的更新，加上刚刚换了部门经理，餐饮部的服务质量产生了明显的缺陷：餐厅卫生情况有所下降，服务不够规范，出菜的速度不平衡，宴会服务出差错，宾客投诉时有发生，餐饮部在整个饭店中质量问题显得很突出。

问题：针对这种状况，可以采用什么方法解决餐饮部的质量问题呢？

理解要点：可以采用PDCA管理循环方法来解决餐饮部的质量问题，即按计划（Plan）、实施（Do）、检查（Check）、处理（Action）这四个阶段进行循环不止的管理工作。

3）零缺点质量管理

零缺点（Zero Defects，ZD）是美国人克劳斯比（Philip B. Crosby）于20世纪60年代提出的一种管理观念，主要用于控制企业的产品质量。他认为，低质量产品需要花费大量的人、财、物力，增加企业的经营费用，并导致消费者不满，其成本远远大于保证一次性完成的优质产品的投入。因此，企业必须以零缺点的要求来控制产品质量，追求完美。饭店服务不可弥补性的特点，使得开展零缺点质量管理成为饭店服务质量管理的一种重要的管理方法。零缺点质量管理应做好以下几点：

（1）建立饭店服务质量检查制度

饭店服务质量具有显见的短暂性特点，且饭店服务工作大多由员工手工劳动完成，因此，饭店服务质量管理必须坚持“预防为主”的原则，通过全面检查的方式，确保各岗位员工在进行正式服务前就已做好充分的准备，防患于未然。为此，饭店应建立服务质量检查制度，如有的饭店根据其自身特点，建立了自查、互查、专查、抽查和暗查等五级质量检查制度，督促员工执行质量标准，预防问题的出现。

（2）DIRFT

DIRFT（Do It Right the First Time）意即每个人都第一次就把事情做对。饭店服务具有不可弥补性的特点，所以，每位员工都应把每项服务做到符合质量标准，这是改善饭店服务质量的基础。为此，要求饭店管理者做到：制定科学合理的服务质量管理标准，并要求标准是“零缺点”、100%，而非“优良”“良好”之类；执行标准也必须是“零缺点”，不折不扣，而非“差不多”之类。激励并帮助员工把每项工作都做得合乎标准，即“零缺点”，而不要抱有“人非圣贤，孰能无过”的传统观念，要求员工能够做到“无过”，不宽容自己的过错。

同步案例6-2

亚朵酒店《授权服务口袋指导手册》

背景与情境：亚朵酒店以中端定位，却以服务著称，这离不开其“全员授权”的理念和实践。通过授权鼓励每一位员工破除困难，在第一时间为客人解决问题，既包括顾客已经提出来的问题，也包括顾客尚未意识到的问题。为了让员工了解如何运用所获得的授权更好地为顾客提供令其惊喜的服务，亚朵酒店专门制定了一份《授权服务口袋指导手册》，其开篇对员工说：“感谢你，加入亚朵。投之以桃报之以李，我们赋予你在亚朵的独有权限，也即授权。授权，是在特定情况下，赋予你经理甚至总经理的权限，鼓励你运用这个权限，帮助客人解决问题、破除困难。在这篇文档里，你可以了解授权的具体情况，也会学习怎样去授权，更希望你能主动、积极、乐意授权。你一定能做得非常好，我相信！”进而，在手册中阐述了授权服务的概念及规则，说明全员授权，来源于首问负责制，无论任何岗位，首位受理宾客投诉或求助的员工可运用授权权限，负责处理或督促客人的问题得到快速及时地解决。亚朵酒店授权每位员工，无须请示可直接操作：

①任何员工有权依据具体发生的情况，给予客人一间夜免房；当客人提出的要求超过员工权限时，报告酒店总经理处理或由总经理授权客服经理处理。

②当客人需要帮助时，无论在店内还是店外，任何员工都有权根据具体情况支配300元以内的资金帮助客人。

然后详细列举了授权服务种类，如何寻找合适的服务时机，比如客人衣物较多，房间衣架明显不够用时，主动给客人添置衣架；客人在餐厅用餐期间（早餐或其他时段），遇到的问题能及时帮助解决，比如为带孩子的客人准备宝宝蒸蛋、宝宝粥等；为吃素客人准备素食等；为老人准备无糖食品等；提供免费物品，客人借走后无须归还，如隐形眼镜盒及配液、头绳、儿童拖鞋、针线包、火柴、地图、书签等；外地客人初到酒店，不熟悉路况，可外出到地铁站或其他醒目地标处进行迎接等。详细、具体，可操作性极强。

资料来源　佚名. 亚朵酒店《授权服务口袋指导手册》[EB/OL]. [2020-10-15]. https://wenku.baidu.com/view/e7a3c714a2116c175f0e7cd184254b35effd1a43.html.

问题：请从饭店服务质量管理的角度来分析亚朵酒店服务成功的原因。

分析提示：从本案例中我们可以了解饭店的“零缺点”质量管理的深刻内涵——DIRFT——每个员工都应该第一次就把事情做对，能够妥善处理服务过程中所遇到的各种问题，使之符合饭店的服务质量标准。这种全员的参与性也是全面质量管理的特点之一。而全员参与的基础就是全员授权，只有授权到位，员工才能真正在第一时间就将事情做对、做好。

(3) 开展“零缺点”竞赛

通常，缺乏知识和态度不佳是造成饭店服务质量问题的两类主要因素，通过培训可以帮助员工掌握饭店服务所需知识，但态度上的问题则只有通过个人觉悟的提高才能改进。因此，为帮助员工端正服务态度，有些饭店开展“零缺点工作日”竞赛，效果较好，它促使员工养成DIRFT的工作习惯，并以服务的零缺点为目标。在“零缺点工作日”的基础上，饭店还可推行零缺点工作周、工作月乃至工作年，以逐渐使每位员工的服务达到完美无缺的程度，最终提高整个饭店的服务质量。

4）现场巡视管理

饭店员工手工劳动的特点以及宾客需求的不断变化，使饭店服务质量管理的难度增加。不同的饭店员工或同一员工在不同时间、不同场合的手工劳动或多或少存在差异；宾客自身的差异造成的需求变化也要求员工在短时间内适应并给予满足，但由于员工差异造成的处理不同，在宾客满意程度上也会存在差异。这就形成了饭店服务质量不稳定和难以控制的特点。而饭店管理者通过现场巡视管理，可以检查员工准备工作，监督指导对客服务（或后台供应）质量标准的执行情况，指导和激励下属员工的工作，事先消除质量问题隐患，预防质量问题的发生，并及时处理质量问题，最终使饭店质量相对稳定。

通常，不同的饭店管理者各有其不同的巡视管理范围。管理者在现场巡视中，应随时倾听宾客的意见和要求，并给予反馈，同时注意听取员工的意见和建议。现场巡视过程中发现员工工作不符合质量要求时，如违反服务规程，应及时指出并纠正。但应注意方式方法。另外，管理者在巡视中执行服务质量管理标准一定要严格，即要求“第一次就把事情做对”和“零缺点”。管理者应善于挑剔，追求服务质量的完美。

5）优质服务竞赛和质量评比

饭店还可定期组织和开展优质服务竞赛和质量评比等活动，以使饭店全体员工树立质量意识，提高执行饭店服务质量标准的主动性和积极性，并形成“比、学、赶、帮、超”，努力营造提高饭店服务质量的氛围。

（1）定期组织，形式多样

饭店应定期组织和开展丰富多样的优质服务竞赛和质量评比等质量管理活动，如“零缺点工作周”，每月“服务明星”或“微笑大使”，各部门的“技术比武”等。要求做到明确范围和意义、确定参与对象及要求、制定评比标准与方法，能够激发广大员工的参与愿望。

（2）奖优罚劣，措施分明

这类活动的开展有利于饭店提高服务质量、经济效益和管理水平，所以还应制定出具体的奖罚措施，一般应遵循“奖优罚劣、以奖为主”的奖惩原则，如给优胜者发奖金、授予荣誉称号、以VIP身份免费入住饭店一天、去国外或外地考察旅游等。

（3）总结分析，不断提高

每次活动结束后，所有质量管理人员都应认真总结与分析。总结经验加以推广应用，提出不足以便改进提高，从而不断改善饭店服务质量。

6）服务质量控制

上述饭店质量管理的目的都是有效地控制饭店服务质量，确保质量标准。一般来说，服务质量的控制主要包括以下三方面内容：

（1）事前质量控制

随着全面质量管理和零缺点管理的推广，事前质量控制日益受到饭店管理者的重视。事前质量控制要求饭店根据服务质量管理标准，贯彻“预防为主”的方针，做好有形产品和无形劳务两大方面的充分准备，以确保在宾客到来之前有备无患。

（2）服务过程质量控制

服务过程质量控制是根据饭店服务质量管理体系的要求，通过各级管理者的现场巡视管理和严格执行服务规程，确保宾客满意程度的提高。

（3）事后质量控制

事后质量控制应根据饭店服务质量信息，即服务质量管理的结果，对照饭店服务质量标准，找出质量差异及其产生的原因，提出有效的改进措施，避免过错的再次出现，确保饭店服务质量管理工作的良性循环。

同步思考6-2

背景资料：随着服务业的发展，顾客需求体现出多元化、个性化的态势，标准的服务难以适应客人的需求变化，定制化服务成为服务行业中盛行的提升服务质量的方法，但即便如此，仍然会出现服务失误（Service Failure），因此，在服务出现失误之后进行服务补救（Service Recovery）的概念日益受到重视。

问题： 通常会有哪些因素造成服务失误？如何进行服务补救？通常从哪些方面进行服务补救？

理解要点： 造成饭店服务失误的原因一般有四个方面：客人自身因素，如自身情绪不好、信息提供错误等；酒店客观因素，如设备出现故障等；员工因素，如员工操作失误或者责任心不强等；不可抗力，如暴风雪等。服务补救一般从精神和物质两个层面进行，包括经济补偿和道歉等方式。

6.2.6 评价饭店服务质量管理效果

饭店开展的服务质量管理活动，以及所采取的质量管理方法，其目的都是提高其服务质量和宾客满意度，最终赢得忠诚宾客，但能否达到这一最终效果或达到程度如何都需要进行科学的效果评价。

1）评价内容

服务质量管理效果评价的内容既包括服务质量管理标准的执行程度，即饭店各部门、各环节、各岗位员工的工作是否符合质量管理标准和服务规程的要求，也包括宾客的物质和心理满足程度，即宾客对饭店服务质量的满意率是否符合饭店星级标准的要求，如员工的素质高低、设施的配套程度、设备的舒适程度、实物产品的适用程度、服务环境的优美程度等。

2）评价方法

评价饭店服务质量管理效果的主要方法是检查，检查的方式是灵活多样的，如旅游主管部门对饭店的质量检查，特别是星级评定和星级复查；饭店内部的质量检查；宾客满意率调查等。根据评价内容，对照检查结果，饭店管理者应客观地评价饭店服务质量管理效果，更应及时找出存在的质量问题，分析其产生的原因，进而提出有针对性的改进措施，以不断提高饭店服务质量。

尽管饭店服务质量管理难度较大，但只要管理者重视，管理方法得当，措施得力，就一定能达到饭店服务质量管理的目标和要求。

本章概要

□ 内容提要

本章介绍了饭店服务质量概述，包括饭店服务质量的含义、内容和特点。在此基础上，进一步阐述了饭店服务质量管理的内容，包括制定饭店服务规程、建立饭店服务质量管理体系、进行饭店服务质量教育、采取有效的服务质量管理方法以及评价饭店服务质量管理效果等方面。

□ 主要概念和观念

▲ 主要概念

饭店服务质量　无形产品质量　PDCA管理循环服务规程

▲ 主要观念

零缺点质量管理　饭店全面质量管理

□ 重点实务

饭店服务规程的制定　饭店服务质量体系的建立　饭店服务质量分析方法

基本训练

□ 知识训练

▲ 复习题

1）什么是饭店服务质量？

2）饭店服务质量的内容包括哪些方面？

3）饭店服务质量有何特点？

4）什么是饭店服务规程？其制定的依据有哪些？

5）饭店服务质量管理体系包括哪些内容？

6）什么是全面质量管理？它有何特点？

▲ 讨论题

1）应如何制定与实施饭店服务规程？

2）如何进行饭店服务质量分析？

3）饭店应如何开展零缺点管理？

□ 能力训练

▲ 理解与评价

许多饭店人经常说："客人永远是对的。"请根据本章相关内容给予点评。

▲ 案例分析

【训练项目】

案例分析-Ⅵ。

【相关案例】

饭店智能化设备的利与弊

背景与情境：随着新技术在饭店中的应用，许多饭店都引进了智能化设备，如自助入住设备、机器人等。A酒店也计划全面进行饭店的智慧化改造，但饭店中，从管理者到员工对这一方案存在比较大的争议，一方的观点认为，饭店以人情味服务为特征，最能感动客人，大量引进智能化设备替代人与人之间面对面的服务，显然是降低了服务质量。另一方的观点则认为，与其让客人因为人工服务的低效率而等待服务，不如让客人选择智能化设备进行自助服务，所以新技术的引进无疑能够提升服务效率、提高顾客满意度。

问题：

1）你如何看待新技术在饭店中的应用问题？

2）饭店应如何协调好人工服务的"人情味"与服务效率的问题？

【训练要求】

同第1章"基本训练"中本题型的"训练要求"。

▲ 实训操练

【训练目的】

"饭店服务质量预报会"模拟。

【训练要求】

将班级学生以小组为单位组建若干训练团队，以本章"同步案例6-1"为参照，以“××之交饭店服务质量的预测与控制”为中心议题，进行“服务质量预报会”的模拟实训。

【训练步骤】

1）将班级学生以小组为单位组建若干训练团队，每团队确定一人负责。

2）各团队学生以本章“同步案例6-1”为参照，以五星级饭店为标准，分别以“春夏之交”“夏秋之交”“秋冬之交”“冬春之交”四个时段的“饭店服务质量的预测与控制”为中心议题，进行“情境设计”和“服务质量预报会”的角色分工。

3）各团队通过互联网，调研并整理和制定“服务质量预报会”的业务规范。

4）各团队依照所制定的业务规范进入角色，体验本项目模拟实训的全过程。

5）各团队学生记录本次模拟实训的主要情节，总结实训操练的成功经验、存在的问题及解决的办法，在此基础上撰写《“饭店服务质量预报会”模拟实训报告》。

6）在班级讨论交流、相互点评与修订各团队的《“饭店服务质量预报会”模拟实训报告》。

7）在校园网的本课程平台上展出经过修订并附有教师点评的各团队《“饭店服务质量预报会”模拟实训报告》，供学生相互借鉴。

□ 课程思政

【训练项目】

课程思政-Ⅵ。

【相关案例】

一位平凡的门卫

背景与情境：厦门鹭江宾馆面对鹭江和鼓浪屿，位置极佳，风景优美，宾馆有一位门卫小施比鹭江更美。举二例：

其一，我初到厦门住鹭江宾馆，任务是去厦门宾馆讲课，约好下午2：00市政府接待办的车来接我。下午1：40我就来到宾馆门口等车。厦门夏天的下午真的很热，我站在宾馆大门口，虽然晒不到太阳，但额头已经渗出了细汗。小施看见我在等车，就走过来，知道有车来接我，就和我说，先生，您就在大堂边休息边等车，车来了我会告诉您，这里太热了。说完，就把我引进大堂，并给我倒了一杯凉开水。车来了，小施把我送上车并道别。车开了，我看着小施在想，他怕我在室外热，他不怕热？

其二，厦门的夏天是热带雨林气候，下午总有一场暴雨。碰巧，我刚要出门，倾盆大雨从天而降，好像在欢送我去讲课。看着那么大的雨，我犯愁了。这时小施又过来安慰我：没事，车来了，我送您。车来了，他撑着伞送我上车。他的伞完全是为我挡雨的。我上了车，小施连连说：对不起，对不起，让您淋雨了。我的衬衣肩膀上是有点儿雨点，但不打紧。车开了，我又望着小施，只见他还是站在门口，向我挥手道别。看他的衣服差不多半件都湿了，我很过意不去。他不怕雨？

问题：

1）小施是一位门卫，他的规范热情服务和饭店的服务质量有关吗？

2）如果小施不做以上两件事情，他违规了吗？对服务质量有影响吗？

【训练要求】

同第1章“基本训练”中本题型的“训练要求”。

第7章 饭店人力资源管理

学习目标

通过本章学习，应该达到以下目标：

职业知识：学习和把握饭店人力资源管理的相关概念、特点、目标与要求，内容，饭店的员工招聘、人员培训、编制定员、合理用人，激励的作用、方式等理论与实务知识，能用其指导或规范本章认知活动和技能活动，正确解答“基本训练”中“知识训练”各题型的相关问题。

职业能力：点评“员工第一，顾客第二”理念，训练专业理解力与评价力；运用本章专业知识研究相关案例，培养在与“饭店人力资源管理”相关的业务情境中分析问题的能力；通过收集、整理与综合关于“饭店人力资源开发”的前沿知识，撰写、讨论与交流《“饭店人力资源开发”最新文献综述》，培养“饭店人力资源管理”中“自主学习”的通用能力。

课程思政：结合本章教学内容，依照相关规范或要求，对“课程思政7-1”和章后“为员工孩子开办的免费暑期班”等案例中的企业或其从业人员的行为进行思政研判，强化与案例议题相关的行业规范思考和政治素质，促进“立德树人”根本任务的落实。

学习微平台

延伸阅读7-1

引例：酒店遭遇“用工荒”，为何难以吸引"Z世代"员工？

背景与情境：酒店业的劳动力主要由年轻人组成，其中有43%的待业人员年龄在15~24岁之间。然而，吸引更年轻的潜在的员工是有难度的。目前，已经有Z世代（出生于1995年至2009年）的年轻劳动力在酒店业中崭露头角，而招聘人员对他们却知之甚少。在主流媒体中，他们的定位与上一代Y世代不同。Z世代非常熟悉和依赖技术，自信、勤奋，他们在工作中追求快乐，并且期望在他们的职业生涯中迅速发展。

那么，为什么酒店难以吸引Z世代？

经过30多年的研究，现实情况是，酒店行业的恶劣工作环境仍然普遍存在，并被长期存在的低薪、长时间工作和体力劳动量大等问题所困扰。

最近的研究发现，与人打交道，工作场所的健康和安全，以及工作的压力是Z世代在决定是否从事酒店行业时的关键障碍。这意味着他们害怕在团队环境中工作，在这种环境中，加剧了他们必须与内部人员打交道的压力。员工人际关系的紧张如果得不到有效解决，会导致工作不满和离职。

Z世代更关心的是他们在工作中的能力表现，以及在生活环境中与客户打交道的能力。有趣的是，这与主流媒体描绘的自信满满的Z世代是截然不同的。有一种可能的解释是，Z世代在职场中是一群并不怎么耐心的攀登者，他们愿意努力工作，但却缺乏在工作场所所需的具体技能。

酒店如何消除Z世代预想的“障碍”？

关于克服障碍，酒店招聘人员最好能与Z世代员工们描述与客户打交道的现实，这是酒店业的核心业务要素。酒店行业必须更加开放，提供更多关于他们如何与顾客互动的培训信息。例如，雅高酒店集团（ACCOR Hotel group）开发了一个名为“Peopleology”的培训包，为所有雅高员工提供优质的服务质量和管理客户的课程。此外，如果他们通过培训知道更多的关于酒店的策略，可以解决Z世代员工所担心的一些困难。

酒店提供的培训可以使他们的工作角色更加清晰，从而减少工作的不确定性，进一步减少人员流失率。酒店业可以为酒店专业的学生和未来的员工提供“开放日”，让他们更好地了解业务，并增强他们决定从事酒店业的信心。这也将减轻Z世代对潜在的工作场所健康和安全问题的关注，因为他们切实看到了酒店的物业的实际工作环境和条件。

尽管低工资问题并不被视为一种消极态度，但酒店必须正视员工薪酬，并确保最低工资是按照相关标准来支付的——至少是为了保持竞争力。虽然大多数酒店公司没有透露薪酬方案和增值政策，但这将是吸引Z世代加入酒店业的有用信息。

此外，必须解决感知歧视的问题，尤其是考虑到多元文化的不同服务人员。这可以通过在企业宣传册和职业博览馆中使用多元文化的人员来描述多样化的劳动力来解决。

重要的是要注意，酒店员工正在经历一场“完美风暴”，婴儿潮一代和X一代的老员工退出该行业，对于年轻的酒店员工如Z世代的酒店人才，行业将会有更强的期待与依赖。当前酒店业的招聘竞争正在加剧，酒店招聘人员必须问自己这个问题：“Z世代希望在酒店事业中得到什么？”

资料来源　佚名. 遭遇“用工荒”的酒店为什么招不到“Z世代”员工［EB/OL］.［2018-05-02］. http：//www.tripvivid.com/articles/14710.

问题：

（1）人力资源开发与管理的出发点和终极目的是什么？

（2）饭店业如何才能留住Z世代员工？

党的二十大报告中指出“教育、科技、人才是全面建设社会主义现代化国家的基础性、战略性支撑。必须坚持科技是第一生产力、人才是第一资源、创新是第一动力”。对于一个饭店而言，同样如此。饭店业的人才吸引力缺失的困局造成了饭店的困局，这告诉我们，人力资源是饭店中最基本、最重要、最宝贵的资源，只有人，才能使用和控制饭店的其他资源——物资、资金、信息和时间，从而形成饭店的接待能力，达到饭店的预期目标。

一个饭店无论其组织如何完善，设备如何先进，若饭店的员工不稳定，进而没有或不能发挥其工作积极性，就永远也不可能成为一流的饭店。现代饭店经营管理中极为重要的一项任务就是搞好饭店的人力资源管理，以应付经营环境的千变万化。饭店之间的竞争，最终就是人才之争。因此，许多管理学家在总结经营管理的成功经验时，大都把人力资源的开发与利用作为经营管理的中心问题。

7.1 饭店人力资源管理概述

现代饭店管理者认为，一切管理工作均应以调动人的积极性，做好人的工作为根本，即进行人力资源管理。

人力资源管理的概念是建立在传统的人事管理基础上的，但范畴比传统的人事管理更深更广，它不只是“劳动人事部门的工作”，也是饭店所有管理者的重要职责。把人力资源看作有效资源进行管理，发挥其潜能，是饭店正常运转并为宾客提供高质量的服务，以及获得满意的社会效益和经济效益的保证。

7.1.1 饭店人力资源管理的含义

1）饭店人力资源管理的概念

饭店人力资源管理就是恰当地运用现代管理学中的管理职能，对饭店的人力资源进行有效的开发、利用和激励，使其得到最优化的组合和最大限度发挥积极性的一种全面管理。

因此，人力资源管理不同于传统的人事管理。传统的人事管理是按照企业管理职能划分方法而划分出的一项具体的职能，其将企业中的人只是作为一种简单的生产要素来进行管理。人力资源管理则是“以人为本”，将人作为管理最关键的因素。其认为具有良好素质的专业化员工队伍绝不是自然形成的，而是通过管理人员的精心选择、培养和激励才能形成、维持和发展的。所以，在饭店管理中，既要继续实行为确保人与工作最佳组合的一般性劳动人事管理工作，更要采用现代管理科学的方法与手段，关注员工的需求，尽可能激发员工的积极性和创造性，从而实现饭店经营管理目标。

2）饭店人力资源管理的特点

应该说，凡是涉及人的问题，都是饭店人力资源管理研究的对象。饭店人力资源管理既包括传统的人事行政管理，又包括运用各种管理方法对员工潜能的开发与利用。饭店人力资源管理有以下几个特点：

(1) 饭店人力资源管理是对人的管理

饭店是一个劳动密集型的产业，饭店人力资源管理所直接面对的是个性、习惯、爱好、兴趣等各不相同的一个个员工，而员工所直接面对的又是形形色色的具有不同个性的客人。只有当员工能够为客人提供令其满意的服务时，饭店才能够赢得并留住客人，达到饭店管理的目标。而只有满意的员工才能自觉地为客人提供满意的服务。因此，进行人力资源管理首先必须树立以人为本的意识，正确认识员工。认识到员工首先是自然人，有自然人的基本需求；其次是社会人，需要被尊重和有自豪感，同时其生活成长的环境对其价值取向也有着根深蒂固的影响；最后才是职业人，是饭店的员工，应适应饭店的要求，具有饭店人的职业习惯和特点等。

管理者只有客观地分析、正确地认识饭店中的员工，进而树立"宾客至上，员工第一"的管理观念，针对人的特点，通过培训和教育，使员工认识到饭店服务是对人的服务，进而在工作中能够用善意来理解客人，用诚意来感动客人，用细致周到、彬彬有礼的服务来赢得客人，认识到饭店的员工应成为"为绅士和女士服务的绅士和女士"而具有职业自豪感。

(2) 饭店人力资源管理是科学化的管理

现代饭店人力资源管理是一项复杂、综合性的系统工程，所以，饭店人力资源管理必须建立起一整套标准化、程序化、制度化和定量化的管理系统作为保证，进行科学化的管理。

标准化是指对饭店所有工作制定的有关数量、质量、时间、态度等的详细、具体、统一的要求。如录用员工要有素质条件标准，岗位培训要有合格标准，服务工作要有质量标准，各部门要有定员标准等。程序化是对管理或工作的过程进行科学的分段，并规定各阶段的先后顺序和每个阶段的工作内容、要达到的标准、责任者及完成时间，程序化管理可以使工作井然有序，各环节协调配合、紧密衔接，并保证饭店正常运转和饭店目标的实现。制度化是指人力资源管理工作要有严密的规章制度做保障，使录用、招聘、考核、选拔等项工作顺利进行。"没有规矩，不成方圆"，饭店的规矩就是规章制度，科学的规章制度，可以使饭店员工做到统一行动，保证饭店的经营管理活动顺利进行。饭店规模越大，设备设施越先进，功能越齐全，分工协作关系越复杂，规章制度就越重要。定量化是指管理者要经常进行测试和统计，进行定量分析，以制定或修改定额，进行合理定员。而饭店考核系统应有科学的数量依据等。

(3) 饭店人力资源管理是全员性管理

饭店人力资源管理是全员性管理，即其不仅包括饭店人力资源部或人事部对全体员工的培训与考核，而且包括饭店全体管理人员对下属的督导与管理。也就是说，人力资源管理是饭店全体管理人员的职责之一。因此，饭店的每位管理人员都应该了解和掌握人力资源管理的理论、方法以及人力资源管理的职能，选用、培训、激励员工，给员工创造展示才能的机会和条件，调动员工工作积极性。

(4) 饭店人力资源管理是动态管理

人力资源管理的动态管理特点是指管理者不仅要根据饭店的整体目标选拔合适的

人才，对饭店员工的录用、培训、奖惩、晋升和退职等全过程进行管理，更注重在员工工作的动态过程中的管理，即重视员工的心理需求，了解员工的情绪变动和思想动态，并采取相应措施调动员工工作积极性，使全体员工发挥出潜在的各项能力。所以，这是一种在动态中进行的全面的管理活动。

业务链接7-1

人性管理十法则：学会洞察人性，才能更好地驾驭员工

善用人性管理，每个人都可以是“天使”，否则就可能是“恶魔”。

在好的管理体系下，“坏蛋”找不到漏洞而成为事实上的“好人”。在差的管理体系下，“好人”经不住诱惑有可能成为“坏蛋”。

人性有两面性。无论是“性本善”还是“性本恶”，都是对人性的极端假设，但管理不能建立在极端假设之上。如果不信任员工，可能委屈了好人；如果过度信任员工，可能纵容了坏人。

正因为如此，人性可以善加利用。因为“性本善”，所以激励有用；因为“性本恶”，所以管理必需。

法则一：管理者的职责是让人“习惯性勤奋”

在普通企业，勤奋是一种值得赞美的品德，它属于少数人；在优秀企业，勤奋是一种自然而然的习惯，它属于多数人。优秀企业的员工最初是“被迫勤奋”，后来变成习惯性勤奋。

法则二：管理者的职责是让人“被迫成功”

在一个人人都勤奋的团队里，你想偷懒都觉得不好意思。管理者的职责，就是将被管理者逼到墙角，想不成功都难。从管理角度讲，少数人的成功是机会和能力决定的，多数人的成功是管理决定的。所以，创造一个让部下被迫成功的环境，是管理者的职责所在。

法则三：让部下成功是最大的人性管理

人性管理不是惯着对方，并将对方惯出一身毛病。最大的人性是逼着对方成功。因此，在处罚员工时绝不能手软，并且要告诉对方：在处罚时，我怀着一颗善良的心。或许，当时对方会怨恨你，但过不了多久就会感谢你，十年后或许还忘不了你。

人性管理不是对被管理者的宽容和迁就，而是给人划定成功的边界。

以一颗善良的心做着看似无情的管理，不求暂时的理解，但求结局的完美。这就是管理者的人性之美。

法则四：人性之善与恶，取决于如何管理

人性管理的特殊性在于：你发现了人性之善，人性之善就表现出来了；你勇敢面对人性之恶，人性之恶也就消失了。你对人性之善视而不见，人性之恶就暴露了；你对人性之恶视而不见，人性之恶就泛滥了。

善恶是人性的两面，其表现是哪一面，取决于你如何管理。

法则五：对待优秀的人与普通人，管理则不同

对于那些自律而且能力突出的人，管理就是给他们自由的边界，让他们尽情发

挥。边界越大，尽情发挥的空间越大，就越有超乎意料之外的结果。

对于普通人，管理就是把他们的行为约束在企业可以接受的边界之内，让他们的行为符合企业规范。

法则六：个体管理与群体管理不能一致

对于特殊的个人，“用人不疑，疑人不用”可能是对的，因为个人是确定的。

对于群体，“用人要疑，疑人可用”可能才是对的，因为群体是不一致的。

法则七：人性管理不能消灭本位意识

个体中有“大公无私”的人，但作为群体，“大公”容易做到，“无私”难乎其难。所以，要视“大公有私”为常态。

本位主义是人性最基本的现象。

法则八：沉浸于熟悉的环境，容易迷失方向

人性的特点就在于：时间会让人产生“审美疲劳”。

所以，我的建议是一名一线营销人员在一个市场工作超过3年，如果适合提拔，就尽快提拔；不适合提拔，要异地调用；如果不适合异地调用，最好予以辞退。

如果迷失了营销方向，营销经验又有何用?

法则九：让新手跑客户，熟手去成交

管理中有句谚语：大材小用，基本无用；小材大用，基本有用。

人之本性告诉我们：低水平的人做不了复杂的工作，高水平的人却不愿意做简单的工作。生手愿意做简单的“跑腿”工作，熟手却只愿意做“画龙点睛”的工作。

法则十：人的本性是发挥优势，回避劣势

通常来说，人的本性是发挥优势，回避劣势。结果是：会做的越做越好，不会做的干脆放弃。

资料来源　佚名. 人性管理十法则：学会洞察人性，才能更好地驾驭员工［EB/OL］.［2018-11-22］. http: //www.360doc.com/content/18/1122/18/44768622_796566330.shtml.

7.1.2　饭店人力资源管理的内容

饭店人力资源管理的主要内容包括饭店人力资源计划的制订、招聘与录用、教育与培训以及考核与激励等方面内容。具体地说，有以下几个方面：

1）饭店人力资源计划的制订

饭店的人力资源计划与饭店整体的经营管理计划是紧密相连、息息相关的，通常只有当饭店确定了经营管理目标和计划后，才制订饭店的人力资源计划。人力资源计划建立在饭店整体计划的基础上，是从人力资源方面保证饭店整体计划的顺利实施。

制订人力资源计划，首先要根据饭店的组织结构和未来经营趋势，对饭店人力资源进行分析预测；对社会人力资源情况进行调查和分析，最后制订出一个具体的人力资源计划。饭店人力资源计划的主要内容有：人力资源情况的分析和评估、饭店对人力资源的要求和目标、人员的精简调整和调配、人员招聘、人员培训、企业文化建设和饭店人际关系、人员素质提高、员工规范、员工保障、员工福利、员工激励、员工奖惩、员工职业发展计划等。

2）员工的招聘与录用

招聘与录用是根据人力资源计划、饭店的经营目标和相关政策，制定出一套筛选的方法和程序，从而判断应聘者是否符合该项工作的要求。招聘与录用的最终目的是将合适的员工放在合适的工作岗位上。因此，饭店招聘并不局限于从饭店外部招聘员工，饭店还可以在其内部对符合要求的在职员工进行提升和内部调动，即内部招聘。

3）员工的教育与培训

为使每位员工都能胜任其所担任的工作，并以最快速度适应饭店的工作环境，饭店必须对员工进行经常的培训。通常对操作层的员工侧重于技能方面的培训，而对于管理层，则着重进行管理理论、管理方法和管理能力方面的培训。培训方式通常有店内培训，外出进修、考察等。

课程思政7-1

丢失的钻戒

背景与情境：恰逢吉日，张铭与陈菲在风景优美的南溪大酒店举行婚礼，婚庆公司负责全程策划和组织，为了使仪式更加完美，婚庆公司看中了宴会厅英俊的服务生文刚，并私下请他帮忙，在司仪宣布新郎新娘交换戒指时，请文刚用托盘将两枚戒指拿上台，并交给新郎新娘。结果，当新郎新娘交换戒指时，却发现文刚和两枚戒指一起不见了。张铭与陈菲非常愤怒，要求婚庆公司赔偿戒指和精神损失费，而婚庆公司则认为是酒店员工将戒指拿走了，理应由酒店赔偿。

问题：此案例中的问题应如何避免？应如何处理？

研判提示：只有提升员工的职业道德水准才能从根本上解决问题，因此员工的职业道德培训与考核非常重要。另外，饭店应该从制度上规范员工行为，建立相互监督的机制等。

4）建立完整的考核奖惩体系

考核是对员工完成工作目标或执行饭店各项规定的实际状况进行考查、评估，是奖惩的依据。科学合理的考核奖惩体系给员工指出了努力的方向，可以加强员工趋向组织目标的积极性。

5）建立良好的薪酬福利制度

饭店的薪酬福利制度是饭店人力资源管理的重要内容，因为，它不仅直接涉及饭店的费用支出，而且直接影响到员工的工作积极性的调动与发挥的程度。甚至，在很多员工看来，没有比薪酬福利更重要的问题了。因为它除了是员工生活的保障外，还是员工社会地位和资历以及自身价值的具体体现，同时也意味着饭店对员工劳动价值的认同程度。所以，饭店应根据自身情况，选择适当的工资形式，实行合理的奖励和津贴制度，为员工提供劳动保险等福利待遇。通过建立良好的薪酬福利制度，激励员工努力工作。

6）培养高素质管理者

饭店管理者的素质及工作能力对饭店员工的积极性的调动也有重要影响。只有高素质的管理者，才有可能对员工进行有效的激励，保证饭店的正常运转，因为他们掌握能进行有效激励的科学的领导艺术和沟通技巧，并善于通过培养企业文化、团队精神等来增强饭店凝聚力，激发员工的工作热情，使之乐于奉献，最终提高饭店的经济效益和社会效益。

7.2 饭店人力资源的开发

饭店的经营管理活动能否正常进行，饭店能否为宾客提供高质量的服务，取决于饭店员工的素质。而饭店员工素质的高低，又与饭店员工的招聘、培训等方面息息相关。饭店人力资源开发，就是通过选择合适的员工、对员工进行培训等工作，使饭店员工具备饭店从业人员的素质，适合其特定的工作内容。人力资源的开发是人力资源管理的重要内容之一。

7.2.1 员工招聘

被美国《财星》杂志封为“万能先生”（Mr. Make-Things-Happen）的麦凯在其《攻心为上》一书中提道：“一位管理人员最伟大的天赋，莫过于懂得挑选恰当的工作人员，因为好的员工才能做出好成绩；反之，不好的员工，表现也一定差劲。”挑选自身素质良好的员工是管理的基础，因此，管理出色的饭店都非常看重员工的招聘。管理者根据饭店人力资源计划、饭店经营目标和运转的需要，按国家现行的劳动人事制度，制定出一套程序以择优录用最适合担任该项工作的人选。饭店员工的招聘，应坚持“公开招聘，自愿报名，全面考核，择优录用”的原则。

招聘饭店员工前，首先应制订招聘计划，然后按招聘程序进行考核录用。

1）制订员工招聘计划

管理者在制订饭店员工招聘计划时，应着重考虑以下几个方面的问题：

（1）招聘对象和数量

饭店应对各部门提出的需要招聘员工的工种和数量要求进行审核，并确认该部门员工的缺额人数和招聘的具体工种以及所需配备员工的工作层次，作为饭店招聘计划的重要内容。

（2）制定招聘的标准

招聘标准的制定直接关系到招聘来的员工素质的高低。招聘标准太高，可能会使招聘计划无法完成；标准太低，则招聘来的员工素质得不到保证。所以，招聘标准必须恰当。另外，制定招聘标准时还必须考虑社会环境的因素，如社会的人力资源供求状况，相关院校所能提供的毕业生数量和层次等 。

（3）确定招聘途径

饭店员工来源在总体上可分为外部来源和内部来源，因此饭店招聘途径通常有内部招聘和外部招聘两种。饭店内部招聘是通过对饭店在职员工进行考评，采用调职和提升的方式，将已具备了一定技术能力或管理能力，符合缺员岗位要求且乐于从事此项工作的员工安排在该职位上，以达到人尽其才、激励员工的目的；饭店外部招聘是管理者通过对饭店人事资料的检索，查明和确认在职员工中确实无人能胜任和填补职位空缺时，而从社会中招聘和选择员工。

对于从外部招聘的人员还要进行人员来源地的选择。现阶段由于社会发展和饭店现状的因素，饭店普遍存在着这样的困境：一方面用工荒，很多就业者不愿意从事饭店工作；另一方面饭店员工跳槽流动的概率比较高。因此，人员来源地的选择也是人员招聘中的一个重要的内容。

（4）选择招聘时机

饭店内部招聘的时间可由各个饭店根据情况灵活掌握，而饭店外部招聘选择适当的时间就很重要。一般来说，社会上劳动力资源越丰富，饭店选择范围就越大，相应的招聘质量就有保证。所以，外部招聘应尽量选择在劳动力资源最丰富的时机。如我国各大学旅游院系、旅游中专及旅游职业培训学校每年7月份都有一批学生毕业，在此之前进行招聘定位，比较容易招聘到素质较高的、训练有素的人才；每年的春节以后，是人力资源市场最活跃、最充裕的时候，这个时候是招聘员工很有利的时机。除此以外，饭店还应考虑其业务经营的需要，既要使招聘的员工有足够的培训时间，又要尽量减少不必要的支出，应尽量使培训与实际使用的时间衔接起来。

2）员工的招聘与录用

员工招聘程序就是确定招聘的先后次序，分外部招聘程序和内部招聘程序两种，各有不同的特点与要求。

（1）外部招聘程序

饭店外部招聘员工通常分为准备筹划、宣传报名、全面考核、择优录用四个阶段。

①准备筹划阶段。

这一阶段的主要工作是：根据饭店需求确定招聘计划；根据招聘量和重要程度确定招聘组织；拟订招聘方案，确定招聘区域、范围和标准，报名时间等；按规定向劳动管理部门报批并办理有关手续。

②宣传报名阶段。

这一阶段既是准备筹划阶段的延续，又是考核录用阶段的基础，主要有两项工作：其一是发布招聘信息，使求职者获得饭店招聘的信息，并起到一定的宣传作用。因此，饭店应选择有利于树立饭店良好形象的、影响力大的而费用在饭店承受能力之内的宣传媒介。其二是受理报名，通过求职者填写有关求职登记表，了解其基本情况，并通过目测、交谈和验证，确定其是否符合本饭店的报名资格，为全面考核奠定基础。

③全面考核阶段。

这一阶段是招聘工作的关键。全面考核，就是根据饭店的招聘标准，对求职者进行现实表现的考核和职业适合性的考查。现实表现的考核就是针对一些重要岗位的求职者进行适当外调，了解其过去的工作表现等。职业适合性的考查一般分三个层次：第一是报名时的初试，考核求职者的身体素质、文化程度以及其他基本情况，淘汰明显不符合招聘条件的人。第二是面试，即通过管理者与求职者面对面的交谈，观察求职者的表情动作、谈话态度、回答速度等，以了解其思维、个性、动机以及心理素质和能力。第三是体检，即对身体素质的考核。通过体格检查不仅可以了解求职者是否具有胜任工作的健康体质，还可防止身患不适合从事饭店行业的疾病的人进入饭店工作。饭店是服务性行业，为了宾客的安全，对员工的健康标准有着严格的要求。

在现代饭店管理中，管理者越来越看重求职者的实际工作能力而非纸上谈兵，而通过面试则可以比较容易地了解求职者真实的一面。因此，许多饭店在招聘员工时，

学习微平台

延伸阅读7-2

管理者越来越看重与员工面对面的交谈，即面试，面试在招聘员工的过程中有着重要的作用。所以，面试的“考官”应该是有良好素质、有较强的业务水平、富有社会经验的饭店管理者。面试的考官不宜太多，一般1~3人为宜。面试的问题要把握分寸，不能太容易，也不能过于困难，要和饭店的招聘标准相协调。

④择优录用阶段。

择优录用，就是综合评定各种考核和测验的结果，严格挑选出符合饭店岗位要求的人员名单，与入选者商议确定工资、待遇后，正式录用。饭店正式录用的标志是：签订劳动合同。

在对外招聘员工时，饭店的招聘者应认识到，既有可能是招聘者挑选应聘者，也有可能是应聘者因某种原因而拒绝受聘。这种双向选择的权利对招聘与应聘双方来讲都应该是平等的。有些招聘者因忽视了应聘者的权利，不愿将饭店的某些弱点与不足告诉应聘者，结果导致新招聘的员工对新的工作环境事先缺乏足够的了解和思想准备，上岗后出现无法适应的现象，他们觉得实际工作与自己的想象或者招聘者的介绍相差太大，从而导致新员工在短期内离职，使饭店的正常经营活动受到影响。所以，招聘时应向求职者充分介绍饭店的实际情况，并提供有关资料，以招聘到真正乐于从事此项工作的员工。

（2）内部招聘程序

饭店内部招聘主要包括饭店内部员工的提升和饭店内部员工的调动两种方式。

①饭店内部员工的提升。

饭店内部员工的提升是填补饭店内部空缺职位的最好的办法，由于提升的员工对饭店的内部情况已有相当的了解，所以通常很快能够适应工作要求，更重要的是对饭店员工的工作积极性能产生激励作用，让员工感到晋升机遇的存在。但如果提升工作没能做好，则会起反作用，所以，饭店管理者应掌握好饭店内部提升的方法，力求公正，克服主观性、片面性等“情感化”的影响。

饭店内部提升，通常有两个步骤：

其一，确定提升的候选人。通过对应聘员工的个人品德、才能、工作表现、工作年限等方面进行考察，遵循才职相称原则，确定其是否具备提升的资格，从中择优作为提升的候选人。

其二，综合测评确定提升人选。提升候选人在个人才能、品德、工作表现以及其他方面都各有优缺点，为了避免片面性和适应各具体部门对提升人选的要求，可采取综合测评的方式对每一位提升候选人的知识结构、组织能力、工作态度、风度气质等进行综合评价，对最符合缺员岗位要求的候选人予以提升。

②饭店内部员工的调动。

饭店内部员工调动职位的前提是该员工乐于从事此项工作，且为之自豪，因为只有喜欢才有可能做好，有自豪感才能激发其积极性；反之，现实中没有一个人可以长久地从事一项没有自豪感的工作。通常，饭店内部员工调动的原因如下：

其一，饭店的结构和人员变动而产生的人员调动。由于饭店的经营状况发生变化而对原先设置的某些部门进行分离、组合，或设立新部门而引起部分员工的职位变动。由于人员的流动，有的部门会出现人员不足，有的部门会出现人员过剩，于是就会在饭店内部进行人员的调动，互补余缺。

其二，为员工选择适合的岗位。有些员工掌握的技能或知识、特长与其工作岗位的要求不相适应或远远超过其岗位要求，有的在原工作部门产生了较为严重的人际关系问题或性格不适合岗位要求等，管理者都应考虑对这些员工进行调动，为其选择一个适合的工作岗位，创造新的工作环境，以发挥其才能和工作积极性。

饭店内部员工的提升与调动可以使饭店内的所有人员都有一个平等竞争的机会，这对于挖掘饭店员工的潜力，不断激发他们的工作兴趣和积极性，增强饭店凝聚力，节约饭店劳动力，促进饭店的发展都有着重要的意义。

饭店员工的招聘录用和内部调配是饭店人力资源管理的一项重要内容。饭店应善于通过内、外部招聘，吸引并留住优秀的服务人员和管理人员，进而激发其工作积极性，并不断提高饭店的整体服务质量和管理水平。

7.2.2　员工培训

饭店通过内部提升或调职以及外部招聘，可以获得基本适应饭店管理与服务工作的员工。然而若要使这些员工真正胜任饭店的工作，就必须通过培训。饭店员工培训就是根据不同岗位要求，按照饭店人力资源管理计划，有步骤地向员工灌输正确的职业思想、职业道德和饭店的各种观念与意识，传授有关的工作、管理知识，训练其适应工作要求的各种技能，并增强其相应的管理能力的活动。在饭店中，无论是合格的服务人员还是管理人员，都离不开培训。

1）员工培训的意义

员工培训无论对饭店还是对员工个人都是大有益处的。

（1）培训可以提高员工文化、技术素质

随着时代的发展，宾客对饭店的要求经常会发生变化，为适应这种变化，饭店对员工的素质要求也越来越高。饭店员工不仅要具备敬业精神和对宾客亲切友好的态度，还要具备完成本岗位工作所必需的专业知识和相关知识，以及相应的服务技巧和服务技能，而这些只有通过培训才能获得。培训不仅是使员工掌握专业知识的过程，也是全面提高员工素质的过程。

（2）培训可以提高服务质量

通过培训提高员工的素质的同时，也可以使员工了解并掌握饭店服务质量标准以及为客人提供令其满意的服务的相关知识和技能，增强其职业自豪感和使命感，从根本上减少让客人不满的机会，进而提高饭店的服务质量。而客人对饭店服务质量的评价通常凭借其主观感受，识别出哪些是训练有素的员工，哪些是未经培训的，进而判断饭店的服务质量和管理水平，并因此影响其购买决策。所以，培训可以提高服务质量，创造满意客人。

（3）培训可以降低损耗和劳动力成本

根据美国饭店协会对纽约州饭店业的统计，培训可以减少73%的浪费，特别是在客房部、洗衣部和餐饮部等损耗较大的部门。另外，在本行业的一些研究中发现，未受过培训的员工所造成的事故数量是受过培训员工的3倍。这个结果是必然的。因为未经培训的员工不了解操作的正确方法或技巧，只凭经验进行，理所当然会使得饭店损耗率、事故率上升，而经过培训的员工会有意识地避免一些误操作，他们在减少事故的发生的同时，也使自身的安全得以保证。另外，通过培训，还可以使员工尽快适应岗位要求，使工作得心应手，从而提高工作效率，降低饭店的劳动力成本。

(4) 培训可以为员工提供发展的机会

通过培训，员工可以掌握最优工作方法和技能，扩大知识面，增强自信心，这意味着提高了员工的就业能力。而且当时机来临时，因为其综合素质的提高而获得提拔和晋升的可能性也就比较大。所以，培训为员工提供了发展的机会。

2）饭店员工培训的原则

饭店管理者要做好员工培训，还应了解员工培训的原则，包括以下几个方面：

(1) 培训对象的全员性

饭店所有员工，从总经理到清扫员在内的所有岗位的员工，都应纳入饭店的培训范围，应做到先培训后上岗。而管理者的培训更为重要，因为通常饭店有什么样的管理者就有什么样的员工。所以，有效的培训通常是自上而下的，管理者具有了某种观念意识，自然会灌输给下属员工并要求其灵活运用于实践。

(2) 培训内容的针对性

全员性并非所有的员工都一起培训，而应该分层次、分部门、分岗位进行，因为不同层次、部门、岗位的培训对象有不同的培训内容。而且，饭店培训必须务实，根据实际需要或存在的问题确定培训内容，遵循“需要什么、培训什么，缺什么、补什么”的培训原则。

(3) 培训方法的灵活性

培训方法的灵活性，就是针对不同的培训对象和培训内容，选择不同的培训方法，以取得最佳的培训效果。饭店的培训方法一般有课堂讲授法、专题讨论法、案例研讨法、角色扮演法、视听教学法、操作示范法等。

(4) 培训时机的合理性

培训时机的选择，关系到受训者接受培训的积极性，当其感到难以适应工作要求或希望能够有所提高时，自然会产生希望得到培训的需求，此时的培训必然会使员工从“要我学”变为“我要学”，所以从受训者的主观上说，培训的适时非常重要。另外，饭店培训层次多、内容广，加上饭店24小时运行、员工轮班工作，使得培训必须选择适当的时机才有可能顺利进行。因此，饭店应见缝插针，尽量选择饭店工作不忙时进行培训，如淡季或每月、每周、每天的空闲时间。

3）饭店员工培训类型

员工培训的一个重要原则是根据工作需要进行培训。首先应以各个岗位的岗位职责和工作要求为基础，分析各岗位员工需要掌握的知识、态度和技能要求，然后根据这些要求制定培训目标和内容，并据此确定饭店员工培训的类型。

饭店员工培训从总体上可分为职业培训和发展培训两大类。职业培训主要是针对操作人员，而发展培训主要是针对管理人员。

(1) 职业培训

职业培训的主要对象是饭店操作层的员工，培训的重点应放在培养和训练员工的操作方面的能力，使他们能够熟练掌握所需的知识和技能。职业培训通常有以下几种：

①岗前培训。

岗前培训是新员工上岗前的培训。岗前精心的培训和正确的引导将为员工以后良好的表现打下基础。岗前培训的内容通常包括本饭店的历史和现状、饭店的经营宗旨和重要方针政策，以及饭店组织机构和管理者，使新员工尽快熟悉工作环境。岗前培训还包括职业道德、饭店服务观念和意识、礼貌礼仪，以及饭店规章制度、组织纪律、安全知识等的教育。岗前培训后，将新员工分配到岗位，再由所在部门或其上级进行基本业务知识和技能培训。

②岗位培训。

岗位培训是指员工不脱离工作岗位、利用空闲时间所接受的培训。这是员工培训最常用的方法。因为在培训过程中，受训人也在履行自己的工作职责，所以相对需要的费用较少。岗位培训一般由各级管理人员和经验丰富、技术熟练的老员工来担任培训者，也可有针对性地与当地的旅游院校、培训中心合作进行培训。

③持续培训。

员工经过岗前培训和岗位培训后，已可基本胜任服务工作。但随着饭店各种内外因素的影响，员工在饭店工作过程中，还要不断地接受培训，即持续培训，以适应饭店的发展和工作环境的变化。

持续培训包括再培训、交替培训和更换培训。再培训又称重复培训，其目的是使上岗后的员工通过再学习，把已掌握的技能与技巧再提高一步。另外，若饭店的服务规程、操作方法等有了新的改变，也需要对员工进行再培训。交替培训的目的是避免员工临时因故不在工作岗位时由于无人替代而引起工作混乱。交替培训可以使员工成为多面手，掌握两个以上工作岗位的技能，管理者在特殊需要时可以进行合理的人力调配，使工作有序地进行。交替培训还有利于提高员工的工作兴趣，增强其与相关部门或岗位员工进行合作的团队精神。更换培训是指将已经上岗，但不称职的员工及时换下来，对他们重新进行其他工种的培训，使其能够寻找到合适的岗位，做到人尽其才，发挥特长。

业务链接7-2

案例培训法

案例教学起源于哈佛大学的情景案例教学课，后迅速成为一种最行之有效的培训方式之一。饭店案例培训则通常基于本饭店的真实案例，通过培训解决饭店中现存问题，或为推行一种新的好的行为而进行典型案例的学习。这些案例通常都是来源于饭店一线，或发生在员工身边，是典型的“身边的人，身边的事”，因此具有很强的针对性，容易对受训者产生影响，使其产生“同理心”或“共情”效应。在培训过程中，通过员工深入地研讨，并参与解决问题，可以起到很好的培训效果。

案例：陈女士和张先生带3岁宝宝入住饭店709房，客房员工凡凡在清扫客房时发现客人自带玫瑰花茶，茶水还是温的，就很贴心地未做清理，并给客人留了一张便签说明未清理的原因，并多配了一套茶具。同时，她还为宝宝多准备了一套洗漱用品及毛巾。清扫完毕，正准备离开时，客人回到房间，看到凡凡所做的一切，非常感动，就随口说明天就要离开了，可惜太早了，无法享受酒店的早餐，这时凡凡主动跟客人说会为他们准备好。第二天，餐饮部员工准时将三份营养易携带的早餐送进客人房间。客人离开时，亲手写了一封表扬信，赞美酒店有非常高素质的员工，未来有机会还会再来。

分析：饭店的优质服务依靠每一位高素质的员工，只有每位员工都用心去为客人提供贴心的服务，才有可能给顾客带来惊喜。在此案例中，凡凡不仅利用自身的业务知识为客人提供针对性服务，还能够通过与顾客交流，了解顾客的需求，并与其他部门同事共同合作，为顾客提供个性化服务，最终感动客人。这种服务无疑是饭店所要推广的案例，也是希望每位员工都能做到的。

(2) 发展培训

职业培训的对象是员工，培训时只需分工种进行培训即可。而管理者的发展培训则应根据不同管理层次予以区分，不同层次的工作侧重点不一样，培训的内容也就不相同。

①基层管理者的培训。

基层管理者如领班、主管等，其工作重点是执行中、高层管理者的指示和决策，从事具体的管理工作，直接面对员工。因此，其培训应着重于管理的技能、技巧的把握，使之能够创造一个良好的工作环境，让每个被管理者都心情舒畅地工作。

②中高层管理者的培训。

总体而言，中高层管理者的培训应注重其发现问题、分析问题和解决问题的能力，用人能力，控制和协调能力，经营决策能力，以及组织设计能力的培养。其中，中层管理人员，如各部门经理，对其所在部门的经营管理具有决策的权力，因此，对于本部门的经营管理必须十分精通，应熟悉本部门工作的每个环节和具体的安排，除此以外，还须了解与本部门业务有关的其他部门的工作情况。而饭店高层管理者的工作重点在于决策，他们所要掌握的知识更趋向于观念技能，如经营预测、经营决策、市场营销和公共关系等知识。

4）饭店员工培训的实施步骤

饭店员工培训的实施通常包括以下几个步骤：

(1) 发现培训需求

只有了解培训需求，才能提供有针对性的培训，所以，培训需求是饭店培训工作的起点。管理者应通过工作评估、宾客反映等多种渠道，采用观察员工工作状况、问卷调查、面谈等方法，找到工作中的现存问题，如观念意识、沟通协调、应变能力、业务操作等，并进行分类分析，从而确定员工的培训需求。

同步案例7-1

培训需求分析

背景与情境：M饭店的培训经理王斌连续做了几个培训都效果不佳，员工要么逃课，要么找理由请假，课堂上的员工也低头看手机，明显对培训内容不感兴趣。王斌经过调查，发现有的员工已经上过类似课程，有的员工感觉课程内容与自己的工作没有关系，还有的员工觉得课程内容索然无味、比较教条。很显然，是培训之前的需求分析不到位造成了现在的这种状况。

问题：王斌应如何进行培训需求的分析呢？

分析提示：培训需求分析就是采用科学的方法弄清谁最需要培训、为什么要培训、培训什么等问题，并进行深入探索研究的过程。具体来说，就是通过对所要培训的员工进行周密的调查研究，确认员工现有的知识、能力与从事饭店工作所需要的知识、能力之间的差距状况。饭店培训需求分析常用的方法有：①现场观察；②质量检查；③分析产生投诉的原因；④分析住客率；⑤市场营销环境变化；⑥工作环境变化；⑦员工反馈；⑧岗位调动，职务晋升；⑨针对不同层次、岗位的新员工，确定不同侧重的培训内容。此外，还有问卷调查、测试、座谈会等方法。培训需求分析的方法，应根据饭店的具体情况灵活运用。

（2）制订培训计划

根据饭店员工的培训需求，制订相应的培训计划，包括年度培训计划和短期培训计划。培训计划的制订要综合考虑员工的素质、心理状态、营业情况、服务质量等方面因素，选择合适的培训方式，确定培训项目以及衡量培训效果的标准等。

年度培训计划的内容主要有饭店发展动态和规律研究、培训目标、培训方案、课程及师资安排、培训费用预算等。短期培训计划内容则包括培训目的、日期、时间、地点、对象，课程设置和师资安排，培训方式方法，以及考核办法和培训费用估算等。

（3）实施培训计划

发现培训需求为饭店确立了培训的目标，制订培训计划则为培训提供了依据和指导，而实施培训计划则是实现培训目标的关键。

饭店实施培训时，首先应针对不同的培训内容和对象准备好不同的培训材料、场地和设备。完整、清晰的培训材料有助于员工对内容的把握；充分利用现代的培训工具，采用视听材料，可以增强员工的感性认识；而在进行服务操作技能培训时，还应备有操作工具供员工亲自操作，加深其体会。另外，除本饭店固定的培训教室、场所外，饭店还可组织受训者到一些服务质量好的饭店去实地考察、学习，使员工在比较中提高。其次，实施培训时，培训者应针对培训对象的不同，采取不同的方式。

作为以操作层员工为主体的职业培训，国际饭店业实施培训的具体方法可以简单地概括为四句话：第一句话是讲给你听（Tell You），即告诉你如何去做；第二句话是做给你看（Show You），即培训者进行示范；第三句话是你跟我学（Follow Me），即要求受训者模仿培训者进行操作；第四句话是我纠正你（Check You），即培训者通过检查发现受训者操作不到位的地方，予以及时纠正，使得受训者最终能够真正把握所培训的内容。

而对于以管理人员为主的发展培训，则可以采取讲授、讨论、案例分析研讨、经营管理“游戏”以及选送有培养前途的受训者到院校进修等方式，以提高其管理水平。

（4）评估培训效果

评估是针对培训的最终结果进行的。首先，应根据培训目标确定对培训效果进行评估的内容，如思想观念有无转变，业务知识有无增长，操作技能有无提高，工作态度有无改善等。其次，收集有关培训效果的各种信息，如培训时的笔试、口试、操作考试等各种考核成绩，问卷或口头调查情况，实地对员工工作的观察以及管理者对员工的考评等。最后，对照评估内容和培训目标，根据所收集的各种培训效果信息，客观地评价饭店的培训效果，并总结经验，提出不足，作为下一次培训的需求和参照，以提高培训质量。

7.3 饭店人力资源的利用

饭店通过招聘和培训，拥有了一批符合饭店需求的员工，而这些员工能否有效地发挥其应有的作用，关键在于饭店管理者是否擅长于人力资源的利用。饭店人力资源的利用，就是对员工进行科学的定位和组合，使之趋于合理，形成合力，发挥出群体的最佳效应，同时使每个人各尽所能。其主要包括编制定员、合理用人两大方面的内容。

7.3.1 编制定员

饭店的编制定员，是根据饭店的经营方向、规模、档次、业务情况、组织机构、员工政治思想和业务素质等，本着节约用人、提高效率的宗旨，在建立岗位责任制的基础上，确定必须配备的各类人员的数量。

编制定员是饭店制订人力资源管理计划的基础，是科学安排各类人员的依据，对于合理使用人力资源、提高工作效率具有重要意义。

1）编制定员的依据

饭店在进行编制定员时，其关键是饭店的经营思想和经营模式，这对编制定员有着决定性的作用。一般来说，编制定员应既要符合精简、高效、节约的原则，又要保障饭店的正常运转和员工的身心健康。因此，管理者必须考虑对编制定员可能造成影响的各种具体的因素。通常主要有以下几个方面：

（1）饭店的等级

饭店的等级或星级是根据其设施设备的档次和完好程度以及饭店的服务水平来评定的。通常，星级或等级越高，其服务设施就越多，服务要求也越高。相应地，用人的比例就越高，反之亦然。

（2）饭店的规模

饭店规模大小也会对编制定员造成影响。规模小，其用人的绝对数量则少；而规模大，则用人数量必然会增加。

（3）饭店的建筑布局设计

饭店建筑布局设计的合理程度，不仅影响其服务质量，也影响工作效率和编制定员。在饭店的结构布局中应该把节约劳动力作为一个必要的因素给予考虑。比如一个楼层的客房数刚好是一个服务员每日清扫房间定额的倍数，那么就可相对减少服务员的编制数。

（4）饭店的组织机构与岗位设置

饭店不同的组织机构与岗位设置会造成不同的用人数量。如客房部设立客房中心还是在各楼层分设服务台，其用人数量大不相同。

（5）饭店设施设备配备状况

通常，饭店设施设备配备越现代化，其用人就越少；反之，用人就越多。如饭店的通信系统、电脑系统的使用，为饭店节约大量人力。因此，在编制定员时，饭店的设施设备状况也是依据之一。

（6）饭店劳动效率

饭店劳动效率，主要是劳动定额的高低，也是编制定员的依据。劳动定额高，用人少；反之，则用人多。

（7）饭店经营状况

饭店经营状况，如客流量会因季节、气候、交通、经济、政治等因素的影响而变动，因此，饭店设施利用率也是一个变量。饭店编制定员自然也应随之而有所变化。

为了保证编制定员的科学性和合理性，管理者必须对上述各个因素予以综合考虑，并结合本饭店的经营思想和经营模式进行合理的编制定员。

2）编制定员的方法

饭店编制定员的方法有很多，最为常用的主要有以下几种：

（1）岗位定员法

岗位定员法是根据饭店的组织机构、岗位设置以及岗位职责的要求，结合饭店各岗位的工作量、工作班次、劳动效率和员工出勤情况等因素来确定不同岗位所需人员数量的编制定员方法。这种方法通常适用于前厅部、采购部、工程部等部门员工和管理人员的编制定员。

（2）设备定员法

设备定员法是根据饭店设备数量和员工工作量，结合设备的运行次数和员工的出勤情况等因素来确定所需人员数量的编制定员方法。这种方法一般适用于工程部、洗衣房部门员工的编制定员。

（3）比例定员法

比例定员法是根据实际工作量、劳动定额、劳动效率等因素，按一定的配备比例计算所需人员数量的方法，即按照员工总数或某一类人员数量的比例，来计算另一类人员数量的方法。这是依据饭店内部客观存在的一定比例关系提出的，如厨房炉台与切配人员的比例。

（4）效率定员法

效率定员法是根据劳动效率，结合实际工作量、工作班次、出勤情况等因素来确定所需人员数量的方法。凡是实行工作定额管理并以手工操作为主的工种，都可以用这种方法进行编制定员。工作定额主要有工时定额和工作量定额两种。工时定额是指完成一定量的工作所需花费的工作时间；工作量定额则是指在单位时间内所必须完成的合格工作量。饭店可以通过统计分析、技术分析、经验估计以及比较类推等方式制定合理的工作定额。

同步思考7-1

问题：饭店编制定员的方法有哪几种？客房清扫服务员岗位一般采取哪种方法定员？

理解要点：饭店编制定员的方法有岗位定员法、设备定员法、比例定员法、效率定员法四种。客房清扫服务员岗位一般采取的是效率定员法。

7.3.2 合理用人

饭店人力资源管理的关键在于合理用人，只有合理地使用人力资源，才有可能发挥其特长、有效地调动其积极性，达到饭店人力资源管理的目的。

1）合理用人的原则

为使饭店有限的人力资源发挥尽可能大的作用，管理者在人力资源的使用中应掌握以下原则：

（1）用人所长的原则

在饭店管理中，首先应坚持用人所长的原则。有一句格言“垃圾是放错位置的宝物”，即一切要素都是有用的，这是要素的共性。就某一个要素（包括人或事）来看，在某种条件下或某一方面可能发挥不了作用，但在另一条件或另一方面可能发挥很大的作用。古人云：“骏马能历险，犁田不如牛；坚车能载重，渡河不如舟”，说的就是这个道理。因此，管理者在选拔任用人才时，应该坚持“无一人不可用”的原则，尽可能避其所短，扬其所长。

（2）按能授职的原则

按能授职即管理者经过综合考察，根据每个人的才能，把员工放在与之相适应的岗位、职位上，使工作的职位与人的能力相匹配的原则。例如，处于不同层次的管理者，由于其工作任务的不同，管理范围的不同，被管理对象的不同，因而对管理者的能力要求也就不同。饭店的高层管理者，对其技术能力的要求较低，而对其理性思维能力、管理能力的要求较高；相反，饭店的基层管理者，则对其技术能力的要求较高，而对其管理能力的要求相对就比较低一些。饭店的各种岗位有不同能力要求，员工也有不同的才能，从而就要求饭店的管理者根据不同的职位对能力的要求，配备具有相应能力的人，真正实现在其位、谋其政、任其职、尽其责、得其利、获其荣，这样才能充分发挥每个人的才能和积极性。

教学互动7-1

背景资料：某酒店新开业，采用统一招聘的方式招聘了300名新员工，并对所有新员工进行了为时3个月的集中培训，之后，由各个部门经理对员工进行再次选择后安排到相应岗位。

互动问题：

（1）这种培训模式是否合理？

（2）各部门选择了员工安排到岗位上，员工要边干边学吗？

要求：同“教学互动1-1”的“要求”。

（3）公平竞争的原则

在饭店业竞争日趋激烈的情况下，管理者在招聘人员时，可以采取公平竞争的方式，从内部提升员工。通过员工之间的公平竞争，可以激发其工作热情，促使其主动地开拓新领域和解决新问题，也使新的人才脱颖而出。公平竞争最为关键的是竞争的公平性，否则会适得其反。另外，员工之间公平竞争、不甘平庸　奋发向上，客观上也会促进饭店的经营管理和服务质量水平不断提高。

但竞争的法则是无情的，竞争的结果必然是优胜劣汰。饭店管理者在鼓励优胜者的同时，也应注意竞争失利员工的情绪。因为不好的情绪会直接影响到工作，作为管理者，有责任在发现其情绪低落时，帮助他们尽快消除心理压力，保持良好的心态，参与以后的竞争。

（4）不拘一格的原则

用人应该有“格”，即基本的德与才要具备，但不拘泥于传统的不合时宜的条条框框。当遇到具有真才实学的员工时，甚至可以破格提升，不考虑诸如个人经历、工作年限、学历等条件，不论资排辈，以求为饭店选出真正适合的人才。

（5）结构优化的原则

饭店管理者在进行员工配置时，要重视员工组合的互补性，实现结构优化，形成最大合力。在员工组合上，同样数量和素质的一群人，由于排列组合不同就会产生不同的效应。人们常说“1+1>2”，然而这是有条件的，即只有在人的组合产生合力的情况下，“1+1>2”才有可能成立。而当事物处于某种无序或不协调的状态下，其内部各组成部分间的作用就会相互抑制和相互冲突，使各种力量相互抵消，产生内耗。因此，要想使饭店人力资源的群体结构最优，达到互补增值的目的，在人员构成上就应注意知识结构、专业结构、智能结构、年龄结构、性格结构等的互补与合理组合，尽量避免各种内耗。

（6）动态管理的原则

从饭店人力资源的现实来看，由于各种原因，还存在着各种专业技术人员分布不合理、人员比例失调，以及压制人才、闲置人才和用非所长等不合理现象。这些现象应该通过有计划的合理调配或流动加以解决。从人力资源管理角度来说，人员不流动，最优配置是不可能实现的。动态管理就是在人员调配和流动的动态中使用和管理好人力资源，充分发挥个人的积极性、创造性，最终达到吸引人才、培养人才，并留住人才的目的。

2）合理的用人制度

合理的用人原则固然重要，但更重要的是落实和执行这些原则，因此，饭店还必须建立并健全合理的用人制度，作为合理用人的保障。另外，合理的用人制度除了关系到能否培养一支高素质的员工队伍以外，也关系到能否最有效地增强饭店活力，适应时代发展的要求。

从我国目前的人事制度改革和发展看，合理的用人制度主要包括用工制度和干部制度两方面。合理的用工制度，就是通过推行全员劳动合同制，明确员工与饭店之间的劳动合同关系，明确双方的权利、义务和责任，使员工与饭后之间可以互相选择、平等协商，有利于员工积极性的调动。合理的干部制度就是打破过去的终身制，通过建立健全干部聘用制度，实现对管理人员的按能授职、优胜劣汰，以形成一支适应市场竞争、勇于创新的饭店管理者队伍。

随着饭店业的发展，对用人制度应不断地加以完善，以适应饭店管理和实现饭店的预期目标的需要。

7.4 员工激励

员工是饭店最宝贵的财富。饭店管理，以人为本。通过各种方式激励员工，调动员工的积极性，激发员工的工作热情，促进员工的工作行为，是饭店人力资源管理的中心内容。

同步链接 7-1

以党的二十大精神为指引深入实施人才强国战略强化现代化建设人才支撑

饭店的管理目标的实现是需要通过饭店全体员工的努力方可完成的，也就是说，饭店员工对待工作的积极性、投入工作的热情程度以及完成工作的决心，对饭店目标的实现具有决定性作用。现代饭店管理者必须擅长于采用各种方式激励员工，最大限度地调动其工作积极性，以求为饭店创造出良好的经济效益和社会效益。

7.4.1 激励的概念

激励（Motivation），顾名思义，激就是激发，励就是奖励或鼓励。激励是指激发人的动机，使人产生内在的动力，并朝着一定的目标行动的心理活动过程，也就是调动人的积极性的过程。因此，管理者在考虑激励时，首先，要意识到每个人都有一种内在的动因或内驱力，如需要、欲望与期待等，它能使人按照某一特定方向或方式行动，或者使之与外在环境动力相结合产生某种行为。其次，每个人的行为都具有导向性，总是走向某一目标或结果。最后，每个人所具有的导向系统，即内驱力与环境力量的结合，使人们能综合判断自己的行为并通过反馈，调整其行为目标。

在人力资源管理中，激励的实际效果与三个要素紧密相连：其一是激励时机，即在什么时间给激励对象以激励；其二是激励频率，即一定时间内对激励对象激励的次数；其三是激励程度，即激励的作用力大小。在实施激励的过程中，各个要素通过相互联系、相互制约和相互作用，达到管理者所期望的最终的激励效果。

7.4.2 激励的作用

1）激励可以调动员工的积极性

美国哈佛大学心理学家威廉·詹姆斯（William James，1842—1910）认为，同样一个人在通过充分激励后所发挥的作用相当于激励前的3~4倍。也就是说，员工只有在激励的作用下，才能发挥其主观能动性和创造性，并创造出高质量、高效率的工作成绩。激励对饭店员工来说是非常重要的。因此，激励的最为重要的一个作用就是最大限度地调动员工工作积极性。饭店管理者应在了解员工心理需求，如自我实现、归属、被尊重和被关注等的基础上，通过具体分析，有针对性地设置目标，把饭店的目标与员工的需求有机地结合起来，从而更好地发挥员工内在潜力，并使用合理的手段，转化员工的行为，释放出每一位员工的潜能，使之有最佳的表现。

同步案例 7-2

激励与员工的需求

背景与情境：盛世花园大酒店是一家五星级酒店，时至年末，经过考核，饭店评选出20名优秀员工，准备给予每位优秀员工价值8 000元的国外奖励旅游，并与相关旅行社联系确定了15天的东南亚旅游行程，并召开员工大会进行表彰和宣布奖励名单。散会之后，其中一位优秀员工齐琳找到人力资源总监丁东，询问是否可以不去东南亚，以现金奖励，因为家里比较拮据，这笔奖励可以好好补贴家用。丁总监向总经理请示后，特批齐琳可以领取同等金额的现金。齐琳领取现金之后，其他优秀员工得知可以领取现金，于是蜂拥而至人力资源部，亦要求领取现金，而不愿去东南亚旅游。

问题：为什么奖励旅游的激励措施不被员工所接受？

分析提示：在员工激励过程中，必须考虑员工的需求，只有符合员工需求的激励措施才能达到比较好的激励效果。因此，在此过程中，对员工需求的调查非常重要。根据饭店业的现实状况，大部分员工比较关注薪酬、晋升机会以及对他们的尊重和信任，不同层次的员工关注的焦点会有所不同。其中知识型员工更为注重晋升与尊重、信任所带给他们的心理感受；而以体力劳动为主的员工则更为注重薪酬的高低。因此，在激励的过程中，应考虑不同员工的需求和关注点，才能通过激励措施真正提高员工的工作积极性。

2）激励可以形成团队精神

饭店是一个整体，饭店管理的成功需要饭店全体员工的共同努力，管理者可以通过对员工进行有效沟通和激励，使员工树立全局的观念，进而形成整个饭店的团队精神。一旦团队经过努力实现其目标，员工彼此合作的经历又会变成令人欣慰的美好回忆，它将使员工拥有强烈的归属感、自豪感和成就感，使饭店更具凝聚力。而团队的力量是巨大的，正如《联合技术公司员工手册》指出的：“任何东西，甚至最先进的科技也无法与满怀热情、齐心协力朝着共同目标奋进的团队相比。一支军队、一个公司、一个国家同样如此。人们在共同理想的激励下，一旦拥有了实现这一目标的力量和手段，这些人就不可阻挡，无往而不胜。”

3）激励可以提高服务质量

饭店服务的最大特点就是它的难以衡量性，它是具有个性的饭店员工提供的手工劳动，所面对的是以主观感受来评价其所接受的服务的同样具有偏好的客人，服务要求和评价的标准同样具有不确定性。因此，对服务质量控制最有效的人是员工自身，而只有非常满意的员工才会自觉自愿地为客人着想，通过第一时间的观察及时提供客人所需要的服务。而使员工满意的最有效的方法就是管理者对员工的激励。激励可使之具有工作的积极性、主动性和创造性，在规范服务的基础上，愿意竭尽所能地为客人提供符合其需求的额外的服务，最终达到提高服务质量、为饭店赢得忠诚客人的目的。

4）激励可以提高管理水平

饭店员工最清楚饭店运转中存在的各种问题，管理者应鼓励员工提出合理化建议、建设性意见和措施，让员工参与管理，以激励员工以主人翁的姿态去工作，发现问题并积极想办法解决问题，使饭店经营管理水平和服务质量得到不断提高。

在人力资源管理中，让员工参与管理现已成为一种非常有效的激励手段。正如《玫琳凯谈人的管理》一书中所说：“人们会支持他们参与创造的事物。因此，一位有效率的管理人员会在计划的构思阶段，就让部属参与其中。”

总之，在饭店业竞争日趋激烈的今天，对员工的激励可增加饭店的竞争优势，因为饭店的竞争，最终就是人的竞争。

7.4.3 激励的方式

饭店管理者应通过对需求层次理论、双因素理论、强化理论、公平理论、期望理论、目标理论等各种激励理论的灵活运用，并采取各种有针对性的激励方式对员工进行管理并激发其工作热忱，使人人竭尽全力，自觉自愿地完成各项任务。激励方式是饭店管理者在激励员工工作积极性过程中所采用的具体形式，常见的有需要激励、目标激励、内在激励、形象激励、荣誉激励、兴趣激励、参与激励、情感激励、榜样激励、惩罚激励等。管理者在具体的激励过程中应根据具体情况注意以下方面：

1）给员工以希望

管理者在饭店管理的过程中应善于激发员工的工作热忱，让其感到所从事的是一项值得付出时间和精力的有前途的事业，并加倍珍惜机会，从而努力工作。如有些员工觉得在高星级或品牌饭店工作是一件值得自豪的事，因此，饭店的等级和发展前途会给员工以极大的希望。另外，管理者的工作作风也会给员工以潜移默化的影响，公正、务实的管理者会取得员工的信任，并让他们感到自己的工作做得好会得到管理者的肯定，是有前途、有希望的。而与之相反，员工则会感到前途渺茫而难以产生工作积极性。

2）给员工以机会

管理者在管理中应善待自己的员工，通过给予员工以发展的机会，激发其工作积极性，现代饭店中比较有效的方式主要包括升迁、培训和发挥每位员工的特长等几个方面。

（1）升迁机会

管理出色的饭店通常都非常注重从内部培育人才，如果一家饭店总是向外求才，一定会使员工士气低落，让他们感到再努力也不被看重、环境不如意、待遇不公正，真正能干的员工甚至会离开饭店，另寻出路。所以，成功的管理者一定会善待自己人，将各种升迁的机会首先给予已经为饭店做出贡献而且具有管理能力、符合岗位要求的员工，即通过内部员工的提升来填补饭店内部职位的空缺。这在提高其工作积极性的同时，也激励了其他员工，让他们感到晋升机会的存在。同时，由于这些员工对饭店内部情况已有相当的了解，所以一般可以在很短的时间内适应新的岗位的要求。

（2）培训机会

通过培训可以使员工掌握最优的工作方法和技能，开阔眼界，扩大其知识面，增强其自信心，这意味着提高了员工的就业能力。而且当时机来临时，因为其综合素质的提高而获得提拔和晋升的可能性也就比较大。所以，培训实际上是为员工提供一种自我完善和发展的机会。从另一个角度讲，这也是为饭店提供一个拥有高素质员工的机会。随着知识经济时代的来临，学习的能力将越来越被看重。

（3）发挥员工的特长的机会

“寸有所长，尺有所短”，管理者应努力创造条件使每一位员工发挥其特长，当员工的特长得到充分发挥之后，其就会因为从事自己乐于从事的事业而具有一定的成就感，真正感到工作的乐趣，从而激发其工作热情和积极性。而与之相反，有些员工掌握的技能和知识与其工作岗位的要求不相适应或远远超过其岗位要求，有的在原工作部门发生了较为严重的人际关系问题或个性不适合岗位要求等，管理者都应考虑对这些员工进行调动，为其选择一个适合的工作岗位，创造新的工作环境，以发挥其才能和工作积极性，使“人在其位，位得其人”。这对于挖掘饭店员工的潜力，不断激发他们的工作兴趣和积极性，增强饭店凝聚力，节约饭店劳动力成本，促进饭店的发展都有重要的意义。

3）给员工以出路

员工在饭店工作中总希望能够实现自己的预期目标，在饭店有所发展，管理者应通过激励引导员工向饭店所希望的目标发展，给员工以出路，正如苹果公司员工事务负责人阿黛尔·第吉奥吉奥所说：“我们要让员工知道，他们个人事业的发展，最终要靠自己，但是我们会帮助他们找到最适合他们走的道路。”

（1）管理之路

饭店应把有管理能力的员工提拔到管理岗位上来。如果本饭店的管理职位没有空缺，管理者应考虑向外输出管理，从而增加管理岗位。

（2）技术之路

有些员工是技术上的能手，但缺乏管理能力，这些员工也是饭店的财富，应妥善加以利用。一般说来，在做原来的工作的同时，饭店可以给他们相当于管理者级别的相应的称号和待遇，以激发其工作积极性。

4）给员工以待遇

饭店业是特殊行业，没有相应的待遇是留不住人的。因此，饭店要想激发员工的工作积极性，最基础、最简单的方法即是给员工以相对较好的待遇。而应注意的是，给员工的待遇，在分配上应尽量体现公平。根据美国管理学家亚当斯（Adams）的公平理论，员工既关心自己的报酬的绝对值，也关心报酬的相对值。员工工作积极性的高低取决于绝对值和相对值的大小，这就要求管理者在分配时特别是一些奖金的发放时，应尽量体现公平。

5）给员工以温暖

（1）关注员工

员工是普通的、具有一定需要的人。管理者应关注员工的需要，并尽量满足其中之合理部分，以提高员工的工作积极性。

根据美国心理学家马斯洛的需要层次理论，人有五种不同层次的需要，因此，管理人员应在工作中寻找可以满足员工需要的各种可行途径。

针对员工的生理需要，饭店应提供干净而舒适的工作场所，优厚的待遇，充分的休息时间，完善的膳宿设施等；针对其安全需要，饭店应提供各种工作安全措施、医疗、保险服务，建立员工投诉制度等；针对其社会需要，饭店应提供正式或非正式的团体活动，并在工作上加强联系和沟通，加强企业文化建设等；针对其被尊重需要，饭店应改进员工的工作内涵而使之增加趣味性和挑战性，尽量减少约束性的规章制度，对员工的成就给予及时、适当的赞扬，提拔成绩显著的员工等；针对其自我实现需要，饭店应委派足以发挥成就感、贡献感的工作，提供进修或发展的机会，授予员工更大的职权，建立提议制度以鼓励、尝试及接纳员工的创见等。

同步思考7-2

背景资料：早在2010年版的《旅游饭店星级的划分与评定标准》中，就要求饭店有充足的员工生活和活动设施，包括员工食堂、员工更衣室、员工浴室、倒班宿舍、员工活动室、专用培训教室等。近年来，饭店越来越关注员工的需要，很多饭店不仅有这些员工基础设施，而且配置得越来越好，如WiFi、空调进宿舍，员工自助餐厅等。

问题：为什么饭店愿意花费资金在员工设施上？这体现了饭店什么样的管理理念？

理解要点：这些做法体现了饭店日益关注员工，将"员工至上"的管理理念落到实处。尤其是随着社会的发展，Z世代的员工成为饭店业从业者的主流，他们多为独生子女，互联网的原住民，而且大部分接受过相对比较高的教育，对自身工作条件和生活条件都有着相对比较高的要求，因此，饭店必须关注这一人力资源状况的变化，才能让员工满意，进而培养出忠诚的员工。

（2）理解员工

理解是人们的共同需要，是人与人之间建立融洽关系的基础。饭店管理者需要社会和员工的理解，员工更需要社会和管理者的理解。因此，饭店管理者应体谅员工在工作中遇到的各种烦恼和苦衷，并在管理中增加情感性内容，以激发员工的工作积极性。这种理解主要表现为以下方面：

其一是工作时间的不稳定性。饭店业务的经营特点使许多员工必须临时加班，导致员工难以掌握时间上的主动权，给员工的生活带来诸多不便，这就要求管理者理解员工的困难，并根据各个员工的具体情况灵活排班，尽量照顾员工的合理需要。

其二是社会角色的特殊性。饭店产品的主要组成部分是饭店员工为客人提供的服务。员工与宾客的关系是一种服务与被服务的关系，即在符合法律、符合伦理道德的情况下，宾客有权要求员工提供服务，挑剔员工的工作差错，而员工需要尊重客人、理解客人，站在客人角度考虑问题，即使宾客有过错，员工也要尽量忍耐，把对"让"给客人。这就要求管理者在处理员工与宾客的矛盾时，应冷静分析，给员工以必要的帮助和指导，而不应只是一味地指责和训斥。

其三是工作性质的特殊性。饭店为树立良好的企业形象，并提高饭店的服务质量，通常都制定了较为严格的规章制度和工作纪律，员工在工作中必须遵守，一旦违反将受到不同程度的惩罚。这给员工带来许多心理负担。为此，饭店管理者应对员工的工作多一点理解，对员工的成绩应及时表扬，如要惩罚员工，也应讲究方式方法。在现代饭店管理中，管理者也越来越强调正面激励和赞美员工，因为"我们每个人都渴望被赞美，让员工知道你欣赏他们的表现，他们就会表现得很好。赞美是所有激励手段中效果最大的"（玫琳凯）。

其四是工作内容的单调性。员工长时间从事一个工作，势必会感到单调和枯燥，也必然会使稍有能力的人感到厌倦而使工作失去吸引力。这就要求管理者应采取有效方法，使员工的工作富于变化，如对员工进行交替培训，使其掌握更多的技能；不断提高工作标准，使员工感到工作内容的丰富或引导其将简单的工作做得出色，从中寻找乐趣。

同步案例7-3

无聊的工作

背景与情境：雷蕾是2012年毕业的旅游管理专业的本科生，应聘进了当地一家国际饭店集团的五星级饭店前台工作，这是一家度假型酒店，环境优美，大约拥有80间套房。工作8个月之后，雷蕾向人力资源部提交了辞职报告，理由是：每天只是在办理入住、离店手续，工作太空闲、太无聊了，而且看不到升职的机会，感觉在浪费生命。人力资源总监任峰与雷蕾进行了离职面谈，他问雷蕾："你在酒店工作的8个月中，记得多少客人的面孔？你为客人提供了哪些让他们印象深刻的服务？你觉得你目前的服务中，还可以如何改进？如果让你带一个新员工，对他进行培训，你觉得你可以胜任吗？"雷蕾沉默了，想了一会儿说："我可以收回我的辞职报告吗？"

问题：为什么雷蕾主动收回了她的辞职报告？

分析提示：任何一项工作，由不同的人去完成，会产生从合格到卓越的差异，新员工需要引导，让他们能够从工作中找到乐趣，不断地追求卓越。在这个过程中，即使简单的工作也会变得具有挑战性和吸引力。另外，为员工设定发展的目标、制定职业发展规划也是人力资源部非常重要的职责。

(3) 信任员工

饭店管理者应充分信任员工并对员工抱有较高的期望，员工就会充满信心，并产生强烈的荣誉感、责任感和事业心。这样的员工愿意承担工作，更愿意承担管理工作，同时也愿意在自己的工作和职责范围内处理问题。因此，饭店管理者应明确每位员工的职、责、权、利，即使将各项工作的标准制定得稍高一些，员工通常也会尽最大努力去想方设法完成任务。另外，员工通常认为他们会自觉遵守规定的程序来完成任务，而不希望管理者过多地干涉其工作，否则，员工会认为上级对他们不信任，从而影响其工作积极性。

在实际工作中，激励并没有固定的模式，需要管理者根据具体情况灵活掌握和综合运用，才能真正达到激励的目的。事实上，任何管理者只要把握住"人尽其才"的原则，关注员工、理解员工、信任员工、爱护员工，并灵活运用各种激励方式，就会获得良好的效果。

本章概要

□ 内容提要

本章介绍了饭店人力资源管理的含义、目标与要求，以及饭店人力资源管理的内容。在此基础上，阐述了饭店人力资源开发、利用以及员工激励的内容，包括员工招聘、培训、编制定员、合理用人以及员工激励的方式。本章内容说明在现代饭店中，把人力资源看作有效资源进行管理，发挥其潜能，是饭店正常运转并为宾客提供高质量的服务，以及获得满意的社会效益和经济效益的重要保证。

□ 主要概念和观念

▲ 主要概念

饭店人力资源管理　饭店员工的招聘　饭店员工的培训　饭店员工激励

▲ 主要观念

没有满意的员工就没有满意的客人　结构优化的原则　动态管理的原则

□ 重点实务

饭店员工招聘程序　饭店编制定员方法　饭店激励措施

基本训练

□ 知识训练

▲ 复习题

1）什么是饭店人力资源管理？

2）饭店人力资源管理的特点有哪些？

3）饭店人力资源管理的目标与要求有哪些？

4）饭店人力资源管理包括哪几个方面的内容？

5）饭店员工招聘的原则有哪些？

6）饭店员工培训的原则有哪些？

7）饭店员工培训通常有哪些类型？

8）合理用人的原则有哪些？

▲ 讨论题

1）饭店员工招聘程序如何？

2）饭店员工培训的实施通常包括哪几个步骤？

3）编制定员的方法通常有哪些？

□ 能力训练

▲ 理解与评价

近年来，在国际饭店业中，各个饭店集团都以成为"最佳雇主"而感到光荣，更提出"员工第一，顾客第二"的理念，应如何理解这种趋势？

▲ 案例分析

【训练项目】

案例分析-Ⅶ。

【相关案例】

饭店如何招聘合适的人？

背景与情境：姗姗刚大学毕业，到M酒店来应聘。招聘经理李磊负责面试，他询问珊珊：为什么选择到酒店来工作？姗姗的回答是：学了这个专业就来试试，觉得自己还比较适合 。李磊问：对工作岗位有什么样的期望？姗姗说：希望工作有意思一点吧，其他没什么。李磊再问薪酬预期是什么样的，姗姗说期望赚的钱在这个城市够自己生活所需。李磊最终录用了姗姗，但是2周以后，姗姗就离职了。离职理由是个人原因。

问题：

1）你认为姗姗离职的真正原因是什么？

2）饭店应如何招聘最适合的员工？

【训练要求】

同第1章“基本训练”中本题型的“训练要求”。

▲ 自主学习

【训练项目】

自主学习-Ⅳ。

【训练步骤】

1）将班级同学以小组为单位组成若干“自主学习”训练团队，每队确定一人负责。

2）各团队根据训练项目需要进行角色分工。

3）通过校图书馆、院资料室和互联网，查阅“文献综述格式、范文及书写规范要求”和近3年关于“饭店人力资源开发”研究的前沿学术文献资料。

4）综合和整理“饭店人力资源开发”研究的前沿学术文献资料，依照“文献综述格式、范文及书写规范要求”，撰写《“饭店人力资源开发”最新文献综述》。

5）在班级交流各团队的《“饭店人力资源开发”最新文献综述》。

6）在校园网的本课程平台上展出经过修订并附有教师点评的各团队《“饭店人力资源开发”最新文献综述》，供学生相互借鉴。

□ 课程思政

【训练项目】

课程思政-Ⅶ。

【相关案例】

为员工孩子开办的免费暑期班

背景与情境：2021年暑假，随着国家“双减”政策的推出，M酒店的管理人员考虑到饭店员工的孩子放暑假了，无处可去，独立在家或在外面玩耍很容易出现意外，员工上班也不安心。因此，在酒店办公区域中腾出一间比较宽敞明亮的培训教室，免费开了一个特殊的暑期班，将20多个大大小小的孩子集中起来，聘请了两位暑假里勤工俭学的大学生做老师，负责看护孩子，并指导孩子做作业、看书、做手工、下围棋、跳舞唱歌、看“有营养”的电视节目。员工上班，可将孩子带来，下班时，将孩子带回去。在这个暑假里，M酒店的员工很安心，不用为孩子放假没人管而担心了。

问题：

1）M酒店的免费暑期班是否违背企业的利润中心原则？

2）就M酒店的免费暑期班做出思政研判。

3）该案例对你有何启示？

【训练要求】

同第1章“基本训练”中本题型的“训练要求”。

第8章 饭店公共关系

● 学习目标

通过本章学习，应该达到以下目标：

职业知识：学习和把握公共关系在信息收集、形象塑造、关系协调、决策咨询等领域的基本理论与实务知识；能用其指导或规范本章认知活动和技能活动，正确解答“基本训练”中“知识训练”各题型的相关问题。

职业能力：点评“RACE公关模式”，训练专业理解力与评价力；运用本章的理论与实务知识研究相关案例，培养在“饭店公共关系”业务情境中分析问题的能力；通过“饭店信息收集之‘问卷’设计”的实训操练，训练相应专业技能。

课程思政：结合本章教学内容，依照相关规范或要求，对“课程思政8-1”和章后“网络热门恶性事件引发的酒店危机公关思考”等案例中的企业或其从业人员的行为进行思政研判，强化与案例议题相关的行业规范思考和政治素质，促进“立德树人”根本任务的落实。

引例："重阳节登高"背后的公关启发

学习微平台

延伸阅读8-1

背景与情境："迎亚运登高楼"，2018萧山垂直马拉松登楼大赛于杭州开元名都大酒店举行，这是杭州开元名都大酒店举办的第十三届登楼活动。这项活动已经成为萧山地区全民运动的代表活动之一。

重阳节登高是流传已久的民间习俗。不管是登高还是登楼，都饱含着人们希望节节高升的美好愿望。作为"杭州第一高楼"，开元名都大酒店从2006年起每年的重阳节都会举行"九九登楼"大赛，纪念传统节日的同时又鼓励全民运动。从2006年的"九九重阳"登楼大赛、2008年的"奥运年"登楼大赛、2010年"登高一阶、低碳一秒"登楼大赛，到2018年的"迎亚运登高楼"登楼大赛，使得到杭州开元名都大酒店参加登楼比赛逐渐成为杭州百姓的固定印象。每年比赛都有不少运动爱好者积极报名，酒店团委也组织了人员加入低碳环保的登楼比赛中。杭州一些主流媒体对整个比赛过程进行了跟踪报道，每位登顶的选手都获得了由组委会颁发的登顶证书和环保低碳胸章，奖励他们对低碳事业的支持。10多年来，超过千人参加登顶杭州开元名都大酒店这一城市高楼的活动。2018年的登楼大赛突破了往年个人赛的单一形式，新增了情侣赛和团体接力赛两个项目，旨在将快乐、健康、积极向上的生活理念传递给更多的人，以运动点亮美好生活。

在杭州开元名都酒店开业初始，酒店就在思考：通过何种方式才能体现出区别于一般高星级商务酒店的特色？218米高的"杭州第一高楼"是酒店最直观、最具特色的亮点，于是酒店巧妙地通过"重阳登高"这一民间习俗，将"登高"与"登楼"联系在一起，作为一个体现民间传统的保留项目。自2006年活动创办至今，每一届登楼大赛通过不同的主题演绎相同的理念，已经成为萧山地区乃至浙江省内十分成熟的公益活动，形成了酒店特有的口碑。

为有效提升公关效果，需要企业结合社会热点问题进行正向切入。"当社会出现重大事件时，媒体、民众相当关注，如果企业能够在第一时间站出来捐款或支援，必定可以引来更多注意力，也最能吸引媒体。"在第五届杭州开元名都登楼大赛上，酒店以"登高一阶、低碳一秒"为主题，充分借势当时最热的低碳环保概念，响应"低碳世博"号召，通过登楼比赛倡导绿色环保生活，并以赛后赠送低碳环保胸章及"218杭州第一高楼登顶证书"的形式紧紧围绕活动主题。在越来越多的白领人士将登楼作为一种时尚健康运动的大背景下，通过这种形式倡导大家养成一种低碳的生活习惯，这一理念得到了广大媒体的认可与支持。在历届登楼大赛中，酒店通过积极的沟通联系，与共青团杭州市萧山区委、《萧山日报》紧密合作，整个活动由酒店具体承办和操作，《萧山日报》集中精力做了活动的宣传，团区委组织"潮人潮拍"活动对登楼大赛进行拍摄报道，并在网站上做了宣传。可以说，这样的三方合作是一次成功的尝试，也为酒店公关活动的开展打下了坚实的基础。在登楼比赛后，更有多家企事业单位表示希望能组织员工来登"杭州第一高楼"，这无疑是对"开元名都重阳登楼"活动的认可。

问题：

1）什么是公共关系？公共关系活动的主要目的是什么？其和饭店企业的广告促销活动相比具有什么特点？

2）饭店企业公共关系的机会在哪里？如何抓住机会开展公共关系活动？

3）如果你是参与者，你认为“开元名都重阳登楼”活动的寓意是什么？

上述案例告诉我们：公共关系的主要目的是为饭店树立一个良好的形象。围绕这一目的，饭店不仅需要策划专题性的公共关系活动，而且要善于抓住日常性的服务活动来彰显饭店的精神气质，要巧妙地将公关活动和饭店的服务活动、公益活动有机地结合起来。唯有如此，才能真正在社会公众心目中树立一个较为完美、高档、亲切的饭店形象。因此，不能简单地将公关活动理解为饭店在发展过程中策划的各类大型的专题性活动。除了这些专题性的活动，还包括大量日常性的公关活动。正确理解公关的基本内涵是饭店有效开展公关活动，充分发挥公关效用的前提。

公共关系是现代管理领域很“亮”的一门实践性管理哲学。随着饭店行业的发展，公共关系和饭店业联姻已经成为必然。从规模上看，饭店从原先小规模经营的单薄状态走向集团经营，并日益成为跨国的世界性行业；从结构上看，原先的饭店满足的仅仅是宾客吃住的需要，而现在消费需要的多元化使得饭店结构逐步复杂化，饭店必须满足宾客的住宿、饮食、信息、购物、娱乐、会议、交际等多方面的需要，这就要求饭店设立专门部门、专门岗位提供相应的产品；从饭店与社会的关系看，饭店已经日益成为一个自负盈亏、自主经营的独立法人，但是，正因为这样，饭店就需要努力去协调好方方面面的关系，创造一个与社会协调发展的环境。可见，在知识经济浪潮的挑战下，传统的饭店管理方式已不适应现代社会的发展，饭店管理也必须走现代化的发展道路，而公共关系就是一门现代化的管理哲学，它利用一种“软性”的调节手段，为饭店管理开创了一个新的领域。

在本章中，我们将重点介绍公共关系的基本内涵、公共关系的四大活动领域以及饭店CIS。

8.1 饭店公共关系概述

饭店管理的重要思想之一就是在强烈的公关意识的指导下，开展各种卓有成效的公关活动，从而为饭店创造一个良好的发展环境以及树立独特的饭店形象。为达到此效果，必须正确理解公共关系的基本内涵以及特点。

8.1.1 饭店公共关系的概念

长期以来，人们对公共关系的理解，存在这样或那样的偏差，或是将公共关系局限在各种专业色彩浓厚的专题公关活动上，或是将公共关系和各种庸俗关系活动等同起来。饭店要很好地开展公关活动，首先必须纠正这些理解偏差，正确理解公关的内涵。

1）饭店公共关系的含义

饭店公共关系是一门比较成熟的行业公关，它是饭店通过传播活动和持久不断的努力，为提高饭店的知名度和美誉度，影响公众行为，为饭店塑造良好形象而进行的一项管理活动。一般对于公共关系的理解，可以从静态和动态两个角度来进行。从静态的角度看，它表现为一种关系状态，这种关系状态反映了饭店内部和外部各种关系的亲疏程度、好坏程度。作为一种状态，公共关系具有客观性的特点。因为任何一个组织，一经成立，就必然存在各种关系，包括员工和饭店之间的关系，饭店领导和基层员工的关系，饭店和竞争对手之间的关系，饭店和新闻媒介的关系，饭店和上级主管部门的关系等。这些关系，就是这个饭店公共关系状态的具体体现，它是不以人的意志指向而客观存在的，是一种自然存在，因此，任何一个饭店，都应正视公共关系的这一特点。从饭店创办初期，就应意识到公共关系作为一种状态是客观存在的，应具备强烈的公关意识，协调好方方面面的关系，创造一种和谐的公关状态。从动态的角度看，公共关系表现为一种活动，即一个饭店为了协调各方面的关系，在社会上树立良好的形象而开展的一系列专题性或日常性公关活动的总和。这些活动贯穿饭店的发展过程。值得注意的是，从动态的角度来理解公共关系，许多人认为是指各项专业色彩浓厚的专题公关活动，如经由公关人员精心策划、组织专门人员实施的各项“大手笔”活动，如新闻发布会、大型庆典活动、大型酬宾活动等。其实，除了这些专题性活动外，公关活动的范围贯穿饭店发展的全过程。所有日常性的活动，如日常的服务活动、广告活动、礼仪活动等，实际上都蕴含了丰富的公关思想，因此，饭店应注意做好各方面的工作，事无巨细，因为这些都是公关活动的重要组成部分。

总之，公共关系是一门全新的管理科学，它要求饭店在发展过程中具备良好的公关意识，切实开展各类公关活动，以保持一个良好的公关状态。

2）饭店公共关系的构成

饭店公共关系是一项专业性的行业公关，它由三方面的要素构成，这就是公关的主体、客体和手段。

（1）公关主体

公关主体是指在公关活动中，居于主动地位的个体或组织的总称，是公关活动的实施者和倡导者。作为公关的主体，应具备强烈的公关意识，并能根据变化的内外环境，适时、适地开展公关活动。

饭店公共关系的主体就是饭店。相对于别的行业而言，饭店有自己鲜明的行业特色，这就要求饭店在开展公关活动时，应结合自己的行业特点来组织各类公关活动。

（2）公关客体

公关客体是指在公关活动中，处于被动地位的组织或个体的总称，是公关主体的作用对象或活动对象。相对于公关主体而言，公关客体具有被动性的特点。当然，这种被动性也是相对的，在特定的情况下，公关客体也会对公关主体产生一定的作用力。

值得特别说明的是，饭店的公关客体是宾客，但此外还包括与饭店有关系的各类组织和公众，比如社区居民、新闻媒体、投资者、分销商等。对于饭店而言，公关活动面对的客体无论是在数量上还是性质上，都具有多样性的特点。并且，客体也都具有鲜明的行业特色。因此，饭店在开展公关活动时，应充分了解公关客体的特征、态度，尤其是要了解公关客体的各种共性需求和个性需求，在此基础上，结合主体的特点，有针对性地开展公关活动。

（3）公关手段

公关手段是联系公关主体和公关客体的桥梁，通过公关手段，主体和客体发生关系。一般来说，最常用的公关手段是传播沟通活动。通过形形色色的传播沟通活动，在公关的主体和客体之间搭起一座信息流通的桥梁，使得公关主体和客体在信息充分共享的基础上，达成一种比较优良的关系状态。

当然，对于饭店而言，可供利用的公关手段是很丰富的。信息传播沟通手段包括：语言沟通、非语言沟通；电子媒体沟通、印刷媒体沟通、其他媒体沟通等。不同的沟通手段有不同的特点，饭店应该根据不同的公关目的、公关活动来选择不同的传播沟通手段，以使沟通效用最大化。

值得关注的是，新媒体时代饭店应充分利用新媒体的互动性、快捷性、大众性和多元性的优势，通过创造话题、输出内容等方式，与目标受众进行更加有效的沟通。万豪是构建社交品牌社区的佼佼者，其利用Instagram、Twitter等推广以“绝妙的旅行”（TravelBrilliantly）为主题的活动。该主题是万豪的新网站travel-brilliantly.marriott.com的核心品牌理念，其赋予旅行新定义，以“打造一个与客户共同创造新元素的平台”为宣传语，供客户针对酒店各方面提供想法和建议。万豪国际于2019年3月18日在杭州西溪喜来登度假大酒店举办了“寻味万豪，旅享杭州”大型餐饮推广活动。其旗下总计10家酒店共同在活动上亮相，与到场宾客分享了万豪国际最新餐饮特色和推广信息。10家酒店所提供的特色菜式涵盖各地不同风味，包括时鲜素菜、烧烤甜品等多种品类。6位来自杭州地区万豪旗下酒店的大厨也受邀参加了此次活动，并同来宾进行了厨艺交流和互动。活动期间消费者注册成为万豪旅享家会员后在万豪国际集团杭州地区旗下酒店消费指定菜品即可参与活动。会员首次参与活动时，在酒店餐厅领取“美食打卡地图”便可以在消费完成后收集到相应的餐厅印章，成功集齐3枚印章后，将填有会员信息的“美食打卡地图”交予任一活动餐厅即可参与抽奖，万豪国际将会在所有参与会员中抽取1名幸运会员赢取“豪”礼——杭州至香港双人往返机票及香港W酒店2晚住宿。此次推出的“寻味万豪，旅享杭州”活动意在通过各色风味菜品向宾客传递杭州丰富多元的美食味道，同时也充分展现了万豪国际的餐饮实力，令四方宾客在万豪的陪伴下寻味杭州、乐享美味旅途。

8.1.2 饭店公共关系的特点

饭店公共关系的特点凸显了饭店公共关系的真实面貌，这些特点包括：

1）以公众为对象，了解公众、满足公众

这一特点表明了饭店公关活动的对象是形形色色的公众，而不是其他的事或物。所谓公众指的是与饭店有联系的组织和个人的总称。这些公众之所以和饭店发生联系，是因为其和饭店之间存在不同的关系，如协作关系、竞争关系、归属关系、买卖关系、消费需求关系等。这就要求饭店在开展公共关系时，应善于观察，通过不同的途径了解不同公众的不同特点和不同需求，了解不同公众的思想状态和想法，了解不同公众的价值取向和发展趋势。根据这些信息，把握恰当的公关时机，选取不同的公关方式，有效地开展各类公关活动，让公众意识到他们是受尊重的、被理解的、被认识的。也就是说，饭店在开展公关活动时，应以“公众的需求”作为一切问题的出发点和归宿。对于饭店而言，建立一个和谐完美的关系网络，为饭店的生存和发展创造一个良好的人事环境和社会环境，就成为饭店公关的首要和关键的任务。

2）以美誉为目标，塑造形象，增加美誉

这一特点揭示了公关活动的最终目标是为公关主体也就是饭店塑造一个独特的品牌形象。这是公关活动的核心目标。当今饭店竞争中，品牌已经成为一种强有力的竞争资本。因此，公关活动应始终围绕饭店品牌的塑造而展开工作。饭店开展公关活动，根本的目标是树立良好的形象，扩大饭店的知名度和美誉度，在此基础上获得经济效益的增加。饭店在开展公关活动时，应着眼于长远而不是追求近期的经济效益。

3）以互惠为原则，平等互利，协调发展

这一特点要求饭店在开展公关活动时，应强调主体利益和公众利益的平衡协调发展。公关思想要求饭店在处理主体、公众和全社会利益时，强调利益的公共性和共享性。公关的主体和客体之所以发生联系，是以一定的利益关系为基础的，正是利益因素作纽带，才把公关的主体和客体有机地联系在一起。公关的价值取向是强调主体、客体和社会三者利益的有机统一，即饭店开展公关活动，追求自身利益的同时，必须担负起相应的社会责任，兼顾客体即公众的利益，要平等互利、相互帮助，谋取主体和客体之间的长久合作和主体与社会的共同发展。违背此原则，公关活动就会变成庸俗关系。如社会上一度认为的所谓的公关活动就是吃喝玩乐、溜须拍马、送礼牵线等，实际上就是把公关理解成庸俗关系。其实，公共关系是对庸俗关系的否定。

4）以长远为方针，持之以恒、长期努力

这一特点说明开展公关活动必须具有连续性和计划性。良好的公关效果是在有计划地长期努力下才能形成的。公关不是一项短期的行为，它不是为了一时一事的眼前利益，也不计较一时一地的得失功利，而是经过周密计划、科学运筹而妥善实施的一系列战略战术，是公关主体为了追求长期的、稳定的、战略性的合作关系而进行的长期性的努力。这种努力不是一朝一夕的事，不是一蹴而就的。并且，饭店一旦建立了良好的形象，不能就此止步，而必须依据环境的变化，及时调整公关策略，长期坚持，使得饭店的发展与社会环境的变化保持同步。

5）以诚实为信条，广结良缘，信誉天下

这一特点要求饭店在开展公关活动时，应强调真实。其一，公关活动的内容要真实。所谓的“诚招天下客，信得万人心”，对于饭店而言，失诚、失信就等于失去了公众，因此，公关活动应严格以诚实为信条开展活动。其二，对公众的态度要诚恳，守信用，做到表里如一、言行一致。弄虚作假、欺骗公众、唯利是图等做法都是行不通的，是违背公关精神的，最终的结果只能是搬起石头砸自己的脚。

6）以信息传播为手段，双向沟通，内外交流

公关的本质就是公关主体与与其相关的公众之间开展的一种全方位的信息沟通活动，因此，公关主体应以信息传播为手段，与自己的内外公众进行沟通，使得公关的目标及时得以实现。但是，饭店在利用信息传播手段进行沟通时，要注意双向的信息沟通。一方面，饭店要及时、准确、有效地将本饭店的信息传送给相关的公众，使公众认识、了解、喜欢，进而拥护和支持自己；另一方面，饭店要迅速、及时、准确地收集来自目标公众的反馈信息，了解舆论和民意，以调整自己的行为，改善自己的形象。这种双向的信息传播，是实现公关内外信息交流的重要手段，是公关的重要特征。需要特别说明的是，信息技术的迅速发展，带来了新媒体百花齐放的时代。饭店在信息传播过程中，除了借助传统的媒介平台之外，还可借助微博、微信、社交网站、论坛等新媒体进行信息的有效沟通。

同步案例8-1

亚朵IP联合营销，“亚朵奇妙夜”开创全新旅居体验

背景与情境：亚朵酒店认为：行为是空间的基础，空间为行为提供载体。而随着现代生活节奏的加快，人在各个空间的行为转换变得越来越频繁和多样，单一功能空间已不能满足多行为环境需求，于是，亚朵酒店便提出了特有的“第四空间”概念。

如果说家是第一空间，办公室是第二空间，邻里社区是第三空间，那么亚朵酒店所用心营造的第四空间便是融合了在路上、家、办公、社交等四大功能空间，倡导“房+×”的全天候品质生活的温暖体验。针对各层级用户消费需求的多元化，对接现代人的旅行、居住、办公、社交、购物等多重生活行为需求，从而带来全方位全天候的人文生活品质体验。

亚朵酒店正是基于这些综合服务，希望可以给用户带来一种全新的入住体验，将人们日常所需的各方资源汇总，为用户提供“一站式服务”。让用户能够忘却现实生活中的烦恼，让自己“慢”下来，重拾对美好生活的向往。

除了对品质的追求和对服务理念的倡导之外，亚朵酒店还积极联合国内众多品牌IP，以更加多元化的服务提供给用户。在“亚朵×”系列主题酒店，为各大品牌的忠实用户提供“量身定制”的个性化体验。合作IP囊括腾讯、网易、知乎、虎扑、吴晓波频道、同道大叔等众多知名品牌。无论是“亚朵×腾讯云智慧酒店”的前沿科技体验，还是“亚朵×网易云睡音乐酒店”无处不在的情感渲染，抑或“亚朵×虎扑篮球主题酒店”的挥洒热血青春激昂……在这些IP联合的主题酒店中，除了那1 800万的亚朵会员，还有腾讯、网易、知乎、虎扑、吴晓波频道、同道大叔等品牌的粉丝受众。

2018年伊始，亚朵酒店联合QQ超级会员、果壳、日食记、同道大叔、花加、虎扑、网易漫画、穷游、差评9个国内知名的IP品牌，在上海虹桥的一家新店推出了“亚朵奇妙夜”快闪活动。系列电影《哈利·波特》中的九又四分之三站台，是进入魔法世界的入口，来到这个站台，就等于进入了一个奇幻世界。借鉴这个概念，亚朵酒店集合了9家知名IP品牌，推出了概念为“在九又四分之三floor等你”的“亚朵奇妙夜”活动。九又四分之三的指向很明确，即一旦进入集合了9个IP品牌的楼层，就会有一些奇妙的事情发生。而事实也是如此，客人进入每个房间，都会有穿越到不同时空的感觉。活动中，亚朵把酒店房间分派给9大品牌，让它们按照自己的品牌风格布置，以呈现各自的特色，希望借此让入住的客人感知自己喜欢品牌的元素，以增加亲切感和与品牌的共鸣。比如，在虎扑的主题房间里，墙上贴满了体育明星画报、虎扑经典流行语，让体育迷们欲罢不能；而在Flowerplus（花加）这个国内最早创建鲜花订阅模式的日常鲜花服务商的主题房里，则摆满了鲜花，让那些有着少女心的女住客喜爱有加。

一系列IP酒店的开业，得到了消费者、酒店行业，以及各品牌主的关注。最直

接的效果是，IP酒店可以得到合作IP品牌拥趸的欢迎。比如，“亚朵S吴”酒店不仅吴晓波本人很满意，他在财经圈的粉丝与用户也很喜爱；而THE DRAMA酒店俨然成了追捧文艺复兴的文艺爱好者的集散地。

亚朵酒店创始人王海军将亚朵的功能性对标星巴克，但在IP酒店这一领域，亚朵酒店更希望对标迪士尼，希望能与更多的IP合作，给用户提供更加丰富的多层次、多内容的体验。IP酒店的优势首先体现在个性化内容的导入以及品牌与内容的可生长性方面。每次客人入住，其实都希望看到房间能有所不同。另外，一些线上品牌，在别的地方都是不可触摸的，但在这里却实现了真实的接触，甚至与品牌相关的商品、周边也可以很便捷地购买、拥有。由于找上门来合作的IP越来越多，亚朵方面暂时没办法同时跟众多品牌各开一家酒店，“那不如共同尝试一下快闪的形式”。

“亚朵奇妙夜”隐含的意思有两个：第一，借助这样一个活动，亚朵希望在用户心中植入一个印象，即亚朵很喜欢跟大家一起做更多活动，一起“搞事情”。处在不同业态的不同品牌可以共同做一件事情，是这一案例最核心的价值所在。第二，借此模式，亚朵想跟合作的线上品牌共同探讨线上品牌在线下的发展模式。比如，网易严选在和亚朵合作IP酒店之前，从来没有涉足过线下业务；花加也没有做过实体；差评的商业形态本身就决定了其是依托网络生存的；日食记以前没有做过线下餐饮，但现在日食记和亚朵就在探讨一种可能，即在亚朵IP酒店设一个让日食记落地的点儿，让日食记的粉丝能够到酒店实际享受以前只能在屏幕上看到的美食。从这个角度讲，对于参与的每一个品牌，“亚朵奇妙夜”都是一次开脑洞的尝试——大家可以充分畅想未来合作的形式与内容。

在自带流量的9个IP的协助下，“亚朵奇妙夜”H5上线后得到了70多万的点击量；微博话题的阅读超过了1 200万次，留言超过了1 000条；活动推出的第二天，亚朵微信指数达到了12万，“也是超出预期的”。

由此看来，品牌合作对其他品牌的意义是“跨界”，而对于亚朵来说，通过IP酒店模式与众多IP的合作实现的则是“无界”。

亚朵酒店通过“亚朵×”系列主题酒店，不仅让自身品牌具备了更加多元的服务形式和元素，同时也借势IP触达了更多的受众群体，扩大了品牌的用户范围。相对于传统酒店行业而言，亚朵酒店的这些类型尝试，不仅增加了品牌自身的影响力，同时也是一次勇敢的探索，探索酒店行业的新型服务形态。

在互联网日益发达的今天，单纯的线下体验具有很多局限性，尤其对于酒店行业来说，时间、地点等因素都有可能成为线下体验的限制因素。为了进一步扩大声量，使用户能够跨越时空与地域界限了解并参与本次活动，亚朵在线上利用H5吸引用户进行视觉与互动体验，最终引流到线下店，达到线上线下体验的深度联动。点击“开始亚朵奇妙之旅”按钮，进入一段25秒的视频，内容为：进入酒店大厅，登上九又四分之三层的神秘电梯，电梯到达，画面显示有6个房间可以进入，引导用户选择一个进入，进入房间后，按提示寻找发光物体，完成回答问题等操作，最终获得抽奖机会。设计上，该H5讲了九又四分之三层房间的故事，用小说中的奇幻地点为整个体验添加了一层神秘感；整个画面比较简洁，各个房间内的操作方式略有差异，不会让用户觉得无聊。交互上，用户可以720度体验房间全景，体验感很棒。技术上，全景效果是通过Javascript实现的。体验上，九又四分之三的出处是《哈利·波特》中通往霍格沃兹魔法学校的一个站台，这个概念，给这个H5添加了一层奇幻色彩，很有意思，创意很棒；这个H5的初衷在于宣传酒店的主题房间，为用户发放优惠券，用户拖动屏幕可以查看房间的全景，体验感很好。

资料来源 佚名. 亚朵奇妙夜：探索线上IP的线下道路［EB/OL］.［2018-06-01］. http：//vr.sina.com.cn/news/hz/2018-06-01/doc-ihcikcew0684940.shtml.引文经整理。

问题：饭店如何采用多元的途径进行有效的品牌信息传播？

分析提示：自媒体影响力不断扩大，在消费群体日趋年轻化的背景下，饭店在重视产品创新的同时，也应重视活动的创新策划。"跳出饭店做饭店""跳出客房做客房"的跨界创新，既是饭店创新的重要途径，也是品牌传播的生动载体。

7）以创意创新为生命，以特见长，出奇制胜

公关活动的吸引力在于以独特的思维和新颖的内容制胜，因此，饭店在开展公关活动时，应注重创意公关，以"新、奇、特"取胜，人云亦云永远不能成为有效的公关。当然，"新、奇、特"应把握一定的"度"。这个"度"要求饭店在开展公关活动时，综合考虑以下四个方面的因素：

（1）政府支持：公关策划的事件有一定的社会意义，受到政府的支持；

（2）公众关心：公关内容应贴近公众的生活，要能引起公众的兴趣；

（3）媒介关注：公关的内容同时也是新闻媒介追求的焦点或热点；

（4）饭店受益：公关活动的效果能带给饭店较大的收益。

以上四个方面有机结合，才能符合"创意公关"的要求。否则，就容易因为超出"度"而失去公关的可承受性，影响公关的效果。

同步案例8-2

年夜饭的公关活动

背景与情境：春节是最富特色的传统节日，是中华民族文化的重要载体。历经千百年的积淀，异彩纷呈的春节民俗，已形成底蕴深厚且独具特色的春节文化。随着物质生活水平的提高，人们对精神文化生活的需求迅速增长，对亲情、友情、和谐、美满的渴求更加强烈，春节等传统节日越来越受到社会各界的重视和关注。饭店已然成为中国百姓春节聚会重要的社交舞台。A饭店是沿海某城市的一家四星级饭店，早在春节前2个月，饭店大小餐厅共计900余个年夜饭餐位就已经预订一空。随着除夕的到来，饭店正集结全员之力，策划春节期间一系列的公关活动。

问题：

1）年夜饭预订早已满了，饭店还需要实施公关活动吗？

2）在中国传统节假日，饭店可围绕哪些主题策划公关活动？这些活动如何与饭店的产品有机结合起来？

分析提示：公关活动不仅在于促成产品和服务的销售，更在于维持良好的关系、树立良好的形象。通过活动，饭店可大力弘扬春节所蕴含的优秀传统文化，突出辞旧迎新、团圆平安、兴旺发达等主题，努力营造家庭和睦、安定团结、欢乐祥和的喜庆氛围，推动中华文化历久弥新、不断发展壮大。

8）以主动公关为先导，预防为主，防治结合

公关活动的基本任务是协调各方面的工作，为公关主体的发展创造一个良好的环境。这就要求饭店在开展公关活动时，应具备准确预测事件走向的能力，在听到歪曲了的“小道消息”前，在发生各种重大纠纷之前，积极公关，不要等弄得满城风雨时才想到用公关手段来“平息”。应具备忧患意识，通过开展各类公关活动，将引发各种不协调的因素降到最低。在日常的管理中，要及时倾听民情，明察现状，及时理顺上下内外各种关系，及早搬开饭店发展道路上的绊脚石，使饭店在发展之路上一帆风顺。

8.2 饭店公共关系活动领域分析

饭店公共关系之所以在现代旅游饭店中扮演着越来越重要的角色，重要原因之一是它在饭店经营管理中的活动领域越来越大，起到了越来越重要的作用。对于饭店而言，公共关系的活动领域主要体现在收集信息、塑造形象、协调关系、决策咨询四大方面。

8.2.1 收集信息

公共关系的作用之一是预测发展趋势，为饭店的领导者提供决策咨询。要实现科学的预测，首先就要重视信息的收集。因此，对信息的收集、整理、传递、反馈是公关部门和公关人员的重要职责。公关人员必备的专业技能就是善于从新闻媒介中、从自己的社会交往和各种专门性的活动中获取信息，并正确选择和整理出各种有效信息，及时反馈给有关决策人员和部门。因此，公关人员充当的是饭店的“耳目”。要眼观六路，耳听八方，对饭店和相关的社会环境和公众舆论保持高度的敏感，特别是要能准确收集有关饭店发展趋势和潜在发展危机的信息，并发出预报，以便饭店能及时调整方针、政策和行为，与变化了的社会环境相协调。

但是，任何饭店都可以说是处在一片信息汪洋中。在这些信息中，饭店的公关人员要善于发现有用信息，使其服务于本饭店。心理学上有一个概念，叫鸡尾酒现象。它指的是一个人在同时处理外界纷繁复杂的信息时，过滤掉很多无关紧要的信息，而只留下其中自己感觉有意义的部分，这就叫有用信息。这就好比在一个盛大的喧闹的鸡尾酒会上，人声鼎沸，场面嘈杂，人人目不暇接、耳不暇听，但却能敏感地听到某处某人提及的自己感兴趣的信息。这就是一种选择性的知觉现象。同样，饭店的公关人员在面对众多信息时，要有一种敏锐的选择性知觉，及时捕捉到有效信息来为饭店服务。因此，对于饭店的公关人员而言，首要的任务就是明确信息收集范围。

1）信息收集的范围

公关人员接触面广，可以获得的信息是非常多的。公关人员应明确所需要的信息的范围。因为信息太少或太多同样是有害的。信息太少，决策时就会缺少有力的全面的证据；信息太多，会牵扯太多的精力，增加各种额外的负担。

一般来说，饭店的公关人员在收集信息时，要明确以下信息是必须收集的：

（1）关于形象的信息

公共关系的根本目标是塑造一个良好的形象。因此，饭店对目前自身的形象现状要做到心中有数，要有一个充分的、客观的认识。因此，公关人员信息收集的第一块内容就是饭店的形象现状。主要有三个指标：

①知名度指标。

知名度是指社会公众对饭店的知晓和了解程度，以及这个饭店社会影响的广度和深度。它是衡量形象现状的一个“量”的指标，衡量的结果揭示了饭店被人知晓的范围的大小。它可以通过如下公式获得：

$$知名度=\frac{知晓公众}{饭店公众}\times 100\%$$

式中：知晓公众指的是在社会公众中，对饭店有一定了解的公众，他们还没有采取实际的行动与饭店发生各种联系，但是可以预见，在不久的未来，他们一定会以这样或那样的方式与饭店发生这样或那样的联系。

②美誉度指标。

美誉度是指社会公众对饭店的信任和赞美程度，以及这个饭店社会影响的好坏。它是衡量形象现状的一个“质”的指标，衡量的结果揭示了饭店被人评价的结果的好坏。它可以通过如下公式获得：

$$美誉度=\frac{顺意公众}{知晓公众}\times 100\%$$

在饭店众多的知晓公众中，肯定存在着不同态度的公众，他们有的对饭店的各项方针政策或行为持理解和赞美的态度，他们是饭店发展道路上的推动力，这些公众就是饭店的顺意公众。与此相反，还有一部分公众对饭店的各项方针政策或行为持不理解和反对的态度，他们是饭店发展道路上的绊脚石，是饭店的逆意公众。此外，还有一部分态度不明朗的公众，就是饭店的中间公众，他们对饭店既无多大的好感，也谈不上有任何不满，用一种较形象的比喻，他们就是“墙头草”。饭店公关工作的任务之一就是要争取更多的中间公众转变为饭店的顺意公众，防止他们加入逆意公众的队伍。

③支持率指标。

支持率指的是对饭店采取种种支持行为的公众占饭店顺意公众的比例。它表明了饭店在社会公众心目中的地位是高还是低，是重要还是一般，是正面形象还是反面形象，它预示着民心所向。因此，它是一个最具体的指标。

$$支持率=\frac{采取支持行为的公众}{顺意公众}\times 100\%$$

饭店公关人员在收集关于饭店形象的信息时，一定要综合以上三方面的信息，得出一个符合饭店实际情况的形象评价，防止形象评价虚假化。否则，会导致公关活动失之千里。

（2）关于产品的信息

饭店的存在价值在于其产品被公众所接受和喜欢，了解饭店产品的有关信息，就能从中看出饭店的经营现状和形象现状。

饭店产品从可见性的角度来看，可以分为如下两部分：

①有形的产品，主要是指各种以有形的物质状态呈现在公众面前的产品。如客房的布置、大堂的环境、餐厅的摆设、菜肴的色香味等。

②无形的产品，即服务，主要表现为饭店各级工作人员的工作态度、工作技巧、

工作方式、工作熟练程度、工作的精力投入等。

饭店的有形产品往往要借助工作人员的劳动来发挥其实际的最大功效，而且工作人员的服务最终决定着饭店产品的质量。因此，公关人员除了收集各类有形产品的信息（如性能、外观、色彩、使用效果、组成等）外，还应该主动收集围绕无形产品所进行的服务时间、服务方式、服务质量等方面的信息，准确了解社会公众对无形服务的反映。

（3）有关公众的信息

饭店开展的所有公关活动都是围绕饭店的公众而进行的，因此，饭店应时刻了解公众的信息。这些信息包括：

①有关公众基本情况的信息。

有关公众的基本情况的信息主要包括公众的年龄、性别、职业、家庭规模、个性、文化程度等。这些都会影响公众的态度和行为。如一般情况下，女性员工心理比较细致、敏感，这就要求饭店领导在工作中细腻周到，切实关心她们的实际困难，解决各类实际问题，这样比较容易和她们建立一种真诚的关系；而对于比较“粗线条”男性员工，饭店领导在工作中就应采取一种有别于女性的工作方式。

②有关公众类别的信息。

饭店面临的公众类别是非常多的。饭店必须按照一定的标准对公众进行科学的分类；然后抓住主要公众作为自己的主要公关对象。

在对公众进行分类时，可以参照以下的分类标准：

根据公众的重要程度，可以将公众分为首要公众、次要公众、边缘公众。饭店可根据分类结果，安排各项公关活动的轻重缓急，本着“抓住重点，照顾一般”的原则开展公关工作。

根据饭店对公众的影响程度，可以将公众分为非公众、潜在公众、知晓公众、顺意公众。在一般情况下，公关工作的重点应放在顺意公众上，让顺意公众发挥其口头传播的威力，争取更多的民心。同时，也要注意做好知晓公众的工作，使之尽快转换为对饭店有利的顺意公众。此外，要能高瞻远瞩地发现潜在公众，适当地做好潜在公众的工作，体现公关工作的预见性。当然，要将非公众排除在公关工作之外，以保证饭店将主要精力集中在主要公众身上。

根据公众的归属程度，可以将公众分为内部公众和外部公众两类。内部公众是指与饭店有归属关系的公众，主要指饭店的各级员工和股东；外部公众是指与饭店没有任何归属关系但是确实和饭店发生联系的公众，如宾客、新闻媒体、社区、竞争者、各级政府部门等。一般，内部公众是创造饭店产品的“劳力来源”和“财力来源”，所以十分重要。在众多的外部公众中，宾客是饭店的衣食父母，也十分重要。

根据公众的稳定程度，可以将公众分为固定性公众、稳定性公众和临时性公众。

根据饭店对公众的需要程度，可以将公众分为支撑性公众、功能性公众和横向同业公众。

同步思考8-1

背景资料：肯德基以回头率作为市场细分的依据，将其顾客分为如下三类：一是重度消费者，一般一周去一次；二是中度消费者，一般一个月去一次；三是轻度消费者，一般半年去一次。针对不同的顾客，肯德基采取了不同的营销对策。

美国著名营销学者泽丝曼尔（Valarie A. Zeithaml）、勒斯特（Roland T.Rust）和兰蒙（Katherine N. Lemon）于2002年提出了“顾客金字塔”模型，根据顾客为饭店贡献的经济收益、忠诚度、消费量以及饭店为顾客所需提供的服务水平等要素将顾客划分为铂层顾客、金层顾客、铁层顾客和铅层顾客。通过分析上述不同顾客的不同需要，合理分配饭店有限的资源，为他们提供不同的产品和服务。

现实市场上，有些饭店根据顾客对品牌的态度，将饭店顾客细分为五类：品牌崇拜群组、品牌忠诚群组、品牌择优群组、品牌游离群组、品牌反感群组。品牌崇拜群组的顾客与饭店品牌之间的关系就像“粉丝”与偶像的关系。他们把某一饭店品牌作为自己的唯一选择，消费理由已经远远超出了对产品、服务的功能需求，而是一种感情依托、一种生活期待。他们以经常使用这个品牌为荣，自觉维护品牌声誉，主动、狂热地为饭店做宣传。品牌忠诚群组的客户与饭店品牌之间的关系更像是一种长期建立起来的彼此信任、互相关照的朋友关系。这些客户视品牌为满足他们某种生活方式的一种手段，他们满意饭店所提供的专业产品与服务，也更能理解这背后所体现出的共享的价值观念与生活态度。品牌择优群组的顾客与饭店品牌之间的关系往往是一种比较直接、单纯的商业关系，他们不会钟情于某一饭店品牌，而是在几个品牌中进行选择，以达到个人利益最大化的目的。一般来说，这个群组的客户消费心态比较务实，对饭店的价格、促销比较敏感，他们理解的所谓品牌价值更多的是功能上的享受与实惠，而较少关注心理上的满足感。品牌游离群组的顾客与饭店品牌之间的关系实际上是一种若即若离的随意关系，他们对某个饭店品牌并无特殊的好恶，是否选择某一个品牌，完全取决于当时的需求状况与心理感觉。此外，这个群组的人处于品牌游离状态还另有原因，他们喜欢不断地更换饭店品牌，以取得一些不同的新鲜感。品牌反感群组的顾客与饭店品牌之间的关系有些类似“你死我活”的关系，他们与品牌崇拜群组的消费心态正好相反，对饭店品牌采取的是一种基本否定的心态。

问题：饭店还可以采用哪些分类依据对其顾客进行有效的划分？

理解要点：顾客是个多元的异质群体，并且这一特性随着顾客的成熟变得越来越明显。这就要求饭店根据不同的标准对顾客进行细分，在市场高度细分的基础上，为顾客提供个性化、定制化的产品和服务体验。可结合市场细分的相关内容思考这一问题。

③有关公众态度的信息。

公众的态度是指社会公众对饭店的方针、政策、行为等的认知、情感和行为的倾向性。在饭店众多的公众中，由于这样或那样的原因，公众会对饭店形成不同的态度。饭店在开展公关活动时，应根据不同态度的公众开展不同的活动。首先，做好“纠偏”工作，尽量扩大顺意公众的队伍；其次，做好“巩固”工作，稳固顺意公众的队伍，为饭店的发展创造一个良好的人际环境。

④有关公众需要和欲望的信息。

不同的公众，由于社会地位、文化程度、经济收入、风俗习惯等方面的差异，对饭店会有不同的需要和欲望，这就要求饭店在开展公关活动时，应注意区分不同公众的不同需要和欲望，在可能的情况下，尽量一一予以满足。如员工对饭店的需要主要是合理的工资和福利待遇、个人发展的机会等；宾客对饭店的需要是能够获得物有所值甚至物超所值的服务和产品；政府对饭店的需要是希望饭店能做一个有较强社会责任感并且守法的社会组成部分；竞争者对饭店的需要是平等竞争，建立一种既竞争又合作的竞争关系；社区对饭店的需要是饭店能做一位守法的社区居民，同时能促进社区的发展。同一类公众，不同的个体，又会有个体的独特需要，要求饭店也能予以针对性的满足。如饭店提倡的针对性服务，就是在规范化服务的基础上，考虑了不同个体的不同需要，真正将服务落到实处，真正将服务做到心里。饭店尤其要掌握不同地域的公众不同的价值取向和文化特质。

需要特别提醒的是，对于任何一家饭店而言，其所面临的任何公众都具有变化性的特点。也就是说，一个饭店的公众环境是个开放的系统，处于时刻变化和发展的状态，公众在数量、质量、态度、范围、性质等方面都在不断地变化，如原先的顺意公众可能会转变成为逆意公众，原先的潜在公众也可能转变成为知晓公众。公众队伍的变化，必然会导致公关活动的目标、重点、方针、政策和手段等也相应地发生变化。因此，饭店必须以动态的、发展的眼光来认识自己的公众对象，随时掌握公众变化了的情报资料，据此来修正原来的公关计划。

（4）社会环境信息

饭店在收集公共关系信息时，还要收集那些具有宏观性、长远性和社会性特点的信息。也就是说，饭店要收集来自国际环境和国内环境的有关政治、经济、法律、文化等方面的信息，如政治趋势的变化、产业结构的调整、经济的发展状况等。饭店尤其要重视收集以下四方面的大环境信息：

①各项方针政策、法令法规。例如，国家三令五申禁止公款吃喝，这就意味着大众化消费时代的来临，饭店在菜式、收费等方面要适时调整，向大众靠拢。

②变化了的各项社会生活方式。例如，中国人在过除夕的时候，以前大多在家里吃团圆饭，近些年来，这种过年的方式也悄悄地发生了变化，越来越多的家庭选择到饭店吃年夜饭。饭店要针对这种变化了的生活方式做出相应对策，发现这块市场，进而开发、满足这块市场，同时能创造出更多的新市场。

③有关传统文化的信息。民族的、传统的东西才是世界的、最具生命力的东西。饭店在发展过程中，应注意时刻挖掘传统文化中的精华，并利用它为饭店增光添彩。例如，延安有一家窑洞饭店，其抛弃气派的现代建筑和豪华的装修，采用黄土高原上常见的，但在别处没有的窑洞作为饭店的主建筑，同时，在菜名的设计和原料的搭配上，巧妙地抓住了该地所特有的黄土文化和红军文化做文章，可谓别具一格，吸引了大量的消费者。

④社会各种热点话题和焦点问题以及不同时期不同的公众舆论。例如，进入20世纪90年代以来，环保呼声日益高涨，有的饭店就提出“创建绿色饭店”，尽量减少

饭店对环境的污染，为维护地球的洁净献出一份爱。

同步思考 8-2

背景资料：大数据时代之前，酒店多采用CRM或BI系统中的顾客信息、市场促销、广告活动、展览等结构化数据，以及官网的一些数据，但这些信息只能达到酒店正常营销管理需求的10%，就好比冰山的一角，并不能帮助企业洞察重要的事情和发现规律。而其他90%的数据，诸如社交媒体、邮件、地理位置、用户分享的音视频等信息数据，以及移动互联网信息等开始日渐宝贵、作用突出，有待进一步发掘。大数据已被运营者当成洞察消费趋势、习惯以及更多内容的时髦工具。从大数据的角度来看，OTA、搜索引擎等平台上驻留的用户行为数据，能更好地反映市场的即时需求。这些数据能弥补传统方式在动态市场预测方面的缺陷，精准判断市场需求，帮助酒店实现更灵活的定价。同时，在饭店内部管理和外部营销等领域发挥着巨大作用。

围绕用户选择和入住酒店的整个过程，可将酒店管理分为住前、住中和住后环节，不同环节均有不同的数据来源。住前数据即用户入住前的选择行为数据，如在百度等搜索引擎上的搜索行为，在OTA上的搜索、浏览、预订行为等，这些数据反映整个市场需求和用户偏好。住中数据即酒店在用户入住过程中形成的数据，如酒店PMS系统中的经营数据等，这些数据反映了酒店的当前及历史经营状况。住后数据即用户住后的反馈数据，如用户点评、调查问卷等，反映酒店的产品及服务的价值。

2015年3月，阿里旅行·去啊正式发布“未来酒店”战略。该战略是利用了石基信息的酒店管理系统做入口，以支付宝的用户数据为基础的新型酒店信用体系。第一阶段联合芝麻信用上线了“信用住”服务。信用良好的用户在阿里旅行预订“信用住”酒店，就可体验“零押金无担保急速退房”服务。阿里巴巴航旅事业群总裁李少华表示，“未来酒店”是阿里旅行基于用户分享、数据能力和营销平台为酒店业打造的“一站式解决方案”。要解决的正是酒店与OTA之间一直以来“相爱相杀”的纠结关系。OTA带来的客源对酒店有着强大的诱惑力，但与此同时，OTA又让酒店面临一系列无解的痛点：高佣金低效能、信息不畅通、账期长等。尤其是传统在线旅游平台以亏损换市场份额，用户服务体验也遭到极大的质疑，包括人工信用担保安全度低、临时变更流程复杂、退款周期长、离店等候时间长等。营销方面，传统OTA模式对酒店来说缺乏一个营销平台，每次营销的价格或活动等呈现到消费者端，无非通过两个渠道：OTA对接和酒店官网。在OTA一端，消费者感知不到酒店提供的个性化服务，而受制于用户对特定流量入口的选择，官网很难触及更需要服务的消费者。“未来酒店”是一个开放的平台，在这个平台上，酒店可以触及每个住店的消费者，也可以通过阿里的大数据，在整个平台上寻找或者准确定位到可能触及的消费者。

中国旅游饭店业协会会长、北京首旅酒店集团董事长张润钢说：“我们看到一个新兴市场正在出现——年轻人的消费、私款消费、和手机密切相关的消费以及时尚消费。我们心里也很着急，传统消费下降这部分的后果基本上是由传统饭店业承担的，但新兴消费上升的那块市场红利没有被传统的星级饭店得到，这是我们面临的现实问题。”“新兴消费市场有两个特点，年轻人和智能手机。这里就刺激了我们重新认识现在饭店行业的核心竞争力是什么，我们感觉到可能已经不是品牌、产品和服务，这些东西仍然重要，但可能出现了比它们更重要的东西，就是客户和大数据。这一定是中国酒店业未来要发展的方向。”张润钢说。

有业界人士表示，在移动互联网井喷式发展的态势下，其未来也将占据酒店行业市场，但比起市场上现有的OTA及各家酒店研发的移动预订客户端，客户体验好、平台强大、资源整合能力强的App将更受用户青睐。一个酒店应用系统将不再仅以预订为主，而是要汇集决策、预订、入住、分享4个环节的全部内容。目前，各个OTA都在进行大数据收集和研究，集合了消费者的机票、酒店和出行习惯、消费额度等信息，都可以进行消费行为预判和产品研发。通过对大数据的分析，比如对住客年龄、收入、人均消费等进行研究，可以改善酒店收益、实现精准营销、减少空房率、提升入住率。阿里旅行·去啊与石基信息的合作也是为了收集大数据，然后分析研究，实现对客户的精准营销。大数据收集也是各OTA从源头上争夺客人的开端。艺龙网与北京住哲信息技术有限公司共同推出了首家免费酒店管理系统——云PMS免费版。该软件整合了微博订房、App订房等增值服务，推动酒店行业信息化，主要为更多连锁酒店、中小酒店、客栈甚至家庭旅馆提供触网机会。数据显示，中国约有40万家中小酒店商户，使用由“OTA+PMS+数据挖掘”构成的酒店行业全数据平台将成为行业趋势。

以大数据为基础的内容策划包含的步骤是：专业化的运作部门通过内容倾听消费者心声，将其反馈信息进行分析后付诸行动，为消费者提供更好的体验。四季酒店社交平台的内容策略分为两个部分，一是用户生成内容，二是在线上和线下渠道提供引人入胜的体验，双管齐下，消费者会在不同的活动当中与品牌进行互动。比如四季酒店进行的婚礼筹划等专题策划，为此开设专门的Twitter和Pinterest账号向消费者提供来自酒店员工的专业建议和在四季酒店举行婚礼的新娘所分享的故事，以互动的方式来吸引消费者，采集大量用户信息，同时对不同兴趣程度的用户进行划分，对他们做不同程度的引导。再比如，四季酒店的Maxine畅游曼哈顿竞猜活动就是一个针对商旅群体推出的家庭周末旅行的活动方案。它启用了所有社交平台用于此次活动的营销，包括Pinterest、Twitter、Instagram和Vine。通过对以上平台用户的各方面数据进行对比，如分享的内容是否多与家庭出行相关，用户是否表达过迫切需要和家人一同出行的意向等，帮助四季酒店通过社交媒体定位目标客户群，并将竞猜活动弄得十分吸引人。活动实现了所预期的商业效果：酒店在周末的收入同比增长了5%，Facebook的粉丝数增长了10%，Twitter粉丝数增长了19%。大数据不仅能帮助酒店确定用户群，回答“我的客户在哪里”和“他们需要什么”等问题，依托社会媒体，四季酒店还专注于“打造视觉资产”，利用大数据回答“我想让他们做什么”。为此，四季酒店将其内容在新的平台（如Instagram和Tumblr）上赋予了新的用途，酒店与服务业中的餐饮和夜生活中的“超级明星”进行合作也可以为客户带来令人难忘的体验。当然，对于奢侈豪华的四季酒店，这一切都离不开它个性化的服务，待人如己的法则和极具创新性的品牌文化，并且能够提供完美睡眠，纯正独特的当地体验，让客人能休养生息。继而对大数据进行整合，通过在社交媒体讲“对味儿”的故事和利用一体化的内容策略来与用户进行交流，向消费者传递这种体验，以使其沉浸在品牌体验当中，这才是关键。

开元集团对大数据的实践主要体现在以下五个领域：第一，在项目投资与业务发展决策方面，“大数据”有效地帮助开元集团做好了辅助决策。通常开元集团在某个城市的某个地理位置计划投资建一个酒店，或者需要开元集团管理的一个业主在某个城市的某个地理位置建一个酒店，以前往往通过自己或者第三方做个市场调研，结合财务模型分析其可行性，如今，还会大量利用行业“大数据”（如携程、去哪儿等的数据）作为辅助工具展示不同季节、不同月份、不同周期此地理位置周边酒店的订房发生数量、预订方式、不同房价、不同需求，这些数据不仅能确定此地理位置能不能建酒店，更能对酒店的客源进行细分并确定平均房价，从而通过财务模型计算出投资的可行性。第二，在营销方面，“大数据”可以帮助开元集团做好精准化营销。开元集团曾经与阿里巴巴集团做了一个较为深度的合作，将开元集团的170万名会员加密后与阿里巴巴集团的大数据进行匹配，然后应用匹配后的数据做会员精准化营销，由此不仅激活了很多僵尸会员，而且从支付宝中获取了开元集团需要的会员，最大的收益是获取了更多的订单。第三，“大数据”帮助开元集团做品质管理。开元集团始终有这样一个理念，由于一个酒店的客源具有不同的客源市场，每个细分市场的客源对其产品与服务的关注点不尽相同，因此同一项服务，客源的满意度可能会完全背离，因此行业应该开发一种综合评价体系，数据不仅涵盖网络客源，也要涵盖团队客源、会员，或者神秘客户，这样的评价与评价外的改进才是有效的。开元集团有自己的质量管理体系，这个评价还可以再涵盖酒店每年的业务巡检以及宾客满意度调查、呼叫中心服务质量数据反馈、酒店MOD等其他维度，这样才能形成更大的数据库，提供给酒店做好更有针对性的决策。第四，“大数据”可以帮助酒店集团进行产品与服务的研发，主要是对开元集团下的各酒店宾客的消费行为进行调查，这里涉及客房、餐饮、康乐等，通过对调查出来的数据进行整合分析，为开发开元集团宾客喜欢的产品、优化相关服务流程、减少管理环节做出决策。第五，“大数据”帮助酒店改善了对收益的管理。收益管理的实质是通过大量的对过去多年预订数据的采集，结合当前预订做出预测。

资料来源　作者根据相关网络报道整理而成.

问题：什么是大数据？大数据与“传统的客户信息”有什么区别？饭店如何对大数据进行有效利用？

理解要点：通过网络收集有关大数据的定义，并总结概括出大数据的基本特征。较之传统的“客户信息”，大数据的特点就在于整合、打通了各类数据信息，而不单单是顾客在酒店领域的消费信息。大数据利用的战略意义不在于掌握庞大的数据信息，而在于对这些含有意义的数据进行专业化处理，并将之转化为饭店的第一“生产力”。

2）信息收集的渠道

在大致框定信息收集范围的基础上，公关人员应了解不同的信息收集渠道。通过掌握不同的信息收集渠道，多途径、多角度地收集信息。

一般来说，信息收集的渠道可以分为以下两大类：

（1）内部信息收集渠道

内部信息收集渠道指的是饭店内部的信息来源渠道，包括正式的和非正式的两类。正式的信息收集渠道主要是指按照正式的组织内部层级系统来传递信息的各种渠道。这种信息渠道是饭店为了更好地进行管理而设立的一种规范化、正式化、程式化的沟通渠道，它有相应的组织机构或制度来保证信息的畅通流转。这种正式的信息渠道主要包括：①计算机系统；②各类报表，包括各类日报表、营业统计报表、财务分析管理报表等；③工作报告，包括管理层逐级呈交的月度工作报告或特别报告；④内部行文，如各类指示、请示、汇报、指令、批示等；⑤各类会议，如总经理办公会、业务会议、部门经理例会、座谈会、早会等；⑥各类特别记事簿；⑦饭店内部刊物或公告栏、黑板报等；⑧各类通信工具或网络平台；⑨各种正式的谈话记录；⑩值班日记等。

通过正式的内部信息渠道所获得的信息一般比较权威、真实，可信度比较高。这些信息比较客观地反映出饭店日常各项活动的开展情况以及各类关系的现状。

非正式的信息收集渠道主要是指那些通过非正规的途径，利用非组织化的人际传播手段传递信息的渠道，也就是各类小道消息渠道。对于这类渠道，饭店不能一概忽视，而应抱着一种“疏而不堵”的态度正视它们的存在，要意识到这些“小道”在信息收集中的重要作用。饭店内部公众经常会通过这种渠道交流各自意见，传递各类消息，从而形成饭店内部的舆论，影响人们的态度和行为。通过这类渠道收集的信息，比较真实地反映饭店内部公众的凝聚力和饭店对公众的吸引力，相对于“官方渠道”而言，非正式的信息收集渠道是“民间渠道”，是信息交流的自由市场，它反映的情况有时更贴近实际、更深入，它是对正式信息收集渠道的一种有机补充。不过，在非正式信息渠道上所获得的信息良莠不齐，鱼目混珠，需要公关人员练就一副火眼金睛，识别真假信息，并且能够透过现象看本质，找准信息的本质所在。

（2）外部信息收集渠道

外部信息收集渠道主要是指饭店外部的各类信息来源和渠道，最主要的是指通过各类大众传播方式或其他方式发布的信息资料来源。在信息公开化程度越来越高的今天，一些有价值的信息往往出现在各类大众传播媒体上，这也要求公关人员善于从纷繁复杂的信息海洋中找准有用信息。许多饭店都设专门的人员负责收集在各类大众传播媒体上出现的有关本饭店或其他饭店的信息。外部信息收集渠道一般包括：①各类公开发行的报纸或统计资料，尤其是一些旅游行业的统计年鉴或旅游信息市场导报等资料；②各类旅游贸易会或洽谈会，饭店的公关人员可以作为宾客参加这些贸易会或洽谈会，向竞争对手了解、请教有关问题；③通过宾客的信息和信息反馈收集有关信息；④通过参加各类行业交流会收集信息；⑤通过参加一些非正式的聚会收集信息；⑥借助互联网收集信息，特别是网络评价信息。

同步思考 8-3

背景资料：宾客对饭店的总体评价是饭店有效优化服务、提升形象的重要依据，如何获得大量宾客对饭店的真实看法？饭店可收集第三方平台即酒店预订网上的宾客评价，对它们进行分析，这类无干扰性资料（Unobtrusive and Available Data）具有客观、数量大、方便获取等特点。目前，较有影响力的第三方平台包括去哪儿网、大众点评网、艺龙网、驴评网、到到网等。

问题： 饭店如何有效跟进网络评价，并据此改进服务，提升饭店形象？

理解要点： 在研究方法上，可运用文本分析法对文字性内容进行量化，从而发现定性资料中所隐藏的规律性问题，从中找出哪些是宾客在入住饭店时重点关注的因素，哪些又是不重要的要素。因此，可根据客人关注的焦点量身定做产品和服务，提高宾客的满意度。文本分析法，也称内容分析，它是一种将不系统的、定性的符号性内容如文字、图像等转化成系统的、定量的数据资料的研究方法。作为一种定性研究方法，它既是一种主要的文献资料分析方法，又是一种独立、完整的科学研究方法。

内部和外部两类信息收集渠道各有千秋，饭店公关人员应灵活结合内外各种渠道，发挥组合优势，不要拘泥于单一地采用某种渠道。

3）信息收集的方法

公关人员在具体实施信息收集工作时，可以采用不同的方法，从不同的渠道收集信息。一般，收集信息的方法包括：

（1）问卷法

问卷法是最常见的方法。公关人员根据主题要求，设计各类不同的问卷，然后确定相应的调查范围，组织人员发放问卷并负责回收。

目前，饭店普遍采用问卷法收集各类信息。如在饭店客房设置的“宾客意见征询表”就是一份典型的问卷。但是，这类问卷的设计往往流于形式，缺乏美观性和刺激性，因此，许多宾客往往不愿意回答，使得问卷形同虚设。因此，摆在广大饭店公关人员面前一个迫切的课题是如何从题型设计、色彩、字体、纸张等方面着手，增加这份问卷的可看性和愿答性，切实利用好这种简单实惠的收集信息的方法。

（2）访谈法

访谈法是指公关人员和调查对象通过面对面的沟通交流来收集信息，或借助电话、传真、网络、信件等媒体进行访谈来收集信息。其优点是感情色彩比较浓厚，有人情味，可以获取比较直观、深入、翔实的信息。在饭店中，访谈法也是一类操作性较强的方法，如设大堂副理，专门收集来自客人方面的信息；饭店内部各级工作人员在工作中通过访谈的方式征求客人的意见和建议；饭店人员走出饭店走访有关部门和人员，这些都是饭店常用的访谈方法。访谈可以是面对面的交谈，也可以通过电话、网络等方式进行。

（3）观察法

观察法指饭店组织有关人员亲临现场，以眼睛或借助其他手段收集信息。根据观察者的参与程度，可以分为参与性观察法和非参与性观察法。参与性观察法主要是指饭店组织有关人员身临其境地参与有关服务活动，以切身感受来收集有关服务质量等方面的信息。它包括明查和暗访两类方式，通过这类方法尤其是通过暗访获取的信息，其可信度是相当高的。非参与性观察法主要是指饭店组织有关人员置身事外，以局外人的身份客观地评价某些行为和做法，收集有关信息。所谓旁观者清，因而通过这种方法所获取的信息也是有相当高的使用价值的。

（4）资料摘录法

资料摘录法是指通过查阅各类专业的或非专业性的报纸、杂志、电视节目、网络资料等获取信息的方法。通过这种方法所获取的资料往往是大量的过去的资料，因而，可以为饭店的有关人员提供过去的经验和借鉴，并且通过这种资料，可查询有关规律，分析未来发展的趋势。

4）信息的处理过程

公关活动收集信息的工作任务还包括对所收集的各类信息进行处理，即对信息进行细致的筛选、分析、组织，得出最终的分析结果，为决策服务。谨防只播不收，即要防止"只重视组织调查，却忽略结果处理"的做法。

一般来说，信息处理的过程包括过滤、鉴别、分析、综合等步骤，这个过程也就是对信息做"去粗取精、去伪存真、由此及彼、由内到外"的工作。在处理各类信息时，应遵循以下原则：迅速性，以确保信息的时效性；准确性，减少信息处理过程中各种主客观干扰因素，以确保信息的有效性；反馈性，兼听则明，在双向沟通的基础上，确保信息的真实性；全面性，以确保信息的完整性；重点突出，以突出关键信息为主。

基于大数据分析，在信息处理过程中，常用的工具之一就是用户画像。用户画像就是通过分析用户行为习惯、消费习惯、性别、生活城市等重要商业信息，完美地抽象出一个用户的信息全貌，即将用户信息进行标签化后，具象到一个人物的身上，作为目标用户的一个代表形象。用户画像可以使产品的服务对象更加聚焦，服务更加专注。

8.2.2　塑造形象

饭店公共关系是以美誉为目标的，因此，饭店公共关系的主要活动之一就是塑造饭店形象。

1）饭店形象的含义

饭店形象是指社会公众对饭店的整体印象和综合评价。因此，它是一种带有个人主观色彩的判断。它反映了社会公众对饭店整体特征的认识程度和感情倾向程度。基于此，饭店应努力做好形象塑造工作，在不同的公众心目中留下尽可能接近饭店实际情况的有效印象和优良评价。饭店形象具有以下特征：

（1）客观性和主观性相统一

公众对饭店做出的评价是建立在一定的事实基础上的，并不是公众凭空捏造或饭店自我吹嘘出来的。公众根据饭店在日常运转过程中体现出来的外显特征和内在气质对饭店做出形象判断。饭店客观上做了什么，存在哪些问题，就会使公众产生什么样的印象。可以这么说，公众的印象只不过是一种"影像"，这种"影像"是根据饭店的实际活动或客观存在而映射出来的。因此，形象带有客观性的特点。当然，每个公众在对饭店做出评价时，往往会加入许多个人的因素，如个人的知识经验、价值观念、亲身经历等，这些因素使得客观的形象带上了明显的个人色彩。

（2）变动性和稳定性相统一

饭店形象的好坏是由公众做出评价的。他们一般从个人的角度出发，以饭店是否满足自己的个体需要作为评判饭店形象好坏的基本依据。而饭店的公众较之于其他行业，带有很大的流动性。如住店的客人一般是一天一换或几天一换，就职的员工很可能由于这样或那样的原因而发生变化。这些，都给饭店形象赋予了强烈的变动性。因此，饭店应从各个方面不断加以完善和创新，在变动的公众中都留下美好的印象。稳定性只是相对而言的。形象作为一种看法、一种评价，一旦形成，就不会轻易改变或消失，久而久之就会形成一种心理定式，长期左右公众的看法。主观感受的相对稳定性使得饭店形象也具有相对的稳定性。这对形象好的饭店来说，无疑是一种福音，对于形象差的饭店来说，则是一种灾难。

(3) 独立性和多维性相统一

反映一个饭店形象的角度是多方面的。公众从不同的角度出发会对同一个饭店得出完全不同的印象；在不同的时期对同一个饭店也会产生不同的评价。原因何在？这是因为饭店形象具有独立性和多维性相统一的特点。有些公众在对饭店形象做出评价时，往往是以某一方面的表现（如饭店的外观建筑、装饰格调，服务水平、人员素质等）作为依据，这样，对一个饭店而言，就会有不同的相对独立的特殊形象；但是，有些公众则能比较全面、客观地评价一个饭店。

(4) 可塑性和可毁性相统一

饭店的形象一旦形成，虽说具有一定的稳定性，但还是可以向好坏两极发展的，是可以重新塑造的。当然，在塑造新形象时，由于刻板效应的作用，会明显地带上原先的印象，这就要求饭店的公关人员巧妙地减轻原来不良形象的影响，借助原来良好形象的作用，比较轻松地开展形象重塑工作。同时，要求饭店的公关人员主动关心本饭店在公众中的形象现状，并适当地加以引导，以始终保持一种比较良好的形象现状。

2）饭店形象的构成

组成饭店形象的要素主要有：

(1) 产品形象：指饭店向宾客提供的所有饭店的使用价值所蕴含的价值特征在公众心中留下的印象和公众的评价。

(2) 市场形象：指饭店的产品进入市场后在公众心目中形成的看法和评价，由销售形象和竞争形象组成。如这家饭店是否遵守竞争规则，是否恪守商业道德，是否执行行业规则，是否具备较强的处理危机的能力等。

(3) 人员形象：包括管理人员形象和普通员工形象。人员形象尤其是一线岗位的员工形象很重要，饭店的产品是借助于员工的劳动得以实现使用价值的，所以，员工形象是饭店形象的关键。

(4) 管理形象：饭店管理是一种系统控制，饭店内部各子系统运行正常，各要素充分发挥作用并和谐一致，说明饭店的管理水平高，饭店的管理形象好。饭店的形象依靠饭店的管理来塑造，饭店的管理形象反映饭店的总体形象。

(5) 实力形象：饭店的实力形象首先表现在饭店的空间方面，如饭店的建筑构造、装潢格调、设施设备、环境布置等，这是饭店实力形象的“硬件”。实力形象还表现在员工的待遇和福利方面。待遇和福利好，说明饭店的实力强，容易产生吸引力和凝聚力，这是饭店实力形象的“软件”。

(6) 社会形象：饭店的社会形象表现为饭店对社会的关心和支持程度。饭店首先要搞好周围的环境建设，减少噪声、油烟等对环境的污染；要积极关心和参与各项社会公益事业，发挥饭店良好的榜样作用。

同步案例8-3

开元·公益——中国高校间隔旅行活动

背景与情境： 高校大规模扩招加大了大学生就业的难度，但同时，饭店行业却面临人员特别是基层人员的高流动现状。基于这一背景，开元旅业集团（以下简称“开元”）团委与开元酒店集团人力资源部联合举办了“开元·公益——中国高校间隔旅行计划”活动。

“间隔年”在发达国家非常流行，是指用一段较长的时间去旅行或从事一些非政府组织的志愿者工作。最常见的间隔年发生在大学毕业与工作之前这段时间。这时候的间隔年可以帮助学生通过社会实践，进一步了解自己，体验生活。间隔年就是以一种“间隔”当前社会生活的方式，达到更好地融入当前社会的目的。

开元从全国众多报名大学生中最终挑选出17名大学生体验者参与该活动。活动从2013年7月初启动，为期2个多月，除第一周在杭州总部参加技能培训、观摩技术比武外，17名大学生先后赴绍兴、开封、北京三个城市的绍兴开元名都大酒店、大禹·开元大酒店、开封开元名都大酒店、北京歌华开元大酒店、北京开元名都大酒店等5家开元酒店，在每个城市进行为期2周的职业体验、公益活动和旅行。学员们分别在各成员酒店房务部、餐饮部、人力资源部、市场部等部门进行了岗位实习。期间还联合间隔旅行所经酒店团支部开展“寻老兵、送关爱”公益系列活动，通过广场活动倡导关爱抗战老兵，并征集上百条老兵祝福语，全程共探访7位抗战老兵，为他们送上一份“迟到的爱”。新浪、搜狐、大学生网等20余家媒体对此次活动进行了宣传报道。学员们也带上微博旅行，活动期间微博发布量及转发量超过5万次，在学员所在院校及周边形成一定影响。17名学员在实习中，表现出的青春活力、积极主动和踏实勤奋，也获得间隔旅行的酒店相关领导和同事的一致好评。

学员们在活动结束后，对开元为其提供的平台表示感谢，并表示通过此次间隔旅行活动看到风景，透过职场感受压力，关注老兵体会责任，透过相处品味人情。间隔旅行活动虽然结束了，但大家人生新的征程才刚刚开启，他们愿与开元共同成长。活动结束后，学员中的3名应届毕业生表示愿意留在开元工作，在开元踏上职业生涯真正的第一步。

开元表示，希望通过此次开元间隔旅行活动，为工作旅行的青年人提供一个交流和分享的平台，引领国内行业间隔年文化，推广间隔旅行这种特殊的旅行方式，希望中国青年在行走中能不断完善自己、丰盛内心、更有担当。

资料来源　佚名. 首届开元·公益——中国高校间隔旅行活动圆满落幕［EB/CL］.［2013-08-31］. http：//news.sina.com.cn/o/2013-08-31/014928093951.shtml？from=www.hao10086.com.

问题： 开元的高校间隔旅行活动对你有什么启发？这项活动对饭店而言，有何积极的意义？

分析提示： 饭店形象的诸多组成要素中，社会形象日渐被人们所关注。有责任的企业在未来的发展中会获得更多的长期回报。

3）饭店形象的塑造

在塑造饭店形象时，不能急于求成，应遵循诊断、开方、治疗三步走的程序，有计划地塑造形象。

（1）诊断

形象塑造的第一步就是通过诊断，清楚地认识饭店形象的现状，“知己”是塑造形象的起点和基点。诊断工作是建立在大量的调查研究基础上的。通过调查研究，计算出饭店知名度和美誉度两个指标，并以知名度为横坐标，以美誉度为纵坐标，建立一个饭店形象坐标图，如图8-1所示。

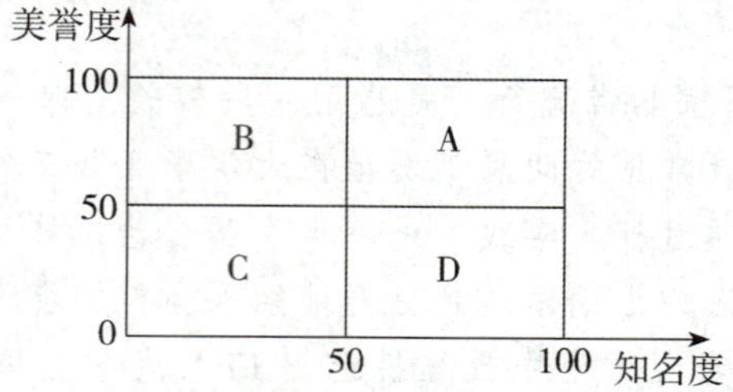

图8-1 饭店形象坐标图

按照不同的知名度和美誉度，将整个坐标系划分为A、B、C、D四个区域。然后分析每一个区域的形象特征，对照所获得的饭店的知名度和美誉度，找出该饭店所在的区域，这样就可以根据所在区域分析形象状况。分析图8-1，可以得出不同区域的形象特征（如表8-1所示）。

表8-1 **不同区域饭店形象特征**

区域	形象特征
A	知名度高，美誉度高，属于明星饭店，秀外慧中
B	知名度低，美誉度高，属于小家碧玉型饭店，形象宣传力度不够
C	知名度低，美誉度低，属于“名实两欠”型饭店
. D	知名度高，美誉度低，形象现状不容乐观，属于“臭名远扬”型饭店

饭店形象坐标图直观地显示了饭店已有的形象地位，为下一步选择、设计和控制饭店新形象指明了方向。

（2）开方

在诊断的基础上开方，拟定各种改进的对策。在开方的时候，饭店首先要在大局上明确努力的方向。一般，各区域的形象努力大方向如下：

A：不能松懈，继续保持原有的步调，因为形象建设如逆水行舟，不进则退。

B：美誉度是好的，问题的症结在于饭店沟通宣传力度不够，可能主观上存在一种“皇帝女儿不愁嫁”的传统思想；或是宣传方式不正确，缺乏宣传的针对性和有效性。因此，公关人员的工作精力应主要放在如何提高饭店的知名度上面，同时，不能松懈美誉度的建设。

C：首先，饭店要通过开展种种实际的活动提高美誉度，在小范围内建立起一个比较好的形象，然后再将这个美誉度加以宣传，提高饭店的知名度。

D：关键的问题是要进行形象重塑，果断抛弃原有的不良形象，重新选择新的形象并努力树立这个新的形象。

在开好以上大方子的基础上，饭店还要开出小的方子、细的方子。这就是具体选择采用哪一种公关活动模式来巩固全新的形象。一般，对于饭店而言，可供选择参考的公关模式有以下十大类：

①宣传型的公关：饭店通过各类大众传播媒体或内部沟通等途径，开展各类信息沟通活动，树立形象。典型的形式有新闻发布会、记者招待会等。其特点是以信息传播为中心而展开，活动的重心是以信息宣传为主；时效性较强，传播面较广，推广形象效果显著。不足之处是片面突出信息宣传，容易给人造成一种“王婆卖瓜，自卖自夸”的印象，并且活动的有效性持续时间不长，容易很快被人淡忘。

②交际型的公关：在人际交往过程中，以语言、类语言（如功能性的发声、语调、语顿、语音等）以及体态语、物语等作为信息沟通的媒体开展公关活动。典型的方式有各类茶话会、联欢会、纪念会等。其特点是由于活动的主体和客体都是人，因此，带有较浓厚的感情色彩，双方通过面对面的方式直接交往，容易深入交流信息，及时获取反馈。不足之处是如果违背公关原则开展交际，容易使得该类公关活动成为庸俗的公关活动。

③服务型的公关：通过提供实实在在的周到服务，来密切和公众的关系。饭店作为一个以服务为主体的行业，在开展公关活动时，尤应突出活动的服务性，以实际行动来博得公众的了解和好评。典型的方式有提供各类附加利益、消费教育、消费咨询、售后服务等。其特点是饭店以“服务”这一特殊的媒介来密切饭店与公众之间的关系。

④社会型的公关：通过举办各种社会性、公益性、赞助性的活动来塑造形象，目的是通过积极的社会活动来扩大饭店的社会影响。典型的方式有赈灾捐款，资助社会福利、教育、体育事业等。其特点是以公益性作为活动的导向，讲究人道主义精神，突出社会责任感和社会爱心。

⑤征询型的公关：以采集、提供信息服务为主的公关活动，目的是通过信息采集、舆论监督、民意测验等工作，掌握与饭店有关的信息，为饭店管理决策提供咨询，使得饭店的行为与民情民意、市场发展趋势以及社会利益相结合。典型的方式有各类调研活动等。

⑥建设型的公关：饭店成立初期或首次推出新的服务项目时，为了打开知名度而进行的公关活动，目的是通过引导，使公众对饭店或饭店的产品产生兴趣，进而了解、支持饭店，在公众心中形成良好的第一印象。若有机会借助名人名家的知名度来开展建设型公关活动，其效果更佳。

⑦维系型的公关：适用于饭店稳定发展时期，通过开展此类公关活动，巩固饭店现有的良好公关状态，维持已有的好形象，吸引更多的“回头客”。如北京的王府饭店为了在客人心中树立良好的形象，规定：凡是入住20次以上的客人再来住店，信封、信笺等物品上都要用烫金印上客人的名字，为客人定制睡衣并绣上客人的名字，充分体现出尊重客人的态度。

⑧防御型的公关：适用于饭店与外界环境出现不协调因素或与公众发生摩擦的时

候。这要求饭店应有忧患意识，本着防御与引导相结合的原则，一方面通过调查及时调整行为；另一方面积极引导，利用不利因素开创有利的新局面，以适应变化发展了的形势。

⑨矫正型的公关：适用于饭店遇到风险的时候。当事态严重失衡，以致影响饭店利益时，饭店应通过开展此类活动，查清问题的症结所在，采取各种应对措施，努力将损害减到最低，挽回声誉，亡羊补牢。因此，要求饭店能明察秋毫，防患于未然。

⑩进攻型的公关：适用于饭店与公众或社会环境发生严重冲突的时候。在这种背景下，饭店要密切关注事态变化，抓住有利时机和条件，积极改善行为，主动创造新局面。

以上十大类公关模式，特点不同，适用的对象不同，表现的具体方式也不一样，饭店在开“药方”的时候，应具体问题具体分析，结合实际情况，灵活选择其中的一类或几类公关模式作为突破口，解决实际问题。

同步思考8-4

背景资料：半个月前，澳大利亚一家咨询公司兰利集团（The Langley Group）在洲际酒店预订了一场豪华的午餐宴会。因为这场宴会是公司用来招待重要客户的，约100人的规模，来的都是“金主”，所以他们特地选在了这个老牌的五星级酒店，标准为人均消费400美元。兰利集团爽快地把酒水、餐品的费用全付了，可是一周之后，公司内部安排突然出现变动，这场宴会不得不取消。于是，经理赶紧给洲际酒店的预订部打电话：“实在报歉，能不能帮我们取消下周三预订的宴会……”可是，洲际酒店却表示“钱不能退”。兰利集团希望能退回一半，可是洲际酒店坚持要严格按照预订条款来执行，因为为了他们这场声势浩大的宴会，酒店已经推掉了其他的预订。

兰利集团的经理梅赫塔在知道订金不能退还之后，也想过很多种方法，比如把宴会改成公司的内部聚会之类的。但是时间有限，匆匆忙忙搞个不伦不类的聚会也是徒劳。无奈之下，她忽然想到了那些最需要一顿美食的人：流落街头、食不果腹的人，他们可能一辈子都没有机会走进一家五星级酒店尝一口精致甜美的点心或吃一块鲜嫩多汁的牛排。这些对一般人来说已经习以为常的工作餐，对另一些人来说，却可能是回味一生的享受。于是她把这场精心安排的午餐送给了慈善机构，请他们邀请100名穷苦的无家可归者来享用这顿免费的午餐。她的想法得到了老板的大力支持，但兰利集团担心作为全球知名高档连锁酒店的洲际酒店不会应允。澳大利亚的这家洲际酒店位于大名鼎鼎的金融街上，平时进进出出的都是高级白领和金领。

洲际酒店的工作人员竟然二话不说就答应了，并表态：宴会是您订的，您的客人就是我们的客人。人无贵贱，来者是客，请相信我们的服务！短短几句话，不仅打消了梅赫塔心里的担忧，更是抚平了她之前小小的不满。而且，洲际酒店在得知兰利集团这个特别的安排之后，决定免费升级餐饮标准，不仅有主厨拿手的鸡腿和牛肉，还做了别的精心搭配……总之，就是要让每一位特殊的来宾吃出幸福感！最用心的一点是，他们知道澳大利亚的很多孩子会选择当服务员来打工挣学费，因此他们给孩子们安排了一次特别的参观，让这帮孩子了解在一家五星级酒店工作是怎样的，酒店更愿意提供机会让他们学会谋生！

一些无家可归者在得知可以去洲际酒店用餐的时候激动得哭了，这真的是他们做梦都没有想过的好事！他们都是一群被社会"遗弃"的人，也许这是唯一一次让他们觉得自己被重视。为了给这些无家可归者一个美好的记忆，慈善机构还专门租了一辆电车。这样，他们可以在吃饭前好好游览一下这个温暖的城市。当走进这个富丽堂皇的五星级酒店时，年幼的孩子们又蹦又跳，而这些吃尽苦头的无家可归者却都犹豫了……有的是因为自卑而有些局促，有的是因为感慨美得太不真实，有的是想让这个梦长一点、慢一点……可是穿着精致、热情的服务生们却主动来迎接他们，把他们带到早就布置好的宴会厅。主厨已经早早地等在餐厅了，给他们介绍各种美食，这些他们听都没有听到过的食物的名称在那一刻却温暖而熟悉！虽然他们中有的已经很多天没有吃过一顿饱饭，早已饥肠辘辘，但每一个无家可归者都自觉地排着队，小心翼翼地夹取食物……100 名无家可归者和慈善机构的工作人员围坐在一起，像家人和朋友一样，谈论着自己未来的打算。

一群本以为没有未来的人，突然间对未来有了憧憬！吃着美味的食物，一位微笑的老人眼角已经满是泪光，还有那些单纯的孩子们，一个劲儿地问老师，这些食物是怎么做出来的，他们以后也要当一个很棒的厨师。洲际酒店的经理在看到这些珍贵的笑容后，计划着每年冬天举办一场这样的慈善午宴，给这些在生活最底层挣扎的人们带去一点温暖和希望……

资料来源　小艾．宴会取消，酒店却拒不退钱！一怒之下喊来了 100 个流浪汉［EB/OL］．［2017-06-02］．http：//www.ailvxing.com/info-103-24456-0.html.

问题：在这一背景资料中，你是如何看待澳大利亚这家洲际酒店前后的做法的？

理解要点：生意场上，饭店既要坚持做生意的规则，同时也应本着"顾客至上"的基本理念，灵活响应顾客的"合理需求"，并将其转变为一次绝佳的公关机会。

（3）治疗

"药方"开好以后，重要的任务是按照"药方"实施各项治疗工作。在治疗时，应遵循以下原则：①立足长远，具有前瞻眼光；②面向公众，尊重顾客需求；③真实第一，坚守道德底线；④多向沟通，确保方案周全；⑤创新独特，凸显饭店特色。

同时，要处理好两对关系：

第一，公众利益和饭店利益的关系：既不能以牺牲公众利益作为代价来满足饭店的利益，也不能牺牲饭店的利益来迎合公众的利益。应抓住两者利益的结合点，合理取舍，努力使双方满意。

第二，近期利益和长期利益的关系：饭店应关注长期利益，必要时甚至可以以牺牲近期利益为代价换取长期利益。

8.2.3　协调关系

协调关系是公共关系的又一重要活动领域。如果说公关活动中塑造形象的工作是使公众对饭店产生好感，树立一种可敬的形象，协调关系则是争取谅解的工作，是一种广结良缘的工作，是树立一种可亲的形象的工作。通过开展公关活动，协调饭店与公众之间的关系，争取公众对饭店的谅解和支持，同时搞好饭店内部各部门的关系，使之和谐同步，为饭店的发展铺平道路。

1）公关协调的基本形态

公关协调的基本形态是指采用何种方式，使双方的关系达到何种协调状态。一般公关协调的基本形态由低级到高级依次可分为：

（1）强制：一方运用政治、经济、法律、法规、制度等力量迫使另一方按照自己的要求行事。其特征是一方对另一方进行控制或制约。如饭店通过制定《员工手册》以及各项规章制度来规范员工的行为。

（2）顺从：一方自愿或主动调整自己的行为，按照对方的要求行事，即一方服从另一方，这种状态称顺从。如考虑到消费者是饭店的衣食父母，饭店要主动按照消费者的意愿调整各项经营行为，即饭店在设置各类经营项目时，应考虑宾客的需要；在制定各项规章制度的时候，应考虑公众的需求。

（3）合作：为了达到对双方都有某种利益的共同目的，双方联合行动，共同努力，以便达成一种良好的合作状态。

2）协调关系的基本内容

根据协调对象与饭店的归属关系来看，协调关系的基本内容有二：内部关系协调和外部关系协调。

（1）内部关系协调

对于一个饭店而言，良好的关系状态是饭店高效、顺利发展的前提条件。一个饭店的内部关系是否协调，直接反映着饭店内部的凝聚力和吸引力。因此，对于任何饭店而言，都应保持一个良好的内部关系状态。但是，由于地位上的差别、认识上的差别、利益上的冲突、信息沟通上的障碍、体制上的缺陷等原因，在饭店内部，总是存在着影响关系协调的各类因素，也就是说，各类内部纠纷总是存在的。因此，协调关系的首要内容就是协调饭店内部关系，主要包括两方面：①饭店领导和员工的关系，即纵向关系；②各个职能部门之间的关系，即横向关系。

（2）外部关系协调

良好的外部环境是饭店发展的必要条件。按照系统论的观点，饭店作为社会中的一个细胞，必须从社会中汲取发展所必需的各类“营养”。因此，协调好饭店与社会的关系，可以保障营养供给渠道的顺畅。较之于内部协调，外部协调无论在工作的涉及面上还是工作的量上都要更大、更复杂。这些必须协调的关系包括：①协调饭店与宾客的关系；②协调饭店与政府部门的关系；③协调饭店与社区的关系；④协调饭店与竞争对手的关系；⑤协调饭店与众多供应商的关系；⑥协调饭店与众多潜在公众的关系；⑦协调饭店与分销商的关系；⑧协调突发事件或危机事件。

3）协调关系的原则

在协调各方关系时，公关人员应遵循以下原则：

（1）平等：饭店首先要尊重公众，对不同的公众应一视同仁；同时，饭店要自重，在协调关系时既要虚心待人，又要不亢不卑，不搞行政压服，不行衙门作风。

（2）互利：饭店要充分考虑并尽量保障双方的利益需求都能得到适当满足，不在迫不得已的情况下不要盲目损害双方的利益。

(3) 双向调节：关系的双方应主动调整自己的行为和态度，不要单方面地苛求对方服从自己。饭店要主动调整自己的方针、政策、行为、目标、态度等；公众要主动调整自己的立场、观点、态度、行为等，在双向调节的基础上达成谅解。

(4) 求大同，存小异：双方都应看到大方向上的共同之处，不要因为一些细节影响大局的协调。

(5) 信誉至上：言行一致，尽快履行各类承诺，不找任何借口拖延或更改已做出的承诺。

课程思政8-1

夜间噪声扰民

背景与情境：某饭店是一家民营星级饭店，饭店处于城市中心位置。该饭店正在进行升级到五星级的改造。饭店改造要拆墙扩面，会产生很多的建筑垃圾，需要重型卡车搬运。这个饭店所在地的政府规定：主城区内大型卡车须在晚上10点以后才能够通行。于是饭店就在每天晚上10点开始搬运建筑垃圾。搬运垃圾会产生挖掘机、起重机等机械的噪声，以及川流不息的大型卡车的噪声。这些噪声引起了周围居民的反感，居民纷纷向城管部门和政府投诉，更有人直接到工地阻止施工。面对这个局面，饭店工程部认为，我们有政府的批文，是照章办事，居民要投诉也没有办法，只有不管他。于是矛盾越来越大，在社会上造成了恶劣影响。针对此事，总经理召集店务会议，会议决定以公关手段来解决问题。第一，通过做工作，取得政府特批，允许饭店在晚上8点就开始搬运垃圾，搬运到晚上11点。第二，召集社区代表座谈会，和大家说明情况，并一起商讨减少噪声的办法，取得大家的谅解。第三，适逢中秋节前夕，饭店决定给社区每户居民送月饼和水果，以示慰问，并联络感情。第三，加大运输力度，每天增加运输车辆，加快搬运速度。第四，根据董事长的指示，宁可适当延长工期，也不能扰民。通过饭店的公关工作，社区居民抱怨少了，饭店和社区居民的关系融洽了，工程顺利进行。

问题：

1）如果按照工程部的做法，尽管是合法的，饭店的改造工程会进行得顺利吗？

2）饭店公关工作成功吗？你认为还有更好的公关方式吗？

研判提示：饭店要搞好和社区的关系，饭店更要为社会做贡献而不是给社会添麻烦。饭店要遵守社会公德和企业的行为准则。

8.2.4 决策咨询

公关机构和人员在饭店内部，是以决策者的咨询机构和咨询人员的身份出现的，决策咨询也是公关的活动领域。公关人员在做好收集信息、塑造形象、协调关系的同时，还发挥着提供咨询、参谋、建议的“小诸葛”的作用，充当饭店决策机构的“智囊”。

1）公关咨询的重要性

现代社会的竞争，无论从竞争的数量上看还是从竞争的质量上看，都进入了一个全新的、更高的阶段。发展步伐急，更新速度快，信息量大，不确定因素多，饭店各要素之间、饭店和饭店之间的关联密切……这些都给决策带来了很大的挑战。饭店行业的特点之一是接待对象的复杂性和不确定性，更需要决策者在决策时，综合考虑不同公众的意见。而决策人员不可能个个是博学多才的全能型人员，不可能个个是出类拔萃的优秀型通才，在这种条件下，如果缺乏咨询，往往会产生凭主观办事、凭经验办事的后果，使得决策结果有很大风险性。而公关人员由于长期从事专职的公关工作，可以利用手中所掌握的大量的信息资本，为决策层提供数据、资料、情报等信息，为决策服务。因此，在饭店的发展过程中，应重视公关在咨询领域中的出色贡献。

2）公关咨询的范围

公关咨询不是从技术的、经济的、业务的、人事的范围为决策提供咨询服务，而是从专业的角度为决策提供咨询服务。

（1）社会公众方面：公关咨询的范围首先表现为饭店确定公众对象。要明确的内容有：饭店面临的公众有哪些？重要性如何？公众的态度怎样？公众的需求特点是什么？有哪些尚未被满足的公众需求？公众的经济条件如何？不同公众与饭店之间的利害关系有何不同？不同公众的心理有何特点？当前公众议论的焦点是什么？公关机构或人员通过建立公众档案库的方法向决策层提供如上信息，以备决策者随时检阅和查询。

（2）饭店形象方面：对于一家饭店而言，可供选择的形象是非常多的，如是树立一个可亲的平民形象，还是树立一个高贵的贵族形象；是树立一个热情温馨的家的形象，还是树立一个方便专业的俱乐部形象；是突出其度假功能，还是突出其商务功能等。形象选择好了，通过何种符号、色彩、标志、字体等外显要素来体现形象？公关在形象方面的咨询就表现为饭店分析各类形象的优缺点，研究、设计各类形象标志，掌握饭店形象状况等。

（3）传播沟通方式方面：饭店要通过各种途径和公众进行沟通交流，在此基础上，搞好关系，塑造良好的形象。而传播沟通的方式是非常多的，有大众传播方式、人际传播方式、饭店自控传播方式、电子传播方式、印刷传播方式、语言传播方式、实物传播方式等。每一种传播方式都有特定的适用范围和适用场合。公关的决策咨询作用就体现为饭店在不同的时期，在不同的工作目标下，选择最佳的传播组合方式。

（4）问题公关和危机公关方面：饭店在发展的道路上不可能一帆风顺，往往会碰到危机或问题。在这种情况下，决策层就必须借助公关中危机公关和问题公关的专业技术来妥善解决这些危机和问题，使得饭店在变动中保持相应的主动性和应变性。

3）公关咨询的方式

公关咨询的作用主要通过以下方式体现出来：

（1）提供信息服务

这是最常见的方式。科学有效的决策过程实际上是一个信息的输入、处理、输出过程，因此，信息是科学决策的基础。公关咨询方式之一就表现为在决策时提供各种信息服务。公关人员根据决策的目标和重心收集、整理、归类、分析、概括各种信息，并形成各种信息简报，作为决策的依据。

（2）为确定决策目标提供各种建议和意见

决策的第一步是确定决策目标。合理的决策目标能使所做出的决策把饭店引向预定的发展目标。在确定决策目标时，各职能部门往往将决策的焦点凝聚在本部门的专业目标上，疏于从全局的和社会的角度来考虑决策所产生的效果。而公关人员则可以站在公众的角度和社会的立场上来提出各种可行性的建议和意见，使得决策目标准确、清晰、合乎实际。

（3）协助拟订决策方案

公关的咨询作用还体现在为决策者提供评价、选择和实施各类决策方案上。在决策过程中，围绕既定的决策目标，要拟订各种操作性强的行动方案，才能将目标加以落实。通过不同的公关手段，公关人员广泛征集各类公众的意见，并反馈到实际的决策工作中，促进决策过程的民主化和科学化，减少主观因素的影响。

（4）从信息的角度控制决策实施的全过程

做出决策后，决策者可根据信息决定最佳的实施时机；付诸实施时，借助文字信息或声频信息将决策的内容传送到各个部门，并依赖信息掌握决策实施的具体情况，对整个决策过程进行有效的控制。

（5）从公关角度评价决策效果

公关人员运用公众网络和公关渠道，对那些付诸实施的决策方案进行追踪调查，分析、评价每一次决策效果，将所得结果及时反馈给决策部门，增加决策层的决策经验，使决策层根据评价结果来重新评判、调整决策目标，进一步完善决策全过程。

随着社会的进步和公关学科的进一步完善，公关将会在社会生活的各个领域扮演越来越重要的角色。

8.3 饭店CIS

CIS作为一门全新的经营管理哲学，传入我国的时间并不长（在20世纪80年代末期传入），但是却产生了极大的影响。它以形象为中心，站在饭店经营与国际接轨的高度，注重从饭店的理念、行为、视觉、听觉等方面进行全方位的识别设计，形成一套独特、新颖、鲜明、引人入胜的标识系统，充分发挥形象在当今饭店竞争中的魅力。CIS正被越来越多的饭店采用，它是饭店形象策划、设计、传播和管理的战略，是制造饭店优势、产品优势和竞争优势的新型战略，是一项科学调控各种有效资源的系统工程。作为一门全新的形象哲学，CIS被认为是公关活动的延伸和发展。

8.3.1 CIS的含义

CIS是英文Corporate Identity System的缩写，也有人认为是Corporate Image System的缩写。在中文中，饭店CIS一般翻译为饭店形象识别系统或饭店身份战略。具体而言，它是指一个饭店运用独特、新颖、鲜明、引人入胜的标识，将饭店的内在气质和外显特征，通过传媒向公众进行宣传，借以树立饭店良好的社会形象，达到促销的最终目的。

可以从以下几个方面来深化认识饭店CIS：

1）饭店CIS的内容

传播饭店的内在气质和外显特征。内在气质指的是饭店在生产经营管理过程中应该达到的发展目标、应该遵守的经营信条、应该奉行的价值观念、应该体现的精神风貌、应该框定的活动领域。外显特征主要是指饭店开展的种种活动以及各种能够被人的视觉所获知的环境要素、人员要素、物质要素的总称。

2）饭店CIS的表现形式

CIS通过一系列完整的、独特的识别系统来表现其精神内涵。这些识别系统是饭店区别于其他同类饭店、表现自己独特个性的“代号”。一旦这些代号出现在公众面前，公众马上会联想到它们所代表的饭店，即这些代号有强烈的可感知性，这种可感知性是和某个饭店联系在一起的。

3）饭店CIS的宣传手段

CIS不是设计好放在总经理的抽屉里就大功告成了，而是要通过一定的手段来“广而告之”。饭店可以通过报纸、电视、杂志、户外广告、网络、自办刊物、人际交往等手段，向饭店的公众传播、解释、宣传CIS的含义，也可通过举办新闻发布会、组织CIS培训班等形式来宣传、扩散。总之，要将CIS的种种要素落到实处，谨防“只说不做”。在传播过程中应努力维护各类传播渠道的顺畅，防止信息受外界过多的干扰，确保信息的“精确度”。

4）饭店CIS的职能

CIS的职能是处理好饭店和内外公众之间的关系。饭店的发展需要有一个最佳的社会环境，需要正确处理好饭店与公众的关系。这就要求饭店的经营理念和经营活动符合时代要求和社会发展的大趋势，要有社会使命感，要与公众的利益相一致。只有饭店与公众利益一致才能产生认同感和共同的价值观，饭店形象才能在公众心目中树立起来。

5）饭店CIS的活动效果

饭店导入CIS，就如中医辨证施治，而不是头痛医头、脚痛医脚。对于饭店而言，导入CIS是饭店的一项长期储蓄，其效果不可能立竿见影，但是经过一段时期的努力后，CIS的效果将会逐步凸显，并且这种效果具有滞后性、全局性、战略性和长期性的特点。

6）饭店CIS的目的

CIS的最终目的是树立良好的社会形象，使饭店形成一个发展、壮大、再发展、再壮大的良性循环系统，并且不断改善和加快这个系统的循环，使得饭店在竞争中脱颖而出，立于不败之地。

可见，CIS的实质是一种饭店差异化、风格化、个性化的战略体系。它将饭店的各种要素简单地浓缩成一个简洁的视觉符号，一种鲜明的色彩基调，一句凝练的饭店口号，一系列丰富的饭店行为……这些符号、色彩、口号、行为等全方位运转，给社会公众造成一种强烈的冲击和震动，引起公众对饭店的关注、熟识、记忆，形成对该饭店的深刻印象，产生对该饭店的信任和偏爱，最终形成一种心理和思维上的定式，与饭店建立一种稳固的合作关系、支持关系、信赖关系。

8.3.2 CIS的构成要素

CIS由MIS、BIS、VIS三大块组成，这三大要素有机结合，相互作用，共同塑造饭店的形象。

1）MIS（Mind Identity System）——理念识别系统

理念识别系统是饭店形象识别系统中最重要的因素，它是整个CIS的核心，是源泉，是灵魂。简单地说，理念识别系统就是饭店构建的一种价值体系，这种价值体系能得到社会普遍认同，能体现饭店自身个性特征，能促进并保持饭店正常运作以及长足发展，能反映饭店明确的经营意识。因此，它必须具备能被浓缩、被简化、被迅速传播、被普遍识别、被广泛认同的特点。

理念识别主要包括以下几方面的内容：

（1）战略目标

战略目标是饭店在较长时间内指导全局的总方针、总计划。它要求饭店以全局为对象，综合考虑供应、生产、技术、销售、服务、财务、人事等多方面因素，根据社会、饭店、人才的总体发展需要来制定饭店经营活动的行为纲领和奋斗目标。这是一种面向未来、向前看的目标系统。它包括饭店的人才目标、市场目标、社会贡献目标、利润目标和服务目标。

战略目标的确定是一种预测未来的工作，要求饭店在复杂多变的竞争中选择适合自己生存发展的战略目标，因此，在确定时会受到许多模糊性的、不确定因素的影响。这就需要饭店的决策层高瞻远瞩，依靠群体力量，借助公关的咨询作用，确立科学的、合理的、具有一定超前性，同时又是可行的战略目标。

（2）经营理念

经营理念是饭店运作的基本特色，是决定饭店个性的重要组成因素。对于饭店而言，必须明确经营理念要有独特性，即饭店要根据自身所处的地理条件、硬件构造等来确定经营理念，不要一味模仿他人的做法。如美国最大的旅馆连锁集团假日旅馆，其经营理念就是“一切为宾客着想”，在这个基本经营理念的指导下，假日旅馆善于换位思考，时时、处处为宾客着想，为宾客提供种种意想不到的方便：首推免费为家庭旅游者提供小孩床；首推在客房内提供免费的电视和电话服务；在汽车旅馆里修建游泳池；在饭店的走廊上放置自动售货的冷饮机和制冰机；建立狗舍并代为看管旅行者的爱犬；提出“国王般的安逸”观念，在房间内设置大床；提供可视资料库，满足商务客人对信息的需求等。“一切为宾客着想”成为假日旅馆通向世界旅游市场的特色护照和可靠的质量介绍信。再如里兹饭店，其响亮的经营理念是“里兹不仅是国王们的饭店，而且是饭店中的国王”，在这种经营理念的指导下，里兹也走出了其与众不同的特色经营之道。它不考虑成本、价格等因素，而是以奢侈、豪华、新奇的设施设备和装潢，加上周到细致的服务，给宾客营造一种国王般的尊贵感，从而树立其“国王饭店”的高贵形象。而美国商业旅馆之王斯塔特勒提出的经营理念则是走一种非常大众化的道路，他提出“带浴室的房间只要一美元半”，他认为最好的饭店就是方便的、舒适的、价格合理的饭店，因此，他注重以舒适、清洁、方便、低廉的特征来取悦宾客。

因此，经营理念的生命力在于“以特取胜”。当今世界上诸多著名的饭店，都具有富有特色的经营理念，如喜来登饭店以“物有所值”赢得宾客的好感，希尔顿饭店以“快”著称于世，而香港的文华大酒店以“情”服务而感动宾客。

（3）饭店文化

同步链接8-1

以党的二十大精神为指引 让饭店成为中国文化的生动载体

现代竞争环境中，越来越多的饭店开始注重文化在饭店发展中的作用力。饭店要以文化为根，经济为叶，才能取得大发展，因为根深才能叶茂。饭店文化就是一种全新的文化管理哲学。它是饭店在发展过程中逐步形成，并根植于饭店全体员工心目中的精神观念的总和，由饭店精神、价值观念、行为准则、职业道德等内容构成，其核心是饭店精神。

2）BIS（Behavior Identity System）——行为识别系统

行为识别系统是饭店在经营过程中采取的种种活动的总称。它是理念识别系统的具体体现。行为识别系统通过开展形形色色的活动，把饭店抽象的理念外化、动化，让公众真切地体会到“内在思想和外在行动”的有机统一。

饭店行为识别系统主要由内部行为识别和外部行为识别两方面内容构成。

（1）饭店内部行为识别

内部行为识别的活动重心在饭店内部，其活动的主体对象是饭店内所有的员工。开展内部行为识别，旨在理顺饭店内部各种关系，提高员工的整体素质，减少内部摩擦系数，促进饭店整体的有机、高效运转。因此，它多表现为饭店的管理活动。这些管理活动包括：①设计组织机构：包括确定组织管理体制，确定工作范畴等；②设置岗位职责：要确定岗位职责，使饭店业务实际运转起来；③规范服务过程：制定、实施服务规程；④人力资源管理：包括制定各项招聘、培训、考核、奖惩、工资、晋级等管理制度，并将以上制度加以落实；⑤严格质量管理：包括围绕提高饭店产品质量开展的一系列活动。

（2）饭店外部行为识别

外部行为识别的活动重心在饭店外部，其活动的主体对象是饭店外部广大的公众。开展外部行为识别活动，旨在改善饭店与各类外部公众的关系，为饭店的发展创造一个和谐的外部环境。外部行为识别活动主要包括：①开展周密的市场调查活动；②做好产品的特色促销工作，如广告活动、公共关系活动等；③组织有效的新闻宣传活动；④开展健康的社区服务活动；⑤策划特色的网络互动活动。

饭店在开展行为识别活动时，应坚持“外化理念”“内外兼顾”“立足长远”“防微杜渐”的原则。

同步案例8-4

饭店的行为识别

背景与情境：在某个区域内巡回展出，是企业为了提高品牌知名度、扩大品牌影响力和提高市场占有率而进行的“点”式宣传。巡展是展览的一种形式，是通过时间、地点或目标市场的转换来达到展览目的的行为，通常以某一展览主办机构为主体或企业自发的营销展示活动为单位，是营销效果相对较好的一种展览营销模式。巡展一般以地点的变换为展览名称的前注概念。

万豪国际集团于10月启动2020年幸会万豪大中华区酒店巡展（Greater China Marketplace Series）。此次巡展覆盖区域广，所到城市囊括7个主要的商旅和MICE目的地，包括北京、上海、杭州、南京、成都、广州以及深圳。万豪国际旗下200多家酒店，接近400位酒店代表参与其中，本次活动为会议策划者、客户以及万豪国际旗下遍布全国各地的酒店打造广阔平台，让会议策划者、客户深入了解万豪国际旗下酒店，特别是新酒店的迷人风采，以及更多充满魅力的新目的地，以激发全新商旅以及会议和活动的灵感。与此同时，酒店代表也可与客户深度交流，充分了解他们的需求，提供便捷的一站式会议活动解决方案。公司也将借此活动，更进一步传递万豪国际旗下各酒店以更高标准严格履行卫生清洁承诺，保障员工与宾客的安全，为宾客打造安心无忧的会议和活动体验。

万豪国际集团大中华区环球销售高级区域总监曹蓓蕾（Becky Cao）女士表示：在新冠肺炎疫情常态化下，卫生与安全已成为当下客户计划商旅出行以及活动、会议的首要关注点。万豪国际始终将宾客的安全置于首位，公司已成立了全球清洁卫生委员会并率先推出"万豪国际集团卫生清洁承诺"，在全球旗下酒店执行更高标准的卫生清洁流程和服务规范，为旅客安心入住保驾护航。与此同时，万豪也实时洞悉客户的需求，让客户及时了解万豪国际如何应对当前会议和活动的发展趋势，促进商旅和会奖活动的全面复苏。

万豪国际集团目前在中国运营超过390家酒店，拥有22个不同特色的品牌。公司积极发挥遍布全国的酒店布局和丰富的品牌矩阵优势，以及对目的地旅游文化资源的了解，为宾客提供丰富多样以及安全无忧的旅居选择。同时，万豪国际有超过360间筹备中的酒店，并将持续引进新品牌、进驻更多的目的地，不断丰富客户的商旅、会议和活动目的地以及活动场所选择。

资料来源 美通社．万豪：2020幸会万豪大中华区酒店巡展金秋启幕［EB/OL］．［2020-10-20］．https：//www.prnasia.com/story/295372-1.shtml.

问题：上述饭店企业的行为属于哪一类行为识别活动？活动指向的对象有何不同？

分析提示：饭店在发展过程中，既要有旨在提升服务质量的活动，也要有旨在强化凝聚力的活动。饭店就是通过这些富有创意和细微周到的活动给宾客、员工、社会留下良好的印象，从而彰显饭店的文化特色。

3）VIS（Visual Identity System）——视觉识别系统

视觉识别系统是饭店静态的识别系统，它通过各种符号传送饭店的理念和活动，是饭店形象识别系统中最具传播力和感染力的要素。

视觉识别系统由基本要素和应用要素两大块组成：

（1）基本要素

根据信息传递的实际情况，我们把那些相对稳定的信息称为基本要素，即这类要素都是饭店的形象代表，一旦确定，一般就不会轻易改变。对于饭店来说，基本要素包括：①饭店的名称；②饭店的标志；③饭店的标准字体；④饭店的标准色；⑤饭店的活动造型；⑥饭店的象征图案；⑦饭店的宣传口号。

（2）应用要素

各类基本要素作为饭店的形象代表，必须被广泛地加以宣传才有效，否则就形同虚设，发挥不了应有的效力。这些基本要素的传播，需要借助一定的载体，这些信息传播的载体就是应用要素。

饭店CIS的三大组成部分是一个有机的整体，MIS是CIS的策略面，是饭店的心，看不见却统帅一切，它指导BIS和VIS；BIS是CIS的执行面，是饭店的手；VIS是CIS的展开面，是饭店的脸。BIS和VIS共同将MIS具体化、可见化。三者缺一不可，必须保持和谐统一、高度一致。

8.3.3 CIS的构建程序

作为一种现代化的经营管理哲学，越来越多的饭店开始导入CIS。为了确保CIS的顺利实施，饭店必须明确导入CIS的步骤。导入CIS分为以下几个步骤：

1）准备阶段

（1）提案：由饭店的总经理或外界的CIS专家提出导入CIS的建议，利用翔实的数据和严密的分析，阐明饭店导入CIS的必要性。

（2）概念澄清：组建CIS培训小组，向公众解释CIS的基本含义以及功能。在全体员工中，做好五个转变，树立五种观念：①转变导入CIS是花钱开支的观念，树立导入CIS是投资行为的观念；②转变导入CIS是领导行为的观念，树立导入CIS是群体行为的观念；③转变导入CIS是“一阵风”的观念，树立导入CIS是需要长期坚持的观念；④转变导入CIS是装点门面的观念，树立导入CIS是系统工程的观念；⑤转变导入CIS是见效甚微的观念，树立导入CIS是综合获益的观念。

（3）组建CI委员会：由饭店高层领导、CI专家、财务主管、相关职能部门人员组成饭店的CI委员会，由饭店的高层领导人兼任CI委员会主席。该委员会具体负责制订CI的推进计划，监督各项措施的落实，检查各项工作的开展情况等。

（4）选择协作单位：导入CIS会涉及一些专业性很强的知识，如各种色彩语言、符号语言、字体语言等的设计。因此，饭店一般都会请专业的设计策划公司进行策划设计。

（5）CI提案修正：具体、细致地对原先的提案进行修改，着重说明导入CIS的流程及各个流程的具体内容、时间进度、经费预算、主要负责人等，使之成为CIS导入的纲领性文件，同时也为以后的监督测评提供对比的依据。

2）调查研究阶段

（1）明确调查研究的必要性，通过饭店发展的纵向比较以及与竞争对手的横向比较，充分了解调查研究的重要性和迫切性，明确调查研究是导入CIS的基础。

（2）确定调查内容和对象：调查的内容主要是饭店形象现状以及饭店视觉识别要素的被识别情况。调查对象是饭店众多的内外公众，其中重点是员工和宾客。

（3）调查阶段：采用各种调查方法，深入调查，收取各类与调查主题相关的详尽资料。

（4）形成调查报告：以规范、严谨的文字，说明调查的经过，重点分析调查发现的各类问题，指明饭店今后努力的方向。

3）定位策划阶段

（1）明确饭店的类型：本饭店应定位于哪一类饭店，是商务型还是度假型，是全面服务型还是有限服务型。

（2）明确主要公众的需求：了解各类公众的特点和需求，从公众的需求和饭店的实际出发来选择本饭店形象的突破口。

（3）正确定位：定位是指饭店的档次定位、客源定位、市场定位、产品定位。

（4）进行策划：根据已定好的形象，策划各种标识系统，主要是视觉识别要素中的基本要素，并最终形成具体的、可行的策划书。

4）实施管理阶段

（1）合理选择导入 CIS 的时机：一般来说，导入 CIS 的最佳时期为：①饭店创立之初；②饭店推出比较大的、全新的服务项目时；③周年纪念日；④饭店合并或重组时；⑤出现形象危机或经营危机时。

（2）合理地选择导入的方式：饭店可根据自己的经济实力考虑是全方位集中导入还是分阶段、分部门导入。

（3）加强导入管理：主要从经费、人员等方面进行监督管理，确保 CIS 的系统导入。

5）成果发表阶段

（1）通过比较，选择恰当的发表媒体。

（2）科学设计发表内容，注意掌握发表重点，在发表过程中要防止信息的失真。

6）检测评估阶段

从新闻舆论、营业效果、公众态度等角度作对比，检测导入 CIS 的效果，对照提案，总结成败得失，并进一步修正提案，不断提高形象建设工程的质量。

教学互动 8-1

互动问题：

（1）公共关系和广告活动相比，具有什么特点？

（2）二者的差异主要体现在什么地方？

要求： 同“教学互动 1-1”的“要求”。

本章概要

□ 内容提要

本章以公共关系的基本内容作为研究重心，重点阐述了饭店公共关系的八大基本特点。饭店公共关系的关键是以饭店人员行为活动，以服务为中心的饭店产品。阐述饭店的四大活动领域，重点是在这些领域里的公共关系方法。阐述了饭店 CIS，要贯穿于饭店活动的各个方面和整个过程，对饭店的 CIS 要有全面的理解并使其和企业文化一起成为饭店企业精神的内涵和表现。

□ 主要概念和观念

▲ 主要概念

公共关系　公关主体　公关客体　危机公关　知名度　美誉度　支持率

▲ 主要观念

饭店信息收集　饭店危机处理　饭店 CIS

□ 重点实务

公关活动领域　饭店形象策划

基本训练

□ 知识训练

▲ 复习题

1）如何正确理解公共关系的内涵？

2）公共关系的特点主要表现在哪几个方面？

3）如何对饭店公众进行有效分类？

4）饭店企业在收集信息时，有哪些可供选择的渠道？

5）简述饭店形象的基本构成。

▲ 讨论题

1）饭店形象策划包括哪些基本流程？各阶段的工作重点分别是什么？

2）饭店如何利用网络信息技术来提升饭店公关活动效果？

3）现代饭店形象策划的基本要点是什么？

4）对一家五星级饭店进行VIS设计。

□ 能力训练

▲ 理解与评价

美国学者John Marston在《公关的实质》（The Nature of Public Relations）一书中提出了RACE的公关模式：R指的是Research，公关人需要深入研究、发现问题；A指的是Action，公关人需要寻求有效解决问题的方法；C指的是Communication，公关人需要告诉公众问题是怎样产生的，是谁的责任，问题正在如何被解决；E指的是Evaluation，公关人需要评估沟通的效果，是否到达目标受众，效果怎样。这四个环节完整地体现在公关工作的每个任务中。

请结合RACE公关模式思考：

1）饭店进行公关活动的基本过程是怎样的？

2）作为公关从业人员，必须具备哪些基本素质？

3）现阶段饭店在公关活动上主要存在哪些问题？

▲ 案例分析

【训练项目】

案例分析-Ⅷ。

【相关案例】

香格里拉的“人文关怀”

背景及情境：香格里拉酒店集团一贯坚持以经济、社会和环境可持续性的方式进行经营，同时平衡各利益相关方之间的关系。集团有专门的企业社会责任委员会，从股东关系、环境、健康及安全、供应链管理和员工等各方面带领企业推陈出新，使香格里拉成为企业公民和可持续发展方面的领导者。香格里拉企业社会责任项目以可持续发展为出发点，由“人文关怀”和“关爱自然”两个核心元素组成。“人文关怀”主要体现为香格里拉人文关怀项目，使弱势群体获得更好的教育及健康服务；“关爱自然”则渗透于香格里拉自然保护项目中，为保护生态多样性以及恢复生态环境做出不懈努力。

香格里拉酒店集团于2009年9月启动的“香格里拉人文关怀项目”承诺旗下每间

酒店选取一家从事儿童健康或教育的机构，与其开展长达10~15年的合作。无论是对学校、康复中心还是孤儿院，香格里拉大酒店都可以提供必要的帮助。例如，基础设施建设方面的支持、筹资，生活技能培训和酒店实习机会等。

沈阳香格里拉大酒店自2013年建立以来，始终坚持至善盛情，源自天性的理念，并一直坚持可持续发展计划，推动可持续性消费，为生态环境带来积极的影响。同时推动建设本地特色、帮助本地品牌发展，策划并执行了“传承中华味道 典藏盛京记忆”项目，携手沈城历史悠久的餐饮文化品牌推出盛京好味道系列礼盒，涵盖美食、佳酿、甜品等多种类型……为康平县贫困地区匠心制作香格里拉康平红薯礼盒、定制版康平红薯特色菜品等；联合爱新觉罗酒坊以巧思打造定制版53°爱新觉罗原浆佳酿；与历史名店老边饺子一道研发香格里拉特色定制老边饺子、挖掘传统老龙口香格里拉酒、携手康福打造盛京老滋味糕点。以纯净珍贵的本土食材，呈现原香原味的美食体验，不仅让盛京特色走出中国，还让世界友人领略沈城“好贺儿”，传承古朴，弘扬发展民族饮食文化。

哈尔滨香格里拉大酒店于2014年9月24日正式启动人文关怀项目，对贫困小学永胜小学开展长期的帮扶行动。酒店制订了一系列改善学校设施和学生生活的计划，致力于为孩子们提供一个良好的学习环境，让他们能够拥有更加光明的未来。活动当天，哈尔滨香格里拉大酒店的总经理及各部门代表共同参与了永胜小学的趣味运动会。他们为孩子们带来了校园广播设备、移动图书展架和酒店员工为孩子们捐赠的课外读物。酒店为此次运动会特别定制了印有酒店标志和香格里拉酒店集团人文关怀项目标志的T恤衫，还为获得运动项目一等奖的孩子们准备了漂亮的书包作为奖品。此次人文关怀项目的启动仪式作为一个开端，酒店计划为孩子们创造更多的机会，让他们共同参与到酒店策划的其他活动当中，以帮助他们树立更高远的目标，成为感恩社会的有用之才。

微尘有爱，微尘有情，尘埃落定，大爱无声。爱理应如同这微尘一般，微乎其微又随处可见，它看似渺小却塑造伟大。这种爱寻常却又不寻常，它给予希望，它点燃理想，它是一座城市的良心。2017年5月10日，青岛香格里拉大酒店带着这份最真诚的“心”，来到胶州市胶莱镇，与大高小学的老师和同学们共同开启了青岛香格里拉大酒店“希望香助，放飞梦想”人文关怀项目：为学校创建电子图书系统，购买13台电脑主机并资助18名贫困生。青岛香格里拉大酒店希望通过自己的绵薄之力，帮助大高小学的孩子们改善和提高学习、生活环境，圆他们的未来之梦。

2020年国际护士节来临之际，香格里拉集团携手益海嘉里在39个城市同时组织了一场主题为“珍惜有你——医者仁心，让温暖继续”的活动，以暖心工作餐的形式为当地医院和社区的医务工作者送上一份感恩与心意，感谢他们在抗击新冠肺炎疫情中坚守岗位、无私奉献，为家园和社区守护平安。三亚香格里拉度假酒店积极参与集团公益活动，为海棠湾区的医护工作者们送去爱心便当。

香格里拉集团一直致力于成为有责任感的企业公民，在抗击新冠肺炎疫情期间，香格里拉各地酒店积极参与到支援社区、传递温暖的行动中。三亚香格里拉度假酒店几次为医护工作者送上营养午餐、饮料，表达对白衣天使的感恩之心；同时，酒店响应行业协会号召，为海南援鄂医护人员提供了休养式度假体验，以此感谢从疫区凯旋的英雄们。

资料来源 根据香格里拉酒店集团官网资料整理而成.

问题：

1）香格里拉酒店集团的“人文关怀”案例给你怎样的启发？

2）请继续关注香格里拉酒店集团旗下各酒店的“人文关怀”项目，并思考：集团层面的公关活动和下属单位之间的公关活动如何协同策划同时又各具特色？

【训练要求】

同第1章“基本训练”中本题型的“训练要求”。

▲ 实训操练

【训练目的】

饭店信息收集之“问卷”设计。

【训练要求】

以本章“信息收集方法”之“问卷法”教学内容为基础，通过网上调研充实关于“问卷法”信息收集的业务规范知识，进行“问卷设计”的项目实训。

【训练步骤】

1）以班级小组为单位组建训练团队，每团队确定一人负责。

2）各团队学生针对本地同一家星级饭店，分别选择不同主题，设计各类问卷，并根据问卷类别进行角色分工。

3）各团队以本章“信息收集方法”之“问卷法”教学内容为基础，通过网上调研充实关于“问卷法”的业务规范知识。

4）应用充实后的“问卷法”业务规范知识，进入所选主题和类别的“问卷设计”角色，进行“问卷设计”，体验本项目模拟实训的全过程。

5）各团队学生记录本次模拟实训的主要情节，总结实训操练的成功经验、存在的问题及解决的办法，在此基础上撰写《“饭店信息收集之‘问卷设计’”实训报告》。

6）在班级讨论交流、相互点评与修订各团队的《“饭店信息收集之‘问卷设计’”实训报告》。

7）在校园网的本课程平台上展出经过修订并附有教师点评的各团队《“饭店信息收集之‘问卷设计’”实训报告》，供学生相互借鉴。

□ 课程思政

【训练项目】

课程思政-Ⅷ。

【相关案例】

网络热门恶性事件引发的酒店危机公关思考

背景与情境：2018年11月14日晚间，网友“花总丢了金箍棒”在微博发出一则重磅视频[①]，称“过去六年，我以酒店为家。今天我要告诉你一个在中国酒店业长期存在的问题，波及面接近100%，就连口碑最好的大牌也未能幸免。各集团都有客房清洁程序与卫生标准，国家也颁布过《旅业客房杯具洗消操作规程》，但全行业几乎都没有严格落实，留下卫生隐患”，并同步发布了一则时长11分49秒的实拍视频合集，曝光了众多五星级酒店严重卫生问题，事涉万豪、喜来登、香格里拉、希尔顿等

① https://v.qq.com/x/page/n08206tm05u.html花总视频合集，摘自“花总丢了金箍棒”微博原文。

知名五星级酒店，甚至丽思卡尔顿、宝格丽、文华东方、四季酒店等顶级酒店也被曝出卫生丑闻。微博一发布，引发了全网的关注，瞬间上了热搜，评论数达到了5.3万条，转发量更是达到了9.3万条，并引发了大V以及主流媒体公众号的关注。

面对覆盖面如此之广、性质又恶劣的行为，涉事的酒店，到底将会如何进行危机公关呢？经过了长达近20个小时的准备，让我们一起看一下这些五星级酒店的公关到底做得如何（见表8-2）。

表8-2 关于酒店卫生乱象各酒店回应声明

（2018年11月15日）

	涉事酒店	存在问题	最新回复	最新回应
1	北京柏悦酒店	脏毛巾擦杯具与餐具，服务员用工作服擦杯具	前台工作人员表示，没看过相关视频，今天公关部下班了，要明天打给公关部了解情况	2018年11月15日11：32 声明： 2018年11月14日晚8时，微博上发布了一个关于国内某些五星级酒店客房卫生清洁的视频，其中包括北京柏悦酒店。 对于此视频中涉及的事件的发生，我们深表歉意。北京柏悦酒店上下极度重视，并已在内部展开彻查。这起单一事件绝不是北京柏悦酒店卫生管理的标准。客人与员工的舒适与健康一直是酒店工作以及关注的重中之重。我们将在酒店内部，从上到下，额外加强培训卫生标准以及管理监督制度，以确保所有的员工按照规范，有效执行。 有任何问题，请联系： 陈素婷 市场销售部总监 +86 10 8567 1598 sootheng.tan@hyatt.com 郑慧汶 市场传讯部高级经理 +86 10 8567 1588 josephine.tee@hyatt.com
2	上海四季酒店	用擦过浴室的海绵清洗洗手台和杯具，海棉在未消毒情况下在不同客房重复使用，脏毛巾擦台面和杯具	工作人员表示，还未看过微博网友投诉的视频。公关部门已经下班，明天一早会联系公关部做出回应	2018年11月15日16：14 11月14日晚上，社交媒体平台发布了一条有关部分酒店客房卫生打扫情况的视频。 此次事件中的客房打扫流程不符合四季酒店一贯的卫生标准，我们深表歉意并高度重视。店管理层及相关部门目前正在进行内部调查。 四季酒店始终将顾客的安全和健康放在首位，一直以来在内部管理和对客服务中严格要求并贯彻健康和安全准则。 我们将加强酒店内部培训和监督，以确保员工按照规章制度和服务标准工作，为客人提供应有的高标准体验，杜绝类似情况的发生。 如有其他需求敬请联系： 钱晶 上海四季酒店公关部总监 chlce.qian@fourseasons.com Late yesterday evening on November 14, a video clip on housekeeping practices was shared on social media. Please know that the scene in the video does not reflect the service standards at Four Seasons Hotel Shanghai and we are taking this matter seriously. We sincerely apologize for what has occurred and we are currently investigating this matter with the highest diligence. At Four Seasons, health and safety of all our patrons is a top priority and the hotel is practicing the stringent health and safety practices it has long had in place. We will enhance internal training and ensure each of our associate will strictly follow the estabished procedures and standards. For further informstion, please contact: Chloe Qian Director of Public Relations Four Seasons Hotel Shanghai chloe.qian@fourseasons.com

续表

	涉事酒店	存在问题	最新回复	最新回应
3	福州香格里拉大酒店	用客人洗过脸的方巾擦洗手台与杯具	工作人员表示，已经有记者联系过此事，正在查，后续公关部会尽快给回应	12：25 媒体声明： 我们非常重视最近的一则关于酒店卫生的网络视频，福州香格里拉大酒店被提及。我们立即进行了调查，视频中所反映的情况违反了我们的卫生标准。这不符合我们一贯的服务品质，我们为此真诚致歉。 作为酒店，保证客人的安全与健康是我们的重中之重。对任何潜在的问题我们都高度重视，并正在采取从严管理与监督，确保各项质量标准和卫生制度得到贯彻执行。 福州香格里拉大酒店 2018年11月15日
4	上海外滩华尔道夫酒店	清洁员用同一块海绵清洗平台、杯具以及坐便器	酒店前台表示，会将情况告知公关部，之后由公关部来做回应	13：45 媒体声明： 上海外滩华尔道夫酒店非常重视近日关于酒店卫生清洁方面的相关视频报道，对于视频中提及的现象，我们深表歉意。目前本酒店已经采取行动并进行全面调查，从而确保所有卫生清洁操作符合国家规定及品牌卫生管理标准。上海外滩华尔道夫酒店将持续通过一切必要的内部管理检查措施，加强监督以确保各项质量指标和卫生制度得到贯彻执行，并秉持一贯以客人的安全与健康为核心的经营原则
5	上海世茂皇家艾美酒店	用浴巾擦拭坐便器，将马桶刷和抹布放在同一个工具箱，混用抹布，既擦洗手台又擦杯具	酒店总机说不知道这个视频，不做任何回应，等明天公关部回复	15：20（声明图片模糊/限制了评论权限） 上海世茂皇家艾美酒店媒体声明： 上海世茂皇家艾美酒店高度重视社交媒体上发布的关于客房清洁操作的视频，因为其内容无法代表我们日常的运营和服务标准。 酒店始终重视客房整体卫生和清洁状况，并已第一时间开展自查。调查结果显示，有员工未能遵守培训过的清洁标准进行客房打扫，我们对其未能依照标准执行的行为深表歉意。 酒店每个季度都会对客房服务人员进行清洁标准及程序的再培训和认证。酒店管理层已重申客房清洁运营标准并将采取一切必要措施，包括培训、流程改进及管控等，确保我们的运营标准被妥善执行，避免类似事件的再次发生。对于因此给宾客带来的困扰，我们深表歉意，非常感谢媒体及社会各界的监督检查 上海世茂皇家艾美酒店
6	北京康莱德酒店	服务员捡起地板上的脏浴巾擦拭口杯、洗手盆和镜面，用脏抹布擦拭咖啡杯	工作人员表示看过视频，并表示转接给公关部，无人接听后，总机负责人表示是下班时间，会尽快联系公关部门负责人，并尽快电话回复	15：48 北京 北京康莱德酒店媒体声明： 北京康莱德酒店非常重视近日关于酒店卫生清洁方面的相关视频报道，对于视频中提及的现象，我们深表歉意。目前本酒店已经采取行动并进行全面调查，从而确保所有卫生清洁操作符合国家规定及品牌卫生管理标准。北京康莱德酒店将持续通过一切必要的内部管理检查措施，加强监督以确保各项质量指标和卫生制度得到贯彻执行，并秉持一贯以客人的安全与健康为核心的经营原则

续表

	涉事酒店	存在问题	最新回复	最新回应
7	贵阳喜来登贵航酒店	脏浴巾擦杯具	工作人员表示，对此事不清楚，明天一早会将情况反映给公关部做相应处理	16：09（值得注意的是该声明与上海世茂皇家艾美酒店几乎一模一样） 贵阳喜来登贵航酒店媒体声明： 贵阳喜来登贵航酒店高度重视社交媒体上发布的关于客房清洁操作的视频，因为其内容无法代表我们日常的营运和服务标准。 贵阳喜来登贵航酒店始终重视客房整体卫生和清洁状况，并已第一时间开展自查。酒店每个季度都会对客房服务人员进行清洁标准及程序的再培训和认证。酒店管理层已再次重申客房清洁营运标准并将采取一切必要措施确保我们的营运标准被妥善执行。同时，我们的管理团队也持续对客房服务员进行相关培训。客房部将贯彻品牌清洁标准，严格检查每间客房的卫生清洁状况。 与此同时我们将密切配合并向相关政府主管部门汇报所采取的措施。 对于因此给广大会员及宾客带来的困扰，我们深表歉意，非常感谢媒体及社会各界的监督检查。 贵阳喜来登贵航酒店 2018年11月15日
8	上海浦东文华东方酒店	用脏毛巾擦杯具和洗手台，第二天用客人毛巾、浴巾擦窗台、地面和洗手台	值班经理回复还没有看过视频，让记者发给她，看了之后说会转给公关部，“我们的公关部会查证后给出正式回应”	17：37（禁止评论） 声明： 一段包括上海浦东文华东方酒店在内，关于国内某些五星级酒店客房清洁的视频引起了我们的高度关注。文华东方绝不容忍视频中客房服务人员存在的不恰当清洁行为。我们向宾客保证酒店配有详细且完备的健康、卫生和安全流程准则，并一直对员工进行品牌标准的全面培训。 对于视频所涉事件的发生，我们深表歉意。鉴于事件的严重性，酒店已进行了彻底的内部调查，并已采取适当行动与措施。我们将继续致力于为宾客提供优质服务，并会加倍努力，以确保所有员工恪守我们的严格标准。宾客的安全与健康将一如既往是我们工作的重中之重。 上海浦东文华东方酒店
9	上海浦东丽思卡尔顿酒店	清洁员用洗发水浸泡杯具，用浴巾擦洗浴室玻璃	酒店前台表示，视频里曝光的情况，需要交由酒店公关部来做回应。目前工作人员已经下班，明天上班后会尽快给出回复	17：47（声明与上海世茂皇家艾美酒店媒体声明高度一致） 上海浦东丽思卡尔顿酒店声明： 上海浦东丽思卡尔顿酒店高度重视社交媒体上发布的关于客房清洁操作的视频，其内容无法代表我们日常的运营和服务标准。 酒店始终重视客房整体卫生和清洁状况，并已第一时间开展自查。调查结果显示，相关客房服务员已接受过客房清洁标准及程序培训，但当天实际操作中未能遵照清洁标准进行客房清洁，我们对此深表歉意。酒店每个季度都会对客房服务人员进行清洁标准及程序的再培训和认证。 酒店管理层对客房部员工再次进行客房清洁运营标准及流程培训，严格贯彻每间客房卫生清洁标准，确保营运标准被妥善执行，培训将于11月17日完成。酒店将强化客房抽查规定，保证每次检查严谨到位，确保实际卫生状况符合标准。 与此同时，我们将紧密配合并向相关政府主管部门汇报所采取的措施。对由此给广大会员及宾客带来的困扰，我们深表歉意。非常感谢媒体及社会各界的监督检查

续表

	涉事酒店	存在问题	最新回复	最新回应
10	南昌喜来登酒店	脏浴巾擦杯具，全程用一块抹布擦镜面、洗手池、坐便器、浴室和杯具	工作人员表示，会将情况反映给值班经理，稍后做出回应	18：12 南昌喜来登酒店媒体声明： 南昌喜来登酒店高度重视社交媒体上发布的关于客房清洁操作的视频，因为其内容无法代表我们日常的营运和服务标准并违反了我们的卫生标准及工作流程。 酒店对于客房整体卫生和清洁，拥有严格的卫生清洁标准和规章制度。酒店第一时间开展自查，调查结果显示，有员工未能遵照培训过的清洁标准进行客房打扫，对此我们深表歉意。酒店即时对酒店客房部全体在岗员工就客房清洁标准及流程再次进行培训。酒店管理层已再次重申客房清洁营运标准并将采取一切必要措施确保我们的营运标准被妥善执行。 对于因此给宾客带来的困扰，我们深表歉意。非常感谢媒体及社会各界的监督检查。 南昌喜来登酒店 2018年11月15日
11	北京颐和安缦酒店	混用脏毛巾与抹布擦茶具、杯具	酒店前台表示，未看过视频。需要等明天公关部上班后做出回应。	19：51 声明： 近日有相关国内部分五星级酒店存在卫生问题的报道，其中涉及颐和安缦酒店。对于视频中所提及的现象在此表示诚挚的歉意，经过酒店的多方调查，报道中提及的情况，确实不符合酒店的日常操作流程及卫生标准。对于日常管理中的监管不力，我们负有不可推卸的责任，并会进行深刻自省。 我们接受并感谢媒体和公众指出的工作漏洞，今后将避免此类问题再次发生。目前，酒店已开展各部门内部自查，并会做出相应的整改措施。 再次感谢社会各界的关心与监督
12	上海宝格丽酒店	从垃圾桶回收一次性塑料杯盖，用客人洗过脸的方巾擦杯具和洗手台	工作人员表示，并不了解相关情况，会将该情况转交给相关部门尽早做出回应	未回应
13	上海璞丽酒店	使用同一块抹布擦杯具、洗手台、浴室、卫生间	前厅部负责人回复，不知道任何事情，需要跟公关部讲，公关部已经下班了	未回应
14	北京王府半岛酒店	用脏毛巾擦洗平台、杯具	酒店前台将电话转接到公关部，但无人接听	未回应

（1）谁是第一个道歉的？北京柏悦酒店是第一家正式回复此事的五星级酒店。在类似集体危机事件面前，有些饭店认为这是行业问题，大家都不发声，谁先发声谁倒霉。这是严重错误的想法，危机是躲不过去的，企业在危机时刻更需要态度和行动，虽然这条声明写得比较常规，就是“致歉”、“单一”和“自查”。

（2）哪些酒店未回复？截至11月16日，上海宝格丽酒店、上海璞丽酒店和北京王府半岛酒店，这3家五星级酒店的公关部没有回应。

（3）竟然有3家酒店的声明文案高度雷同？我们都知道，“高度重视”“深表歉意”“个案”“立即整改”“我们秉承顾客是上帝的理念”……这些都是危机公关声明的套路，如果你仔细对比14家的声明，其实都差不多，因为声明的核心传递亮点：态度和行动。但是，竟然有3家酒店的危机公关声明，几乎一模一样。如表8-2所述，贵阳喜来登贵航酒店和上海浦东丽思卡尔顿酒店先后发出的两份声明，与上海世茂皇家艾美酒店的危机公关声明几乎一模一样。

（4）为什么前台都要推给公关部？很多人认为前台推给公关部是甩锅，但这正好说明酒店的前台是经过危机公关培训了的，他们知道如何应对来自媒体的采访：不乱说，转给相关部门去回复。可惜的是，上班之后的酒店公关部，大部分都没有把自己的危机公关工作做好。

（5）谁的危机公关做得最差？除了不回应的3家之外，还有四季酒店总部。上海四季酒店出事了，比较早地发了声明，还有中英文两个版本，这点很细心，它也是唯一一个用中英文发布声明的酒店。但是其总部的微博“四季酒店”却继续按部就班地做推广，好像什么都没发生过一样，显示出其内部的联动性比较差。

（6）谁的危机公关做得最好？最后一个问题，可惜没有答案，因为大家都是按照套路出牌。在这场危机公关中，没有赢家，只有合格与不合格之分吧。

资料来源　转载自公众号：万能的大叔.

问题：

1）自媒介时代，信息传播具有怎样的特点？饭店企业应如何对待来自网络的各种信息？

2）饭店企业应如何进行危机公关管理？

3）自媒介时代，饭店企业应如何恪守基本的职业道德？

4）饭店在进行危机公关时还应该做些什么？

【训练要求】

同第1章“基本训练”中本题型的“训练要求”。

第9章 饭店营销管理

- 学习目标

- 本章概要
- 基本训练

学习目标

通过本章学习，应该达到以下目标：

职业知识：学习和把握饭店营销的概念、活动特点、基础、市场细分、目标市场选择、市场定位，饭店营销的STP战略和各种组合策略，饭店最新营销理念和营销技巧等饭店营销的理论与实务知识；能用其指导或规范本章认知活动和技能活动，正确解答“基本训练”中“知识训练”各题型的相关问题。

职业能力：点评“成功的营销是使推销成为多余”这句名言，训练专业理解力与评价力；运用本章专业知识研究相关案例，培养在与“饭店营销管理”相关的业务情境中分析问题的能力；通过收集、整理与综合关于“饭店最新营销理念和营销技巧”的前沿知识，撰写、讨论与交流《“饭店最新营销理念和营销技巧”最新文献综述》，培养“饭店营销管理”中“自主学习”的通用能力。

课程思政：结合本章教学内容，依照相关规范或要求，对“课程思政9-1”和章后“中国大饭店引领会议组织者共同参与低碳会议项目”等案例中的企业或其从业人员的行为进行思政研判，强化与案例议题相关的行业规范思考和政治素质，促进“立德树人”根本任务的落实。

学习微平台

延伸阅读9-1

引例：万豪酒店市场细分背后的营销理念

背景与情境：在美国，许多市场营销专业的学生最熟悉的市场细分案例之一就是“万豪酒店”。这家著名的酒店针对不同的细分市场成功推出了一系列品牌：Fairfield（公平）、Courtyard（庭院）、Marriott（万豪）以及Marriott Marquis（万豪伯爵）等。早期，Fairfield（公平）是服务于销售人员的，Courtyard（庭院）是服务于销售经理的，Marriott（万豪）是为业务经理准备的，Marriott Marquis（万豪伯爵）则是为公司高级经理人员服务的。后来，万豪酒店对市场做了进一步的细分，推出了更多的旅馆品牌。

在“市场细分”这一营销行为上，“万豪”可以被称为超级细分专家。在原有的四个品牌都在各自的细分市场上成为主导品牌之后，“万豪”又开发出了一些新的品牌。在高端市场上，Ritz-Carlton（丽思卡尔顿）酒店在为高档次的顾客提供服务方面赢得了很高的赞誉；Renaissance（新生）作为商务和休闲品牌与Marriott（万豪）在价格上基本相同，但它们面对的是不同消费心态的顾客群体——Marriott吸引的是已经成家立业的人士，而Renaissance的目标顾客则是那些职业年轻人。在低端酒店市场上，万豪酒店由Fairfield Inn衍生出Fairfield Suite（公平套房），从而丰富了自己的产品线；位于高端和低端之间的酒店品牌是Town Place Suites（城镇套房）和Residence Inn（居民客栈）等，它们分别代表着不同的价格水准，并在风格上进行了有效区分。伴随着市场细分的持续进行，万豪又推出了Springfield Suites（弹性套房）——比Fairfield Inn（公平客栈）的档次稍高一点，主要面对一晚75～95美元的顾客市场。为了获取较高的价格和收益，万豪正在使Fairfield Suite（公平套房）品牌逐步向Springfield Suites（弹性套房）品牌转化。

通过市场细分来发现市场空白是万豪的一贯做法，正是这些市场空白成了万豪酒店成长的动力和源泉。一旦发现某个价格点的市场还没有被占领，或者现有价位的某些顾客还没有被很好地服务，万豪就会马上填补这个“空白”。总部位于亚特兰大市的Ritz-Carlton（丽思卡尔顿酒店，现在已经被引入上海等国内城市）经营得非常好而且发展得很快，现在，该酒店甚至根本不用提自己是万豪麾下的品牌。

一个多品牌的公司兼有完全不同的理念——公司的信心建立在对目标顾客需求的了解之上，并有能力创造一种产品或服务来满足这种需求。顾客的信心并不是建立在“万豪”这个名字或者其服务质量的基础上，其信心基础是“旅馆是为满足顾客的需求而设计的”。比如，顾客想找一家价格能承受得起的旅馆住上三四个星期，“城镇套房”可能就是其最好的选择，他并不需要为“万豪”额外的品质付费，也可能也不需要这样的品质。

品牌战略归根到底是围绕着细分市场来设计和开发的，清晰的品牌战略来自清晰的STP战略，即市场细分（Segmenting）、选择（Targeting）和定位（Positioning）战略。在产品和服务严重同质化的今天，在大家为同一块市场拼得“头破血流”的时候，我们是否应该从战略高度来考虑突破和创新呢？但愿万豪酒店的案例能给我们一定的启发。

资料来源　芮新国．市场细分永不停息——来自万豪酒店管理的启示［J］．政策与管理，2002（7）．

问题：

1）万豪为什么要针对不同的细分市场推出一系列不同的品牌？

2）许多行业或企业认为营销就是推销、广告和削价。你如何看待这个观点？

3）顾客的信心并不是建立在“万豪”这个名字或者其服务质量的基础上，其信心基础是“旅馆是为满足顾客的需求而设计的”。你如何理解这句话？

4）饭店企业如何从战略高度来思考和组织其营销活动？

上述案例告诉我们，饭店营销是一个庞大的体系，涉及饭店经营管理的方方面面。其实，饭店营销的主要工作包括建立在市场调研基础之上的营销战略的拟定和营销策略的执行。

对任何一家饭店而言，成败盛衰的关键都在于能否顺利地、连续地实现从商品到货币的转变。不能顺利实现这一转变，就意味着人力、物力形同虚设，资金周转面临困难。以实现商品到货币顺利转变为己任的营销活动是现代饭店经营管理的重要组成部分，是联结饭店和市场之间的桥梁，也是联结饭店和消费者之间的桥梁。只有开展营销活动，饭店才有可能将潜在的交换转变成现实的交换，才有可能在实现产品交换的基础上获得经济效益和社会效益，才能获得发展必需的基石和动力。因此，饭店要加强对营销活动的管理，以确保营销活动的正常开展。

9.1 饭店营销活动概述

目前，人们对营销的理解还比较狭隘，通常人们简单地把营销等同于推销，认为营销就是饭店向宾客推销饭店产品。比如，营销人员走访各个客户单位，和客户单位签订消费协议。其实，这只是饭店营销的一部分，饭店营销包含着更广、更深的含义。正确理解饭店营销活动的内涵是饭店开展有效营销的前提。

9.1.1 饭店营销的含义

旅游经济学家从不同的角度，对饭店的营销活动进行周密的分析后，得出结论：从某种程度上来看，饭店营销就是饭店向它所选定的宾客提供某种利益。这种利益必须是宾客的支付能力所能承受的。宾客在花钱购买饭店的产品或服务时，既不是被动的，也不是随意的，而是因为饭店的产品或服务能使他们获得某种效用，能使他们感到满足，获得实实在在的使用价值；否则，谁也不会购买那些对自己而言毫无用处的产品或服务。可见，产品或服务所蕴含的种种效用是诱导并驱使宾客做出购买行为的关键。

饭店营销活动是饭店经营者在宾客满意的基础上为实现饭店经营目标而展开的一系列有计划、有组织的活动。它并非简单地等同于推销，而是一个贯穿饭店发展全过程的活动。它要求饭店在提供产品或服务之前，首先研究目标宾客的需要是什么，然后根据其需要来设计或调整饭店的经营内容，再通过一系列的促销活动让宾客知晓并吸引他们购买或使用饭店的产品或服务，在宾客购买或使用饭店产品的基础上，饭店获得收入和利润，实现经营目标。当然，在这一过程中，饭店还必须注意收集来自宾客方面的反馈信息，根据宾客使用后的满意程度来重新设计或调整饭店的经营内容，使饭店的产品或服务效用最大化。因此，从某种程度上讲，营销是饭店产品出售给宾客前所有活动的总和。

而推销活动是将饭店现有的产品作为工作的起点，研究怎样利用广告、公关、实物展示等手段来增加销售量，并在此基础上实现饭店的目标。可见，推销仅是营销活动的一个组成部分。从内涵上看，营销远比推销丰富。两者之间的关系可以用表9-1来表示。

表9-1　营销和推销的比较

	营销	推销
工作的起点	顾客的需求	现有的产品或服务
使用的手段	整体营销策略组合	广告、削价等促销手段
工作的终点	在顾客满意的基础上实现产品的销售	产品的销售

同步思考9-1

背景资料： 为测量顾客满意度，学者们逐渐研发出用于行业满意度测量的满意度测评指数和用于具体研究对象满意度测量的量表。顾客满意度指数（Customer Satisfaction Index，CSI）是以满意度测评模型为理论依据，对各种类型和各个层次具有代表性的顾客满意程度的综合评价指数。具有重要影响的满意度测评模型是由美国密歇根大学的Fornell博士带领其团队建立的瑞典顾客满意度指数测评模型（SCSB）以及随后建立的美国顾客满意度指数模型（ACSI）（如图9-1所示）。与其他模型相比，美国模型科学地利用了顾客的消费认知过程，能客观反映消费者对服务质量的评价，综合地反映顾客的满意程度。

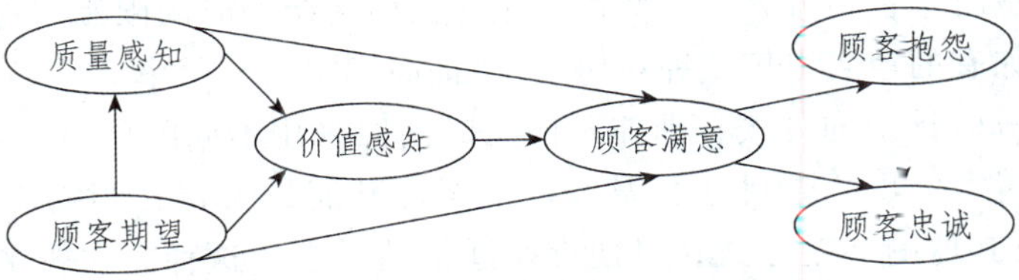

图9-1　美国顾客满意度指数模型

问题： 结合顾客满意度指数模型，谈谈顾客期望、顾客满意、顾客忠诚、顾客抱怨之间的关系。并思考：饭店企业如何在提高顾客满意度的基础上实现销售的增加和利润的增长？

理解要点： 市场营销的基本主张是在顾客满意的基础上实现赢利的目的。顾客满意和顾客期望、质量感知、价值感知等密切相关；同时，满意的顾客能带来更多的价值，饭店要在顾客满意的基础上提高顾客忠诚度；而对抱怨的妥善处理也有利于顾客忠诚的建立。

9.1.2　饭店营销活动的特点

饭店营销活动的特点明显地受其产品特点的影响。因此，我们从饭店产品的特殊性出发，来研究饭店营销活动的特点和相应的对策。

1）饭店产品的无形性使得饭店的营销活动具有相应的脆弱性

饭店提供的产品是以服务为主体的组合，饭店借助各种设施设备和物品原料，通过员工的劳动，向宾客提供各种旅居生活需要的产品。饭店产品从本质上说是无形的，宾客在首次购买饭店的产品之前无法触及或感受到它们，这就给饭店的营销活动尤其是推销活动带来了很大的困难。实物产品往往可以借助产品的有形展示来达到“让事实说话”的目的，从而迅速吸引宾客购买，提高宣传的可靠性。而无形的服务如何取信于公众，如何让公众理解无形服务的内涵？这成为饭店营销活动的难点也是重点之一。

针对这个特点，饭店在进行“无形的服务”营销时，就应巧妙地提供各种有形的证据来吸引宾客，让宾客眼见为实。这些有形的证据包括设施设备、人员形象、人员服务、环境布置等。俗话说：宾客进店看门面，看了门面看脸面，进了餐厅看台面，入了客房看地面，还有墙面和（设施设备的）表面。这“六面”是可见的、直观的，也是无形服务的有形体现。饭店应通过各种方法大力宣传这些有形证据。例如，有的餐厅利用包厢内的电视机做文章，改变电视机专门播放卡拉OK节目的传统功能，而用来直播厨房菜肴的加工过程，增强宾客的现场感，提高服务工作的透明度，让宾客吃得放心。

2）饭店产品的不可储存性使得饭店营销活动具有艰巨性

饭店产品不像实物产品那样卖不出去可以储存，并且在短期内能保值出售，它是一种过期作废的产品，具有效用瞬时性的特点。当天的产品卖不出去，当天的效用也就失去了，并且在以后也无法再挽回。因此，饭店在提供产品时，要提高产品的时间效用，在恰当的时间里提供恰当的产品，尽量实现产品的使用价值而降低损失率。

饭店在开展营销活动时，可以通过协调供给与需求的关系来降低饭店产品的报废率：

（1）采用量时销售的方式。一些饭店正在突破传统的时间限制，将一些经营项目“量时销售”。如有的饭店出售“钟点房”，以提高客房的利用率。

（2）采用分时计价的方式，即在不同的时间段采用不同的价格。当需求量大时，采用“高峰价格”，既可抑制过度需求，又能使利润最大化；当需求量小时，采用“低谷价格”或其他的促销方式，以便支持适量的需求。这种方式较多地用在娱乐项目的销售上。

（3）采用不同的计量单位。饭店在出售产品时，可对计量单位化整为零，如娱乐场所的按时计价，菜馔按大、小盘计价等。

（4）增加饭店的服务方式。在需求旺盛、人手不够时，饭店可以开辟宾客自助项目，用宾客的自助服务来替代员工的劳动并用较低的价格对宾客加以补偿；当设施设备饱和时，可以开辟外卖服务或送餐服务，来扩大饭店产品的销售量。

3）饭店产品的不可运输性使得营销活动丧失了一定的灵活性

饭店的产品是固定在饭店内的，即饭店以饭店本体作为一个行销对象，其产品只能在饭店内交换，宾客消费饭店产品的方式是在饭店内就地进行。宾客离店时，带走的只能是一种无形的感受，而不能带走饭店具体的服务产品。这就给营销活动增添了一定的难度。如某一饭店联号有过剩的客房、娱乐设施和服务能力，但不可能将它们运输到另一地的成员饭店使用，这就使得饭店失去了许多好的销售机会。

4）饭店产品大规模生产和销售的限制性减少了饭店营销活动产生规模效应的机会

饭店产品的不可储存性、不可运输性等特点，决定了它不能像实物产品那样可以集中生产、集中销售，或是在淡季时多生产，到旺季时多销售。例如，旅游旺季，热门景区周边的饭店都意识到消费高峰的到来，但是囿于设施设备、服务人员等方面的限制，挖潜的能力是有限的，最多只能腾出办公室等地点，做有限的“扩容生产”。

为了克服这方面的缺陷，饭店可通过连锁经营、组建饭店联盟、进行团队促销等方式，统一服务标准、服务程序、服务风格，来达到饭店产品的规模生产和规模销售。目前，连锁经营、联合发展成为一种时尚，这种方式改变了中国饭店传统的“村自为战、店自为战、各自为政、各行其道”的散沙式经营方式，以联合销售为纽带，发挥了各自设备、技术、资本、网络的最大优势，为实现饭店产品的规模经营建立了一个良好的开端。

5）饭店产品消费的随意性使得营销活动必须着眼于刺激宾客的消费欲望

旅游不像柴、米、盐、油、酱、醋、茶那样属于生活必需品，它是人们生活水平提高后产生的一种休闲活动。而饭店的大部分宾客是旅游者。因而，饭店产品的消费也具有很大的随意性，在消费能力许可的条件下，消费容易受宾客的情感、兴趣、动机等心理因素的影响。例如，同样是吃饭，可以吃得简单，也可以吃得丰盛。这就要求饭店应灵活掌握宾客的消费心理，进行有针对性的促销，以激发宾客更多的消费行为。

9.1.3 饭店营销活动基础

饭店营销活动以满足宾客的需要为实现饭店目标的前提，因此，饭店营销活动的基础就是通过对市场进行周密的调查研究，了解宏观环境和微观环境，在此基础上拟定饭店的营销战略和策略。

根据调研对象的影响程度，可将调研对象分为宏观环境和微观环境两大类。

1）宏观环境

饭店业是一个高脆弱性、强关联性的行业，营销首先受宏观环境的影响。宏观环境是由大范围的社会约束力量构成的，包括经济环境、人口环境、自然环境、政法环境、文化环境和科技环境。

（1）经济环境。一个国家或地区的经济发展水平以及当地居民收入与储蓄状况直接影响饭店的营销对策，特别是消费者收入的高低，直接影响其购买力。除了收集有关消费者购买力的信息外，饭店还应注意收集和分析相关的宏观经济指标，如国内生产总值、消费物价指数等。

（2）人口环境。人口环境是指饭店所在区域的人口状况，包括人口分布、性别比例、年龄结构、流动状况、文化水平、家庭结构、民族等。

（3）自然环境。自然环境的影响主要表现为原材料、能源成本上升，生态环境问题日渐突出，政府和民间机构加大了对环境保护的干预等。

（4）政法环境。政法环境包含法律和政策。法律是企业必须严格遵循的规范。国家立法工作步伐的加快使得各种新的法律、法规“层出不穷”，饭店要努力领会与自身经营管理相关的法律、法规的内容，从而保证在法律允许的范围内开展一切经营活动。同时，还应注意用法律、法规来对付竞争对手的“违法行为”，保护自己的合法权益。政策是党和政府为有效推进社会、经济、科技协调发展而制定的一种带有强制性的规范，它是一个庞大的体系，包括国家政策、行业政策、地方政策等；既有禁止性的、限制性的政策，也有鼓励性的、支持性的和优惠性的政策。饭店企业要多学习、研究有关政策规定，从中发现可以利用的条文和信息，并善加利用。

（5）文化环境。文化是一个群体一再重复的价值观念、生活方式、消费习俗等。文化虽然不如法律刚性强，但文化对饭店营销产生的影响却是强大的。在文化环境中，消费习俗和价值观念是饭店营销应重点关注的内容。跨国饭店应考虑本土化营销，本土饭店进军海外市场应考虑目标市场的基本文化特征。

（6）科技环境。科学技术的发展给企业带来各种挑战的同时也孕育了大量的机会。作为劳动密集型企业，饭店也应高度关注新科技。信息技术的迅速发展，给饭店业传统的营销带来了挑战和机遇。饭店业应主动寻求信息技术带来的机会。

2）微观环境

微观环境由存在于饭店内部的各种因素和饭店可以控制或影响的其他因素构成。相对于宏观环境，微观环境具有一定的可控性。微观环境通常由以下要素构成：

（1）内部环境力量。内部环境力量主要包括饭店所推行的市场经营观、发展目标、管理系统的设置模式、人力资源状况、服务模式的选择、经营项目的确定、有形的物质支持、各项规章制度、总体形象等。

（2）供应商。饭店日常的经营活动需要诸多供应商提供各种原料与物资，因此，供应商队伍的素质直接影响饭店的正常运转以及饭店竞争力的高低。

（3）中间商。企业与消费者之间存在时间、空间、供求数量、产品品种等方面的矛盾，为妥善解决这些矛盾并节余社会劳动和交易成本，营销需要向中间商借力。中间商构成了饭店企业营销活动的销售系统，成为决定营销活动成败的关键因素之一。中间商包括金融中间商、营销服务中间商等。其中，较重要的是营销服务中间商，其主要功能在于为饭店企业营销活动提供专业服务，如市场调研、广告策划、竞争分析等。

（4）消费者。营销的最终目的是在满足消费者需求的基础上实现利润的增加。因此，左右营销活动的重要力量就是消费者。饭店应了解不同细分群体的消费特征，以便为饭店开展定制化服务提供依据。

（5）竞争者。竞争者是指那些生产经营的产品和服务与本饭店生产的产品或服务有相同、相近或替代关系的饭店企业。不过，并非所有的同类或相似饭店都是竞争对手。竞争对手主要是指那些在一定的地域范围内，提供的产品或服务在内容或档次上相同或相似，面对相同客源市场的饭店。

（6）相关公众。相关公众是指与饭店有关系的所有个人与组织，如社区居民、新闻单位、旅行社等。饭店应重视与这些相关公众建立和谐的关系，为营销活动提供有力的“关系支持”。

整体而言，当今世界正经历百年未有之大变局，“变”与“不确定性”是这个时代的主旋律。在科技革命、互联网浪潮、经济危机、地区冲突、全球化带来的社会变化等因素的共同作用下，“乌卡”时代已经来临。“乌卡”，即VUCA，指的是易变不稳定（volatile）、不确定（uncertain）、复杂（complex）、模糊（ambiguous）。我们目前正处于一个易变性、不确定性、复杂性、模糊性的世界里。

在“乌卡”时代，预见性思维起着越来越重要的作用。科学的预见能避免决策的盲目性，饭店经营者要具备远见卓识，站得高，看得远，才能适应这一新的时代，跟上时代的步伐。在洞察环境的基础上主动变革，不断适应周边环境的变化才能不被时代所淘汰。当今世界是一个尊崇丛林法则的世界，物竞天择，适者生存，变色龙只有不断变成周围植被的颜色，才能生存下来。饭店不要成为温水里的青蛙，要勇敢跳出自己的舒适区，提高自己的反脆弱性、敏捷性和快速行动能力，通过快速迭代、小步快跑，专注“小而美”，降低自己犯错的概率和代价。饭店要对环境的变化保持高度的敏感，持续洞察客户需求，不断地完善产品、完善业态。当饭店永远围着客户的需求去不断地自我完善的时候，随着时间的推移，其应对甚至引领内外部环境的能力会让饭店成为一个日益年轻的企业。

9.2 饭店营销STP战略

在市场调研的基础上，饭店应根据调研结果从战略层面考虑营销的STP战略。

9.2.1 市场细分

1）市场细分的概念分析

市场细分是美国市场学家温德尔·史密斯（Wendell R. Smith）于20世纪50年代提出的。所谓市场细分，就是从区别消费者不同需求的角度出发，根据消费者购买行为的差异性，把整体市场细分为两个或两个以上各自具有类似需求和欲望的消费者群体，分属于同一群体的消费者被称为细分市场。分属于不同细分市场的消费者对同一产品的需要和欲望存在着明显的差异。

2）市场细分变量

要进行有效的市场细分，必须找到科学的细分变量。总体上来说，饭店市场可以按照以下四大变量进行细分：

（1）地理细分变量

饭店最初是为空间位移的消费者提供基本食宿服务的，因此按照地理因素对市场进行细分有着非常重要的意义。例如，世界旅游组织（WTO）根据地区间在自然、经济、文化以及旅游者流向等方面的联系，将世界旅游市场细分为六大旅游区域：欧洲市场、美洲市场、东亚及太平洋市场、南亚市场、中东市场和非洲市场。我们通常所说的“国内市场”和“国际市场”是按国界进行市场细分的。此外，地区、城市、乡村、气候带、地形地貌等都可以作为地理细分的标准。

（2）人口统计细分变量

人口统计细分是指将市场按照人口统计学变量如年龄、收入、受教育程度、职业、种族、性别、宗教、家庭规模等划分成不同的群体。这些变量往往易于识别且便于衡量，人口统计细分也是划分消费者群体很常用的方法。例如，按照人口年龄段，市场可细分为老年人、中年人、青年人、儿童四个子市场。

(3) 心理细分变量

消费者在心理上也具有许多不同的特征，如旅游动机、生活方式、兴趣爱好、价值取向、旅游习惯等，心理细分就是按照这些标准对旅游市场进行细分。由于消费者心理需求具有多样性、时代性、可诱导性等特性，因此有时心理因素是很难严格加以判定的，很难量化和把握。但它对市场细分却是极为有效的。根据动机可以将在饭店住宿的客人分为公务客人和度假客人，饭店要根据自身的情况，确定自己的目标市场，进行产品定位和开展营销活动。

(4) 行为细分变量

不同的消费者在行为上往往会有很大的差异，因此按照消费者的行为进行市场细分是很有效的。依据购买组织形式变量可将旅游市场细分为团队市场和散客市场；依据品牌偏好可将消费者分为坚定的品牌忠诚者、转移型的忠诚者和无品牌偏好者。

随着旅游市场全球化进程的加快，用来划分国际旅游市场的一些传统变量，如地理变量和国家界限等，将会逐渐被心理变量、行为变量所代替，因为后两者能够更加准确地反映顾客之间的文化异同，从而更加有利于确定目标市场。饭店行业出现的精品酒店、野奢客栈、老年公寓、乡村民宿等就是市场高度细分带来的新型住宿业态。

同步案例9-1

不同时代的消费者：婴儿潮、X世代、Y世代和Z世代

背景与情境： 由于第二次世界大战后（以下简称为“战后”）经济周期较为明显，“世代”之间的差异化较大，每一世代的人群特征也颇为明晰。随着美国经济从高速增长到日趋平稳，各个世代的人大体上也经历了“迷茫→自信→独立”的变化过程。参考东方证券的研究报告，战后的美国人大体可划分为四个世代：

(1) 婴儿潮一代（1945—1965年出生）

这是举世闻名的一代人。战后，许多参军的美国青年荣归故里并组建家庭，随即掀起了一波生育高潮，“Baby Boomers”便由此而来。作为美国经济快速走向繁荣并成为世界霸主的参与者和见证者，婴儿潮一代中的很多人都积累了可观的财富，他们强大的购买力还引发了1969年美国的第一次房地产繁荣。

(2) X世代（1965—1980年出生）

一般认为，X世代的说法源自加拿大作家道格拉斯·柯普兰（Douglas Coupland）的同名小说《X世代：速成文化的故事》，在小说中，柯普兰将X世代称为婴儿潮世代的下一世代。尽管X世代的人们物质生活水平和受教育程度都更高，也经历了科学技术不断发展带来的社会巨变，但成长过程中频发的经济危机和社会负面舆论又令他们对未来感到无所适从。换言之，X世代是迷茫的一代人，他们所处的环境特征大体表现为：与父辈的沟通困境、涨得比工资更快的房价、被消费和购物吞噬的生活、无孔不入的明星娱乐八卦、无法信任的媒体，还有大量不可描述、使人愤怒而无力的社会事件。

(3) Y世代（1980—1995年出生）

Y世代又叫“千禧一代”，因这一代人的生育率又再次大幅回升，故而还被称为

“回声潮世代”（Echo Boomers）。Y世代最大的特征在于经历了个人电脑和互联网的迅速普及，由此形成了与X世代截然不同的生活态度和价值观，基于互联网带来的诸多变革与对高科技的掌握，Y世代大多自信、乐观、执着、坦率、有主见、见识广。

（4）Z世代（1995—2010年出生）

如前所述，Z世代是数字技术的原住民，互联网和数码产品是他们与生俱来及日常生活的一部分，在技术革命的推动下，Z世代的生活方式发生了质的变化，他们更加自我、独立，更关注人生的体验感，同时也更懂得去挖掘最好的价值和服务。

眼下，最火的必然是Z世代。在我国，Z世代按时间跨度可分为“95后”和“00后”人群。根据国家统计局的数据，我国Z世代规模将近2亿，占全国总人口的比重超过1/8。与美国类似，我国的Z世代同样赶上了中国经济腾飞的时期，物质生活富足，又同样是互联网的原住民；而不同于美国的是，受计划生育政策影响，我国的Z世代普遍都是独生子女，受到家庭长辈关注的程度更高，儿时的孤独使他们更渴望依托网络渠道寻求认同。

在这样的成长背景下，Z世代大都踌躇满志、注重体验、个性鲜明、自尊心强烈，愿意追求并尝试各种新生事物，并且正逐步成长为未来中国新经济、新消费、新文化的主导力量。

资料来源 付一夫. X世代、Y世代、Z世代都是怎么回事？[EB/OL]. [2019-05-08]. https://baijiahao.baidu.com/s?id=1666107005252450559&wfr=spider&for=pc.

问题：对饭店企业而言，不同世代的价值在哪里？饭店如何面向这些不同的细分市场凸显自己的竞争优势？

分析提示：饭店企业应根据地理因素、行为因素、人口因素、环境因素等进行市场细分。通过市场高度细分，找到其中最适合自己营销且最值得服务的人群作为自己的目标市场，并为其量身定制产品和服务。

3）市场细分要点

为强化市场细分的有效性，饭店企业应注意：

（1）细分依据与饭店目标一致

通过这种细分，饭店的产品或服务成为目标市场上顾客的最佳选择，这样的划分才有实际的指导意义。

（2）细分结果的差异性

市场细分的结果应明显地体现出各细分市场上的顾客在购买动机和购买方式上的差异。

（3）后续营销组合的跟进

饭店应根据细分市场之间的差异，采取必要的措施来调整饭店的营销组合策略，不能仅将工作停留在划分市场这一阶段。

（4）讲究高度市场细分

由于消费需求个性化特征日趋强化，市场进一步裂变成为更多的小市场。这就要求饭店在市场细分的基础上，进一步对市场需求进行超细划分，以便准确把握饭店的市场定位。

（5）不要贪大求全

饭店要充分认识到，市场这块“蛋糕”是不可能被一家饭店独吞的，要明确自己能分到哪一块，并保证这块能拿到手。市场定位越大，越难以形成主题，就越难有稳定和固定的客源群体。

同步案例 9-2

亚朵酒店，打造全新旅居生活方式

背景与情境：亚朵酒店是服务于新中产人群的生活方式品牌，旗下酒店品牌包含：

亚朵酒店：以流动阅读与属地摄影为主题。

亚朵轻居：是亚朵酒店系列中的新兴酒店品牌，以“轻”生活、“轻”社交为理念，为年轻人社交旅居提供全新空间，聚合来自生活、商业、艺术、文化等多领域的新青年。

亚朵S酒店：亚朵酒店系列中的升级产品，S为Super的英文缩写，意指无论是氛围、设施、公共区域还是客房用品都进行了优化升级；

A.T.House：亚朵旗下潮流生活方式品牌，以开放式的大堂社交空间和格调客房为特色，不仅是旅途中的下榻之处，更是生活中的潮流休憩之所。

SAVHE（萨和）：亚朵全新打造的高端度假酒店，SAVHE起源于傈僳族语言中的“呼吸”一词，旨在营造让人自如居住的居所。SAVHE（萨和）的品牌主张是在会呼吸的空间里，抛却杂乱心绪，重获内心的稳定，贴近对生命的体验。

A.T.living：亚朵旗下的品质公寓管理平台，致力于为中高端客户提供舒适服务的租住空间。A.T.Living深度链接亚朵酒店，除了专业酒店管家、保洁、维修等常规服务外，还提供鲜花绿植、熨衣洗衣、图书更换、酒店健身等多达24项专属服务。

此外，亚朵还有亚朵生活馆以及一系列跨界合作的IP酒店，旨在打造全新的旅居生活方式。

亚朵生活馆是亚朵集团秉持人文、温暖、有趣的品牌精神所打造的基于睡眠、旅行、家居等的生活场景。凭“所见即所购”的创新理念和成熟的供应链体系提供高品质原创产品，以及联合IP品牌共同研发创新产品。亚朵生活馆提出从一开始的“心”生活方式，即从一杯茶、一把伞、一个枕头、一场旅行开始，无论是在家里还是在路上，都能细细品味亚朵生活美学，期许传递有温度的生活态度，实现美好匠心生活。2019年3月21日，亚朵发起了亚朵生活节，这是一场为期一周的主题社区活动，是亚朵社区化进程的一次预演。依托全国300余家门店，亚朵开启了线上线下一体、为期一周的用户狂欢，生活节期间，在北京、上海、广州、深圳、成都5大城市，亚朵开辟出音乐、运动、艺术、美食、知识、市集6个主题社区，共推出22场创意活动。通过亚朵生活节，亚朵把符合社群标准的优质用户吸引到“第四空间”（酒店不仅是睡觉的地方，也是人文、温暖、有趣生活方式的入口，亚朵称其为第四空间），实现酒店的持续造血能力和社区内容孵化。同时，亚朵在行业内首次打造会员周的概念，通过线上和线下互动体验以及多品牌跨界合作，提升了用户的关注度，加强了与用户的情感联系，带给消费者更难忘独特的体验。

资料来源 根据亚朵官网以及https：//baike. baidu. com / item/% E4%BA% 9A% E6%9C% B5%E9%85%92%E5%BA%97/9000409？fr=aladdin.等资料整理。

9.2.2 目标市场选择

1）目标市场的概念

目标市场是指饭店决定要进入的细分市场。目标市场选择，就是在市场细分的基础上根据企业自身的资源情况、营销能力以及细分市场吸引力的大小，对各细分市场进行评估，确定特定的细分市场作为市场营销的重点，并用合适的产品和服务来满足特定细分市场的需要。

一般来说，只有具备下列条件的细分市场，才可作为饭店的目标市场：①有一定的细分规模，包括现实需求规模和潜在需求规模；②有一定的竞争性，细分市场未被竞争对手垄断，新竞争者进入面临不太高的壁垒；③具有匹配性，即细分市场与饭店的经营能力相适应。

2）目标市场分析

饭店企业在进入某一细分市场前，必须对各个细分市场进行结构吸引力的分析。在此基础上，合理选择属于自己的目标市场。

（1）目标市场结构吸引力分析

企业在选择目标市场时，除了对目标市场的规模和增长率、企业资源与目标进行分析外，还应对各个细分市场的竞争结构进行分析。美国学者波特认为，影响产业竞争优势的因素有五项：现有的对抗强度、新加入者的威胁、供应商与消费者的谈判实力，以及替代性产品的威胁，如图9-2所示。这五种基本竞争力量的状况及综合强度决定着行业的竞争激烈强度，从而决定着行业的最终收益能力。

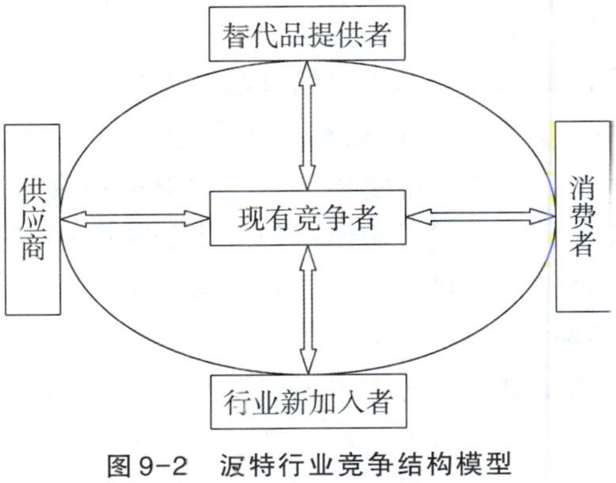

图9-2 波特行业竞争结构模型

（2）选择目标市场的条件

市场上时常会出现“百里挑一”的现象，可见，选择目标市场是有条件的，这些条件包括：①可进入性，即可接近性，通过广告活动和其他促销活动，企业可开拓、占领这个目标市场。②可衡量性，目标市场不仅要有质的规定性，还要有量的规定性，即一个目标市场能用某种数量指标和数量单位来衡量，如市场需求量、消费者的购买能力等，唯有如此，才能保证对所选择的目标市场有充分的了解。③充足性，即目标市场必须有一定的规模值得去开发和经营，并能为企业带来可观的利润。例如，在汉族广泛居住的江南一带开设一个大规模的清真企业是不可取的，因为这个细分市场中的人太少，专门吸引这类市场所增加的收入也许还不够偿付企业日常的营销费用。④可行动性，即企业应具备吸引这类市场的能力，包括服务人员的服务能力以及设施设备、地理位置等的综合接待能力。⑤稳定性，即在一定时间内，所选定的细分市场的差异性能保持相对不变。

3）目标市场营销策略

常用的目标市场营销策略主要有三种：无差异性营销策略、差异性营销策略、集中性营销策略。

（1）无差异性营销策略（异中求同）

这种策略是指饭店企业把整体市场看作一个整体，即一个大的目标市场，不再细分，因而只推出一种产品，采用一种营销组合，满足尽可能多的购买者的需要所采取的营销策略。它以一种产品适合于各种细分市场的共同需要为前提，很少甚至不去考虑购买者需求的差异性。无差异性营销策略的主要优点是：可以降低营销成本。其缺点是：不能满足细分市场的需求，不利于饭店获得较多利润。

（2）差异性营销策略（同中求异）

差异性营销策略是指饭店把整体市场划分为若干个细分市场，针对不同细分市场的需求特征，策划推出不同的产品和运用不同的营销组合，分别满足不同细分市场上的购买者的需求所采用的营销策略。差异性营销策略的优点有：第一，能增加总的销售额；第二，有利于塑造企业及产品的良好形象，增强对回头客的吸引力；第三，增加重复购买的数量和次数，增强企业的市场竞争力；第四，减少经营风险。差异性营销策略的缺点是：第一，由于目标市场过多，饭店营销费用会增加；第二，加大了营销管理工作的难度。

（3）集中性营销策略（聚焦核心）

集中性营销策略是指饭店在市场细分的基础上，以其中某个专门化市场作为目标市场而采取的营销策略。差异性营销策略的优点是：第一，通过专业化降低营销费用；第二，有利于饭店在某个细分市场建立稳固的地位；第三，有利于扩大销售，提高利润率。其缺点主要是：第一，饭店要承担较大的风险；第二，较难吸引目标市场之外的其他细分市场；第三，来自竞争者的威胁增大。

4）选择市场营销策略

饭店在选择市场营销策略时应考虑下列因素：

（1）企业实力

若饭店企业资源有限，实力不强，无力兼顾整体市场或更多的细分市场，可采用集中性营销策略。

（2）市场的同质性

如果市场差别很大，就应采用差异性营销策略或集中性营销策略。

（3）产品生命周期

在产品的成长期，一般采用差异性营销策略；而在产品的衰退期，常采用集中性营销策略。

学习微平台

延伸阅读 9-2

（4）市场竞争情况

若市场上竞争对手很多，饭店宜采用差异性或集中性营销策略。当竞争对手采用无差异性营销策略时，饭店可采用差异性或集中性营销策略。

9.2.3　市场定位

1）市场定位本质分析

定位就是饭店找准产品或服务在消费者心目中的位置。定位的对象不是产品，而是潜在消费者的思想。它要求饭店从消费者的角度出发，探求其需求心理，了解其真正偏好，再赋予饭店产品或服务某种功能特性，使这种功能特性与消费者的想法、偏好有机地“对接”，从而树立一个区别于竞争对手的独特形象。

市场定位是指为了让产品在目标市场顾客的心目中树立明确、独特及深受欢迎的形象而进行的各种决策和展开的各种活动。科学的定位有助于突出饭店形象，避免重复竞争，节约营销成本。

2）市场定位的原则

饭店在进行市场定位时，为找准市场“卖点”，应遵循以下原则：

（1）宾客导向原则

作为营销的研究对象，这里的“宾客”特指饭店所选定的有一定规模的宾客群，而不是泛指所有宾客。饭店应深入分析这些宾客的共同特点、喜欢什么、厌恶什么、追寻什么等，并以此作为定位的基本导向，谋求产品品质与宾客需求的有效对接。

（2）凸显差异原则

定位的目的是要让宾客注意到饭店产品或服务与众不同，从而形成独特印象。从这个角度看，定位实际上是一个寻找和展现饭店差异的过程。这些差异包括产品差异、服务差异、服务过程差异、人员差异、环境差异、形象差异、促销差异、价格差异等。

（3）彰显个性原则

个性是饭店产品或服务在顾客心目中形成的一种“定型”感觉。因此，差异化并不等于个性化。因为差异只代表距离，任何差异都可以通过各种努力来消除或缩小，如价格差异可以通过重新定价来缩小；服务差异可以通过培训、学习来缩小；人员差异可以通过高薪聘请来解决；环境差异可以通过装修改造来解决。而饭店企业的个性则无法轻易在短期内模仿和抄袭。饭店市场定位所追求的就是差异化基础上所形成的个性化特质。

（4）灵活创意原则

在动态的市场环境中，每一家饭店都应审时度势，随时把握住最新的动态，及时做出调整，以适应不断变化的市场需要。灵活创意原则要求饭店在不断变化的环境中，抛弃传统上以静制动、以不变应万变的静态定位思想，对周围环境时刻保持高度的敏感，及时调整饭店营销模式。

3）市场定位的基本内容

对饭店企业而言，市场定位的最终目的是在市场上找准属于本企业的最佳位置。要实现这一目标，饭店企业在进行市场定位时，应考虑以下问题

（1）产品定位

产品定位的主要内容是集中饭店产品或服务的竞争优势，将本饭店与其他竞争对手区别开来。它实际上是一个饭店企业明确其潜在优势、选择并显示优势的过程。饭店可根据产品的效用、质量、档次、特色等进行优势定位。

（2）价格定位

价格定位，即确定本企业在市场上的价格区域属于哪一档。饭店可根据产品定位、自身实力、产品生命周期等因素，确定是牛气冲天地选择高价格策略，还是屈尊选择低价位策略，或是采取中间价格策略。

（3）消费群体定位

消费群体定位，即饭店在分析宾客的年龄、职业、经济收入等因素的基础上，准确选择主要目标客源和辅助客源。

（4）服务标准定位

服务标准定位，即饭店对各项服务标准的选择。在确定服务标准时，可考虑服务态度标准、服务行为标准、服务理念标准、服务氛围标准等。

（5）竞争策略定位

企业在开展各种市场营销活动时，应确定针对竞争对手的一些基本竞争策略，是避强就弱、避实就虚还是针锋相对、以牙还牙。

4）市场定位的基本方法

（1）针锋相对式的定位

针锋相对式的定位是饭店选择在目标市场上靠近现有竞争者，以争夺同样的购买者的定位方法。这种定位实质上是直接同另一品牌竞争。针锋相对式的定位具有一定的风险，采用不当会使饭店在竞争中失利。但作为一种具有挑战性的定位方法，它更能激励饭店奋发向上。一旦成功，也会取得更大的竞争优势。

（2）另辟蹊径式的定位

另辟蹊径式的定位是指饭店对已经上市的产品实施再定位，也就是饭店改变目标购买者对其原有的印象，使目标购买者对其建立新的认识。这种定位旨在摆脱困境，重新获得增长与活力。

（3）“Number One”定位

“Number One”定位通常是市场先驱者采取的定位方法。因为购买者往往能牢记市场的第一号产品和头号企业，而对其他品牌的产品和企业则印象不深，所以饭店可在企业和产品的多种特性中，找出一种具有绝对优势的特性，以此来定位，在市场中树立“第一号”形象。

（4）填补空缺式的定位

填补空缺式的定位是指饭店避开与竞争者直接对抗，将其位置定于某处市场的“空隙”，研发当前市场上没有的特色饭店产品，开拓新的市场领域。这种定位风险较小，成功率较高，常为许多中小企业所采用。

饭店营销活动的任务就是发现市场空缺，恰当进行产品的市场定位，做到以特取胜。在感性消费时代，泛泛概念上的饭店越来越少，有自己特定的吸引力、使宾客产生第一选择的饭店将会在竞争中获胜。其实，对饭店而言，可供选取的空缺是很多的。归纳起来，这些空缺有：经营上的空缺；年龄上的空缺；性别上的空缺；时间上的空缺；生活习惯上的空缺；地域上的空缺；利益上的空缺。

业务链接9-1

柳莺里酒店：打造西湖生活方式

曾是南宋皇家花园一部分的“柳莺宾馆”在2015年改造升级后更名为“杭州西湖柳莺里酒店”，旨在引导繁杂纷扰的都市生活中的现代人品读千年人文山水的典范，体悟西湖人文情思和隐逸意趣，召唤与回归人与自然和谐的自由精神，重启中国经典文人雅士的有闲审美人生境界。酒店占地40多亩，根据中式建筑风格，打造出江南园林式的私家宅院，院内古树参天郁郁葱葱、小桥流水潺潺不绝。这里有放松怡情的顶级西湖景观客房，有各具特色的本外邦美食餐厅，有设施完备的高端会议活动场所，有亲湖健身中心和丰富多彩的娱乐休闲设施。

全新亮相的杭州西湖柳莺里酒店，致力于向顾客传递一种“西湖生活方式”的居停理念，希望客人能够在酒店亲身体验西湖特有的生活方式。为此，酒店重点围绕“西湖生活方式”策划了系列推广活动：一是由古及今，通过介绍古人在西湖边的风雅生活，为当今的西湖生活方式注入文化传统，使这种体验更加厚重和丰富。二是由大到小，通过介绍当今杭州的老传统和酒店所处南山路的文艺产业，并以酒店名义发布南山路文艺展讯，为酒店注入了文艺基因，提供了文化背书，渲染了酒店“诗和远方”的印象。三是由虚向实，在前述历史背景、环境氛围的铺垫下，酒店推出了古琴演奏、花道体验、茶书房等产品，把“西湖生活方式”从文化印象转化为一种现代雅致生活的消费体验。

资料来源 作者根据相关资料整理而成。

市场调研、市场细分、市场选择和市场定位是一个连续的过程，也是饭店企业能否发现市场、进入市场、占领市场和扩大市场的关键，因此也就成了饭店营销的关键工作。饭店企业应本着系统的观念，逐步做好以上各项工作。

9.3 饭店营销组合策略

饭店营销组合策略是指饭店对自己可控制的各种营销因素进行分析，本着扬长避短的原则进行优化组合和综合运用，使各个因素协调配合，发挥整体功效，最终实现营销目标。

对饭店而言，可控制的因素主要有四类，即饭店的产品（Product）、价格（Price）、营销渠道（Place）、促销方式（Promotion），也就是通常所说的4Ps。营销组合策略就是产品策略、价格策略、营销渠道策略、促销策略四大策略的有机组合与搭配。

饭店要依靠适销对路的产品来获得生存和发展的资本。如果产品品质低劣、落后，产品效用单一、低下，就会被宾客无情地“拒之门外”。因此，产品策略是关系到饭店生死存亡的关键，是饭店营销组合策略中最基本的策略。

9.3.1 产品策略

1）饭店产品的含义

饭店产品是指宾客在饭店停留期间，饭店向宾客提供的所有的物质产品和服务产品的总和。它是有形产品和无形服务的有机结合，在这个结合体中，无形服务永远是饭店产品的主体，有形产品则是无形服务的依托。不像实物产品，无形服务永远只是有形产品的一种辅助，这是饭店产品与其他产品的根本区别。

饭店产品的实质性特征有：

（1）综合性

饭店产品不是由某个单一的部门或是人员提供的，它需要依靠若干部门在不同的空间和不同的时间里向宾客提供不同的产品和服务，以满足不同宾客的整体需要。因此，对饭店而言，高效的产品就是不间断的服务序列，要求饭店内部前厅、客房、餐饮、工程等各部门协调一致，提供一条龙的服务，且在各个服务环节上有机衔接，不得脱节。

（2）不可储存性

饭店产品具有“边生产边消费，不消费则消失”的特点，其价值的形成过程和实现过程是一致的，只有实现了价值，才表明饭店产品形成了价值。因此，它要求饭店在产品价格和销售方式上机动灵活，尽量实现产品即时交换。

（3）非均质性

饭店产品对质量虽有标准规范的规定，但在很大程度上受制于宾客对产品的主观评价。高质量的产品与优秀的生产者和消费者满意紧密相联，宾客需求的随机性和对产品评价的主观性，使得饭店产品具有明显的非稳定性特征。

（4）后效性

宾客对饭店产品的评价往往在消费后依据体会产生，而不是在消费开始之前依据实体产生。宾客对饭店产品的评价不可能就产品实物而做出，宾客只有在消费了饭店产品，并对具体的个别产品体验以后才能做出最终评价，因此饭店产品具有后效性。

2）产品组合

前面讲过，宾客所消费的产品不是由哪个单一的部门或个人能够全部提供的。宾客需要的也不是单个的产品，而是多种产品的组合。而宾客的需要又是千差万别的，要求饭店提供不同组合的产品供不同的宾客选择。也就是说，对饭店而言，要针对不同的宾客，开发出不同的产品组合。

饭店可以从产品的广度、深度和密度三个方面进行产品组合，形成不同的饭店产品系列。

（1）产品组合的广度

产品组合的广度是指饭店所拥有的产品种类的数量，即饭店经营的分类产品的数量，如客房服务、餐饮服务、娱乐服务等。产品种类越多，说明产品组合的广度越大。

（2）产品组合的深度

产品组合的深度是指饭店的每一个分类产品中所包含的不同服务项目的数量，如娱乐服务有KTV包厢、台球室、保龄球馆、桑拿中心、网球场、健身房等服务项目。

（3）产品组合的密度

产品组合的密度是指每个种类的产品在使用功能、生产条件、销售渠道或其他方面的关联程度。产品组合的密度不是一个固定的概念，从不同的角度对产品组合的密度进行评价，其结论是不一致的。例如，从生产条件这个角度来看客房产品和餐饮产品，它们的相关程度是很低的；但从销售渠道上看，它们却是有很高关联度的。

饭店可以通过扩充或缩减产品组合的广度和深度，提高或降低产品组合的密度，使得饭店产品更具竞争力。比如，扩充产品组合的广度，增加饭店产品种类，搞多种经营，就能扩大饭店的销售领域，增加饭店的收益，更重要的是有利于分担饭店的营销风险，做到“东方不亮西方亮”，增强饭店在竞争中的适应能力，把握竞争的主动权。而增强饭店产品的深度，就是增加饭店产品项目，有利于饭店挖掘潜力，满足同类产品更多的细分市场的需要，为不同宾客提供最优选择。增强饭店产品的密度，可以降低成本，为整体营销或整体开发提供方便；降低产品的密度，则有利于饭店适应动荡的市场变化，不至于出现牵一动百的尴尬。

同步案例9-3

无印良品酒店的生活方式营销

背景与情境：2018年1月8日，令人期待已久的全球第一家MUJI无印良品酒店在深圳开业，这是品牌跨界做酒店的又一新例，包含了“店铺+餐厅（118个席位）-酒店（79间）”，其设计理念源于“反奢华、反简陋”的思考，整体理念和客房内的设计由无印良品把控，建筑的内装设计由室内设计师、无印良品咨询顾问杉本贵志先生的超级土豆（Super Potato）团队打造，这一项目无疑是诠释品牌对生活方式理解的最佳方式。步入酒店大堂，会直接被满眼的木制装饰所吸引，墙面和大厅循环再利用了国内旧房屋的梁柱、墙面材料和木材边角料等做装饰，营造出古朴沉静的空间。“土”“木”“铁”等自然元素在这里得到了最好的再诠释。设计团队希望营造出一种“感觉良好生活”的生活方式，普通、平实却好用在这里得到了无限的释放。每位造访者都保持着对这样一家酒店的好奇心，而舒适的体验从居住空间开始。酒店客房设计从人性角度出发，用细节表达了欢迎回家的舒适感受。在客房打造过程中，整体色彩以灰色、米色和原木色来铺垫。墙面材料采用含有活性炭的米色、灰色硅藻泥，使其能够自动调节房间湿度，同时帮助客人健康睡眠，旅行途中的紧张感和疲惫感在这样的空间中得以释放。舒适的客房用品也体现了设计者的用心，利用弹簧可实现适合硬度来贴合睡姿的床垫、肌肤触感舒适柔软的床品（选色深沉灰，从天然环保的棉花中提取而来）、简洁纯白的电水壶、壁挂式CD播放器、可以使人轻松入睡的间接照明等，让每一次下榻体验都温暖如初。健身房面向住店客人免费开放，提供跑步机和动感单车等设备，并配备了男女储物柜和淋浴设施。窗外充满活力与悠闲自如的氛围，适合在出差或旅行的空档整理和放松身心。旅行中的书籍常常更加慰藉人心，3楼公共区域Library书墙精选古今中外经典书籍650余册，在会议室外等候的沙发上，便可开启心灵之旅。餐堂依然诠释“素之食”的理念，围绕着当地的文化与习性，把源自身体、心灵、地域之相互间联结的各种生活智慧，以菜肴的形式展示给大众。2

楼和3楼为品牌零售区域，同时设有住空间、床上用品、家居及厨房用具等生活用品，更有秉承“探索生活”的宗旨，提供最有代表性的原创家具、生活杂货和艺术作品的东京家居品牌IDE。精彩的互动体验以及多样的商品将给宾客带来更加丰富的生活空间。此外，独立对话空间会定期邀请艺术家和手工匠人围绕生活的各个领域展开精彩纷呈的Talk Show，并举办相关产品的展览，关注生活中更为人性的一面，和大家共同思考“感觉良好生活”。书籍区域有“衣·食·住·行·育·乐”六大主题，通过独特的编辑形态将书籍和商品一起编辑，将生活方式的提案，通过书架和卖场中与商品的融合展示，为生活带来更多有趣的方式和可能性。

资料来源　佚名. 无印良品全球第一家酒店在深圳开业［EB/OL］.［2018-01-15］. https://baijiahao.baidu.com/s?id=1589923131045253696&wfr=spider&for=pc.

问题：在生活方式营销时代，饭店如何进行产品的创新？

分析提示：我们要针对饭店生活场景提供整体解决方案，打造未来都市生活综合体，引领消费升级，推进行业革命，满足品质人群的多元化需求，让消费者在住店的同时，可以有时尚、有趣、好玩、便捷、共享的多元体验。未来，以新生活方式为核心的全服务生态链饭店必将成为市场主流。未来的饭店生态圈集住宿、商务、社交、办公、休闲、养生、健身、影院、餐饮、新零售等于一体，为用户提供从商务到社交、从餐饮到娱乐、从养生到休闲、从差旅到度假、从出行到购物的全服务消费体验。基于互联网平台，饭店行业要从原有的经营模式中大胆地跳出来，寻找自己的联盟伙伴，充分调动、整合、共享各自企业内部的优势资源及外部合作资源，包括酒店、航空、游轮、租车、旅游、地产、通信、互联网金融，共同打造消费者“吃、住、行、游、购、娱”的美好生活生态圈。从共生到互生，再到再生、新生，建立更好的合作框架和更健全的经济秩序，成功地穿越未来更宽广的市场范围！

3）新产品的开发

随着经济的发展、人们生活水平的提高，人们的消费需要也在不断地强化。从这一点上看，宾客的需要是永远不会达到饱和的，一种需要得到满足后，另一种新的需要又会产生。这就要求饭店在发展过程中，依据产品生命周期的变化，时刻调整产品组合，并不断开发新产品，满足人们不断变化的需要。开发新产品是饭店具有活力和竞争力的表现，是饭店适应市场营销环境的变化、改变产品营销策略的过程。

同步案例9-4

西子宾馆G20“西湖盛宴”结“市场鲜果”

背景与情境：浙江西子宾馆亦称“汪庄”，坐落于雷峰塔下夕照山麓，庭院面积约20万平方米，三面濒湖，依山傍水，独享西湖美景。2016年，西子宾馆成功举办了G20杭州峰会欢迎晚宴。欢迎晚宴以“西湖盛宴”为主题，围绕“中国青山美丽，世界绿色未来”的设计理念，以“西湖元素”和“杭州特色”为载体，通过西湖梦的主题场景布置、西湖韵的餐具器皿再现、西湖情的礼宾用品展示、西湖味的杭州菜肴烹饪、西湖秀的服装展示，向世界来宾呈现了一场历史与现实交汇的“西湖盛宴”。晚宴桌面宛如卷轴画，展现了一幅自然秀美的西湖画卷，将雷峰夕照、断桥残雪、三潭印月、宝石流霞、平湖秋月等西湖美景搬上了餐桌，将中国园林造景手法与现代设计理念相融合，融入以东阳木雕国家非遗工艺制作的雷峰塔、集贤亭、九曲桥、西湖游船，以及以龙泉青瓷制作的三潭印月、断桥残雪，结合竹编、果蔬雕等浙江传统技艺元素，全景展现西湖美景。服务员则身着西湖元素的晚宴特质服装，餐具、台面花艺、服装与宴会厅的真丝绸壁《西湖全景图》融为一体。晚宴共14道菜，以杭帮菜为主，将一道道平常的菜以或文雅或吉祥、充满情趣的方式展现出来，有着寄寓美好的愿景，赋予晚宴精妙玲珑的绝美格调。

之后，西子宾馆重点围绕欢迎晚宴衍生出的产品，进行了系列推广：第一步，宾馆第一时间按照欢迎晚宴的主题设计，对"西湖梦"的场景、"西湖韵"的餐具、"西湖味"的菜肴、"西湖秀"的服装展示和"西湖情"的礼宾用品进行了整体宣传，成功吸引了人们眼球；同时，对各类峰会用品的市场运作进行预热。第二步，宾馆采用循序渐进的方式，从峰会餐具的发售开始，对峰会用品、峰会场馆、峰会菜肴、峰会路线等产品进行了系列发布，形成了一个以峰会为中心、涵盖吃住行游购娱立体化的产品阵营。一方面，峰会产品阵营不断丰富，拓宽了峰会产品与市场的结合面；另一方面，从有形实物到游览线路再到主题活动，较好地延长了峰会产品市场化运作的生命周期。第三步，宾馆抓住峰会过后社会影响力正当其盛的时期和人们希望多了解峰会欢迎晚宴的心理需求，以欢迎晚宴为切入点，对宾馆的历史、文化进行了全面介绍，对宾馆Logo的颜色进行了重新调整，针对境外市场进行集中推广，进一步提高了宾馆的知名度、美誉度和大众对宾馆的认知，对品牌传播起到了积极作用。

资料来源 根据西子宾馆官网资料改编整理。

问题：结合"西子宾馆"的案例，思考饭店应如何进行创新。

分析提示：饭店在开发新产品时，应对环境保持高度的敏感性，并应抓住时机趁热打铁，做足有品质的"文章"。

新产品不等于全新产品，它是指在技术、功能、结构、规格、实物、服务等方面与老产品有显著差异的产品，是与新技术、新理念、新潮流、新需求、新设计相联系的产品。例如，一间客房改进了房间内的设施设备，就成为新产品；不改进设施设备，改变了房间内的文化氛围，也是一种新产品。只要这种产品是宾客以前没有接触过的、没有尝试过的，而宾客又喜欢去接触、喜欢去尝试的产品，就是新产品。它包括以下三类：①全新产品：采用新原理、新结构、新技术、新材料研制而成的全新产品，技术含量最高，是过去人们未曾想到的产品，如商务房、商务层、客房里的综合布线系统等。②改进新产品：采用各种技术对现有产品在性能、结构等方面加以改进，提高其质量，以求得规格、式样等的多样化。它是在原有产品的基础上发展而来的，如各种改良的传统菜式。③仿制新产品：市场上已经存在，饭店通过模仿而生产出来的产品，如卡拉OK作为一种自娱自乐的方式，在日本早已存在，但对中国市场而言，就作为模仿的新产品引进。

对饭店而言，开发新产品任重而道远，饭店应本着创新、对路、有利可图、量力而行的原则，不断开发各类新产品，满足人们不断变化的"胃口"。

9.3.2 价格策略

价格是饭店产品价值的货币表现形式，是饭店进入市场的"介绍信"，也是饭店营销组合中唯一产生收入的因素。合理的定价和价格政策，可以影响生产领域的生产效率、流通领域的供求关系、消费领域的满意程度。因此，饭店要采用合理的价格策略来吸引宾客，既要避免因价格过低导致饭店出现损失，又要防止因价格过高造成“门可罗雀”的局面。

价格是饭店主体营销组合策略中最活跃的因素，也是饭店实现营销任务的重要手段。

1）影响价格的因素分析

现实市场不是“真空市场”，市场上的饭店产品价格会受到以下因素的限制：

（1）成本

饭店生产和销售产品，要获得一定的收益来弥补其成本开支。成本既是价格的组成要素，又是产品定价的主要依据（一般来说，成本是产品定价的下限）。饭店可以通过不同的方法计算其成本，但其产品定价不应低于成本。

（2）市场因素

市场因素主要是指需求状况和竞争状况对价格的影响。价格是调节需求的有力手段之一。较高的价格会减少一定的需求量；较低的价格则会引起需求量的反弹。因此，产品在定价时必须考虑需求的约束。一般来说，所预测的规模宾客的最高价格承受力是这个产品价格的上限。竞争因素决定了产品价格在其上限和下限之间的落点。在竞争激烈的条件下，如果饭店的产品又处于下风，在定价时，价格应趋向下限；如竞争者较少，或是产品在市场上占优势，定价可靠近上限。同时，还应考虑同类产品在市场上的定价情况。

（3）营销目标

不同时期，饭店有不同的营销目标，有的是扩大销售量，提高市场占有率；有的是击败竞争对手，站稳脚跟；有的是先打开知名度再提高美誉度。不同的营销目标会影响饭店产品的定价。

（4）政策因素

这是影响饭店产品定价的一个政治因素。国家会对某些产品规定最高限价，对某些产品则规定最低保护价。饭店在定价时应首先服从国家的价格政策，在这个大范围内参照其他因素定价。

（5）饭店产品因素

一般来说，饭店产品质量的高低和价格成正比，即所谓的优质优价。此外，产品的生命周期、品牌、知名度等都会影响饭店产品的价格。

（6）通货膨胀

当饭店所在地区发生通货膨胀时，饭店的各项成本均会呈不同程度的上扬趋势，迫使饭店相应地提高产品价格，保证饭店不致亏损。

总之，影响饭店定价的因素是多方面的，并且各因素也是互相作用的。饭店要贯彻灵活机动的原则进行定价。当然，这并不意味着价格变得越快越好。像我国台湾地区的饭店市场，其价格特点就突出“小”“快”“灵”，即房价变化幅度小，一年内报价涨幅不超过10%；房价静止周期短，一般20～30天就波动一次；充分授权，不同等级的工作人员有不同的折扣权，提高了价格运用的灵活度。

2）定价策略

定价策略是饭店进行价格决策的基本措施和技巧。一般饭店常采用的定价策略有：

（1）新产品定价策略

新产品进入市场后能否有效地打开销路，价格起着非常关键的作用。所谓价格是“介绍信”，就是说这张“介绍信”如果开得好，就能提高产品的受关注程度和受欢迎程度。常用的新产品定价策略有：

①撇脂定价法：产品以高价进入市场，以便迅速收回投资，当有竞争者进入时，则采用降价的方法限制竞争者进入。采用这种定价方法，要求饭店提供的产品具有无与伦比的优质性或独特性。

②渗透定价法：产品以低于预期的价格进入市场，以期获得薄利多销的效果。在买方市场的情况下，许多新开业的饭店都是以这种方式进入市场的。

③满意定价法：吸取撇脂定价法和渗透定价法的优点，选取一种比较适中的价格，既能保证饭店获得一定的初期利润，又能被广大宾客所接受。

（2）心理定价策略

利用宾客的心理因素进行合理的定价，巧妙刺激宾客的消费欲望。常用的心理定价策略有：

①尾数定价策略：给饭店产品定一个以零头数结尾的非整数价格，在宾客心目中留下一个价低的印象，适用于低档产品的定价。

②整数定价策略：给饭店产品定一个整数价格，以这种价格来反映产品较高的质量。

③分级定价策略：根据饭店产品的质量、构成、价值等因素，制定不同档次的价位，以体现不同产品的价值，但是分级不可过细。

④吉祥数定价策略：根据人们对数字的迷信和禁忌心理而采取的一种定价策略，如选一个含有6、8或9的吉祥数作为饭店产品的价格。这类定价策略在我国香港、广东一带比较流行。

（3）折扣定价策略

这是指在进行产品交易的过程中，通过对实际价格的适量调整，将一部分优惠转让给宾客，鼓励宾客购买。这里的折扣有以下几种：

①数量折扣：饭店根据宾客购买的产品数量或次数来决定是否给予折扣、折扣的幅度是多大，目的是鼓励宾客重复购买。

②季节折扣：根据宾客购买行为的发生时间来确定是否给予或是给予多少折扣。饭店产品是一种季节性色彩浓厚的产品，有明显的淡、旺季之分，尤其是一些处在非热带地区、海滨地区的饭店，经常将季节作为打折的因素。

③时间折扣：根据每天早中晚不同的时间段或一星期中每天客流量的变化，拟定不同的价格。

④现金折扣：这主要是对饭店产品批发商实行的一种折扣，是对宾客提前支付账单给予的一种优惠，如某宾客在指定的付款日期前若干天支付了自己的账单，饭店因此给他折扣，使其少付一部分账单。

⑤功能折扣：依据宾客的身份或产品的功能实行的一种折扣。例如，饭店通常会给众多的中间商较大幅度的折扣，但是对于一些散客，给予的折扣幅度就非常小或根本不给折扣。

⑥有效的整体折扣：将饭店的一系列产品组合成一个整体“打包”销售，并给予较大的整体折扣。宾客购买这个打成“包”的产品时，可以获得比单项购买多得多的优惠。

以上六种折扣是即期折扣，即宾客在购买饭店的产品时立即获得优惠。此外，还有一种延期优惠，指宾客在购买了饭店的产品以后，进行二次购买时，才能享受饭店提供的优惠。这样的优惠有：

①价值返还：向客人提供一种附加价值，但这种附加价值只能在以后享受。例如，饭店向在本店举办婚宴的客人赠送周年纪念消费券或小孩满月消费券，这些消费券不能即时消费。

②连续购买优惠：宾客在购买了饭店的产品以后，可以获得饭店给予的优惠券，使宾客在下次购买饭店的产品时，可以利用优惠券获得价格上的优惠。

③代理佣金：主要是针对中间商的价格折扣。例如，在年初，饭店和中间商以书面的形式商定销售额：如果双方商定的目标在年底实现了，饭店即把佣金支付给中间商；若没有实现，则佣金就不予兑现。

折扣定价是饭店经常采用的较有效的价格策略，许多饭店都利用价格做文章，打出诸如“增加你的钱袋子”“努力减少你的账单”“为孩子的未来攒钱”等种种口号，刺激宾客消费。

当然，饭店在实施价格策略时，应严格执行有关价格政策，既要避免利用虚假价格开展营销活动的倾向，也要防止卷入削价竞争的泥淖。

3）饭店收益管理

收益管理（Revenue Management，RM），是20世纪80年代发展起来的一种现代科学营运管理方法。其核心是以市场为导向，通过市场细分，对各细分市场的消费者行为进行分析、预测，确定最优价格和最佳存量分配模型，实现收益最大化。收益管理涵盖价格策略、存量控制、预测与超预订等内容。这一管理方法在许多信息发达的国家已经被酒店、航空等多行业广泛采用，并创造了可观的经济效益。收益管理要求饭店企业根据客户不同的需求特征和价格弹性执行不同的价格标准。这种价格细分采用了一种客户划分标准，这种标准包括一些合理的原则和限制性条件。饭店产品的不可储存性、市场需求的波动性和消费能力的差异性决定了饭店企业进行收益管理的必要性。收益管理的基本原理主要是根据当地市场的供求关系来决定房价：供大于求时，降低房价，增加预订数量，使收益最大化；供不应求时，提升房价，使收益最大化；调整或优化客源结构，使收益最大化。

收益管理的定价基础是关注供需关系变化以及产品和服务的价值。只有充分关注顾客的需求，由以利润为中心的管理转向以服务顾客为中心的管理，才能有效地确定每一位顾客的价值，并通过相应的收益控制来区别对待，这是饭店收益管理的一个新方向。所以在饭店经营过程中，一定要保持清醒的头脑，严防一味地降低房价而追求所谓爆满的效果。事实证明，追求“爆满”有可能得不偿失，科学的开房率应为全年

70%～80%。如何定量地对团体销售进行分析并有效地控制折扣程度，是收益管理一个很重要的部分。相应地，对代理销售及批发代理等也可以通过收益管理来进行优化控制。

建立在收益管理基础上的价格管理，从单一静态价格到多重动态价格，再到综合性优化价格控制，通过一系列的市场细分和有效控制使价格杠杆的功能发挥到极致。目前，常见的收益管理定价方法有实时竞标定价、浮动定价、竞争定价等。

9.3.3　营销渠道策略

营销渠道是指宾客从产生消费动机进入饭店到最终消费饭店产品这一整个过程中所经历的路线以及相应的一切活动的总和，又称为分销渠道。在市场经济条件下，市场的容量很大很广，大部分饭店产品都必须依靠一定的销售路线，才能转移到宾客手中。营销渠道既是饭店产品商品化的必由之路，也是连接产品和宾客的中介，并且不同的营销渠道决定着营销活动的质量和效果。

1）营销渠道的种类分析

饭店产品的营销渠道主要包括直接营销渠道和间接营销渠道两类。

（1）直接营销渠道

直接营销渠道指饭店直接向宾客推销产品，宾客则直接向饭店购买所需的产品。这种营销又称无渠道营销，通过开展内部促销活动，越来越多的饭店产品都已实现直接营销。

（2）间接营销渠道

随着旅游市场国际化进程的加快，对饭店而言，宾客开始出现全球分布的趋势，要吸引这些分散的宾客，单靠直接营销渠道是不可能的。直接营销渠道在这些分散的宾客面前显得越来越脆弱，间接营销渠道的出现则弥补了这一不足。许多饭店开始借助批发商、零售商、代理商等营销机构和个人在营销信息上的优势，开展营销活动。这种经由中间商实现产品交换的营销形式就是间接营销。

由于中间商介入的程度不同，间接营销渠道有不同的长度和宽度。营销渠道的长度是指产品从饭店到宾客这一过程中所流经的中间商的数量，中间商的数量越多，说明营销渠道越长。营销渠道的宽度是指销售渠道的每个层次所涉及的同类中间商的数量，同类中间商的数量越多，说明营销渠道越宽。

2）营销渠道的选择策略

饭店产品营销渠道的选择策略要解决饭店在营销过程中选择何种营销方式的问题：是以直接营销的方式为主还是以间接营销的方式为主？如何选择不同长度和宽度的营销渠道？

一般来说，在回答上述问题时，饭店首先需要考虑以下因素：

（1）产品因素

产品因素主要考虑产品的质量。一些质高价优的产品往往被少部分富有的购买者重复购买，因此，在营销这类产品时，宜采用直接营销渠道或窄短的营销渠道；相反，对于一些大众化产品，由于购买对象复杂、分布较广，宜采用宽长的营销渠道。同时，还要考虑产品的性质，如新产品，由于知名度较低，在争取中间商时往往要花费较多的精力，不如采用直接营销渠道。

(2) 饭店自身的因素

饭店的经济实力、营销管理能力等都是应该考虑的因素，若饭店的资金雄厚，则完全可以自己组建营销队伍，或是用较高的佣金来吸引更多、更好的中间商；若饭店的营销管理能力较强，也可以用自己的营销队伍来打开市场；反之，则必须以中间商来完成营销工作。

(3) 营销对象的因素

营销对象的人数、分布情况、购买习惯等都会影响饭店营销渠道的选择。若饭店的营销对象数量多且分布广，饭店宜采用长宽的营销渠道；反之，直接营销即可。

3) 营销渠道的发展趋势

未来，饭店营销渠道将呈现出如下发展趋势：

(1) 适当拓宽合作渠道，重点建设自有渠道

分销渠道的多元化能有效提高饭店的品牌知名度与影响力，也可以分摊风险，某家渠道商的退出不至于对饭店的业务产生太大影响。因此，可有选择性地尝试拓宽合作渠道。此外，虽然合作渠道能为饭店带来大量客源，但在某种程度上却威胁着饭店的自主议价权，再加上顾客消费习惯会发生变化，因此，饭店完善自有渠道的建设、引导顾客通过自有渠道购买产品显得越发重要。

饭店在渠道的构建上，要善于构筑自己的私域流量。私域流量是相对流量池而言的，指的是饭店不用付费，可以在任意时间以任意频次直接触达用户的渠道，如自媒体、客户社群、微信号等。私域流量可理解为专属于饭店的那部分客人群体、会员或"粉丝"。对饭店而言，最忌讳的是与消费者拉远距离，重要的不是一时的销量，而要根据与消费者的直接接触、反馈、互动获得不断优化的方向，在用户群中培养品牌认知，占领用户心智。目前，"私域""直播"已经成为清晰的零售变革趋势，也让我们看到了不一样的势能。饭店可通过微信号、专属公众平台、直播号等渠道，通过各种不同的方式来构筑自己的私域流量。

这些方式包括：第一，活动拉新。通过策划、组织各种创意活动，让"粉丝"去拉"粉丝"。比如，饭店举办摄影活动，利用抽奖、投票等方式激发公众参与。又如拼团及砍价活动，拼团的本质是一种营销手段，酒店通过低价吸引客户，客户会主动在社交平台上发布相关信息，从而吸引新的客户，促进销售转化，产生拉新效果。在客户邀请好友助力砍价时，本身既获得了砍价的乐趣，又以低价获得了酒店的产品或服务，提高了用户体验，且无形中帮酒店做了一波宣传，是一种有效的拉新手段。再如，新用户注册奖励拉新。用户在注册后，即可领取一张新人限时优惠券，通过限时优惠券、红包、积分等奖励鼓励客户消费，并增强黏性。此外，还有订单红包分享。它是以老带新的一种运营手段。这种玩法是指老用户完成订单后，为了获取红包，可主动分享链接给好友，使得两个人都能获得红包奖励。第二，合作拉新，即与本地具有影响力的媒体进行合作引流，把产品和内容嫁接到对方平台上。第三，公众号互推，即嫁接等量"粉丝"的公众号，进行互推，相互置换粉丝和资源。第四，员工拉新，即设立绩效机制，让员工积极主动去拉新。

(2) 持续巩固传统渠道，探索发展网络渠道

随着信息化进程的不断加快，一些传统渠道的使用率正在下降，新兴的网络渠道

正成为热点营销平台，但饭店传统渠道已经有了稳定的客源基础，所以仍需持续地巩固与推进。与此同时，饭店应积极探索与发展网络分销渠道，尤其是近年来发展迅猛的社交网站、微博、微信、手机App应用、小红书、抖音、B站等新型渠道。只有实现了分销渠道的电子化，才能更好地满足广大顾客的预订需求。

同步思考9-2

背景资料：中国酒店新型销售模式见表9-2。

表9-2　中国酒店新型销售模式

模式	直/分销	模式介绍	代表企业
淘宝直营店	直销	酒店入驻淘宝旅行网店，淘宝向酒店收取一定的技术服务费和少量佣金（3%～5%）	入驻淘宝的品牌酒店：洲际集团、万豪集团、开元酒店、7天连锁酒店等
搜索引擎	直销	搜索引擎向用户提供酒店信息的搜索服务，当用户点击某家酒店的链接时，该酒店向搜索引擎支付一定的费用，即点击收费（CPC）和展示收费（CPM）	去哪儿网、美团
移动应用客户端	直销	酒店自主开发的移动应用，安装在智能手机等移动终端上使用	国际：洲际集团、希尔顿集团、万豪集团 国内：7天连锁酒店、如家连锁酒店、汉庭连锁酒店
团购	分销	将具有小额购买意向的零散消费者聚合起来，向酒店进行大批量购买	携程“酒店团购” 艺龙“酒店团购”
尾房	分销	每晚6点后，以3～5折的超低价格销售当晚的剩余酒店客房	今夜酒店特价（现已被京东收购）
模糊定价	分销	隐藏酒店名字，只给出简单描述，以折扣房价销售	携程“惠选酒店” 艺龙“惠选酒店”
反向竞拍	分销	由用户出价，酒店选择是否接受，如果接受则成交	去哪儿“越狱”

问题：请比较各种新型销售渠道的优劣势。如何将它们和传统的渠道进行科学有效的组合？

理解要点：渠道本身并无好坏之分，关键在于饭店应根据产品特性、客源的构成、竞争状况、自身的实力等选择合适的渠道。在开拓新渠道的同时，饭店也不能忽略传统渠道的建设。

（3）针对高端细分市场，打造独特分销渠道

营销渠道的多元化与电子化将给饭店带来更多客源。但只有打造个性化的分销渠道，才能更有效地维系高端细分市场。根据80/20法则，饭店应重点关注最具价值的20%客户，为其定制高端专有渠道。

（4）直销分销双管齐下，各大渠道共同推进

饭店应有机整合包括自由预订系统、前台散客、协议客户等在内的直销渠道和包括OTA（空中下载技术）、GDS（全球分销系统）、旅行社、团购、尾房等在内的分销

渠道，全面铺开营销网络。每条渠道针对特定的客源市场，谨慎选择合作渠道商，有所侧重，有的放矢，整合营销体系，全方位争取客源。

结合上述发展趋势，饭店在进行渠道建设时应重视：第一，保护直销渠道。最好不要提供给第三方更多价格方面的优惠，应避免第三方网站对直销渠道的侵蚀，不要让直销渠道处于不利境地；第二，控制好渠道组合，关注渠道使用成本；第三，在直销渠道方面做更多投资，制订忠诚用户奖励计划。

业务链接 9-2

饭店营销联盟：一种新的营销方式

营销联盟是指两个或两个以上的饭店或品牌，为了实现资源的优势互补，增强市场开拓、市场渗透与竞争能力，建立长期或短期的合作联盟关系，共同开发和利用市场机会。它也是一种360度的合作营销，要求饭店全方位地寻求与自身品牌相一致的饭店进行合作。对饭店而言，营销联盟可以是同类饭店之间的联盟，也可以是不同类型饭店之间的联盟，还可以是饭店和其他行业组合的联盟。饭店可以和上下游厂商协同运作，维持稳定的关系，这样既可以降低整个价值链内部的管理成本和信息交换成本，也可以进一步巩固合作各方之间的联盟关系。旅行社是为饭店提供客源的主要销售渠道。而会展业的蓬勃发展，使市场上出现大批经营会议展览的专业机构，也给饭店带来了新的合作伙伴。而饭店与（非）相关行业建立营销联盟，可以实现跨行业交叉销售，只要合作各方的市场定位一致，合作各方就可锁定相同的目标顾客群。基于此，饭店可通过与航空公司、信用卡公司、网络饭店、饭店租赁公司和保险公司等相关公司的合作，为自己的目标顾客特别是忠诚顾客提供打包服务，在顾客需求得到最大满足的同时也获得最大化的价值和利益，为饭店带来销售额的增长。

随着互联网的发展，零售业的原有边界正在被不断超越与打破，要论中国商业市场的风云变化，“新零售”无疑是2018年行业最热词汇之一。以互联网为依托，运用大数据、人工智能等先进技术，对商品的生产、流通与销售过程进行升级改造，进而重塑业态结构与生态圈，并对线上服务、线下体验以及现代物流进行深度融合，这就是新零售。新零售如同一场革命，席卷当下。

饭店新零售，是指在数据驱动和全渠道融合的基础上构建线上和线下新的商业模式。这就是将消费者的需求和饭店能做什么样的事情完全结合的一种新的商业逻辑探索。我们可以把新零售拆分成四个方面：一是重塑体验，通过互动服务、智能导购、智慧门店来重塑消费体验；二是重塑营销，通过全媒体、全渠道、全链路等新营销方式将线上和线下融合；三是重塑业态，如把饭店变成生活体验场；四是重塑供应链，探索由消费者驱动的供应链如何更加智能化、柔性化，反应更迅速。最终，重塑行业、重塑饭店整体，重构饭店盈利新模式。当然，饭店在尝试新零售时，还需要通过数字化技术打通虚拟与现实的各个环节，实现人（数字时代的消费者）、货（资源跨界矩阵）、场（消费场景）的重构，以此来转变运营方式。

9.3.4 促销策略

在整个饭店市场上，同类产品或服务存在诸多的生产者，在产品供给的现实和潜在生产能力大于市场需求的条件下，生产者都面临着由于消费者可能购买他人的同类产品而使自己的产品无法卖出去的威胁。这种威胁日趋严峻，就像田径比赛，一方面，起跑线上的参赛运动员数量增加；另一方面，参赛运动员的素质也在不断提高。这就要求饭店必须花大力气将自己的产品推销出去，解除被淘汰出局的威胁，而促销就是解除这一威胁的有力手段。

1）促销和促销策略

促销，就是饭店将有关饭店产品的信息，通过各种宣传、吸引和说服的方式，传递给目标消费者，促使其了解并信赖产品所蕴含的丰富效用，引导他们购买，达到扩大销售的目的。其实质就是宣传、沟通产品信息。这种信息沟通的方式有广告活动、公共关系、营业推广、内部促销、人员推销、直接邮寄、形象促销等。

促销策略就是对促销对象或领域、促销任务、促销目标、促销效果、促销投入、各种限制条件等进行科学的选择、配置、控制和分析，使信息宣传、沟通手段和过程系统化、规范化，尽量提高促销活动的效果、效率，使之低投入高产出。

2）促销策略的内容分析

促销是营销信息的沟通过程，促销策略的内容包括信息沟通的全过程。具体而言，在设计促销策略时，应从以下方面着手：

（1）选择促销对象

饭店在开展每一次促销活动时，首先都要明确促销对象，是中间商还是宾客？这些对象分布在哪儿？其购买行为、心理活动等有何特点？针对具体的促销对象来设计具体的促销内容。

（2）选择促销目标

促销目标就是通过促销要解决的问题。促销要解决的问题由浅到深包括三个层次：

①认识上的问题：通过促销，让宾客知晓、了解饭店产品。

②感觉上的问题：通过促销，让宾客对饭店的产品产生好感，并做出好的评价。

③行动上的问题：通过促销，让宾客采取购买行动，促进饭店产品销售。

根据这三个层次，确定具体的促销目标，如增加市场销售额、发展新宾客、提高知名度、塑造公众的品牌意识、激励宾客重复购买、寻求有关机构的理解和支持等；同时，根据这些细目标，对涉及促销的种种因素进行不同的组合。

（3）选择促销设计方案

饭店要合理设计促销方案，确保信息的有效性。有效的促销方案包含以下条件：

①鲜明清晰的内容：促销的主题是什么，采用何种语言或何种象征物来表达、突出主题，衬托的内容有哪些？

②恰当醒目的形式：确定信息表达所采用的符号和编排方式，是以图片、文字为主还是两者结合？图片和文字的比例如何？版式如何安排？选择哪种字体？

③合理有序的结构：确定信息内容叙述和表达的逻辑结构，确定采用哪种信息表达方式，是诉诸情感还是诉诸理智？是先抑后扬、先扬后抑还是只扬不抑？

④真实可信的信息源：确定由权威、可信度高的传播者来宣传本次信息的主要内容。

（4）选择信息沟通渠道

采用何种渠道来传递信息，是大众传播渠道还是人际沟通渠道，或是饭店内部沟通渠道？如何做好这些信息渠道的有机组合，使之扬长避短？

（5）建立促销预算

根据饭店经营现状、产品特点、流动资金情况、目标消费者的特征等因素进行促销费用预算。饭店常采用的方法有：

①目标导向法：根据具体的促销目标来确定需要的费用。

②竞争对抗法：根据竞争对手的促销费用情况确定自身的促销费用。

③销售比例法：根据饭店历年的营业额或利润按比例抽取促销费用。

在制定促销预算时，饭店应明确：这部分支出可以帮助饭店实现某个具体的促销目标，为饭店争取更多满意的宾客，在此基础上实现饭店收入的增加。

（6）确定促销组合方式

饭店应确定各种促销方式（如广告活动、人员促销、直接邮寄、形象促销等）的主辅关系和配合方式，并根据国家的有关法律和法规，确定每次促销活动的相关规则，确保促销活动的严肃性和合法性。

（7）衡量促销结果

饭店应按照先前确定的促销目标，比较营业额、公众态度等指标的变化，衡量每次促销能释放出的"能量"，总结成败得失。

（8）分析促销活动的限制因素

在设计促销组合策略时，为了保证促销活动的有效性，饭店应周密考虑各种不可控因素或不确定因素对促销活动可能产生的影响以及相应的应急对策，防止"手忙脚乱"现象的发生。当然，在分析限制因素时，饭店应本着抓住重点、照顾一般的原则抓大顾小，合理分配精力、物力和财力，防止主要精力被众多的小事所牵扯。

（9）加强对促销全过程的管理和协调

在这一点上，科特勒做出了如下建议：

①任命一名信息沟通主管人员，对公司的说服性信息沟通负责。

②明确不同促销工具的适用范围及信息沟通的作用和宗旨。

③对用于产品、促销工具及产品生命周期不同阶段的所有促销费用进行追踪，并观察其效果。

④主要促销战役开始时，协调各种促销活动和它们的时间安排。

产品策略、价格策略、营销渠道策略和促销策略犹如饭店这辆汽车的四个轮子，共同决定着饭店营销活动的成败。饭店应加强对这四大策略的有效实施和控制，提高整体营销效果。

学习微平台

延伸阅读9-3

9.4 饭店最新营销理念和营销技巧

随着酒店市场的日益成熟，竞争日趋国际化、全球化。在这种新形势下，出现了许多全新的营销理念和营销技巧。这些营销理念和营销技巧丰富了饭店营销管理的内容，推动饭店营销活动走上了一条全新道路。

9.4.1　绿色营销

20世纪80年代后期，营销理论界出现了一种全新的营销观念，即社会营销观念。社会营销观念认为：饭店开展营销活动，不仅要比竞争对手更好地满足宾客的需要，使饭店的长期利润最大化，而且要比竞争对手更关心宾客和社会的长期福利，要能维护并不断改善宾客和社会的长期福利。

社会营销观念的进步之处在于它要求饭店在开展营销活动时，要关心和考虑饭店及宾客之外的社会利益的长期性，要将饭店、宾客、社会三者的长期利益视为一个有机整体。这一观念是基于环境、能源、人口等世界性问题日益严重，人们的环保呼声、可持续性发展呼声日益高涨而提出的。社会营销观念和营销观念的最大区别在于适度消费。营销观念鼓励宾客只要能够满足自己的需要，就要多消费、高消费，只顾满足宾客眼前的短期利益，忽略了宾客的长期福利。而社会营销观念则引导人们适度消费，杜绝资源的浪费，避免环境的恶化，维护社会和环境的可持续发展。

在社会营销观念的推动下，一种全新的营销方式出现了，并日渐引起人们的关注，这就是绿色营销。

1）绿色营销的含义

绿色营销观念认为，饭店的服务对象不仅仅是单一的宾客，还包括整个社会、整个环境。它要求饭店在营销活动中，不应以短期的、狭隘的利润作为行为导向，而应具备强烈的社会意识和环保意识，维持社会、环境和饭店的和谐均衡。

绿色营销观念的宗旨是：保护生态环境，防治污染，充分利用并回收再生资源，以利社会，对整个社会负责。

绿色营销的出现，是营销活动的进步，它使得饭店的营销活动带有浓厚的社会责任色彩，尤其是环境保护色彩。这在追求利润导向的大背景下是难能可贵的。可喜的是，这种营销方式一出现，就引起了社会各界的广泛关注。尤其是在饭店行业掀起了一股高潮，各地纷纷开展创建“绿色饭店”的活动，即饭店在建筑材料、物料用品等方面尽量使用污染少、可再生的物资，减少垃圾、污水以及各种浪费，在饭店内部树立关心环境、关心社会的“责任人”形象。

2）创建绿色饭店的关键

开展绿色营销、创建绿色饭店活动，关键要从以下几个方面着手：

（1）做好饭店各级员工的观念转变工作

长期以来，旅游业一直被公认为“无烟产业”，是无污染的产业。然而，随着旅游业的进一步发展，人们发现，所谓的无烟产业实际上造成了大量的污染。以饭店为例，就存在着惊人的浪费：每天倒掉大量的食物，水电空耗，棉织品一天一换甚至两换，牙膏、洗发水、沐浴液、香皂等耗品尚未用完就换掉，好好的牙刷用一次就扔了……因此，应让饭店各级员工意识到饭店制造了大量的生活垃圾，饭店并非一个无污染的运动体。并且，从更大的范围来看，饭店的数量增长过快，档次攀高，使得社会资源得不到合理的配置。过去人们总以为饭店是高投资、高回报、高收益的短平快项目，因此，纷纷上马建饭店，实际上饭店是资金密集型项目，投资极大，一旦出现盲目投资和结构不合理，就会造成巨大浪费。现在众多空置的饭店客房就是资源的巨大浪费。

同时，要以“社会整体利益至上”的观念代替原来“经济效益至上”的观念，增强员工的社会责任感和历史使命感。

（2）建立和健全有关制度

一套完整的规章制度作为一种约束首先规范了员工的行为。例如，我国香港的香格里拉酒店在1993年的时候就根据绿色营销观念，制定了详尽的环境管理系统（EMS）手册，向社会公开承诺：第一，不断改善环境；第二，阻止污染；第三，遵守酒店已确认的环境规章制度和其他要求。酒店从中摸索出了可用于整个酒店操作的100多种“最佳实践方针”，并在能源使用、水电消耗、资源节约、废液和固体垃圾的限制和处理等方面制定了详细的制度和处理要求。为了便于落实，该酒店还制定了环境管理系统程序和操作程序。系统程序由环境面貌、环境训练、通信、EMS文件控制、监控的测量以及环境系统监督组成，它是在正常操作、非正常操作和可能发生紧急事件情况下制定的目标。操作程序则为各部门提供了环保技术，包括在打扫客房、洗衣、厨房、办公室、餐馆、服务管理和环保物品购买等方面的宝贵经验。

（3）成立相应的组织体系

饭店开展创建绿色饭店活动，要求有相应的组织体系加以保障。例如，我国香港的香格里拉酒店专门成立“绿色委员会”，系统化地进行可持续发展的实践。绿色委员会的任务是制定酒店在创建绿色饭店方面的目标和计划，培训饭店内部专职的督察员，并监督各项制度的落实情况。绿色委员会每月召开一次会议，进行工作回顾和展望，如果达到了目标，那么委员会将制定更新、更高的目标，在绿色之路上继续迈进。酒店还专门设立三位“EMS经理”，担任酒店内部专职的环境监督员。

同步思考9-3

背景资料：海华饭店通过调整饭店内部组织机构，确保各项创绿工作的落实。饭店由总经理担任主任、常务副总分管具体工作。饭店下设四个小组：一是以工程部为主的节能降耗组；二是以客房部为主的节资回收组；三是以餐饮部为主的绿色消费组；四是以人事部为主的绿色培训组。

问题：饭店还可以采取哪些举措认真贯彻绿色营销的基本理念？

理解要点：第一，树立绿色观念，创建饭店绿色企业文化，培养员工的绿色意识，在日常生产经营活动中贯彻执行。第二，开展绿色促销活动，由推销人员向消费者宣传产品的环保功效，做广告时强调产品的绿色特征。第三，推出绿色客房，开创绿色服务，提供绿色产品，引导客人进行绿色消费，增强公众的环保意识。

（4）做好绿色培训工作

培训的对象分为内部公众和外部公众两大类。对内部公众的培训，应本着自上至下的原则，从高层管理人员到普通员工都进行培训，在员工中反复强调创建绿色饭店的意义。培训时要注意循序渐进，如香港的香格里拉酒店以不间断的培训来克服一切可能的阻力。其培训的第一步就是向员工说明推进“绿色计划”的作用和意义。在此基础上，进行“绿色能力”训练。通过这个阶段的培训，教会员工更多关于环境管理系统的知识和提高效率的方法。新员工入店，首先人手分发一份“绿色之旅”说明书，结合员工手册进行培训。同时，酒店还对各部门领导进行最佳实施办法和环境政策的培训。对外部公众的培训，主要侧重于让公众理解创建绿色饭店的意义以及寻求公众的合作。许多饭店培训宾客的做法都是在客房内放置一张“绿卡”，提醒宾客：为了减少对环境的污染，请宾客将不需要更换的毛巾等放回原处，自觉减少浪费行为。

（5）加强对废物的处理和控制

这是创建绿色饭店最直接的实际行动，饭店可以从“4R”入手，加强对废物的处理与控制。

①Reducing（减量化）。

减少一次性消耗品的利用，减少废物和垃圾的产生，如有的饭店将沐浴液和洗发水放在大的倒挂式玻璃瓶中，减少这些液体外包装的使用量；有的饭店专门提供半份菜量，防止浪费食物；有的饭店不再向宾客赠送贺卡，而改为在网站上刊登问候。

②Reusing（再利用）。

做好物品的二次利用，如有的饭店将用剩的肥皂头集中起来，用其洗涤、清洁拖把。

③Replacing（替代化）。

以多次可回收利用的物品来代替一次性物品，如有的饭店开始用布袋或藤篮代替之前的塑料洗衣袋，用消毒筷代替一次性筷子，用纸罩代替口杯上的塑料罩，用太阳能、地热等代替污染严重的能源等。

④Recycling（循环使用）。

例如，大床单破损后可改制成小孩床单、枕套或吸尘器袋等；破旧的毛巾可用来当抹布等。

同步案例9-5

饭店推行“节约奖”

背景与情境：《现代快报》8月13日报道，家住武汉的谭文富老人，在艳阳天酒店请街坊们吃饭后，将未吃完的“打包”，竟然意外得到了10元奖金。艳阳天酒店表示，从即日起到9月9日，该酒店将拿出30万元，专给桌无剩菜和“打包”的客人发“节约奖”。

看到这个消息，不由得让人想起前不久上海一些饭店的做法：上海市卢湾区的多家饭店都打出节俭牌，一张餐桌，如果吃剩食物的重量超过250克，消费者将被加收该就餐时段30%的餐费，以减少餐厨垃圾。

同样是鼓励顾客将剩菜“打包”，以减少浪费，武汉这家饭店剩菜“打包”有奖的做法更值得肯定：顾客到饭店吃饭，花的是自家的钱。对经营者来说，当然是顾客消费得越多，饭店获得的利润越大。而顾客吃剩下的菜打不“打包”，其实与饭店自身的利益毫无关系，顶多饭店当垃圾把它倒掉。现在，顾客将剩菜“打包”带走，饭店不但没有得到一点实惠，相反还要额外付出一笔奖金。

其实，在剩菜“打包”的一奖一罚之间，显示出的还是饭店经营理念的不同。“打包”有奖，是把顾客作为自己的服务对象；而对不“打包”的进行处罚，则是一副高高在上的“管理者”姿态。

问题： 对消费者来说，我到你这里就餐，就应当是明码实价。如果剩菜不“打包”，就要被加收该就餐时段30%的餐费，依据从何而来？你做出的单方面协议，我凭什么要执行？

分析提示： 建立节约型社会，反对铺张浪费，饭店作为公共服务行业，应该具有一定的社会责任感。但是，培养顾客的节俭习惯，可用的办法很多，正如报道中所说的，武汉不少大酒楼都掀起了节约风潮，点菜时服务员会善意提醒客人吃多少点多少，店堂内也贴了“请不要浪费”的提示。这样做不但让顾客很容易接受，也体现了饭店的人性化服务。而对剩菜“打包”有奖，虽然为饭店增加了一些不必要的开支，但无形中也提升了饭店的形象，增强了市场竞争力。如此利己又惠人的做法，的确值得推广。

学习微平台

延伸阅读9-4

9.4.2 内部营销

内部营销理论是20世纪80年代提出的，它与传统营销理论的区别在于扩大了营销活动的适用范围，提出了“内部宾客”和“内部市场”的概念。该理论认为：饭店以服务为主体产品，为了实现传统意义上的经营目标（即开拓市场，满足宾客的需要，实现饭店的收益），首先必须把饭店内部看作一个内部市场，将饭店员工看作饭店的内部宾客，必须先做好内部营销活动，重视服务的提供者和服务质量的决定者——员工。内部营销理论开始意识到员工在饭店整个运转体系中起着举足轻重的作用：满意的员工能提供宾客满意的产品，从而为饭店招徕满意的宾客；满意的宾客会频繁地光顾饭店，为饭店带来更多的新宾客，增加饭店的经济收益；收益良好的饭店会给员工更多的利益，从而提高员工的满意度；满意的员工又会更加尽心地为饭店提供出色的产品，赢得更多的满意宾客。如此良性循环，增强了饭店的实力和竞争力。

同步链接9-1

以党的二十大精神为指引推动绿色饭店发展

内部营销理论除了主张增强员工服务宾客的意识外，还强调要提高宾客的人均消费。该理论强调：饭店要借助于内部环境、各项有形物品、各种细致周到的服务，不断刺激宾客的消费欲望，提高宾客的消费数额或消费频率。饭店不能仅仅停留在外部推销工作上，还应将内部推销工作继续深入下去，让客人乐于在店内消费，乐于再次光临。若内部营销工作不得力，往往会使饭店外部推销的成果得而复失。

内部营销活动的核心思想是增强员工服务宾客的意识，造就一支满意的、高素质的员工队伍。实现这个目标，必须首先树立“以人为中心，注重感情投资”的思想，贯彻“两手抓，两手都要硬”的原则，即一手抓脑袋，一手抓口袋，从以下几方面着手开展内部营销活动：

1）尊重员工

尊重员工的内核是贯彻人与人之间平等相处的原则。尊重员工更多地体现在动态的管理过程中：在管理时用启发、诱导来代替命令、强制，用信任、鼓励来代替监督、惩罚，用柔性的、感情色彩浓厚的语言来代替刚性的、衙门式的语言。饭店在制定工作目标和工作计划时，应反映员工的意志和愿望，不要简单地把员工个人合理的需要和向组织讨价还价等同起来。

尊重员工还体现为要正确称呼员工，目前，一些饭店用工号来代替员工的名字，这是极不礼貌的，似乎把员工当作一件标了号的工具在使用。

2）了解员工

饭店要像对待外部宾客那样，时刻收集来自员工方面的诸多信息，如员工的困难、意见、建议、呼声、反映的问题等，并提供相应的解决方式。

3）关心员工

对待员工，应以心换心，以心交心，员工称心了，工作起来才会尽心。大凡成功的饭店，无不渗透着关心人的精神。

饭店在关心员工的同时，还要关心员工的家属。作为员工的“大后方”或是“大本营”，员工家属的支持对调动员工的工作积极性可谓功不可没。饭店可以通过送“东西”的方式来关心员工家属。这些“东西”包括：

（1）荣誉，如组织评选最佳员工家属，如“最佳婆婆”“最佳爱人”等。

（2）美满，如及时解决员工家庭纠纷。

（3）信任，如征求员工家属对饭店方针、政策的意见和建议。

（4）实惠，如解决员工小孩入托、上学或住房等实际问题。

（5）欢乐，如邀请员工家属参加联欢会等娱乐活动。

（6）理解，如饭店领导登门拜访等。

4）发展员工

员工个人的社会地位一般是和员工的知识含量相关的，员工的知识含量越高，其个人的社会价值就越大，社会地位相应就高。因此，饭店应树立员工就是资源的前瞻性观念，并开展形式多样的培训，让员工获得发展的机会，从而提高员工的知识含量。

条件许可的情况下，饭店可以成立培训俱乐部，并在员工中倡导“我要培训”的观念，在每个员工都获得发展的基础上，提高饭店员工的整体素质。

发展员工也意味着饭店在用工方面可以打破传统的方式，通过引进新的用工方式，形成新的人力资源队伍。

同步思考9-4

背景资料：疫情之下饭店业自救，几乎都围绕着降本提效展开，而高额的人工成本，则是关键。复工复产期间，一边是“用工荒”，一边是“闲得慌”，怎样变共难为共赢？2020年3月12日，宁波三星医疗电气股份有限公司与江北区3家酒店达成了“用工调剂”合作协议，创新“共享员工”的用工模式，不仅能缓解双方的困局，也让疫情期间待岗的员工有了好去处。来自金港大酒店的马爱民师傅原先在酒店做的是后勤保洁工作，受疫情影响，酒店暂时歇业，马师傅只好在家待业，每月还要还房贷，他压力不小。正在马师傅着急之时，他看到了酒店的“用工调剂”通知，便马上报了名。经过酒店和企业的对接，马师傅和其他10位同事被安排到宁波三星医疗电气股份有限公司上班。“刚来的时候蛮紧张的，现在越做越顺手了，疫情期间来企业上班，也算是给家里减轻点负担。”马师傅说。这些“共享员工”与原来所在单位的劳动关系不变，由当下用工企业按小时支付酬劳，并安排专车进行上下班接送。为了保障这些“共享员工”有序上岗，企业还为他们购买了商业保险。对于这些人性化的安排，大伙儿都觉得很满意。在江北区人社局的牵线搭桥下，此次和宁波三星医疗电气股份有限公司达成“用工调剂”合作协议的酒店一共有3家。在签约仪式上，合作双方明确了员工输送模式、薪酬待遇、上岗时间及工作内容等事项。合作协议签订后，3家酒店将为三星医疗电气股份有限公司输送35名“共享员工”，以缓解企业的“用工荒”。

资料来源：胡烽，金铭．酒店员工“变身”车间职工“共享员工”破共难变共赢［EB/OL］．［2020-03-12］．http：//www.nbtv.cn/xwdsg/nb/30304522.shtml.

问题：你认为“共享员工”这种模式对饭店内部营销有何积极的影响？

理解要点：“共享员工”这一用工模式帮助企业节省了人力成本，增加了现金流量。对用工方来讲，“共享员工”能在短时间内满足企业的用工需求；对员工而言，也能借此提高收入；对社会来讲，稳定了社会秩序，促进了就业。

5）激励员工

在各种激励理论的指导下，饭店应采取各种激励措施，从正向和负向两个方面来充分调动员工的积极性。正向激励就是通过适当的奖励和表扬来增强员工的责任感、光荣感和成就感；负向激励是通过适当的惩罚和批评来矫正员工的不良行为，强化其角色意识，敦促其树立较强的责任感和成就感。

总之，内部营销观念要求饭店在开展营销活动时，采用一种倒金字塔形的运作模式，把员工作为工作的关键点，在饭店内部实施民主管理，防止官僚主义。同时，注重加强内部推销工作，提高客人的满意程度。

9.4.3 宾客满意营销

宾客满意营销理论认为：饭店效益的增长和宾客所获得的满意程度是一致的。因此，饭店要向市场提供让宾客满意的产品或服务。宾客购买了饭店的产品或服务之后，若觉得满意，他可能会再次购买，并且会带来更多的宾客；若觉得不满意，则可能会针对该饭店进行不良的口头传播，他下次就会寻找新的购买对象。可见，只有满意的宾客才能稳固饭店的客源市场。得不到宾客的认同，饭店最终会失去市场，失去立足之本。值得注意的是，宾客满意营销理论也提出了“内部宾客”的概念，即把饭店内部员工作为饭店内部市场的宾客，要满足员工的需要。

宾客满意程度的高低取决于宾客所获得的实际效用与其期望效用的比例。宾客购买饭店产品后所获得的实际效用的高低取决于饭店的服务质量；宾客的期望效用来源于宾客购买饭店产品前所获得的有关信息，这些信息或是通过人际交往的方式获得的，或是通过大众传媒获得的。对饭店而言，关键的要素在于合理确定宾客的期望效用，并且努力提高产品的实际效用。

需要提醒的是，饭店在各类传媒上做宣传时，应注意采用保留性的宣传策略，以使宾客在购买饭店的产品后为享受到额外或是意料之外的效用而雀跃。若毫无保留甚至是夸大其词地宣传饭店产品的效用，则很有可能提高宾客的期望值，一旦实际效用与期望效用发生偏差，就会让宾客大失所望。当然，若将宾客的期望值降得太低，则容易失去饭店产品对宾客的吸引力。因此，合理确定宾客的期望效用是开展满意营销活动的关键一步。

对饭店而言，实行宾客满意营销可以从以下几个方面着手：

1）研究宾客需求结构

宾客满意是建立在宾客需求得到满足的基础上的，因此，研究宾客需求结构，是实行宾客满意营销的起点。宾客需求结构包括四方面的内容：

（1）功能需求

功能需求指宾客购买产品或服务是为了解决其实际面临的问题，是为了缓解因为缺乏这种产品或服务而产生的紧张心理。一旦其购买的产品或服务达到了上述目的，就意味着宾客的功能需求得到了较好的满足。功能需求是宾客最基本、最低级的需求。例如，饭店的餐饮产品，能解决宾客“饿”这种实际问题，只要吃饱，就说明宾客的功能需求得到了满足。

（2）形式需求

形式需求指宾客对饭店产品或服务的质量、外观、构成、名称、包装、色彩、式样等的需求。形式需求是功能需求的延伸，因为产品功能的正常发挥取决于不同的产品形式。仍以餐饮产品为例，宾客在消费某一菜肴时，他往往会将自己的注意力集中于这盘菜的口味如何，原料是什么，怎样搭配的，采用什么方法烹制成的，装菜的盘子是否干净……只有在这些方面都感觉满意，产品的功能才能有效发挥。

在形式需求中，质量需求是核心层，是宾客是否愿意购买该产品的决定性因素。质量需求要求饭店能针对不同宾客的需求，提供适度质量的产品，即根据目标宾客的付费要求，以合理的成本，为目标宾客提供满意的、具有适度质量的饭店产品或服务，实现饭店经营的长期利润最大化。如果有些质量不是目标宾客所要求的，那就是多余的质量，应该省去，更不应该包含在价格中硬性转移给宾客。如对经济型消费的宾客而言，就没有必要在用餐时提供鲜花服务，也没有必要提供高档餐具。这些质量或形式对他而言是多余的。

（3）价格需求

价格需求是宾客对饭店提供的产品或服务的收费多少的需求。由于受购买能力的限制，多数宾客尤其是经济型宾客，在消费时非常注重产品或服务的价格。宾客在选择饭店的产品或服务时，通常都有自己的原则：以适当的价格来购买适当质量的产品或服务，取得物有所值甚至是超值的效果。

需要特别提出的是，价格需求还包括对价格弹性的需求，即宾客在购买饭店的产品或服务时，希望能在一定的价格波动空间内获得定价的选择权。这就要求饭店在设计产品的定价方式时，应考虑宾客对弹性价格的需求。

（4）外延需求

外延需求指宾客在购买饭店的产品或服务时，除了获得价格需求、功能需求和形式需求外，还要求获得附加利益和服务，如获得心理上的满足，获得文化上的满足，获得售后服务等。外延需求是对前面三种需求的补充。在宾客对功能需求、形式需求和价格需求得不到完全的满足时，饭店可以通过外延需求的追加满足来弥补。比如，宾客入住后会得到一张大厅酒吧的免费券，或是饭店娱乐和健身的优惠券，这些都是扩大的外延服务。

对不同宾客而言，其在外延需求上的满足是不等质也不等量的，即有的宾客外延需求大，有的则小甚至无；有的宾客外延需求侧重于获得文化上的满足，有的则侧重于获得心理上的满足。

外延需求的核心部分是心理需求，即宾客在购买饭店的产品或服务过程中所希望获得的心理酬赏。随着感性消费时代的到来，宾客的心理需求越来越强烈。尤其是饭店行业，由于产品的主体是服务，宾客在享受服务的过程中更希望获得心理上的尊重。因此，饭店行业提出的个性化服务、针对性服务、感情化服务、定量化服务、超前服务等，都以满足宾客的心理需求为目的。

2）确定宾客满意指标

宾客满意指标就是宾客满意指向的具体对象，是满意的组成要素。宾客满意是宾客在购买并消费了饭店产品之后所产生的一种心理体验。这种心理体验具有综合性等特点。宾客在消费饭店的产品或服务时，根据自己在不同方面所获得的感受，会做出一个综合的评价。例如，他对饭店产品在包装、色彩、价格等方面分别做出这样或那样的满意评价，然后综合各方面的评价，得出一个总的评价，这个总的评价就是宾客满意程度。而不同的宾客在消费了同样的产品或服务之后，由于个人主观体验不同，就可能会产生截然不同的感受，也即宾客在满意指向的具体对象上会有较大的差别。这就要求饭店确定详细的宾客满意指标，来寻找不同宾客在不同满意对象之间的差别。

饭店应结合行业特色或岗位特色，从宾客与产品或服务的接触点上，确定宾客满意指标，建立饭店行业或岗位满意指标系统，分项详细了解宾客的满意状态。如以餐厅为例，宾客满意指标可以用表9-3来表示。

表9-3 **餐厅宾客满意指标举例**

绩效	① 口味匹配时令 ② 品质好的原料 ③ 适当的温度和火候 ④ 账单正确且处理快速
保证	① 等候时间短 ② 快速回应 ③ 不会售罄 ④ 适当的服务
完整	① 营养说明 ② 为小孩及节食者提供特定菜单 ③ 多样菜系选择 ④ 特别的菜和促销的菜
便利	① 延长营业时间 ② 全天候营业 ③ 恰当的地点 ④ 清楚的菜单
环境	① 客气而礼貌的服务人员 ② 服务人员外表整洁 ③ 良好的就餐气氛 ④ 舒畅的环境

以上5个方面的20个指标就是宾客评价餐厅产品或服务质量的重要依据，也是宾客满意的各方面体现。

业务链接9-3

饭店体验性产品的设计依据

Toffler（1983）认为体验是一种经济上的可交换物。他认为在未来的经济发展中，体验会像其他产品一样按其本身的价值被出售给顾客，而不是作为传统服务业中的附属品进行出售。Pine和Gilmore（1998）则将体验看作商家故意为顾客设计的环节。商家将某些设备作为舞台与道具，让顾客参与其中并制造美好记忆，这一过程就可被看作一场精心设计的体验（产品）。1999年，这两位学者对体验给出正式的定义，即体验是企业以服务为舞台、以商品为道具，围绕着顾客，创造出值得回忆的活动的过程。但2002年，这两位学者又再次修正了研究结论，他们将体验看作一次营销，因为营销产品或服务的最好方式就是为潜在顾客提供一种不禁被吸引并购买的体验。两位学者同时也对能够成为“营销”的体验给出了特征界定：全过程要具有可参与性，是令人信服的并令人难忘的。Schmitt（2003）则认为体验是对某些刺激回应的个别事件。也就是说，体验包含了消费的整个过程，通常由直接观察或参与活动事件引起。因而，没有两种体验是完全相同的。另外，体验往往都是由外界的环境引发的，而不是自发行为。马连福（2005）认为，体验就是身临其境，身在其中，而评价体验价值的标准就是在参与中获得令人难忘的、惊喜的、愉悦的感觉的程度，他对体验的内涵进行了五个维度的解释：①体验是一种通过感官刺激而引发的心理活动；②体验是一种经历；③体验是一个可以被激发的东西；④体验是一个多变的东西；⑤体验可以创造价值。

根据上述观点，为了给宾客创造愉悦的体验，饭店可参考Schmitt（1999）提出的“战略体验模块”（SEMs）设计各类具有体验价值的产品或服务。Schmitt（1999）认为，品牌体验可划分为五种类型（感官体验、情感体验、思考体验、行动体验、关联体验）。饭店可围绕这五个维度开展体验营销。

3）确定宾客满意级度

宾客满意作为一种心理体验，具有模糊性和抽象性的特点。因此，饭店若要准确了解宾客的满意程度，就要对其心理体验进行分层，来评价宾客这种模糊的、抽象的心理体验到底停留在怎样的一个“度”上面。这就需要饭店引入宾客满意级度。

宾客满意级度是指宾客购买并消费了饭店的产品或服务之后所产生的满足状态的等级。一般可以将其分为七级或五级，见表9-4。

表9-4 **宾客满意级度**

级度	特征
非常不满意	愤怒、投诉、做负面宣传
不满意	气愤、烦恼
稍微不满意	抱怨、遗憾
无所谓	无明显正负情绪
稍微满意	好感、肯定、赞许
满意	赞扬、愉快
非常满意	激动、满足、感谢、做正面宣传

在确定宾客满意指标和满意级度的基础上，饭店可以组织有关人员进行宾客满意程度调查，根据调查结果调整饭店的服务内容或服务方式，不断提高宾客的满意程度。

9.4.4 关系营销

关系营销理论认为：营销就像蜘蛛捕食，蜘蛛在捕获虫子之前，首先要孜孜不倦地织网，先织经线，再织纬线。当一张精巧的网织好以后，蜘蛛便躺在网心，等待"送货上门"的虫子。蜘蛛就靠这一张网，轻松自在地享受自己的劳动成果。营销就是蜘蛛织网捕食，在产品或服务进入流通领域之前，饭店首先应细细编织营销网，发展各种良好的宾客关系。当围绕饭店形成了一个庞大而相对稳定的宾客队伍的时候，网也就织成了，这时饭店就可以轻松愉快地从宾客队伍中获得营销的快乐了。

传统的营销理论将营销活动的重心放在吸引更多的新客源上面，即饭店开展营销活动是为饭店争取尽量多的新客，刺激、诱导他们购买饭店的产品，完成这次交易行为后，饭店的营销活动也就结束了。这种理论突出的是双方交易行为的金钱色彩，而忽略了双方之间的感情色彩，被人称为患了营销近视症。而关系营销理论将营销的重心转移到了如何吸引更多的宾客重复使用或购买饭店的产品或服务上。它注重巩固饭店和这些宾客的关系，以建立长期的交易关系作为营销目标。它将饭店从片面追求短期效应的误区中解放出来。

1）关系营销的基础：整体价值

关系营销的基础是饭店提供的整体价值，也即宾客在购买饭店产品或服务时所获得的利益的总和。对饭店而言，首先应努力向宾客提供更多、更大的利益，以附加值来增加饭店产品的价值。肯德基有一句著名的口号是"为您提供101%的满意"，这就是附加值的提供，额外的1%就是使宾客感觉他得到的服务超过了他的期望。

在经营管理过程中，饭店应把宾客不正常的需要看作增加价值的机会，而不是对正常工作的扰乱。在日常经营中，饭店要努力寻找提供附加值的机会。

附加值的追加不是简单地削价或提供某些实际的物质利益。通常，饭店可以追加的附加值体现在以下三个方面：

（1）物质利益的追加

物质利益的追加，即饭店通过提供某种特殊的物质实体来更好地满足客人的需要。如某位服务员在打扫客人的房间时，发现客人的枕头有对折的痕迹。她马上做出判断，这位客人是嫌枕头太低。于是，整理好房间后，她又给这位客人多加了一个枕头。事后，客人对服务员的这一举动大加赞赏。

（2）财务利益的追加

财务利益的追加是指对饭店的某些忠诚宾客（或常客）而言，支付相同的价格可以获得更多更好的产品或更周到的服务。例如，许多饭店向本店的常客发放贵宾卡，给予各种优惠。

（3）社交利益的追加

社交利益的追加多是通过提供专门服务、个性服务、癖好服务、超前服务等方式得以实现的，饭店为重要客人建立客史档案，据此提供有针对性的服务，增强客人的自豪感和荣誉感。社交利益的追加要求服务员在服务时做到眼明、耳灵、手勤、脚快、心细，及时抓住各种机会追加利益。

除向宾客追加各类利益之外，饭店还可以通过减少宾客总成本的方法来提升宾客的满意度。宾客的总成本包括：

（1）货币成本

货币成本是宾客购买、消费饭店的产品所支付的货币总和。

（2）时间成本

时间成本是宾客在购买饭店产品时所付出的时间代价。在时间就是金钱的现代社会，饭店应重视节约宾客的时间成本。

（3）体力成本

体力成本是宾客在购买饭店的产品时所耗费的体力价值。如宾客在办理住店或离店手续时，必须亲自提拿行李，这样宾客支付的体力成本要比有行李员帮助提拿行李的宾客大得多。

（4）精力成本

精力成本是宾客在购买饭店产品时所承受的心理代价，也就是宾客的精神成本。例如，宾客看到，客房的门锁不够结实，可能会产生一种不安全的心理，加大宾客精神成本的开支。

饭店应尽量节省宾客的总成本，让宾客意识到自己购买的产品是最经济实惠的产品，以获得最满意的评价。

2）关系营销的级别

关系营销的级别指的是饭店与营销对象之间关系的稳定程度。这种关系的稳定程度由浅入深可分为三个级别：

（1）购买关系型

购买关系型，即饭店与营销对象只是在发生交易行为时才建立一种比较和善的关系，建立这种关系的基础是财务利益的追加，如饭店向宾客提供各种优惠、折扣等。

购买关系型是最低的级别，因为它通过纯粹的金钱与宾客建立一种瞬时的关系。在这种关系下，如果其他饭店为宾客提供了更大的折扣或优惠，他可能马上就会成为其他饭店的宾客，和其他饭店建立这种关系。同时，开展购买关系型营销会增加饭店的财务负担。

（2）社交关系型

这种级别的关系营销既重视与宾客建立购买型关系，还注意在此基础上，发展宾客与饭店之间的长期关系，采用各种方式和宾客保持定期的联络，加深感情。例如，假日旅馆集团将众多的旅游机构作为自己的目标公众。为了发展与这些公众的关系，假日旅馆集团定期将集团的资讯推给旅行商。其包括向旅行商介绍假日旅馆集团里最新发生的事件、假日旅馆目前的推销项目、每一件可能令宾客感兴趣的事等。

（3）忠诚关系型

这是级别最高的一类关系营销。对忠诚的宾客而言，市场上有众多的同类产品或服务，在其长期的大量的购买行为中，他们绝不会“跳槽”转而购买其他饭店的产品或服务；他们与饭店之间建立了一种稳固的关系，形成了一种深刻的品牌偏好。忠诚的宾客是饭店的一笔巨额财富。

招徕并留住忠诚的宾客，要求饭店首先能提供差异化产品。这些差异化可表现为物质属性差异（如白天鹅的故乡水）、服务差异（如喜来登的先入住再登记）、员工差异（培养一流的员工）、区位差异（如位于内蒙古草原上的饭店）、形象差异（如里兹饭店价值领先者的形象）等。产品的差异必须同时具备以下7个条件：①重要性：对宾客而言，这种差异是关键的；②独特性：竞争对手无法模仿；③优越性：不要将过时的东西作为新鲜产品；④可沟通性：通过某些方式，饭店可以将自己的差异化传递给目标宾客；⑤可承受性：即匹配宾客的购买能力；⑥可赢利性：对饭店而言，通过产品交换可获利；⑦领先性：这种产品是“流行前奏”。

3）开展关系营销活动的要点

开展关系营销活动要求饭店在日常经营管理过程中，切实做好各项服务工作。一般来说，为建立良好的关系，饭店可从以下方面着手：

（1）树立“宾客之家”观念

饭店要把宾客看作饭店的主人，围绕“家”做文章，努力营造“家文化”，让客人没有担忧，不受约束，充分感受到来自“家”的温馨和自在。

（2）树立“一视同仁”观念

对待不同的客人，饭店要一视同仁，具体而言，就是做到“七个一样”，即消费高低一样、身份高低一样、华洋一样、内外一样、新旧一样、黑白一样、城乡一样。

（3）树立“个性服务”观念

在规范化服务的基础上，饭店要提供个性服务，从客人一句不经意的话语、一个不经心的眼神、一身不寻常的打扮、一种不易发现的习惯等方面，及时获取需求信息，将服务做在客人开口之前。

（4）树立“质量第一”观念

饭店应树立一种精品意识，将最优的产品提供给宾客，在任何时候都要坚持质量第一，尤其是要做好各类逆境服务工作，不要因为任何意外因素而导致服务质量大打折扣。

此外，形象营销也是一种最新的营销理论，它要求饭店利用独特的形象作为营销资本，将形象差异作为营销的突破口，从饭店的理念、行为、视觉等方面着手，塑造一个可识别的形象系统。

课程思政9-1

争取大型会展

背景与情境：甲饭店是一家四星级饭店，优势是有多种类型的会议室及展厅。最近，甲饭店承接了当地一家外贸公司的大型会展业务，需要接待500~600人，提供大型会议室和展厅。甲饭店和这家外贸公司比较熟，于是就按照常规和外贸公司签订了意向书。正当甲饭店筹划如何做好这次接待工作时，外贸公司突然通知甲饭店，这个会展不在甲饭店举办了，取消以前的意向书。甲饭店经过了解后得知，原来同一个城市的另一家四星级饭店乙“抢”了它的生意。乙饭店在会议室和展厅方面不如甲饭店，乙饭店的优势是餐饮和客房。乙饭店租用了隔壁一个会议中心的展厅为外贸公司提供会展服务，保证会展期间餐饮菜单不重复，提供不同的口味；会议代表在大堂吧可以免费消费，饭店还派出4位会展“金钥匙”跟踪会展进程，联系快递公司为参展代表派送快递，代办机票和火车票业务；客房房价全部按照协议价收取，饭店提供当地移动SIM卡。此外，乙饭店的销售部还在会展开幕前每天和外贸公司保持联系。于是外贸公司把这个大型会展放在了乙饭店举办。

问题：

1）甲饭店有承接会展的优势，为什么在这个大型会展的销售上“煮熟的鸭子飞了”？

2）乙饭店是利用什么优势争取到这个大型会展的？

3）乙饭店的做法有违职业道德吗？

分析提示：我国的饭店市场是开放的，饭店靠产品优质和差异化去争取客源。在市场竞争中，如果没用不正当的手段去竞争，就不违反职业道德准则。

9.4.5　新媒介营销

近年来，随着互联网技术的不断发展，企业的营销思维也有了巨大的改变，体验性、沟通性、差异性、创造性、关联性变得越来越重要，在传统媒介之外，出现了微博、网络杂志、论坛等新媒介工具。相对于报刊、户外、广播、电视四大传统意义上的媒体，新媒介被形象地称为“第五媒体”。依托新媒介开展营销活动成为当今饭店营销的热点。

新媒介营销具有以下特点：第一，它是注重消费者体验的互动式营销，传统广告通过吸引眼球向消费者宣传品牌和产品，而新媒介营销则将网络作为互动平台，吸引消费者主动体验，给予消费者更多机会了解和体验产品的功能；第二，它是潮流的参与式营销，从过去只是单纯地通过电视或报纸广告来传递产品信息，到通过引人入胜的内容吸引受众参与其中，并在情感上投入来强调体验分享；第三，它是受众细分下的精准营销，与传统营销相比，新媒介营销更注重对受众生活方式的理解和对受众类型的细分，并将其与受众生活方式紧密结合，从而形成更具个性化和亲和力的营销方式；第四，它是策略性的整合营销，新媒介因其深度、互动、创新和高效的营销模式，而能帮助企业取得整合媒介、优化传播的效果。

为了取得沟通的协同效果，降低成本，提升影响力，饭店应与时俱进，根据自身的战略定位和自身优势，对新媒介宣传工具进行组合，使其发挥最佳效果。

饭店开展新媒介营销，可重点关注的新媒介包括饭店官网、第三方网站、微博、搜索引擎、手机App和微信等。

1）饭店官网

饭店官网是由饭店建立的最具权威性、最有公信力或唯一指定的网站，其最大的特点是权威。它是顾客全面了解饭店的重要窗口，是顾客亲临饭店之前接触的第一个产品质量信号。饭店在官网建设上要突出官网在信息宣传、产品分销、客户互动等方面的功能。

2）第三方网站

第三方网站主要指旅游代理商网站，包括旅游预订网、旅游资讯网、门户网站旅游频道、旅行社网站等。典型的第三方网站包括携程、艺龙、去哪儿等。通过第三方网站进行饭店产品的宣传、预订和营销如今是各大饭店产品营销的必经之道。

除了携程、艺龙等第三方平台外，饭店还可建设官方旗舰店进入天猫，充分利用现在消费者对淘宝的狂热，对饭店的产品和服务进行宣传，以产量和品牌为导向，打造专属主题，力推经典产品组合，让客人感受和体验饭店品质。同时，关注团购网站。近年来，产品团购活动风靡全国，并保持着强劲的增长势头。饭店可选择美团、携程网、去哪儿网、艺龙旅行、百度糯米等龙头团购网站对饭店的部分产品（如自助餐）开展团购活动。

3）饭店微博

自2009年新浪把微博这个新兴事物大力推广给网民之后，各行各业都开始利用微博开展推广和营销工作。在饭店业中，微博也得到了充分的利用。其优势是：传播速度快、成本低。饭店开展微博营销时，应注意以下几点：

（1）基于顾客特征有针对性地发布信息

饭店的微博推广要建立在对各饭店目标市场特征深入分析的基础上，根据宾客的喜好和兴趣提炼营销内容，确定发布方式，针对饭店产品呈现有价值、有趣味的信息。

（2）加强互动和体验

用户都倾向于互动式和体验式的活动，饭店微博要加强互动和体验，可以发表美食心得、相关时事等话题，与顾客进行亲切的交流和沟通；开展体验有奖活动，将饭店的特色餐饮作为小奖品，在调动“粉丝”积极性、加强与“粉丝”交流的同时，吸引其前来饭店消费。

（3）将微博打造成收集民意的绝佳场所

通过微博对饭店名字进行搜索，可以很方便地收集顾客对饭店的看法、评价和意见。饭店可将微博打造成民意收集场所，并在第一时间做出反馈。其具体举措包括：①对有关饭店的话题进行回复，让发布者看到自己的存在和饭店对他的关注；②对顾客的赞美予以感谢并表示会继续努力；③对顾客的抱怨或不满进行道歉，若有必要予以补偿，同时加以改正。此外，可以寻找关注量非常大的名人微博，请他们发布与饭店相关的微博话题。

（4）掌握微博发布技巧和发布频率

发布微博是一项持久的连续性工作，要把它当作日常工作来抓，微博内容的写作和选择至关重要，虽然是个人操作，但表现方式应以酒店为主，尽可能避免个人情绪化的表达方式。此外，要控制发布频率，若有需要，可以用软件的定时功能针对微博的发布时间做好安排。

4）搜索引擎

搜索引擎营销（Search Engine Marketing，SEM），即基于搜索引擎平台的网络营销，利用人们对搜索引擎的依赖和使用习惯，在人们检索信息的时候尽可能将营销信息传递给目标客户。

饭店可与百度、谷歌、必应等知名搜索引擎进行多种形式的合作：一是进行官网链接推广。任何一种搜索引擎在相关信息的搜索结果显示页面中都有推广链接。这些推广链接或显示在结果的最前面，或单独显示在搜索结果页面的右侧，相对于其他信息较为显眼，能够很有效地吸引搜索者的眼球。二是提升搜索引擎排名，确保顾客使用搜索引擎工具进行关键词搜索时，本饭店的相关信息能以比较靠前的排位引起受众更多的关注。

5）手机App

App的迅速发展对饭店预订业务产生了较大影响。由于顾客的使用习惯以及App的便捷性、针对性，越来越多的顾客开始利用App进行饭店的预订。因此，开发饭店专属的App分销渠道在未来的网络营销工作中是值得推荐的。

除了具备传统的查询信息、预订等功能外，饭店的手机App能为用户提供个性化、定制化服务，如通过“我的订单”查询自己的消费记录；通过GPS技术，直接导航到饭店等。同时，也可以开发趣味小游戏，增强饭店手机App的独特性与吸引力。

手机App也是饭店进行会员管理的重要途径。饭店可以推荐会员安装饭店的手机App，会员通过手机App可以查询积分、管理会员账户，在在线论坛上发帖分享自己的旅行故事、入住体验等。会员的口碑传播也将有效扩大饭店手机App的使用面。

6）饭店微信

微信（WeChat）是腾讯公司于2011年年初推出的一款快速发送文字和照片、支持多人语音对讲的手机聊天软件。用户可以通过手机、电脑快速发送语音、视频、图片和文字。微信提供公众平台、朋友圈、消息推送等功能，用户可以通过摇一摇、搜索号码、附近的人、扫描二维码等方式添加好友和关注公众平台。同时，微信能将内容分享给好友以及将用户看到的精彩内容分享到微信朋友圈。

同步案例9-6

饭店如何运用微信进行促销？

背景与情境：微信作为一款即时聊天工具，受到了全民关注。2020年第一季度，微信月活跃用户已经超过了12亿。可以说微信是一款全民使用软件。微信作为一个社交沟通工具，近年来整体关系已经从熟人社交向“泛社交”转变，新增好友中来自工作环境的越来越多。在微信使用稳健发展的背景下，饭店开展微信营销的方式主要包括下述几种：

（1）通过“扫一扫”，提供优惠，吸引关注。饭店微信账号开通之后，可以在公共场合、饭店微博、官网等发布二维码，吸引目标群体的关注；同时，可以开展一定的优惠活动，如关注即成为一般会员或者关注后消费可享受一定的折扣，或赠送饮料、菜肴等吸引新老顾客，在提高知名度的同时，扩大关注者范围，便于开展营销活动。

（2）通过“签名栏”和“查看附近的人”开展广告宣传。签名栏能让饭店微信的联系人、好友和关注者看到，同时，营销人员可在人流最密集的地方24小时运行微信，让“查看附近的人”的使用者也能看到饭店相关的广告信息。此外，还可以根据自己的地理位置查找周围的微信用户，然后根据地理位置将相应的促销信息推送给附近用户，进行精准投放。

（3）通过“漂流瓶”开展营销活动。当饭店在开展节庆活动、主题活动等各种促销活动时，可通过微信对“漂流瓶”的参数进行更改，在某一时间段内抛出足够数量的“漂流瓶”来提供活动的相关信息，使普通用户“捞”到的频率提高。

(4) 通过“微信公众平台”进行互动式营销。饭店可以开通微信公众平台，并通过发布公众号二维码，让用户随时订阅饭店微信公众号（用折扣和优惠来吸引用户关注，开拓O2O营销模式），然后通过平台向用户进行精准的消息推送，直指目标用户。饭店可向关注者提供一对一的饭店产品信息、最新活动信息等，以经典的文字配上精美的图片，吸引其眼球。同时，若有可能，可以通过平台解答关注者的咨询，提供客服等功能。

(5) 通过“微信开放平台”进行第三方应用。微信开放平台是微信4.0版本推出的新功能，可通过微信开放接口接入第三方应用，还可以将应用的Logo放入微信附件栏中，让微信用户方便地在会话中调用第三方应用进行内容选择与分享。饭店可以把自己在其他网站的产品、服务信息直接分享到微信中，并可采取奖励的方式鼓励顾客把自己在其他网站关于饭店的文章、照片等分享至微信中。

(6) 可加入微信综合平台。如今各个地区也都建立了自己的饭店综合平台。例如，北京的饭店综合平台微信号为：beijing-jiudian，浙江的饭店综合平台微信号为：zhejiang-jiudian。这些地区饭店微信综合平台的开设，在一定程度上为宾客特别是对当地情况不太熟悉的宾客提供了很大的便利。因此，饭店是哪个地区的，就可以选择这个地区的饭店微信综合平台进行宣传和信息的发布，而宾客直接通过微信关注某一地区的饭店微信综合平台，即可很容易地找到符合自己要求的饭店。

(7) 增设饭店微信功能模块。在一般微信对话框模块的基础上，可增设我的账户(会员特权、我的订单、我的积分)、直接预订以及最新活动模块。顾客通过我的账户可以直接查询自己享有的特权、自己的订单以及积分等情况；同时，可以在微信上直接预订房间，而不必像大多数饭店那样，通过微信发送相关内容之后提供电话号码供订房。此外，顾客通过最新活动模块可以随时随地了解饭店的实时活动主题、优惠等。

问题：试分析饭店开展微信促销的优劣势，以及如何提高微信促销效果。

分析提示：微信促销成本低，注册账号、开通微信公众平台都是免费的，基本不用投入什么资金；而且，微信可以细分消费者市场，实现点对点的营销，能取得更好的宣传效果。要提高微信促销效果，应考虑公众的心理，谨防过度促销引发的负面效应。

7）网络事件营销

网络事件营销是指饭店通过策划、组织和利用具有新闻价值、社会影响以及名人效应的事件，以网络为传播载体，吸引媒体、社会团体和消费者的关注，以求提高饭店或产品的知名度、美誉度，树立良好的品牌形象，并最终促成产品或服务的销售的手段和方式。

同步思考9-5

背景资料：

资料一

2015年，高星级饭店“万能抹布事件”在朋友圈被热传：有媒体暗访杭州高端国际品牌酒店和经济型酒店，发现酒店清洁人员用同一块“万能抹布”擦脸盆、浴缸、杯子和马桶。客人用的新浴巾，直接在卫生间地上折叠……

西湖国宾馆作为高端酒店，始终秉承严苛的服务标准和操作流程，为顾客提供安全、卫生的产品和服务。“万能抹布事件”发酵之后，虽然其不是发生在西湖国宾馆的事情，但是西湖国宾馆第一个以酒店从业者的身份展开危机公关，在官方微信和微博上发布“有一种职业，叫‘客房清洁员’”的软文，以第三者的视角介绍了一名国宾馆资深客房清洁员一天的工作。此举迅速得到了社会和业界的关注，文章被大量转发和引用，百度搜索词条超过7 000条。

这次推广成功抓住了社会热点事件，实现了从危机公关到品牌宣传的双重目标，既宣传了宾馆对标准和流程的坚持，对宾馆起到了很好的品牌推广作用，也为高星级酒店的品质作了有力的背书，取得了较好的社会效益和行业声誉。

资料来源 佚名. 有一种职业，叫“客房清洁员”[EB/OL]. [2015-05-03]. http: //blog.sina.com.cn/s/blog_a7a1748d0102vytp.html.

资料二

如果不是亲自做过客房清洁员的工作，或许你永远都无法知道他们的艰辛。现在我们就来看看客房清洁员都要做哪些工作。

人物记录：Mrs.Tang（签约专职客房清洁员）；年龄：33岁；星座：摩羯座；铺床最快纪录：2分45秒；祖籍：合肥；从业：10年。

Mrs.Tang的儿子已经读小学了，她早早地为儿子准备好早餐，赶在8：00前来上班。她随身小包里的物品有化妆包、口红、护手霜、保湿水、手机、病历卡。

Mrs.Tang：“早上第一件事就是要检查一下工具车，还有填写表格。”

Mrs.Tang：“接下来，要在工作间调好洗涤液……”（工具车对客房清洁员来说不亚于一台精密仪器，里面装着70多个项目的近700个物件，备货都有严格要求，需要细心花费时间去打理）

接着，Mrs.Tang查了一下电脑：“今天出租率还是很高啊，98%！又要辛苦一天了！”

“还好，今天第一个房间不是很脏，看来客人素质蛮高的。”Mrs.Tang说。（对客房清洁员来说，每天都指望着客房不要太过脏乱，因为这会极大地影响工作量及时间）

A：“你们一天能打扫几个房间？”

Mrs.Tang：“至少12个房间吧。”

A：“打扫1个房间的卫生要多久？”

Mrs.Tang：“其他酒店20分钟就可以了，我们这里要45分钟，光卫生间就要20多分钟。”

开工：

把脏床单、被套、枕套全部拆下来。“好重啊！”Mrs.Tang说。

“我铺床的最快纪录是2分45秒噢！”一气呵成的节奏。

Mrs.Tang展示了一下她的手，她说打扫卫生每天都要接触洗涤剂，这手都不漂亮了。

这是Mrs.Tang的徒弟，前几天打扫卫生时太卖力了，头撞到了门把手上，现在还是肿的。

卫生间里的20分钟：

Mrs.Tang调皮地问："喜欢红色的还是绿色的？"

"我们这里有五颜六色的抹布，如红色擦马桶，绿色擦脸盆……"

"还好所有杯子我们都不用洗，收出来集中清洗和消毒！"

又是一筐脏毛巾和浴巾。

收尾：

"房间里的东西一样都不能少，少一样扣××元钱。"

45分钟后，客房打扫完毕！

这样一个程序，今天至少要进行12遍。

她们就是"客房清洁员"，您觉得她们的工作简单吗？无论如何，她们一直在努力。

今天，让我们动动手指转发出去，让更多的人认识这个岗位的员工，让更多的人尊重她们。

从今天起，请你记得她们！

从现在起，请你感谢她们！

资料来源　根据西湖国宾馆提供的相关资料整理.

问题：饭店如何开展事件营销？

理解要点：第一，事件营销，贵在新颖，应捆绑当下最热的事件进行策划，吸引用户点击。第二，事件营销，不是恶意炒作，必须做到实事求是，不弄虚作假。这里既包括事件策划本身要"真"，还包括由"事件"衍生的网络传播也要"真"。第三，事件营销，要以善为本。所谓以善为本，就是要求事件的策划和网络传播都要做到自觉维护公众利益，弘扬正能量。

8）短视频营销

随着智能硬件及网络的快速发展与普及，流量、带宽、资费、终端等都不再成为问题，尤其是在视频移动化、资讯视频化和视频社交化的趋势带动下，短视频营销正成为新的品牌营销风口。与此同时，内容营销时代已然来临，品牌营销的形式已和以往不同，相比单一讲述品牌故事，当下更致力于用情感和角色来打动用户，从而让他们与品牌的产品或服务建立情感纽带。当讲述情怀、引发共鸣的营销成为趋势，相较于传统手段，短视频的优势就凸显了出来。比起图文，视频内容更具三维立体性，集声音、动作、表情等于一体，可以让用户更真切地感受到品牌传递出的情感，是更具备表达力的内容业态。研究数据也表明，大脑处理可视化内容的速度要比纯文字快60 000多倍。这是从生理角度针对人体本能来分析的，现代社会特别是年轻的受众更乐于接受短视频。短小精悍的视频也更符合当下忙时代的时间碎片化场景需求。这就意味着品牌使用短视频作为与用户交流的语言将更容易被受众接受。

短视频营销其实是基于社交营销的一次更迭，核心是互动型的社交营销模式。因此短视频营销首先要找到一个能引爆用户群的"社交话题"和一个目标受众切实关心的问题，然后融入一个富有感染力的故事，借助短视频的丰富表达力予以解答，将为品牌推广内容获得大量“种草”。在传播方式上，要找对沟通方式，并且抓准渠道。“红人”就是短视频营销的渠道，他们在这个舞台上的影响力甚至远超一些明星艺人，这种交互式、自下而上的传播模式，更契合年轻人的认知，甚至在年轻人的圈子中形成了一种信任传递，即借助“红人资源”的信任传递为品牌搭建与目标受众对话的情感纽带。当下，抖音、快手、B站、西瓜视频、皮皮虾、小红书等平台都拥有着巨大的短视频流量。短视频不仅成为大众娱乐的重要方式，也成为品牌营销的重要阵地。以抖音为例，2016年9月，字节跳动旗下的抖音第一款版本正式上线。抖音一上线就受到了年轻人的欢迎，用户量更是直线飙升。抖音报告指出，截至2020年1月5日，抖音日活跃用户已突破4亿。可以说除微信之外，抖音是最大的流量池。

迪士尼在Vine上发起了一个“迪士尼周边大比拼”的活动，鼓励“粉丝们”用Vine拍摄短视频来表达对迪士尼的热爱。活动虽然没有太多物质奖励，但并不妨碍“粉丝们”的热情。花样百出的视频让迪士尼惊喜不已，活动取得了巨大成功，也为公司聚集了大量广告创意原型和创意素材。与迪士尼一样，Airbrb也通过短视频来激发客户的创造热情。但不同于迪士尼先收集成千上万个视频，再评选获奖者的方式，它们直接写了一个剧本，将很多6秒视频拼接成一部完全由Vine拍摄出来的微电影。Airbnb的微电影讲述的是一个纸飞机环游世界的故事，很富有创意，视频一推出，就在网络上引起了巨大轰动。

在短视频营销内容生产上，要抓住最优质的原创内容；在传播上，要找到最合适的传播渠道；在消费上，要深入地挖掘用户需求，让内容真正抓住用户；在评估上，要抓取用户主动行为的数据，将用户的主动获取行为放入效果评估中。

以上这些新型的营销理念和营销方法，其共同点就是“软营销”。传统的营销方式可以归结为硬营销，即利用雄厚的物质与科技力量，通过高科技、高投入等手段，开发高起点、高品位的产品投放市场，以高“质”之“量”的不断扩张维系饭店发展的后劲。软营销则采用一种内敛的方式，更多地强调对现有资源和产品的挖掘与完善，通过重新包装和结构重组，实现价值的最大化。它和硬营销相互补充，完善了饭店的营销理论和营销方式。

教学互动9-1

互动问题：

1）互联网背景下，饭店营销面临着怎样的机遇和挑战？

2）饭店企业如何开展网络营销？

3）饭店线下和线上如何进行整合营销？

要求：同“教学互动1-1”的“要求”。

本章概要

□ 内容提要

营销活动是联结饭店与市场的桥梁，营销活动的成败直接影响饭店经营的成败。本章重点介绍了饭店营销活动的基本特点、操作要点、营销组合策略和最新的营销理念及其操作技巧。

□ 主要概念和观念

▲ 主要概念

饭店营销　营销战略　营销策略　新媒介营销

▲ 主要观念

基本营销理念　新型营销理念

□ 重点实务

市场细分　目标市场选择　市场定位

基本训练

□ 知识训练

▲ 复习题

1）饭店营销活动有何特点？

2）如何在饭店营销中体现文化营销理念？

3）什么是饭店营销活动？饭店营销活动的基本任务是什么？

4）如何正确理解“饭店新产品”的内涵？

5）促销的本质是什么？

6）绿色营销产生的原因是什么？

7）内部营销理论所倡导的基本内容有哪些？为什么饭店企业尤其应以内部营销理论为营销导向？

8）较之于传统的营销理论，关系营销的重心是什么？有何现实指导意义？

▲ 讨论题

1）国外某些饭店在产品价格上非常注重突出“短、小”，即价格静止周期短，一般每隔一段时间便调整价格；价格变化幅度小，一般控制在-15%～+15%。请问，从市场营销的角度看，这种做法是否可取，为什么？

2）以婚宴产品或会议产品为例，简述饭店产品设计的基本思路。

3）关注锦江国际集团、开元酒店集团、洲际酒店集团、喜来登酒店的官网，分析饭店官网的核心功能是什么。

4）饭店企业如何开展新媒介营销？

□ 能力训练

▲ 理解与评价

西方营销领域流传的一句名言是：“成功的营销是使推销成为多余”。请问你如何评价这句话？

▲ 案例分析

【训练项目】

案例分析-Ⅸ。

【相关案例】

市场在哪里？

背景与情境：某鞋业公司派其财务主管到一个非洲国家去了解公司的鞋能否在那

里找到销路。一周后，这位主管发电报回来说："这里的人都不穿鞋，因而这里没有鞋的市场。"接着该公司总经理派最好的推销员到这个国家，对此进行仔细调查。一星期后，推销员发回来电报说："这里的人不穿鞋，是一个巨大的市场。"总经理为了弄清具体情况，决定派其营销总监去解决这个问题。两星期后，营销总监发电报回来说："这里的人不穿鞋，然而他们有脚疾，穿鞋对脚会有好处。我们必须重新设计我们的鞋子，因为他们的脚比较小，我们还必须在令他们懂得穿鞋有好处方面花一笔钱。我们在开始营销之前必须和部落首领合作。这里的人没什么钱，但是这里有最好的菠萝，我们可以帮助他们出口菠萝以此来取得他们的好感，增强他们的经济实力。总之，我觉得这里鞋的潜在销量巨大，因此我们必须马上行动。"

问题：

1）营销的目的是发现市场、分析市场并进入这一市场。本案例给你怎样的启发？

2）请问，如何发现市场？如何分析市场？如何满足市场需求？如何进入某一目标市场？

【训练要求】

同第1章"基本训练"中本题型的"训练要求"。

▲ 自主学习

【训练项目】

自主学习-Ⅴ。

【训练步骤】

1）将班级同学分成若干"自主学习"训练团队，每队确定一人负责。

2）各团队根据训练项目需要进行角色分工。

3）各团队通过校图书馆、院资料室和互联网，查阅"文献综述格式、范文及书写规范要求"和近三年关于"饭店最新营销理念和营销技巧"研究的前沿学术文献资料。

4）各团队综合和整理近三年关于"饭店最新营销理念和营销技巧"研究的前沿学术文献资料，依照"文献综述格式、范文及书写规范要求"，撰写《"饭店最新营销理念和营销技巧"文献综述》。

5）在班级交流各团队的《"饭店最新营销理念和营销技巧"文献综述》。

6）在校园网的本课程平台上展出经过修订并附有教师点评的各团队《"饭店最新营销理念和营销技巧"文献综述》，供学生相互借鉴。

□ 课程思政

【训练项目】

课程思政-Ⅸ。

【相关案例】

中国大饭店引领会议组织者共同参与低碳会议项目

背景与情境：身处北京CBD核心区的中国大饭店装修得富丽堂皇、雍容典雅，于闹市中独享毗邻长安街的宁静与高贵。作为中国历史最悠久的五星级酒店，它希望在高贵之外为自己增添新的气质，而这一切都将从一个装有新鲜薄荷叶的玻璃水杯开始。今后若在中国大饭店参加会议，来宾们很有可能会发现以往桌子上的瓶装水和薄荷糖会被一杯装有新鲜薄荷叶的清水所代替，而这只是中国大饭店推出的低碳会议项目的一部分。

作为中国大饭店主推的绿色项目，“低碳会议项目”主要希望鼓励与会机构选择更加环保的方式举办会议：中国大饭店引领会议组织者共同参与低碳会议项目——在举办会议、奖励旅游、会展和展览时，主动强调减少二氧化碳的排放。“低碳会议项目”的策划主旨是期盼与客户共同参与创造绿色环境的行动，创建可持续发展的社区。首先，需引领有绿色意识的会议组织者以创新的方法共同参与。“低碳会议项目”采用多面整体分析模式劝服会议组织者：具有竞争力的价格；量化采用此项目的二氧化碳排放；鼓励会议组织者更多考虑到会议的部分收益将捐赠于饭店绿色基金，用于持续友好的社区发展。

低碳会议项目具体内容如下：

- 传统五星级饭店提供的绿色会议套餐，可提供多种奢华服务。
- 为期3天的30人“低碳会议项目”可减少1 000千克二氧化碳排放量，与普通会议套餐相比，相当于一年内60棵树的吸收量。仅此一次会议，就会有如此惊人的效果！
- 每次低碳会议收益的2%留用给绿色基金，用作北京友好社区建设项目。
- 会议结束时为低碳会议组织者颁发证书，用以表彰其对“低碳会议项目”的积极参与。
- 与农民工子弟学校北京华奥学校的学生积极互动。
- 会议室内免费使用健身自行车。

与会人员可享受以下特别优惠：

- 使用会议室。
- 上下午茶歇服务，提供当地有机食材做成的美食。
- 向参会者提供电源插座转换器和手提电脑插座，便于幻灯片播放使用。
- 侧桌摆放铅笔及活页白纸，可方便书写。
- 提供无线网络服务。
- 提供投影仪。
- 提供音响系统及麦克风。
- 提供白板及标记笔。
- 用水罐盛放薄荷水代替瓶装水和单个包装的薄荷糖。
- 用罐装盐，胡椒及白糖等，代替其独立包装。

会议组织者和参加者还可考虑以下低碳会议方式：

- 机场接送服务可租用混合动力车。
- 租用城市观光自行车。
- 可重复使用毛巾及床单。

中国大饭店“低碳会议项目”的最大特点就是考虑到了如何把环保和企业CSR（Corporate Social Responsibility）的可持续发展结合起来。

纸、笔放在会场旁的备用桌台上，由会议代表自行拿取，酌情使用。这些服务将有助于减少对纸质用品和铅笔的使用。在会议过程中，酒店鼓励参会宾客重复使用椅套，住店宾客重复使用毛巾及床单，会议布展期间使用节能灯。凉爽季节，当温度达到12℃时，会议布展期间无须使用空调，客房亦可通过新鲜空气降温调节。除此之外，“低碳会议项目”的另外一个主要内容是为会议组织者和参会者提供接送服务，酒店会建议他们租用混合动力车进行接送，租用自行车进行低碳观光。所有这些都被纳入中国大饭店一整套的低碳会议解决方案中，为了提高客人参与的积极性，“低碳会议项目”采取了和普通会议一样的价格（650元/人）。在会议结束时，饭店会向会议组织者赠送特别的感谢证书，以表彰其对绿色理念的实践。

只有当客户拥有成熟的绿色思维时，才会对豪华服务标准有不同的定义和理解。中国大饭店正是在推动他们形成绿色共识，使“低碳会议项目”既能节约能耗，又不失为时尚之举。对中国大饭店来说，绿色酒店不仅意味着单纯的节能和环保，还考虑到了酒店企业社会责任与社区、社会的长期发展和和谐统一。

资料来源　佚名. 中国大饭店：低碳会议倡导者［EB/OL］.［2020-11-15］. http://www.shangri-la.com/cn/beijing/chinaworld/meetings-events/carbon-less-meetings/.

问题：

1）本案例中，中国大饭店的“低碳会议项目”是否会影响会议宾客的满意度？为什么？请做出你的思政评判。

2）与其他追求短期利润的促销活动相比，这一活动有何价值？

3）饭店在策划产品时，应倡导什么样的基本理念？

4）假如你是某饭店的策划经理，请根据当前的宏观环境和消费需求，策划一个“低碳产品套餐”。

【训练要求】

同第1章“基本训练”中本题型的“训练要求”。

第10章 饭店物资管理

学习目标

通过本章学习，应该达到以下目标：

职业知识：学习和把握物资管理的基本内容、特点、基础工作和组织体系，饭店物资定额管理的原则，饭店物资的消耗定额与仓储定额，饭店物资采购管理的主要内容，编制采购计划，物资采购的择价，选择支付方式与供货商，采购过程控制，饭店物资验收中的检验、物资进仓、拒收，饭店仓储管理的任务、工作内容与财务管理，饭店物资发放的基本要求、程序与管理重点及物资的统配制度等理论与实务知识；能用其指导或规范本章认知活动和技能活动，正确解答“基本训练”中“知识训练”各题型的相关问题。

职业能力：点评“饭店职业采购经理人在饭店业中的地位和作用”及“并不是所有的供货商都是饭店资源”的观点，训练专业理解力与评价力；运用本章专业知识研究相关案例，培养在与“饭店物质管理”相关的业务情境中分析问题的能力；通过“餐饮原料采购计划制订”的实训操练，训练相应专业技能。

课程思政：结合本章教学内容，依照相关规范或要求，对“课程思政10-1”和章后“金陵饭店的采购模式”等案例中的企业或其从业人员的行为进行思政研判，强化与案例议题相关的行业规范思考和政治素质，促进“立德树人”根本任务的落实。

学习微平台

延伸阅读10-1

引例：餐饮部春节的物资储备

背景与情境： 某饭店是南方一个经济比较发达的县级市中唯一一家四星级饭店，生意一直很好。临近春节，这个饭店的餐厅天天客满。有一家企业向饭店预订了20桌庆功酒宴，慰劳全体职工。主办方要求宴席结束后，向每位职工发放一个包含水产和年货的大礼包，价值约500元，由餐饮部代为筹办。这样一来，很多企业纷纷效仿，于是餐饮部就要进一大批水产和年货，要增加一大笔流动资金。这笔流动资金只能向饭店调拨。饭店认为，根据目前的业务量，餐饮部物资的采购批量、物资的存储量、物资周转、流动资金的拥有量、流动资金的周转都是合理的。现在要增加物资的存储量和流动资金，是因为需要为用餐单位准备年货，这完全是计划外的物资存储和资金占用。这项业务不是餐饮部的常规业务，不过这项业务能够给餐饮部和饭店带来一定的盈利，并且为用餐单位提供了方便。饭店决定将餐饮部的物资存储分为两部分：一部分是饭店正常经营所确定的物资存储量和物资周转量；另一部分是为餐饮预订单位准备的年货。第二部分的物资存储是计划外存储，采购这部分物资的流动资金由饭店作为内部贷款贷给餐饮部有偿使用。由此而得的盈利，餐饮部可以有一部分的提成，其余作为利润上交。这部分物资由餐饮部提交申购单，采购部负责采购，财务部负责资金的调拨和监管，按规范进仓和领用。水产和年货发放给用餐单位后，要由用餐单位签领。签领单要回到财务部入账。通过这样一个过程，饭店的整个物资管理体系能够按照原来的规范正常地运行。鉴于此，饭店提出以后如果有类似情况，就由相关部门预先制订计划，饭店把这些物资也列入饭店物资计划中，以便对资金进行调度和对物资进行管理。

问题：

1）饭店物资管理具有什么样的特点？对照这些特点，饭店应如何做好物资管理？

2）饭店物资管理的主体是谁？饭店物资管理的对象又是谁？

3）饭店物资管理的主要环节有哪些？

饭店物资是饭店的生产要素之一，是指饭店在经营过程中所必需的各种用品用具和消耗品的总和，包括各种小型设备、一部分家具用品、食品原料、材料配件、用具工具、餐具器皿、办公用品、物料用品等。它是饭店业务运转中必不可少的一个要素，对饭店的服务质量控制、成本费用控制和饭店的档次有着重要的影响。由此，饭店对各种物资进行科学有效的管理就具有非常重要的意义。在本章，我们着重论述饭店物资管理的基本内容以及饭店物资管理的各个基本流程。

10.1 饭店物资管理概况

饭店物资管理是一个综合性管理过程。这个过程，既要管理物资的进，也要管理物资的出；既要管理物资的消耗，也要管理物资的储备；既要管理物资的合理投入，也要管理物资的成本费用；既要管理物资静态的存在，也要管理物资的运动过程。总结起来，饭店的物资管理是对饭店物资进行计划、采购、保管、使用和回收，以使它们有效地发挥应有的使用价值和经济效用的一系列组织和管理活动的总称。饭店的物资有上千种，各种物资都有特定的管理方法和要求。因此，只有按照物资的特点以及物资运动的规律，对其进行科学的管理，才能充分发挥物资的效用，降低饭店的成本费用，为饭店的效益做出贡献。

10.1.1 饭店物资管理的基本内容

饭店物资管理是一个复杂的过程，这是由饭店面对的对象具有广泛性和复杂性的特点所决定的。而就物资管理的纲要而言，饭店物资管理的基本内容包括：

（1）物资的决策。饭店物资决策就是要确定饭店所用物资的种类、档次、品质、数量、厂商、品牌、指导价、流动资金占用等有关物资的基本问题。

（2）核定饭店各种物资需用量，编制与执行物资供应计划，并根据市场情况、饭店业务情况的新变化不断修正供应计划，提高物资供应的科学性。

（3）制定完备的物资采购、请购、审批、下单程序和制度，从制度上保证物资的采购批量、储存量、资金占用的科学性。

（4）核定饭店各类物资的消耗定额，监督各类物资的使用过程，核算其使用效率，使所有物资在饭店的业务运作过程中充分发挥其应有的使用价值和经济效用。

（5）确定各类物资的储备定额，包括饭店总仓、各类专业仓库、各部门小仓库的物资储备定额；按照物资储备定额储备和周转物资。

（6）物资的仓库管理，包括物资的进仓管理、物资的在仓管理、物资的出仓管理、仓库对物资的价值管理、清仓盘库、物资采购预报管理。

10.1.2 饭店物资管理的特点

1）市场多变性决定了饭店物资管理的灵活性

在市场经济形势下，饭店物资的使用有着很强的灵活性。一方面，物资的新品类很多，饭店总是选择最适合的物资为其所用。因此，饭店经常会更换某项物资，用更好的替代当前的。例如，以前饭店都是用小克数浴皂，后来又用18克以上的浴皂，现在很多饭店取消了浴皂而改用挂墙沐浴液。另一方面，市场需求的变化、宾客需求的变化，也要求饭店依据市场变化来采购物资。例如，在南方部分地区，以前饭店常用的高档酒是茅台，后来宾客更喜欢洋河大曲，再后来宾客喜欢五粮液，现在宾客更喜欢葡萄酒了。顺应宾客需求的变化，饭店就要灵活地采用不同的物资。因此，饭店必须随时根据市场的变化来采购物资，不然就会造成饭店物资的适销不对路，导致饭店物资的积压。

2）物资品种繁多带来物资管理的复杂性

饭店的物资如前所述可以多达几千种。物资繁多，各种物资的性能、特点、用途、保存要求有很大的差别，这就带来了对各种物资的采购、保管、使用的独特要求。通常，饭店根据物资的特点，采用集中采购保管和分散采购保管相结合、一般采购保管和部门采购保管相结合、批量采购保管和零星采购保管相结合的方式，对物资进行管理。所以，饭店的物资采购既有规律性，也有随机性。饭店物资品种繁多，各有各的特点，仅靠物资管理部门的管理显然是不够的，必须由饭店的全体员工在各自的岗位上，对自己经常使用和经手的物资实施管理，才是有效的。

3）饭店物资的优质化要求

饭店的物资要求优质化，这是由饭店的性质和饭店的档次所决定的。饭店物资优质化的要求是：物资必须符合国家的相关质量标准，在同类产品中是优质的，符合饭店的档次和等级，能满足宾客的需要。饭店绝对不能用假冒伪劣产品，绝对不能用变质、过期、来路不正、没有安全保障的物资。饭店的物资要保证优质化，同时要注意节约。饭店的效益来自两个方面：一个是开源；另一个是节流。在节流中，物资的节约占了绝大部分。物资的节约包括三个方面：一是物资管理部门的全面控制和对物资运动的全过程控制；二是各部门对物资运动过程的控制；三是每个员工在工作中对物资消耗的控制。在控制过程中，要对各级进行绩效考核，其中就有对物资管理和使用的考核。

饭店物资管理还有其他特点，每个部门所用物资的不同，也会形成各个部门不同物资的管理特点。饭店和各部门都应摸索和掌握物资的特点，并根据各种物资的不同特点对其进行管理，这是一项细致的、复杂的工作。

同步案例10-1

饭店物资的质量

背景与情境1：某饭店的客房一次性消耗品用的都是品牌产品。随着饭店房价暴利时代的结束、合理利润时代的到来，饭店采购部决定对客房一次性消耗品用低档品替代原来的品牌产品。由于低档品价格较低，采购部为了减少采购费用，一次性购进了原来进货量3倍的量。使用低档品后，饭店经常遭到宾客的投诉，而且有相当一部分宾客不用这些用品，而是到饭店的商店自购用品。由于客房消耗品使用量减少，仓储量又过大，加上现有消耗品的质量不是很好，仓库里的一部分消耗品发生了变质，如牙刷脱毛，牙膏干枯，肥皂开裂。这些消耗品只能处理掉，饭店因此蒙受了较大的经济损失。

问题：这家饭店应该怎样处理消耗品？

背景与情境2：某饭店是一家四星级饭店，饭店特别强调用品的档次。在该饭店，大部分物品都是高档品。如餐厅的酒杯是从法国原装进口的水晶杯，信纸是每张0.8元的高档书写纸，信封是每个2.4元的凹凸铜版纸，且客用和办公用的纸张是一样的。饭店的房价和其他几家四星级饭店是一样的。如此采购和使用物资，必然给饭店带来高额的成本。由于管理中支出过大，采购又无序，饭店在连年亏损后被一个集团公司收购了。

问题：怎样做到在保证品质的情况下减少开支？

分析提示：物资采购不应单纯考虑饭店的成本，而应根据饭店的定位，从顾客需求层面合理确定饭店物资的等级、质量；通过和供货商建立良好的关系，降低仓储成本。

10.1.3　饭店物资管理的基础工作

饭店物资的品种繁多，其体积、价值、特性、使用方法、使用者等各不相同。对饭店物资进行科学的分类是物资管理的基础。

1）物资分类

饭店物资的分类可以有多种方式，分类的原则是便于物资的采购、储存、发货、数量统计。由于饭店物资的品种多而杂，所以一般饭店都是由简到繁、由粗到细来进行物资分类的。

饭店的物资分类首先是建立物资大类，通常饭店把物资分为三大类：材料、物料、食品饮料。材料主要是工程和设备设施的材料和零配件；物料是各种低值易耗品和一次性消耗品；食品饮料就是各种食品原料、成品、饮料（包括酒类）。在建立物资大类的基础上，饭店可以在各大类的下面设置二级或者三级明细分类。明细分类既可以按照物资使用的种类进行，也可以按照部门进行。这种明细分类在各个饭店是不一样的。每种物资归到哪个明细类里，根据各个饭店的实际情况而不同。分类，在物资管理中是一件很重要的工作，但并不是一件复杂的工作。饭店要科学地管理物资，一定要科学地进行物资分类。

同步链接 10-1

以党的二十大精神为指引 保障广大人民根本利益

2）物资标准化

物资标准化，即不管哪种物资，都要按照决策确定的标准采购和使用。饭店物资不但种类多，而且同一种类的品种多；不但新产品多，而且市场上假货和劣质产品也不少。为了保证服务质量，饭店在物资管理上一定要实行标准化，而全球经济一体化也要求饭店的物资能够实行标准化。饭店物资标准化主要包括以下内容：

（1）品种标准化，即饭店需要物资的种类必须标准化。

（2）品牌标准化。饭店使用的物资如果是品牌物资，在决策时确定并使用了某品牌，最好不要随便更改。品牌往往是质量的保证。

（3）质量标准化。每种物资在饭店的物资部门和使用部门都有质量标准。这个标准是物资采购的依据，是物资进仓验收的依据，也是部门领用验收的依据。凡是不符合质量标准的物资绝不可以投入使用。物资的质量标准是根据不同的物资而确定的。如材料类，大部分都有技术参数，饭店就要确定某一种物资的技术参数；物料类，要根据不同的物资特性确定质量标准。

（4）数量标准化。它是针对不同的物资而言的。饭店里不同的物资有不同的数量标准。饭店是根据不同的物资分类来确定其数量标准的。材料中的各种零配件有各自的尺寸标准；客房用品和一次性消耗品有大小和克重标准；棉织品有经纬密度和厚度标准；食品原料有单个的重量标准，如海产品、鱼类的单个重量标准等。

（5）材质标准化。它是物资质量的重要保证，饭店对绝大部分物资都有材质的规定。不同的物资有特定的标准，饭店是根据物资的分类来确定每一种物资的材质的。例如，客房水龙头的阀芯是用塑料的还是陶瓷的，热水管是用不锈钢管还是用铜管，客房的牙刷是用尼龙的还是用丙纶的。有了对材质的规定，就能保证物资采购和使用的规范。

业务链接 10-1

大数据在饭店采购管理中的运用

众所周知，酒店地毯每隔三五年就要换一次。地毯更换一次成本的投入有多大？客人满意度的提高能够达到什么样的比例？地毯换了，房价就可以提高，利润率就会提高吗？如果能提高，能达到多大的比例？饭店每天要采购很多的鸡鸭鱼肉、海鲜等，这些鸡鸭鱼肉和海鲜大概能用多长时间？鸡鸭鱼肉的价格在过去的12个月、18

个月或者24个月上涨了多少？成本上涨了多少？售价提高了多少？饭店有很多现成的数据，但是饭店所面临的问题是没有对数据进行很好的收集、整合、分析，没有做一个完整的数据模型。

大数据时代的阳光早已照入了酒店系统的深处，在国外，诸多单体酒店弱化或者取消了酒店采购经理的工作，而将其工作职能转移给区域采购经理或其他部门。类似的情况也逐渐在国内部分品牌连锁酒店中出现，这不免使许多在酒店业从业多年的职业人士瞠目结舌。

这种采购体制的变化主要表现为单体酒店的使用部门拥有采购权：申请订单、填报产品和供应商名称，然后报财务部门，不经过采购部门的“Approval”环节。其申报的物资基本上以日常运营物资以及各类食材为主。至于各个地区的区域采购经理，更多的是为所有单店做采购前期的准备工作，其中非常重要的是标准产品清单的确立。清单的确立是一个烦琐复杂的过程，区域经理在其中扮演协调员的角色，他如勤劳的蜜蜂一般往返于各个供应商和各个酒店使用部门之间，不间断地召开沟通协调会议。而区域经理的“战绩”就是：该区域内酒店的70%～80%的产品得以统一“命名”，无论是供应商还是使用部门，都已经做了物资描述、规格确认和样品确认，所有能参与报价的供应商也都做了预审资格认证。之所以对清单进行重复确认，是为后续的可持续成本降低、区域采购价格以及供应商风险控制做准备的。清单确立后，区域采购经理将尽可能地和供应商洽谈区域采购框架合同以及采购价格，使单体酒店的采购价格得到控制。

对于“取消单店采购经理，而转移其职能给区域经理与使用部门”这种运营模式，令人好奇的是：谁来控制日常采购价格？虽然前期有区域采购经理把关建立清单，但是在与供应商沟通时不可能面面俱到。此外，酒店的周期询价如何操作，日常的供应商管理谁来做，以及诸多单体酒店采购经理要做的事情（如应急采购、不断地电话议价、和使用部门以及供应商之间的高频率沟通）谁来做？酒店可以对供应商开放产品目录。酒店使用部门一旦确定了标准产品目录，就会对酒店数据库中的认证供应商完全开放，供应商会依据目录对自己所售产品进行调价，而且这种调价可以实时进行。有趣的是，这种竞争是完全公开化的，每分每秒市场都会发生变化。如果供应商的产品目录数据公开后，几天都没有收到订单，就等于被告知：您的价格已经高于市场上其他竞争对手的价格，您有必要主动调整价格了！供应商收到这样的“信号”后，就会进入自己的产品端口页面，调整供货价格，直到收到订单。这个过程像是采购市场在“纯数据”的层面被“净化”了 做你所专的，诚实面对市场。酒店与供应商之间产生了许多有效的在线反馈。每个酒店依据自己的规章制度，对特定产品进行周期询价（由使用部门操作）。先对不同的产品进行询价周期分类，如15天、30天或者45天；到了响应的时间点，系统会自动发送清单到数据库中提供该物资的供应商处，供应商将在线或下载文件后进行所有产品价格的填写并回复；同时，系统也会导入所有更新的价格，并自动进行排列组合，产生最新的采购参照数据。针对部分需要送样的物资，电子清单中会有特别标注，以便供应商报价后在规定周期内送样确认。这个过程中已经省去了“走访”的细节，在数据层面直接实现了询价和议价。区域采购经理和酒店集团总部直接进行对接。由于集团化的酒店数据系统已经不再是单机版，而是全区域的信息共享，建立了标准产品数据清单之后，区域采购经理对该区域所有酒店的采购情况都能一目了然：无论是总量，还是随市价波动的各种产品的价格，甚至同一区域酒店之间购买产品的价格差异。这就为区域采购经理提供了一套完整的工具，为他们发现单体酒店采购价格需要调整的地方提供了最直接有效的指导。区域经理对供应商的管控也非常清晰：区域中有哪些供应商，供应了多少酒店以及供应总额等。这为再次完善区域供应商体系、建立集团采购价格标准等提供了帮助。同理，酒店总部也拥有了这样一套非常完善的采购体系，可以衔接各个区域，从而为更深层次的数据分析提供了最真实的数据源。

在这个采购过程中，单体酒店的采购经理的职能并没有消失，而是转移给了区域经理或使用部门，每一步棋都关联到下一步的“链”。使用部门无权直接下订单，而且被监管的力度加大了，会受到财务、区域采购经理甚至酒店集团总部采购部门的关注。这不禁让人感叹，大数据的“阳光”已经照亮了酒店的采购体制。

资料来源　佚名. 大数据为酒店行业带来的多方影响［EB/OL］.［2014-06-03］. http：//info.hotel.hc360. com/2014/06/031355551910-4.shtml.

10.1.4　饭店物资管理组织体系

饭店物资管理是一个复杂的过程，物资管理组织不到位，很容易产生物资的浪费、物资的积压、物资供应链的失调，更有甚者还会产生腐败。饭店的物资管理组织一般包括以下形式：

1）财务部管理物资

财务部管理物资是饭店物资集中管理的一种形式，也是较多饭店采用的一种形式。在这种形式下，饭店财务部是饭店物资的管理部门，全面管理饭店物资的运转，包括管理饭店物资的采购、验收、储存和发放，监督物资的使用情况，检查各部门的物资保管工作与核算工作。由于业务运转的需要，有些业务部门设有部门仓库，部门仓库的物资由部门自行管理；财务部通过每月查账和盘库对部门实施监控，部门仓库的实物账都进入饭店财务部的总账和明细账。有些饭店在统一采购的基础上，针对较特殊的物资由部门自行采购，直接进入部门仓库。这习惯上称为“直进物资”，如餐饮部的食品原料、工程部的专业设备零配件等。对于直进物资，主要由部门管理，由财务部作资金审批（包括单项审批和部门直进物资流动资金的核定）和对物资运行进行监控。

在这种模式下，财务部就把饭店的物资运行、与物资运行同步的资金运行统一管理起来。财务部既管财也管物，就能有效地实行资金管理和资金控制，对提高物资和资金的使用效益、降低和控制成本、提高饭店的效益有着重要的作用。

2）采供部管理物资

采供部管理物资是饭店实行物资集中管理的又一种形式。在这种形式下，饭店设置采供部，采供部负责饭店物资运转的全面管理，包括管理饭店物资的采购、验收、储存和发放，监督物资的使用情况，并和财务部的资金运转保持一致。饭店实行采供集中、仓库和储存集中、发放集中、使用分散、资金集中、调配集中，有利于饭店对资金和物资的控制，减少物资和资金的漏洞。在这种形式下，有的饭店在有些部门会设置专业采购员实行部门采购，这些采购员既可以归属使用部门，又可以归属采供部。如果归属采供部，他们也是专业采购某一部门的专用物资，如专门为餐饮部采购餐饮原料，专门为工程部采购专业物资等。

在采供部管理物资这种模式下，饭店有若干个总仓，各部门根据需要设置部门仓库。部门仓库的设置根据业务的需要而采取不同的形式。如客房部在楼层设置楼层小仓库、在洗衣房设置棉织品仓库；餐饮部在厨房设置调料、主食、干货等仓库。不管饭店有多少仓库，采供部都受总仓直接管理，对部门仓库实行监控。

采供部是饭店物资的管理部门，与物资运行相一致的资金运转，由财务部实行计划管理和监控，因此，采供部应该接受财务部的资金管理；同时，采供部也要受到财务部的监控。

有些饭店并不设置单独的采供部，而是把采供部放在财务部的下面，成为财务部的二级部门，这种形式在我国也较多。采供部放在财务部，采供部的职能还是没有变化，只是采供部直接受财务部的领导和管理。

3）饭店物资的三级管理体系

饭店物资是由全饭店使用的，因此就和饭店的每位员工有关。为了有效地使用物资，根据饭店的运行规律和物资的特点，饭店一般会建立物资的三级管理体系。

（1）一级管理。一级管理就是饭店和主管部门的管理。饭店的总经理及高层管理者都要对物资进行管理。总经理要全面管理饭店，必定要管理物资。其他的高层管理者不管分管哪个部门，都会使用物资，也就要对物资进行管理。饭店管理层要对饭店运行进行决策，其中就有对物资的决策和对成本费用的决策，因此也要管理物资。物资一级管理的主管部门（或是财务部，或是采供部）要对物资进行全面管理，包括总的进货和总的出货，以全面掌控饭店的物资运行。

（2）二级管理。饭店物资的二级管理就是使用部门对物资的管理。二级管理的主要工作是按物资管理制度和部门对物资的需求量，向仓库定量领用物资，在部门合理使用物资，科学管理部门仓库，及时请购物资，进行物资的成本核算。二级管理是接前连后的中间管理，在物资管理中起着关键作用。二级管理既要保证进入部门的物资在量上是不会短缺的，做好量的控制，又要保证进入部门的物资是合格的，有质量保证，要做好物资的二次验收工作。二级管理，要组织和监督部门各环节的物资使用情况，既要保证在服务中物资的投入量，又要厉行节约、控制成本。二级管理，要分析研究各种物资对部门的适用程度，同时要把信息及时反馈给物资主管部门。二级管理，要及时地提供物资储备情况，及时地请购物资，让物资部门能够及时地了解部门物资使用情况，及时采购，保证供应。

（3）三级管理。三级管理也就是直接使用者的管理，通常称为班组管理。三级管理包括两个方面：一个是基层管理者（主要是班组长）的管理。基层管理者要管理物资的领用，班组和个人对物资的保管、消耗，班组物资储备和消耗量的控制，物资运行的原始记录的每日检查和统计，物资使用的信息反馈。另一个是直接使用者对物资的管理。直接使用者的管理主要是对物资消耗量的控制，使用者要按照物资的消耗定额消耗物资。使用者要做好物资的领用、投入使用、余量统计等的管理，还要尽量减少浪费，以增强物资的使用效果。

同步思考 10-1

饭店物资的管理体系

背景资料：某饭店在物资管理中采用的是三级管理体系，基本做法是大部分物资（直进物资除外）都要先进总仓，由部门从总仓领来物资进入部门仓库，再由使用班组向部门仓库领用物资。但并不是所有的物资都这样管理，根据物资本身和物资使用的特点，有些物资虽然实行三级管理，但在形式上可以变通。例如，客房的一次性消耗品是由客房部从总仓领取一周的量进入部门仓库，然后客房部的各班组从部门仓库领取一周的量进入楼层小仓库，从而进入使用。也有一些饭店是由各班组开出一定时期（比如一周）使用量的领料单，由主管或部门经理审批以后，由楼层领班从总仓领取，然后直接进入楼层小仓库。例如，棉织品采购到饭店后进入棉织品总仓，客房楼层从总仓领取棉织品后就直接进入楼层小仓库。

问题：物资管理中的三级管理体系主要由哪三级组成？为什么在实际操作过程中可以变通？如何确保管理体系的严谨性？

理解要点：物资管理中的三级管理体系主要由饭店、部门、班组三级管理部门组成。基于“快速反应”的要求（也即当宾客提出合理的需求时，饭店应在第一时间进行快速响应），在实际操作过程中可以变通，但所有的变通都以确保物资合理使用、宾客满意为基准。

业务链接 10-2

物联网技术在饭店物资管理中的运用

物联网（Internet of Things，IOT）是指通过各种信息传感器、射频识别技术、全球定位系统、红外感应器、激光扫描器等各种装置与技术，实时采集任何需要监控、连接、互动的物体或过程的声、光、热、电、力学、化学、生物、位置等各种信息，通过各类可能的网络接入，实现物与物、物与人的泛在连接，从而实现对物品和过程的智能化感知、识别和管理。物联网是一个基于互联网、传统电信网络等的信息承载体，它让所有能够被独立寻址的普通物理对象形成互联互通的网络。

我国的仓储管理基本上处于人工管理或半自动化管理的状态，这样的管理方式不但烦琐，容易造成人为损失，且人工及配送成本也非常高。为使仓储有效支持供应链上的其他环节，高效完成各种业务操作，减少库存支出，进一步降低物流费用，提高仓储效率及价值，饭店可将整个仓储管理系统与物联网技术相结合，设计基于物联网技术的智能物资管理系统，实现物联网技术在仓储管理中的应用。例如，饭店的能耗一直以来都是管理的难点，饭店中的照明灯具、空调、电视机、水壶、热水器等设备数量繁多，传统的人员管理难度较大且实际效果并不理想。采用物联网技术后，通过在电器或相关能耗统计表内加装无线智能模块、采集模块，实现对酒店设备的统一控制，并采集相关能耗数据，通过网关上传至服务器及终端；然后通过数据分析和内部策略进行能耗的优化处理，从而避免了大量的成本浪费。同时，利用传感器的实时监控，各种电器的运行状态通过终端软件可以一目了然，当出现问题时将自动告警，并将故障信息发送至管理者的手机上，管理省时又省力。

10.2 饭店物资定额管理

饭店物资管理的中心是物资的定额管理。物资的定额管理是指饭店利用科学的方法，对物资运行过程中的每一个环节做出数量和额度的定量规定，作业人员按照定量进行作业。这些环节包括物资购进、物资储存（总仓储存和部门仓库储存）、客用场所物资的配备、物资的使用、物资的回收。物资通常占用的是流动资金。流动资金和固定资金不同，固定资金的量是相对固定的，而流动资金的量是可变的。对物资控制得合理，流动资金占用就少；反之，流动资金占用就多。流动资金占用的多少直接影响到饭店的成本和资本运作。物资是用于使用的，对于同样的经济收益，物资使用量大，成本就高；反之，成本就低。饭店管理的一个重要方面就是成本控制。物资是饭店成本的重要组成部分，控制物资就是控制了成本的一个重要方面。有些饭店把能源中的燃油也归入物资的范围，这样，物资在成本中的比重就更大了。为了有效地控制成本，就要对物资进行科学管理。物资科学管理的中心问题就是物资的定额管理。对物资的定额管理就是核定物资在运行中的各种量，也就是对物资的定量化管理。

10.2.1　饭店物资定额管理原则

1）定额要从本饭店的实际出发

物资定额管理要根据不同饭店及其经营决策，从实际出发，实事求是地来确定物资的定额。饭店物资的差异性比较大，物资的进货时间、进货渠道、市场情况、可储存时间、储存方法、用途、使用周期、使用方式等都不同。同时，饭店在档次、规模、客源、经营重心、服务水准等方面也是不同的。所以，在确定物资定额时，应依据本饭店的实际情况，采用不同的方法，这样才能做好本饭店的物资定额工作。

2）定额必须保证服务质量

确定物资的定额是为了控制成本，其前提是必须满足宾客的需要，保证服务质量。物资的定额管理，是核定物资运行中的各种需用量，不能把定额管理错误地理解为尽量减少物资的储存和消耗。所以，物资定额的确定，要分析其与服务质量之间的关系。比如，在客房，由于有访客来要洗澡，有些宾客要求添加一次性消耗品，你说“我们饭店规定每个房间的消耗品就是这些，我们是有定额的，很抱歉，我们无法为您添加”行吗？又如，饭店规定在商务房中应该放置两套客用品。商务房往往只住一位宾客，于是服务员就在这些商务房中放置一套客用品，尽管宾客实际上只用一套客用品，但是他的感觉会很差，这样也会直接影响到服务质量。必须明确一点，物资是为经营所用，为宾客、为服务质量服务的，因此必须要有定额管理；同时，定额必须保证饭店的服务质量。

3）定额动态管理

物资必须有定额管理，但物资的定额是相对固定的。当然，影响物资的各种因素会经常发生变化，物资的定额也要有所变化。因此，物资的定额要实行动态管理。所谓物资定额的动态管理，就是使物资的定额随着影响因素的变化而变化。物资定额不是实行几年一贯制的不变管理，只要有一个或几个影响因素发生变化，物资的定额可能就要有变化。比如，在餐厅，有时宾客点了一个菜，服务员抱歉地告诉宾客："对不起，这个菜卖完了。"严格说来，不是这个菜卖完了，而是厨房里这个菜的原料没有了，这就是服务质量问题。你的菜单上有这个菜，宾客点了，你却说没有了，不是在作弄宾客吗？问题就出在餐饮原料储备不足上。也许厨师长是按照定额开采购清单的，可是对原料的使用量估计不足，这个定额就要修改，这就是物资定额的动态管理。

4）定额应该有科学依据

饭店物资的定额管理是一件复杂的事情，虽然复杂，但定额管理还是要有科学的依据。所谓科学的依据，就是用科学的测定方法为物资的定额管理提供依据。因为饭店主要提供的是无形产品，所以对物资量的规定有一定的伸缩性。饭店的物资有些可以有精确的数量定额，有些是带伸缩度、宽容区的数量定额，有些则是经验性的数量定额，有些是统计性的数量定额。不管是用哪种方法确定的物资定额，都必须是有根据的，并且在实践中是卓有成效的。

5）定额要节约劳动

饭店之所以要制定物资定额，是为了控制成本。控制成本就是要节约劳动。劳动包括物化劳动和活劳动，物化劳动的主要成果是物资。物资的定额管理，就是要减少和控制物资的量，也就是控制和减少物化劳动。控制物资从而控制物化劳动包括两个方面：一个是直接控制和减少物资的量；另一个是通过物资决策控制和减少物化劳动的量。比如，减少物资的储存，就能减少仓库，从而减少仓储人员。进行科学的物资决策，选用合理的物资，能够减少活劳动的投入和消耗，就能节约活劳动。因此，节约劳动始终是物资定额管理的准则。

同步案例 10-2

海产品的储备怎样才算是合理的

背景与情境：某饭店的餐饮部一般每天需要用虾仁60千克、净目鱼肉30千克，一般每3天进一次货。刚进入初夏，市场上的冷冻海产品降价幅度比较大。采购部认为当时的价格可能就是全年的最低价格，提出大量进货，要求虾仁进货2~3吨，净目鱼肉进货2吨。如果饭店的冰库不够用，可以把暂时不用的冷冻海产品存放在供货商的大冰库里。供货商可以仅收取冷冻的成本费。采购部的意见遭到了财务部和总经理的反对。他们认为，大量采购冷冻海产品，就会大量积压资金，大量的存放就会加大存储费用，况且原料的质量可能会受到影响。时令已经进入夏季，按照一般规律，冷冻海产品涨价的可能性不是很大。此外，把冷冻海产品存放在供货商的冰库里，还会带来其他一些弊病。

问题：当物资价格可能发生较大的波动时，饭店如何确定采购定额？

分析提示：采购部应依据物资供应计划和餐饮部的需要，按照物资的采购批量进行采购和进货。仓库应按照储备定额进行物资储备，减少人为的、非科学的物资采购和储备。

10.2.2　饭店物资消耗定额

1）物资消耗定额标志

饭店物资消耗定额是指饭店在确定的条件下针对消耗定额标志所设定的物资消耗量。物资的消耗定额标志是指某种物资消耗的对象，一般指单位对象，也可以指时间对象。物资消耗一定有一个消耗的对象，也就是这种物资是为什么对象而消耗的，如客房一次性消耗品的定额标志是住宿的“间·天”数，菜肴原料的定额标志是单个菜肴，棉织品的配备量以床位为定额标志，而棉织品的消耗以时间为定额标志。饭店是按照物资的消耗定额标志来确定物资的消耗定额的。饭店物资消耗定额还有一个延伸概念，就是物资的配备量。饭店业务的特殊性，使得饭店在宾客进入饭店以前就要配备好全部的物资。物资的配备也是以物资消耗定额标志来确定的。如餐具是按照餐位数来配备的，客房的低值易耗品是按照客房数来配备的。所以，物资的消耗定额标志是确定物资定额的一个非常重要的概念。

2）物资消耗定额的工作程序

（1）任务分配到部门

根据各个部门的具体情况，饭店首先要求各部门针对部门需用的物资列出清单。饭店审核物资清单，并最后确认。然后由各部门根据物资清单提出物资消耗定额。部门要提出在一个周期内所需物资的总量。

（2）确定单位消耗定额标志的消耗量

每个部门都有以单位消耗定额标志消耗的物资，各部门要先确定这些物资的消耗定额。单位消耗定额标志有的是以对象为单位的，如一间客房、一份菜肴、一位宾客、一次客房清洁、一次宴会、一吨热水等的消耗量；有的以单位时间为消耗定额标志，如水、电、煤。确定了物资的消耗定额后，要把消耗定额制度化，作为物资消耗的依据和标准。

（3）确定低值易耗品的消耗定额

低值易耗品大多是以物资消耗定额标志进行配备的，通常以时间周期为消耗定额标志。饭店是在使用周期里确定低值易耗品的损耗率和更新率的，因为这些物资是在更新周期内逐步补充、更新的。

（4）制订物资消耗计划

饭店的物资消耗计划是物资计划的一部分。在制订物资消耗计划时，饭店一般只是确定物资消耗的资金量，部门确定物资消耗的总量。物资消耗的总量和资金量的基础还是物资消耗定额。

3）确定饭店物资消耗定额的方法

确定饭店物资消耗定额常用的方法有以下三种：

（1）作业研究测定法

作业研究测定法是指依据作业研究的方法，用实际消耗的多次测定，得出一个科学消耗定额数据。实际消耗的多次测定是在比较合理、经常性的条件下，对技术技能不同的人员进行作业的物资消耗测定，实地记录测定的数据；然后再对这些原始数据进行分析和修正，得出科学的物资消耗定额。比如，对于饭店客房清洁剂的消耗，可以根据客房在清洁过程中实际消耗的量进行多次的测定，然后得出一个科学的消耗量。又如，对于餐饮原料的消耗，针对某份菜肴，在烹制过程中多次进行投入原料的测定，然后得出科学的原料投入量，这个量就是该菜肴的消耗定额，也是该菜肴的投料标准。作业研究测定法所确定的物资消耗定额应该是最精确的定额。这种方法确定的消耗量都有明确的数量规定，是物资定额消耗最容易管理的一部分。

(2) 经验估算法

经验估算法一般用于确定某些无法精确测定单位消耗定额标志的物资消耗量，或是受主观因素影响消耗量变动较大的物资消耗定额。比如，餐饮调料、宾客消耗的一些物品（如香烟、酒类、mini吧物品）、各类季节性变化大的食品原料、一些进货数量和净料率相差较大的蔬菜及肉类等。这些物资的消耗定额很难用一个固定的公式来计算，也难以用作业研究法来测定，饭店只能根据已有的经验，在分析不同时期接待容量和客源流量的基础上，做一个大概的核算。经验估算法是对物资消耗定额的估算，是在物资消耗之前做出的。而物资实际的消耗，还要靠作业人员的操作来控制。实际的消耗和估算的消耗会有一些不同。

这种方法的优点在于比较省时省力、简单可行，不足之处在于受估算人员主观因素的影响而缺乏一定的精确性。采用这种方法，一方面，要求估算人员能够尽量合理地进行物资需要量的估算，需要物资管理部门人员和物资消耗部门人员一起进行估算；另一方面，对于一些不易储存、使用量不大、原料鲜活、保质期有限的物资，要尽量做到最低的供给量。

(3) 统计分析法

统计分析法是指对一定时期内实际消耗的某种物资进行统计，然后对统计数字进行整理、分析，根据其反映的物资消耗规律来制定物资消耗定额。统计分析法主要适用于确定多次性消耗物品的消耗定额，也可以用于饭店大多数物资消耗定额的确定。通过分析那些物资消耗的历史资料，可以比较直观地找到它们的消耗规律，据此做出科学的推断和预测。这种方法的优点在于它克服了经验估算法的主观性，带有一定的准确性和科学性。但是这项工作需要借助一定的历史资料，而且是不同情况下的历史资料，才能对物资做出科学的消耗定额测算。于是这里的历史资料就显得很重要。历史资料的正确性决定了统计分析法所确定的物资消耗定额的正确性。如果历史资料虚假或统计资料不科学，就会给统计分析法确定物资消耗定额带来错误。

以上三种方法是饭店确定物资消耗定额的主要方法。这三种方法各有优缺点。饭店在确定各类物资的消耗定额时，一般视定额对象的不同而做出灵活选择。在很多情况下这三种方法可以交替使用，或者结合起来使用。

4）确定饭店物资消耗定额的注意事项

饭店在确定物质消耗定额时，除了要遵循一定的原则外，还应该充分注意以下三个方面：

(1) 合理选择物资消耗定额的计量单位

不同的物资有不同的消耗定额标志，不同的消耗定额标志应选择不同的计量单位。如燃料、动力设备根据设备运行时间或工作日确定消耗定额，劳保工具按规定周期确定消耗定额；客房用品以件/间·天为计量单位，大件的机器设备以元/台为计量单位。这样便于直接分析物资消耗水平。物资消耗定额中的计量单位应与饭店物资管理计划中的指标单位相一致，否则无法根据生产经营的需要去计算所需物资量，物资管理便失去了可靠的监控指标。物资消耗定额中的计量单位应适应分级管理的需要。也就是说，不同级别单位确定物资消耗定额，可采用不同的计量单位。基层计量单位要小、细；而部门等级较高的消耗定额的计量单位可粗一点。当然，两者之间的计量单位必须能够比较简便地进行对口换算，以方便两者之间的比较。如清洁剂的消耗定额，对客房清洁作业组而言，以克为定额计量单位比较合适；而对客房部整个部门确定消耗定额，则以千克为计量单位更为方便，这两者之间很容易换算。

（2）建立健全物资消耗定额奖惩制度

在饭店物资消耗定额工作中，应以一整套制度来保证定额工作的严肃性，如建立超额用料的审批制度、节约物资有奖制度等，一方面提高作业者节约物资的积极性，另一方面切实保证定额工作的严肃性。

（3）提高饭店管理水平

饭店针对各种物资的消耗制定定额，目的在于以定额为标准，控制各种物资的日常消耗量，即定额管理的重点是定额的贯彻执行及定额的日常管理。管理者们应牢记，在花费了大量人力、物力制定出科学合理的定额之后，如果只将其编入文件、束之高阁，而忽视了在经营活动中对定额的应用，则无法充分发挥定额应起到的节约物耗、降低成本的作用，即使再科学、再合理的定额都显得毫无意义。

因此，在各种物资的定额制定出来后，从物资申购、采购、储备到物资的发放和使用都应严格按照限额进行。管理者必须将每一种物资的消耗定额都落实到班组，落实到每个单位的操作过程中，以适合班组管理和单位操作控制。

业务链接 10-3

怎样制定物资消耗定额

某饭店在实行科学管理和“五常管理法”的过程中，通过实际的作业研究，对物资消耗定额做了量化规定。客房的清洁剂以一间客房为消耗定额标志，确定清洁一间客房的需用量。每位员工一天应消耗的清洁剂是她一天打扫的客房间数和清洁剂消耗定额的乘积。在厨房，通过对每个菜肴的制作分析，制定菜肴的投料单。所谓投料单，就是一张清单目录，记录了每种菜肴和点心的原料、辅料、调料需要投入的标准量，每种菜肴和点心的标准制作法。这样，厨房根据对每天餐饮销售的预计，就可以对每天需要领取的原料、每天需要提前准备的原料、每天鲜活原料的采购量、各种原料的存储量和采购批量有精确的量的规定。

根据物资的类别合理确定物资的消耗定额，使得饭店能够合理地利用资金，保证原料的新鲜度和质量，同时有利于成本的控制和保证餐饮的毛利率。

10.2.3　饭店物资仓储定额

仓储定额，简单地说是饭店规定的各类物资的仓储限额，即在一定的经营条件下，饭店为保证接待服务质量，保证服务活动不间断地顺利进行所必需的、合理的物资储备数量。

饭店进行物资仓储定额的根本目的是保证服务质量，保证服务活动的顺利进行。在这一前提下，有效地配备仓储物资的种类、数量，从而合理利用资源，节约饭店流动资金，谋求更好的经济效益。

1）饭店物资仓储定额的分类及确定

饭店物资仓储定额可分为不同的种类，各类仓储定额的确定方法如下：

（1）常规仓储定额

常规仓储定额是指为满足饭店日常业务需要而建立的物资储备量。影响常规仓储定额的因素是该类物资业务季平均每天的需要量和两次进货时间的间隔期。

所谓业务季，是指业务的淡季和旺季，有的饭店还有平季。物资的业务季平均日需要量是一个基础指标。如果饭店没有淡旺季之分，那么就采用物资的日平均需要量。某类物资的日平均需要量可以根据已经确定的单位业务量的物资消耗定额和饭店的经营情况预测计算出来，也可以根据饭店财务部门制定的各种物资年消耗预算来计算，即：

业务季日平均需要量=该物资业务季计划需要量÷业务季天数　　(10-1)

平均每天需要量=该类物资全年计划需要量÷360　　(10-2)

进货间隔天数可参照上一个进货周期再考虑本期内的一些变化因素（如客源变动等）进行计算。

确定了物资日消耗定额和两次进货间隔天数就可以计算出常规仓储定额：

常规仓储定额=物资日消耗定额×两次供货间隔天数　　(10-3)

常规仓储定额是饭店周转比较频繁的物资仓储的定额。由于饭店的业务可能会有较大幅度的随机性变化，所以常规仓储定额也会有一定的变化。常规仓储定额不是固定仓储定额，它也是具有动态性的一个量。

（2）保险仓储定额

保险仓储定额是一种后备性或应急性的仓储定额，是为了防止某些物资因市场短缺、饭店接待量的突然增加、短时间内需要量突然增加、饭店发生突然事件等原因造成供需脱节而建立的物资仓储定额。在确定这类定额时，首先要确定保险仓储天数，这个数的确定有一定的难度，一般只能根据已有的数据资料和物资供求状况来确定。

保险仓储定额=物资的日消耗定额×保险储备天数　　(10-4)

某物资仓储定额=常规仓储定额+保险仓储定额

=平均每天需要量×（进货间隔天数+保险仓储天数）　　(10-5)

饭店物资保险仓储定额的确定往往有两种方法：一种就是上述比较精确的计算方法；另一种是经验估算法。经验估算法是饭店确定保险仓储定额的主要方法。因为市场的预测、饭店接待量的突然变化等主要靠经验来估计。特别是餐饮原料的保险仓储定额，更是受经验的影响。当然，在有可能做精确的测算时，饭店总会采用精确测算的方法。

（3）季节仓储定额

季节仓储定额是为了防止因季节变动某些物资落市导致该物资供需脱节而建立的物资储备定额。在制定季节仓储定额时，重要的是确定各种物资将发生供应中断的时间，同时要确定饭店对这些物资的需用量。一般季节仓储定额是通过经验估算法和统计分析法来确定的。饭店的季节仓储物资主要还是餐饮原料和鲜货。随着市场的繁荣，物资季节性明显减弱，饭店的季节仓储物资也在减少。即使需要季节仓储物资，也要较精确地核定仓储量，以减少浪费。

季节仓储定额=平均每天需要量×需用天数　　(10-6)

有时季节仓储物资并不是精确到每天的需用量，只是根据可能需要多少量来确定。

(4) 订货点库存定额

为了保证饭店业务不间断地顺利进行，饭店不能等到库存量下降到保险定额时再订货，而应该在经常储备中确定一个物资储备点，当某物资的库存量降至这个点时，就必须订货。这个点就是订货点库存定额。

订货点库存定额=备运时间×物资日消耗定额+保险仓储量　　(10-7)

式中：备运时间指的是订货周期，也就是从发出订单直到物资进店验收的全部时间，包括从发出订单、办理订货手续、运货到进店验收的时间总和。

订货点库存定额还可以简单地用下面的公式计算：

订货点库存定额=保险仓储定额×2　　(10-8)

(5) 经济仓储定额

制定经济仓储定额的目的是通过计算经济合理的订货批量，确定仓储管理总成本最低时的仓储数量，它是饭店实施科学管理的重要内容。经济订货批量是仓储管理的总成本最低时的仓储数量，其成本只包括那些与储存量或订货次数有关的费用。但是，仓储费用和订货费用是矛盾的，因为每次订货的批量越大，存储的费用就越高；同时，每次订货的批量越大，就意味着全年订货的次数越少，相应的，订货费用就会越小。因此，经济仓储定额就是要均衡调节它们之间的矛盾，确定最经济的订货批量。

在确定经济订货批量时，可采用如下公式：

$$Q=\sqrt{\frac{2C_a \times D}{C}} \quad (10\text{-}9)$$

式中：Q为每次订货批量；C_a为每次订货成本；D为全年需要量；C为单位物资平均年度储存成本。

这是确定仓储经济批量的一般公式，各类企业都在使用。饭店也可以使用这个公式来确定物资的经济订货批量。

2）饭店物资仓储定额管理的注意点

饭店物资仓储定额管理也是一件需要花费精力的事情，为了提高仓储定额的准确性，有几点需要在工作中加以注意：

(1) 每个仓储定额除了量的规定之外都应有质的规定

物资的量和质存在着一定的联系。比如，餐饮原料进净料就比进非净料的仓储定额要少，用高效液体皂就比用洗衣粉仓储量少。在使用优质高效的物资时，仓储量就可以减少。所以，在确定物资的仓储定额时，往往要把物资的质和量结合起来分析。

(2) 尽量减少仓储物资量

现在市场上物资比较丰富，而且一般物资订购也比较方便，饭店的许多物资如果在本地能够采购到，就不需要很大的仓储量。能够随时购买的物资也不需要很大的仓储量。有些物资是需要有一定的量才能订购的，就必须按量订购，如各种宣传品和印刷品。此外，鲜活物资更要控制仓储量。所以在大城市或经济发达城市，饭店可以不配备大型冰库。

（3）仓储定额是每个仓库各种物资的仓储定额

饭店可能有多个仓库，一般包括几个总仓、若干个部门仓库，部门内还有小仓库。仓储定额要求每个仓库的每种物资都要有仓储定额。每种物资的仓储定额可以用不同的方法确定，可细可粗，但是一定要有定额，一定要有量的规定。

（4）仓储定额管理的动态性

仓储物资总是会变化的，一种是常规性变化，另一种是随机变化。前一种变化对仓储定额影响不大，后一种变化如果是经常的，对仓储定额就有一定的影响。饭店应根据影响仓储定额因素的变动做出及时的反应，对仓储定额进行动态管理，及时地调整仓储物资的定额。

业务链接 10-4

饭店物资的仓储定额

饭店的物资不同，仓储定额的确定也不一样。不管什么样的定额储存物资，都要遵循物资科学仓储的规律。客房的客用消耗品是饭店日常比较稳定的消耗物资。饭店在储存这些物资时，是以淡旺季不同的消耗量来确定常规仓储定额的。在旺季，由于客房利用率高，物资每天的消耗量就大，按照常规物资仓储定额的计算方法，可计算出旺季客房消耗品的仓储定额；同理可计算出淡季客房消耗品的常规仓储定额。餐饮原料的仓储定额确定就比较复杂。其中，冰冻原料通常也是根据常规仓储定额的计算方法来确定淡旺季的仓储定额的；而鲜活原料常规仓储定额的确定，关键影响因素是其一般存活时间，因为鲜活原料在不同季节的存活天数是不一样的，所以在不同季节，鲜活原料的仓储定额也就不一样。有些鲜活原料可能每天都要进货，如蔬菜类、活禽类、鲜肉类原料，这些原料的仓储最好是趋向于零。由于现在市场上反季食品原料不断增多，各种物资的供应都比较充裕，因此饭店物资的季节性仓储量就会逐渐减少。不过，饭店物资的季节性仓储还是要有一定的量。饭店物资的保险仓储定额有常规的和特殊的两种情形。前者如预计雨季将要来临，在雨天不能运输的物资就要有保险仓储。又如，工作服的仓储，考虑到员工的变动、实习生的到来、员工身材的不同，工作服不但要有不同型号的保险仓储，而且要有一定多余量的仓储。后者的情况就比较多了，如饭店餐饮部的鸡蛋仓储一般是比较充足的。可是有一家中型饭店某天突然来了4个国外团，共有140多人，还有3个中国香港团，共有130多人。在准备早餐时，香港团要求每人有一个煎鸡蛋和一个水煮蛋，而国外团则要求每人有一个Omelet（即火腿蛋卷）和一个煮鸡蛋。此外，餐厅还要为其他的住店宾客提供各种蛋类食品。那天，厨师长在安排备餐时发现常备的鸡蛋不够了，不得不在晚上临时向兄弟饭店借用鸡蛋。

在饭店物资仓储管理过程中，应坚持动态性原则。这就要求饭店内部应保持良好的信息沟通，物资使用部门和物资采购部门要保持及时的信息交流，提前识别顾客的需要，并根据顾客需要灵活增减物资量。

同步思考10-2

背景资料：零库存是一种特殊的库存形式，它并不等于不要储备和没有储备。所谓零库存，是指物料（包括原材料、半成品和产成品等）在采购、生产、销售、配送等一个或几个经营环节中，不以仓库存储的形式存在，而是处于周转的状态。它并不是指以仓库储存形式存在的某种或某些物品的储存数量真正为零，而是通过实施特定的库存控制策略，实现库存量的最小化。所以，零库存管理的内涵是以仓库储存形式存在的某些物品数量为“零”，即不保持经常性库存。它是在物资有充分储备保证的前提下所采取的一种特殊供给方式。

对于饭店周转比较快的物品，可以采用“零库存”的管理形式，如鲜活食材、鲜花、水果等。但大部分物品都需要一定量的库存，因为饭店业务的随机性比较强，业务量在各个时间段都是不恒定的，所以饭店对“零库存”的管理应该是能够“零库存”的物品尽量“零库存”，而其他物品都应有保险储备定额。

问题：作为服务型企业，你认为饭店可以采用零库存管理吗？如果可以，请举例说明。

理解要点：虽然是服务型企业，但饭店还是可以借鉴制造业普遍采用的零库存管理。比如，饭店与供货商建立良好的合作关系，采用即时配送和准时配送的方法减少库存成本。

10.3 饭店物资采购管理

饭店物资采购工作就是参照既定的物资定额（包括消耗定额和仓储定额），在不同的时间段内采购不同品种、不同数量的物资，以维护饭店的正常运转。物资采购管理的任务就是管好、理顺饭店的一切采购行为以及采购环节。

10.3.1 采购管理的主要内容

1）了解市场行情

饭店应根据其物资决策和物资计划确定需要采购的物资种类；同时，对这些物资的市场行情和市场变化动态有一个全面的了解，做到心中有数。

2）选择最为合适的供货商

3）控制采购活动全过程

饭店应对采购活动进行全程控制，使物资采购按质、按价、按时、按量到位；不产生过量采购和不足采购，严格按照物资计划、采购计划、资金计划进行采购，控制资金的占用量。

4）廉洁奉公，消除腐败

控制采购中的经济活动，使采购人员都能廉洁奉公，杜绝采购活动中的腐败行为。

5）合同管理

饭店应制作并妥善保管与供货商之间的交易合同，保证合同合法有效。

6）支付结算

饭店财务部门要做好对供货商的货款清算工作。

综上，饭店物资采购管理工作所要达到的目的是：

(1) 保障供给。保障饭店每个部门物资不间断地供给，以确保饭店经营活动的顺利进行。

(2) 最小的资金占用和成本支出。

(3) 理想的物资质量。在物资价格合理的前提下，采购理想质量的物资。

(4) 科学的采购方法。采购方法很多，饭店应该制定满足自身需要的科学的采购方法。

(5) 形成物资采购的信息系统。

10.3.2 编制采购计划

采购计划在采购这个环节中所起的作用是指导采购，增强采购工作的科学性和系统性。它以书面（其中多为表格）形式规定了物资采购的项目、规格、单位、数量、质量要求等，是采购活动的“工作说明书”。在编制采购计划时，饭店应考虑物资消耗定额、仓储定额、业务预测、财务预算、市场状况、饭店的地理位置等因素的影响。物资采购计划包括年计划、月计划、单项计划。其中，最重要的是月计划。某一特别的接待任务、特殊情况、仓库物资非常规地到了订货点等，都会产生物资的临时采购，也就会产生单项采购计划。

1）采购部牵头制订采购计划

饭店的物资采购计划由采购部或者财务部牵头制订，因为物资部门有关于整个饭店的较全面的物资资料，有可能制订物资计划；物资部门是物资采购的执行者，有必要制订物资采购计划，以便有一个采购执行的依据。因此，物资部门应该对饭店物资的消耗和仓储以及运行有充分的了解。在这个基础上，制订饭店的物资采购计划。采购计划的要点是：

第一，物资部门要充分听取使用部门对物资采购的意见和要求，充分了解使用部门各种物资的消耗量。物资部门要有完备的物资资料，并对物资资料有充分的了解。物资部门要科学、精确地了解饭店各类物资的运行规律，了解各种物资的特性，为物资采购计划做好准备。

第二，物资部门要充分听取仓储管理人员的意见，了解仓储物资的情况、仓储物资的特点和仓储物资的运行规律，与仓储人员密切配合，做好物资采购计划。

第三，在以上工作的基础上，确定物资采购的种类、明细品种、数量、采购批次、订货时间、采购间隔期、采购方式、资金预算等，并以列表的形式制订物资采购计划草案。对于餐饮原料和一些特殊的物资，计划可以只是确定采购占用资金（即流动资金占用量）、采购方式等。

2）部门提出意见

采购计划草案确定后，要征求使用部门的意见；同时，征求仓储人员的意见。根据两方面的意见，对采购计划可作适当的调整。

3）财务审核

饭店各业务部门对物资的需求及采购部门的物资采购行为都必然受到饭店资金状况的约束，都必须进行成本和财务费用的核算。编制采购计划的第三步就是由饭店的财务部门进行财务审核。审核的主要内容是将采购计划与饭店预算相比较，修正其中不符合预算的部分，从而使采购计划更为合理，更具可行性。

4）总经理审批

编制采购计划的最后一步是饭店总经理或分管副总经理对经财务部门修改的采购计划进行审批，在必要时可召开部门经理会议，综合平衡整个采购计划，并根据计划期内饭店的新目标及新的经营策略修改采购计划，甚至按规定的程序修改饭店的预算。经过总经理审批的采购计划才是最终将要付诸实施的采购计划。

5）物资的临时采购

饭店除了有按计划采购的物资以外，还有一些需要临时采购的物资，这些物资的量还不在少数。临时采购由使用部门或者仓库管理员提出采购申请，由物资部门制订计划，或者填写物资采购单。采购单也要经过财务部和总经理的审批。

餐饮原料的采购比较特殊，可以把餐饮原料分为以下几类：每日采购原料、计划定期采购原料、需要随时采购原料等。每日采购原料由厨师长在前一天开列采购清单，交由采购员去采购；计划定期采购原料由物资采购计划确定；对于需要随时采购的原料，则应根据当时的情况，随时填写请购单，随时去采购。

10.3.3　物资采购的择价

饭店在物资采购过程中，必须确定物资的购买价格。同一种物资在不同的市场价格会有所不同，同一种物资在不同的时期价格也会不同。饭店的物资采购是要在同一种物资的多种价格中选择一个合理价格，这种对价格的选择就是物资采购的择价。择价是实施物资采购的第一步。择价既有很强的原则性，即选择合理价格，不能产生违规行为，又有较大的灵活性。合理的择价取决于优良品质、专业知识和敬业精神。择价建立在询价的基础上。

1）询价

询价是物资采购中经常使用的一种方法。所谓询价，就是通过对某种物资价格的市场调查，比较全面地掌握这种物资的市场价格。询价以后，采购人员往往会有自己心目中的合理价位、最高限价。询价是物资择价的前提，只有对某种物资价格全面了解了，才能正确地择价。询价的一般方法有：

（1）现场直接询价。采购人员或其他相关人员到市场中去，直接向供应商了解物资的价格。市场价格有多种，现场直接询价可以了解各种价格。询价时可以有一些附带的经济活动。比如，可以和供应商讨价还价，掌握物资价格浮动的幅度；采购人员可以了解供应商、物资市场的供需行情，为采购增加选择的余地。饭店采购原料大多采用这种方式，这是物资采购使用得最多也是最常用的方式。

（2）电话询价。电话询价是通过电话向供应商了解物资的市场价格，这也是物资询价的常用方法。这种方法简便而直接，但不能直观地看到物资，所以在询价时往往最先使用，但会选择性地使用。

（3）网上询价。网络（特别是物资采购网络、酒店物资网络、专业物资网络）对物资的询价有很大的帮助，不过网络询价往往存在不实的可能性。

(4) 报价询价。报价询价就是饭店发布物资采购信息，由各供应商以一定的形式向饭店报价。通过报价，饭店采购部门可了解该类物资的市场价格信息，然后通过平衡比较，就能够得出合理价格的参数。这种方式比较适合饭店的大宗物资、价值较高物资的询价。

(5) 公共信息询价。由于市场机制的不断完善，一些地方政府或者行业组织会定期或者不定期地就某一类物资发布市场信息价或者市场指导价，这也是采购部门询价的一种途径。

饭店询价主要采用以上这些方式。当然，各个饭店所用的询价方式不会是一个模式，也会有其他的询价方式。不管饭店用什么方式询价，询价作为物资择价的一个必要条件，都是饭店物资采购一个不可缺少的部分。

2）择价

择价就是物资价格的决策过程。物资部门在询价的基础上，对价格有了全面的了解。在采购某种物资时，饭店会要求“货比三家”，选择几家在价格上有竞争力的供应商。在几个可供选择的价格方案中，经过比较、分析、权衡，最终选择一个合理的价格。这个价格就是执行价格。物资部门在实际的采购中，要把询价情况和择价情况及时地向财务部门和使用部门通报，使财务部门的资金审批有所依据；使用部门了解价格情况，便于合理使用物资、合理定价、核算成本。饭店的物资价格对相关部门和相关人员应该是透明的。

10.3.4 选择支付方式

选择合理的支付方式，就是要合理地使用、调度资金，合理地进行资本运作。所谓合理的支付方式，就是尽可能在最合适的时候支付资金，在支付前，把这些应付款仍作为流动资金投入饭店的运作中。这是物资采购中的常规支付方式。

现在饭店支付的一般方式有一次性付款、分期付款、付预付款加分期付款、压货后新货付款、期初付款、期末付款、期初期末两次付款、货到付款、按期（如月、季）付款等。付款付多少，怎么付，是一种技巧。采用什么方式付款，是物资采购中的一个重要环节。

选择支付方式，是指选择合理的支付方式。不能把拖欠付款、尽量把资金留在自己的手中理解为最好的支付方式。如果这样，不但违背了市场规律，破坏了物资采购的“游戏规则”，而且会败坏饭店的声誉，对以后的物资采购是不利的，甚至会造成短时期内饭店物资供应的困难，因此饭店应该有一个正确的态度来对待物资采购的支付方式。

10.3.5 选择供货商

在任何一个市场上，绝大多数物资的供货商都是数量众多的，采购物资时，饭店的采购人员应从容地选择自己的贸易伙伴——供货商。选择供货商是一件慎重的事情，饭店通常根据人品、物品、做品、性价、成本等因素来选择供货商。供货商选择得适当与否，将直接影响饭店物资的采购和使用。

1）人品

供货商的人品应该是选择供货商的首要条件。供货商的人品应该是诚实买卖、公平交易、客户为重、一诺千金。

2）物品

物品就是物资的品质，指物资的质量、单价的计量、使用的可靠性等。物品是根本，只有提供的物品符合饭店要求的供货商，才是饭店选择的对象。一般饭店对物品的要求都很高，对直接和宾客肌肤接触的产品、餐饮原料、饮料、涉及安全的产品更要十分重视。饭店选择的供货商应该了解饭店对物资的要求，能够主动准确地向饭店提供优质物资。

3）做品

做品是在物资购销过程中作业行为的准则。做品的核心是诚信，也就是通常所说的商业信誉、商业道德。做品表现为商品交易的真诚和恪守言誉、对物资品质的介绍和保证、价格公平及优惠、准确的到货日期、规范结算、对客户良好的售后服务、能帮助饭店解决应急事宜等。

4）性价

性价是指物资的品性和物资的价格。品性也就是上面说的物品，它决定了某种物资值多少钱。价格就是供货商的报价。两者结合在一起就是我们通常所说的性价比。物资的品性越高，价格越合理，性价比就越高；同样的物资，价格越高，性价比就越低；同价的物资，品性越低，性价比也就越低。性价比往往是饭店选择供货商的一个关键性因素。而在性价比中，物资的品性占有更重要的位置。在选择供货商时，性价是一个举足轻重的影响因素。

5）成本

成本是选择供货商的又一个影响因素。成本是指物资的采购成本和使用成本。在性价的基础上，物资品性和价格可以确定了。品性决定了物资使用的效能，由此就可以确定物资的使用成本。饭店一般会选择使用成本低的物资。采购成本主要包括采购人员的采购支出、物资运输和包装支出、物资的储存费用、供货商对某些物资的保质处理和维护费用。显然，这些费用总是低一点为好。在选择供货商时，饭店必定会注意成本因素。

饭店在选择供货商时会综合分析以上因素，然后确定理想的供货商。当然，饭店在同等条件或者条件相差不大的情况下，往往会选择自身熟悉的或距离较近的供货商。在选择供货商时，要避免不正常的交易关系，避免经济腐败。

10.3.6　采购过程的控制

采购过程的控制就是要求采购按照制度和规范进行，不要在采购过程中出现问题，同时要选择合适的采购方法。

1）确定采购程序

饭店物资采购程序大致包括以下几个环节：

（1）采购凭单。物资采购必须要有采购凭单，采购凭单主要指财务部、采购部的物资采购单，仓库和使用部门的物资请购单（包括餐饮部的每日采购单）。采购凭单的出单应该按照采购计划进行，没有采购凭单不得采购物资。在一些特殊情况下，临时急需采购物资，可以先采购然后再填凭单。不过采用这种方式必须有相关管理人员的指令。

（2）采购凭单审批。采购凭单必须经过审批，一般是按照饭店的审批程序由相关的管理者审批。按照制度，采购凭单的资金额度在采购部的审批权限内，就由采购部审批；超出核定的资金额度，就要由财务部审批。

（3）采购部根据已审核的采购凭单向供货商订货。订货时一定要说明具体的要求。需要有合同的采购，应该拟妥合同，经过合同审批，才能订货。

（4）选择合适的采购方式。物资的种类不同，采购方式也不同。采购部在采购时要根据不同的物资选择合适的采购方式。如果有长期供货商，就由供货商供应物资；没有长期供货商的，就根据择价、择商的方式向选定的供货商提出订货。饭店在采购比较稳定的物资时，可以采用定商供应、定点供应的办法。定商，就是确定长期的供货商；定点，就是确定长期的供货点。

（5）物资运到饭店进仓。供货商向饭店发送其订购的物资，并附上物资发货单。采购部和仓库要进行物资验收并将其运进仓。

（6）表单处理。物资进仓后，采购部和仓库要进行表单处理以完备手续。

（7）付款。采购部将由仓库签发的单据和原始票据送到财务部，由财务部向供货商付款。

（8）特殊物资采购。对于特殊物资或需要加工定做的物品，请购部门需要作出说明或提供样品（或图样或型号或其他资料），供货商报价时也必须提供样品或有关资料，经使用部门负责人及有关人员同意后方可办理采购。有些物资可以由使用部门的专业人员和采购人员一起去采购。

（9）采购纪律。饭店的采购必须要有采购纪律。采购过程中，采购人员必须遵守采购纪律。采购纪律要成为采购人员的自觉行为。

2）选择采购方法

饭店物资采购的方法主要有以下五种：

（1）市场直接采购。市场直接采购是指采购人员根据批准的采购凭单，直接与供货商接洽；或者直接去物资市场，采购所需物资。这是饭店采购常用的方法。

（2）预先订货。采购部根据采购计划及采购凭单上的要求，和选定的供货商联系，或与之签订订货合同；或预先订货，使其在规定的时间内将采购部已选定品种、规格和数量的物资送到饭店。预先订货的物资往往是大宗物资、阶段性使用物资、加工时间较长的物资。饭店预先订货的时间有长有短，只要订货与到货时间有一天以上间隔，就可以视为预先订货。预先订货可以采用电话、面谈、合同、传真、物资供应现场看货、网络等方式。

（3）面谈订货。面谈订货就是采购人员和供货商面对面地直接商谈订货。这往往是由于采购人员需要看货、看样、查看其他一些东西，或者双方需要商谈一些相关的问题，因此双方需要通过面谈来确定订货事宜。

（4）非面谈订货。非面谈订货是采购人员和供货商不直接见面，而是通过电话、传真、网络、信函等方法进行的订货。这种订货方法对长期合作的供货商、询价很清楚的物资使用得比较多。

（5）集中采购。集中采购是饭店集团常用的一种采购方法，后被世界上许多非集团饭店所效仿。它是指两家以上的饭店联合成立物资采购中心，该中心统一为各饭店采购其经营中所需的物资。

究竟哪种采购方法最佳，并没有一定的标准，各饭店应根据本饭店的规模、等级、特点和所需物资的具体情况选择合适的采购方法。

10.4 饭店物资验收管理

饭店物资验收管理是物资入库前必要的一步。验收是指物资采购任务完成以后，由饭店的验收人员根据订货凭单以及批准的发货单，检查所购物资交付是否按时、按质、按量、按价，并记录检验结果，对合格物资准予入库或直接送到使用部门，不合格物资则予以拒收。验收是饭店有关人员初次接触物资实物，它是物资入库或发放前必不可少的一个环节。因此，有人形象地称验收为物资进入饭店的“红绿灯”。

验收的主要内容包括三部分。

10.4.1 检验

验收主要核查有关物资采购的凭单、时间、数量、质量、价格等项目。

1）凭单检验

首先，验收人员要检查订货凭单的内容和审批手续是否完备，然后进行单据与货物的核对。凭单与货物的核对要逐项进行，验收人员要做到认真负责。

2）时间检验

对交货时间进行检验，主要是核查交货期和订货单上的日期，或者与合同、凭单上注明的日期是否相一致。如果不一致，采购员要说明原因，并在入库单和仓库货物账上加以注明。

3）数量核查

验收工作中的数量核查是指对订货凭单数量、送货通知单数量与实际到货量三者进行核对检查，看其是否一致。

4）质量核查

饭店对物资的质量核查有两方面内容：一是核查物资的质量和订货凭单上的质量要求是否一致；二是核查物资本身的质量是否达到了相关行业标准。对物资质量的核查有多种方式，有的是用一定的检测手段，有的是用观察方法，有的是依据物资质量文件。物资的质量核查要做到：件件物资都经过核查，并且全部都是合格的。

5）价格核查

价格是影响物资采购的重要因素，也是一个敏感因素。为监控采购人员的采购工作，保证饭店采购的物资的价格是合理的或者是最优的，物资验收时，也要对物资的价格进行核查。物资的价格核查，主要是核查采购价格是否和市场报价相一致，单价合计和总金额是否一致。一般在保证质量的基础上，价格不得高于市场同类物资的价格。

10.4.2 物资进仓

采购员和仓库管理员一起根据订货凭单和发货单进行物资验收。验收后，物资就要进仓入库。物资按照不同的性质进仓，或进入饭店仓库，或进入部门仓库，或直进相关使用部门。物资进仓后，仓管员要填写验收清单，签发物资进仓单给采购部和财务部，进仓单是该批物资的结算凭证。仓管员还要填写进货日报表，并做好仓库物资账。采购部要签发物资回单给供货商，表示物资已经收到。

10.4.3 拒收

物资验收过程并不是走过场，而是要认真履行物资管理工作。在该项工作中，不可避免地会遇到物资不符合要求的情况，这时候就有可能拒收物资。拒收指的是物资验收人员在验收过程中，对照相关标准，发现两者有较大差异时，拒绝物资入库或进入相关部门。拒收是杜绝假冒伪劣物资流入饭店的有效手段，杜绝物资的虚高价格，以维护饭店的正常权益。

拒收应填写拒收通知单，写明拒收理由，并经送货方和验收方签字，将拒收通知单和物资以及有关凭证一同退回。同时，把拒收通知单发给采购部和财务部，并告知相关的物资使用部门这批物资无法及时到位，督促采购部及时地采购，保证物资的正常供应。

10.5 饭店物资仓储管理

仓储管理是物资管理中的一个重要环节，是物资运行全过程的一个中间环节，物资在这里进和存并从这里出。仓储管理的水平直接影响到饭店物资的使用质量。仓储管理对饭店的成本控制、保证物资供应、减少资金占用、提高经营效益有着重要作用。

10.5.1 仓储管理的任务

仓储管理的任务总的来说是为饭店经营活动的正常运转提供可靠的物资供应，保证物资不短缺、不积压、不破损、不变质。具体而言，可以分为以下几类：

1）保证仓储物资的安全和质量

仓储的首要任务是保证物资的安全和质量。饭店要采取各种措施使仓储的物资不丢失、不流失，不因为管理不善而损失；要保证仓库的绝对安全，不会发生火灾、水淹、潮湿、虫害、鼠害、失窃等。

2）及时供应

饭店储备物资的目的是要保障对饭店各部门物资的供应，保证饭店业务活动不间断地进行。仓储就是通过对物资进、出、存的管理和操作，使得物资能够合理储存、合理供应。

3）节约开支，降低仓储成本

仓储部门在管理仓储物资的过程中必然会发生仓储费用，仓储管理的一个任务就是最大限度地降低仓储费用，从而降低饭店的运营成本，以提高饭店的经济效益。

4）及时预报，沟通信息

仓储部门是物资信息沟通的枢纽：其一，仓储部门要及时向采购部门通报物资存储的相关信息，并提供需要采购物资的信息。特别是采用订货点法采购物资的饭店，仓储部门更是提出物资采购需要的主要部门。其二，沟通使用部门和采购部门之间的信息。使用部门对物资的需求会经常性地反映给仓储部门，采购部门也经常把物资的市场供需情况和其他信息反馈给仓储部门，仓储部门就成为物资信息沟通的枢纽。

10.5.2　仓储管理工作的内容

仓储管理是指物资从入库到出库的完整的管理和控制过程，它从验收物资开始，将各类物资合理储存，保障库存物资的数量安全与质量安全，并进行物资出库控制。其工作程序如图10-1所示。

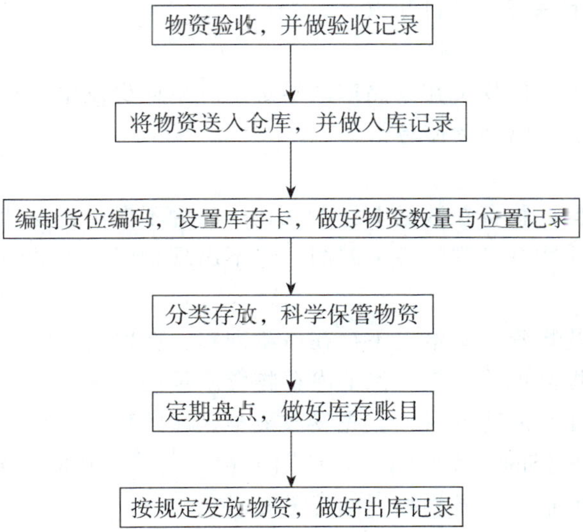

图10-1　物资仓储管理流程图

可以看出，在整个管理过程中，除物资验收和物资发放（我们将单独讨论）外，仓储管理工作主要包括以下内容：

1）适当安排仓储场所

饭店物资的性能、用途、存储要求不一样，饭店就会配备不同的仓库以存储不同的物资。比如，饭店有总仓来存储大宗物资，有靠近洗衣房的棉织品仓库，有设置在厨房里的食品原料仓库，有靠近工程部的零配件仓库。不同的仓库有不同的设施条件和不同的设备配置，各种物资应在饭店的哪个仓库储存事先应该进行明确的规定。

2）入库存放

物资入库后必须进行合理的堆放。为充分利用仓库现有的一切仓储条件，物资必须遵循一定的原则进行堆放，以使其得到妥善保管，并且提高仓库利用率，减少仓储成本。

（1）经济合理原则

这一原则的出发点是仓储的经济性，即从节省仓储成本和保证物资质量的角度出发。仓储物资要按照物资计划存储和发放，按照最经济的物资流量来运作，使得物资的仓储成本和运作费用最低。

（2）技术合理原则

物资存储是技术性很强的工作。技术合理原则主要包括两个方面：一是在堆放物资时必须根据物资的性能、特点、形状、包装、轻重等因素，将其堆码成一定形式的货垛；摆放时要不损害物资，如玻璃器皿要竖放，橡胶物品要挂起来，新鲜物资要密封等。二是物资要按照进仓的先后顺序堆放，发放时可以按照先进先出的原则周转。

(3) 方便点数、盘存

这一原则的出发点是方便物资的数量控制。物资在堆放时要讲究合理、牢固、定量、整齐、节约、方便。常见的堆放方法是五五制堆放，即以五或五的倍数在固定区域内堆放，使物资“五五成行，五五成方，五五成包，五五成堆，五五成层”，做到堆放横竖对齐、上下垂直、过目知数。

3）物资保管

物资保管的目的是使物资在仓储期间尽量不发生或少发生各种损耗，使所有入库物资都能真正为饭店经营活动服务。

(1) 保证数量

在仓储周期内保证物资在数量上完整无缺，品种不混淆，自然损耗控制在最低水平。同时，必须堵住物资管理的各种漏洞，绝不出现物资流失的情况。

(2) 保证质量

经验收入库后的物资，基本上不存在质量问题；在保管期间，要注意防止产生新的质量问题，即要提高保管质量。保证库存物资质量的方法有：

①先进先出。在发放物资时，应先发放最早入库的物资。在物资入库时，仓储人员应及时登记各类物资的入库时间，并定期查看物资的“仓储年龄”，使得发放时心中有数，并结合堆放情况，做到物资的先进先出。

②保证良好的仓储环境。根据物资的存储要求，保证仓储的环境条件，如温度、湿度、通风条件、照明、干燥、清洁卫生等。

③加强仓储物资的养护管理。研究各种物资质量变化的规律及影响物资质量变化的内外因素，制定科学的物资养护制度和养护方法，防止库存物资质量下降。

④做好库存物资的检查工作。饭店的仓储管理人员应根据物资特性、仓储条件、气候变化等进行定期或不定期的物资质量检查，特别是在季节更替时和突发性天气变化时，一定要进行这种检查。要把检查结果详细填写在库存物资质量检查记录中，并在检查过的物资包装上做好标记（如检查日期、物资状况等），为下次检查时提供相关信息，防止每次检查都抽到同样物资，从而扩大每次抽查的范围。此外，检查结果要报上级主管处理。

学习微平台

延伸阅读10-2

10.5.3 仓储财务管理

1）仓储账务管理

仓储账务管理是仓储财务管理的依据，仓储管理的另一项工作内容就是为所有物资建立实物账和财务账。实物账是以实物量为单位，记录物资的实物运转情况；财务账是以货币量为单位，随时记录物资的资金运转情况，这就是饭店仓储的账务管理。进行账务管理有利于控制存货量，决定订货量，计算发货量，确定成本。

2）库存盘点

盘点，又叫盘存，是指仓储管理人员对库存物资进行仔细点数清查，将实际库存数与物资保管账目相核对，以保证库存物资不发生缺损。盘点是仓储管理人员保证库存物资的数量、安全的重要手段。盘点能使仓储管理人员及时发现库存物资数量上的溢余、短缺和规格互串等问题，并能够及时采取措施，挽回或减少损失。盘存不仅是点数量，还包括在清点过程中附带检查库存物资有无质量变化，或是从账物核对结果中了解哪些物资库存不足，需及时购进；哪些物资超储，需及时利用或处理。这些对科学地进行仓储管理非常重要。

盘点时需逐件点数物资数量，这是一项耗时耗力的工作。为提高效率，在物资入库堆放时，应以容易点数的数量分批，如5件一层或10件一批，做到分批堆放、层批清楚，并在货架上逐层明确标量，流动后零头尾数要及时合并，从而方便盘点。

一般来说，饭店内仓库的盘点方式有以下三种：

（1）日常盘点

每日对当天有进出的货架层进行及时盘点，将实际物资数量与账目结存数相对照。

（2）定期盘点

定期盘点又称实地盘存，指定期（一般是每月一次）对每一种在库物资的量进行清点。它的优点是简单、方便。定期盘点是饭店运用最广泛的盘点方法。

（3）临时盘点

这是应某项工作需要而进行的临时突击性盘点，如遇特殊情况突击出入库后，或保管员调动交接时，或管理人员对库存产生疑问时，都可临时进行库存物资的货账核对。

课程思政10-1

冰冻海鲜产品的仓储

背景与情境：初夏是江南某地区冰冻海鲜产品价格最低的时候。饭店采供部往往在这个时候利用低价采购相当数量的冰冻海鲜产品。这些海鲜产品需要有相当大的冰库储存。可是现在饭店没有大冰库，因为饭店不会把大空间用作冰库的，空间会尽量利用起来用于经营。采供部采购了这些海鲜产品以后，就将其存放在供货商的冰库里，由饭店支付一定的仓储费；同时，把一份寄存海鲜产品的清单交给财务部。在完善手续后，餐饮部每天需要多少海鲜产品，就及时地向采供部报领，采供部提前一天向供货商发出送货通知。供货商当天就把海鲜产品送到餐饮部。采供部在部门的物资账上、供货商的库存账上同时做好物资的进出记录。采供部认为，在低价时采购海鲜产品节约了成本，把海鲜产品存放在供货商的冰库里，虽然支付了一些仓储费用，但比饭店自建冰库要节省很多维护费和仓储费。海鲜产品“随叫随到”，能够保证物资的供应和海鲜产品的新鲜度。

问题：

（1）你认为采供部这样的采购和仓储方法是否合理？

（2）这批冰冻海鲜产品是向供货商购买的，并存放在供货商的冰库里，从饭店资金运转的角度看，这种方式可取吗？

（3）这种采购和存储方式是否存在职业道德问题？

研判提示：从常理上来说，采供部的这种做法是合理的，关键是饭店要一次性付出大笔货款，而这些冰冻海鲜产品又不在饭店的仓库里，似乎有点先压钱后分批取货的意味。而一般的做法是供货商先压货。当然，饭店也要考虑市场价格波动的因素进行综合分析。

10.6 饭店物资发放管理

如果说物资采购是物资的进口，那么物资发放就是物资的出口，即物资购入饭店后或直接拨给使用部门，或经仓储后在部门领用时发放给它们，使物资真正应用于饭店的生产经营，实现价值转移或最终体现其使用价值。

10.6.1 物资发放的基本要求

如前所述，物资发放按照不同的标准可以分为不同的种类。无论哪一种形式的物资发放都必须按照一定的程序进行严格的控制，满足准确、及时、安全等基本要求。

1）准确

物资管理人员在向各个部门发放物资时必须做到单货一致，即发放凭单上应明确标明物资的名称、编号、规格、等级、单位、数量等，并在交接物资时通过各种特定的程序保证所发物资的各个方面都与凭单内容相符，使单据和实物都不出差错。

2）及时

为了不影响各项经营活动的顺利进行，物资发放人员必须提高效率，在接到领料单据以后，以最快的速度组织发货，保证前台业务活动所需的物资全部及时到位。

3）安全

物资发放人员在发放物资时不仅要认真点数物资的数量，还必须严格检查物资的质量，保证出库物资的质量完全符合使用要求，无过期、失效、残损、变质现象，并注意物资点数的安全操作，防止物资被震坏、摔伤、破损；必要时可改换物资包装，以避免搬运过程中的损坏。

10.6.2 物资发放程序

饭店在发放各类物资时，应遵循以下基本程序：

1）点交

部门在领取物资时每次都应填写领料单。仓库接到领料单后要认真检查领料单上所列的物品名称、规格、等级是否与库存物品相符，凭证字迹是否清楚，有无涂改现象，有无主管领导的签字，领料日期是否正确，审查无误后，即可将待发物资发放给请领部门，并请领料人签收。同时，根据实际发出的物资品种、规格、数量等填制必要的物资实物账。

2）清理

物资点交工作结束后，仓储人员需进行内部清理。

（1）账面上的清理，即做相关的文字记录、数据统计，以便为永续性盘存提供信息；同时，也便于时刻掌握在库物资的情况。

（2）地面上的清理，即进行清洁、整理工作，保证库内环境卫生。

（3）物资保管。对于一些开箱或开包物资，应做好保洁、保质工作，谨防由此引起物资消耗。

3）复核

为防止物资发放过程中出现差错，仓库的物资发放人员必须对物资发放过程中的每一个环节仔细地进行自查、复查、复核。在确认物资和领料单完全一致后，才能准许物资离仓。

4）部门验收

仓库发放物资以后，物资就进入经营领域。部门的物资领用人要把物资交到部门。领用的物资交到部门后，部门还要进行一次核查，主要是核查物资的完整性。通常，部门责任人负责对物资和领料单进行核查，两者一致后，责任人要签收，然后物资才能进入部门仓库或者进入使用领域。

10.6.3　物资发放管理重点

物资发放管理同样也要抓重点，管理工作才能卓有成效。在物资发放管理中，首先应当抓住人的因素，其次应做好物的管理。

1）审批人

审批人是物资发放的把关人。审批人从根本上控制物资发放的量，也是从需求量的客观性角度出发进行物资审批工作的。饭店必须以制度的形式确定物资分配的各级审批人。审批人平时应注意和基层保持密切的联系，掌握物资使用情况的动态信息，以动态的眼光来把握好物资分配量。

2）执行人

执行人是与物资发放有关的各个方面的工作人员，包括仓储管理人员（发货人）、部门领货人员、部门验收责任人。发货人负责实物分发工作；部门领货人员负责领货和物资的搬运；部门验收责任人负责部门物资的核查、收货、进仓。执行人素质的高低直接关系到发放工作的质量，因此，应加强对这些人员的日常管理。

3）发货时间

发货时间可根据物资的用途采取定时和不定时相结合的办法。

4）物资交接问题

发货人与部门领货人员之间的物资交接是物资发放管理的最后环节。若在这一环节中出现了差错，就会对仓库账目及部门的成本核算等许多管理环节造成混乱，并且当事后发现这种差错时，往往会因为物资已投入使用而很难查清问题及责任所在，使管理工作十分被动。因此，在进行物资交接时，收发双方都必须按照发货单和领料单复核检查，点数所发物资的品种、规格和数量，确信无差错后才准予出库，领取物资。

5）物资数量短缺问题

物资发放过程中很容易出现物资数量的短缺，其直接原因是物资在入库时一般都是批量进，而在发放过程中由于执行限量分配制度，每次发放量相对于进货量来说是比较小的，这样就会出现一个量的流失问题。物资在存放过程中也会因为自然或者人为的因素而发生损耗。因此，在盘存时很可能会有数量上的出入。

为解决物资流失问题，可采取以下办法：

（1）为每一种物资的收发制定合理的损耗率。如整进整出物资的收发差错率应是零，特别是贵重物资，不允许有任何量的短缺；而整进零出的物资则应允许收发量之间有一定的差额，允许拆零时发生一定限度的散失和损耗。这些指标要作为发货人的考核指标与其奖惩挂钩。

（2）对整进零出的物资在发货时尽量做到精确度量、精确发放，使物资在发放环节上避免出现损耗。

（3）严格执行仓库管理的规章制度，杜绝仓库管理的一切漏洞，消灭物资的人为损耗。

10.6.4 物资发放原则

为确保物资发放过程的严谨性，在发放物资时应遵循如下原则：

1）先进先出原则

先进先出原则就是要求仓库管理员在发货时仔细查验进货账目和货架标签，先发早入仓库的物资，目的是防止物资久置导致老化变质。

2）保证经营原则

饭店仓库的种类不同，各个仓库的物资发放时间和特点是不一样的。为了保证经营部门的业务需要，各个仓库要根据本仓库物资供应的特点做好物资发放工作，坚持仓库为经营部门服务，满足经营部门的需要。比如，餐饮仓库在保证一日三餐供应的需要外，还要满足临时的物资需要。洗衣房的棉织品仓库在早上7：30就要开门。此外，仓储还必须服从业务运营的需要。

3）补料审批制度

饭店的前台接待部门常常会因为经营业务的变化而临时出现对某类物资的特急需求，在这种情况下，由于形势紧迫，往往不能够按照常规填制正规的领料单据，并逐项办理领料审批手续。这时需要特事特办，以保障前台业务顺利进行为重。但即使是特急领料，也必须有交接双方的签字和在场的部门管理人员批准的领料单据，并且规定补办手续的时限。另一种情况是部门工作人员凭手续齐全的领料单到仓库领料时，仓库经审核准予发放，但发放时却发现存货不足，只能发放其中一部分物料。这时，需填制反映实际领料情况的发货单，当仓库进货后，通知部门补领。补领时虽不用再次履行请领手续，但必须补办上次请领已全部落实的手续。以上这些解决问题的方法都必须制度化，才能防止差错和作弊行为的发生。这就是补料制度。

4）退库核错制度

有时，由于计划变更或其他原因，物资使用部门会发生物资剩余，这时，应将这些剩料退回仓库，并办理退料登记手续。餐饮原料往往采用这种退库方法。

5）以旧换新制度

为防止物资使用过程中未用完就急于领新物资的浪费行为，在物资发放管理中，应对一些用量较大或价值较高的多次耗用物资采用以旧换新的领用制度。如客房棉织品应报废后再发新品，并统一处理报废物资。同时，许多物资的盛装器皿都具有回收价值，饭店物资管理部门应通过制定以旧换新制度全面回收和处理，以减少浪费。

10.6.5 物资的统配制度

我们以上讨论的主要是一个饭店的物资管理体系。对连锁饭店或者饭店集团来说，较多采用的是物资统配制度。物资统配制度是指由饭店集团或者连锁饭店总部对饭店系统所用的物资进行集中决策，确定物资的品种、数量、品质标准、采购渠道、采购方式等，由集团进行统一采购、统一配送。这种物资统配制度在饭店集团被越来越普遍地采用。集团统配物资的好处在于：

1）配置标准化

统一饭店集团所有物资的质量标准和规格，实现物资配置标准化。

2）减少采购成本

物资实行统一采购后，采购量越大，物资的价格就越优惠，从而减少采购成本。

3）减少人力成本

物资统配能够减少各饭店的采购人员，从而减少整个集团的采购总人数，减少人力成本和相关的采购费用（如差旅费、出差补贴、误餐费等）。

4）减少库存成本

物资统配使各个饭店既减少了仓库面积，又增加了营业面积。实行物资统配，总部需要科学地核定各饭店各种物资的需用量、使用周期。根据核定，定时定量配送物资，减少库存，从而减少资金占用。

物资统配制度可以采取多种形式。比如，对于餐饮原料的统配，有的饭店集团是全部原料都由配送解决；有的饭店集团是基本原料由总部配送，而一些蔬菜、时鲜原料、特色餐饮原料由饭店自行采购。随着物资供应的日益丰富、信息系统的日益发展、运输速度越来越快，物资统配制度将会更为普遍。

教学互动10-1

互动问题：现代电子商务发展得很快，通过电子商务等手段了解物资的市场信息，查找和选择供货商，订购采购物资等，成为使用越来越多而且方便的形式。我们可不可以设想，在不久的将来，饭店的采购部就可以取消，只要有一两个采购员，利用信息渠道，不出饭店就可以采购物资。如果你认为这是可行的，请设计一个电子商务采购流程；如果你认为是不可行的，请说明原因。

要求：同“教学互动1-1”的“要求”。

本章概要

□ 内容提要

饭店物资是指饭店在生产经营活动中所必需的各种劳动工具和原材料及消耗品的总和，它是饭店经营的物质基础。本章围绕饭店物资运行的过程和规律，阐述物资运行过程中的管理。本章从饭店物资的特点出发，阐述了饭店物资管理的基本内容：首先，介绍了饭店物资体系的一般内容；接着进入物资管理的核心区——物资的定额管理，着重讨论了物资的消耗定额和物资的仓储定额。物资的消耗定额是饭店物资管理的重心，要把握这个重心，关键是要掌握物资消耗定额的管理方法，并且有力地实施物资消耗定额。物资仓储定额也是物资管理的一个重要方面，我们讨论了物资仓储定额的几个标准和方法。饭店物资管理的一个重要环节就是物资的采购，可以说，物资管理中难度最大的就是物资采购管理。为此，我们讨论了物资采购的技术、方法、职业道德等内容，物资采购的重点是物资的价格确定、物资的采购方法。物资管理中的末端管理是物资的仓储管理和物资的发放。物资的仓储管理是一项专业性和技术性很强的工作，本章对物资仓储管理的专业性工作和技术性工作都做了阐述。物资发放是一项程序性和原则性很强的工作，重点在于对其程序性和原则性的阐述。

□ 主要概念和观念

▲ 主要概念

饭店物资管理　物资消耗定额　物资仓储定额　询价　常规仓储定额　订货点订货　物资消耗定额标志

▲ 主要观念

物资标准化观念　物资定额动态管理观念　物资采购的择价观念

□ 重点实务

物资采购　物资仓储　物资发放

基本训练

□ 知识训练

▲ 复习题

1）简要说明饭店物资管理的内容。

2）物资标准化主要有哪几个方面？

3）怎样理解物资消耗定额标志？物资消耗定额标志有什么作用？

4）为什么要确定物资的仓储定额？

▲ 讨论题

1）饭店在验收管理中，查验的重点是什么？有人认为是物资的质量，有人认为是物资的价格。请谈谈你的观点。

2）根据你对饭店客房的了解，试对客房物资进行一个大概的分类，并说明每一类物资可以采用哪一种采购方式，每一类物资的仓储定额应该怎样来确定。

3）物资的采购方式主要有哪几种？

□ 能力训练

▲ 理解与评价

1）“一名优秀的饭店职业采购经理人，不仅是饭店行业的专家，也是饭店业最核心和不可或缺的脊梁。饭店职业采购经理人在饭店业中扮演着极为重要的角色，是饭店业发展过程中不可或缺的中坚力量。”你如何理解饭店职业采购经理人在饭店业中的地位和作用？

2）对饭店行业的职业采购经理人而言，并不是所有的供货商都是饭店的资源。你怎样理解这句话？

▲ 案例分析

【训练项目】

案例分析-X。

【相关案例】

饭店棉织品的管理

背景与情境：棉织品是饭店使用较多且较广的一种物资。饭店的棉织品不但消耗量大而且品种比较多。为了有效地管理棉织品，某饭店采用了这样一种管理方式：在饭店的物资计划中，周转的棉织品按客房1床位：3.5套棉织品、1餐桌：8件台布的比例进行配备。除了周转的棉织品外，饭店还将周转量20%的棉织品作为仓储棉织品。决策以后，采供部根据该决策按照采购制度采购了相关棉织品。棉织品到店后直接进入洗衣房的棉织品仓库，由各使用部门根据确定的周转量领取棉织品。这些周转量，也就是每月各部门盘点时应该有的量。这样洗衣房根据使用部门每天送洗的棉织品的量，收了多少送洗的棉织品，就发放等量的干净棉织品，从而形成棉织品的周转量。当使用部门的棉织品出现残损而不能使用时，就由洗衣房回收这些棉织品；同时，由棉织品仓库等量补充新的棉织品。这样就保证了周转棉织品的量是不变的。

问题：

1）这样的棉织品管理方法，你觉得科学吗？请给出你的分析依据。

2）当前，越来越多的消费者都意识到了物品循环使用的重要性，并自觉养成了住店期间少量甚至不更换棉织品的良好习惯。结合消费者行为的这一变化，请问饭店在物资管理上应该有哪些新变化？

【训练要求】

同第1章“基本训练”中本题型的“训练要求”。

▲ 实训操练

【训练项目】

餐饮原料采购计划制订。

【训练要求】

以本章“编制采购计划”的内容为基础，通过网上调研充实关于“采购计划编制”的业务规范知识，进行“餐饮原料采购计划制订”的项目实训。

【训练步骤】

1）以班级小组为单位组建训练团队，每团队确定一人负责。

2）各团队学生针对本地同一家星级饭店，根据本项目实训内容进行角色分工。

3）各团队以本章“编制采购计划”的内容为基础，通过网上调研充实关于“采购计划编制”和“餐饮原料采购”的业务规范知识。

4）应用充实后的“餐饮原料采购计划制订”业务规范知识，进行问卷设计，体验本项目模拟实训的全过程。

5）各团队学生记录本次模拟实训的主要情节，总结实训操练的成功经验、存在的问题及解决办法，在此基础上撰写《“餐饮原料采购计划制订”实训报告》。

6）在班级讨论交流、相互点评与修订各团队的《“餐饮原料采购计划制订”实训报告》。

7）在校园网的本课程平台上展出经过修订并附有教师点评的各团队《“餐饮原料采购计划制订”实训报告》，供学生相互借鉴。

□ 课程思政

【训练项目】

课程思政-X。

【相关案例】

金陵饭店的采购模式

背景与情境：信息化大潮正以无与伦比的力量重新构建各行业内部及相互之间的

架构与联系，酒店行业如此，其他行业亦然。酒店行业信息互通、合作共享、大数据决策机制正在确立，这宣告着一个新的生态环境正在诞生——以不断升级的互联网技术为依托的新的酒店行业采购管理信息化、智能化、共融化的生态圈正在形成。

作为酒店行业先行者的金陵饭店集团，在2006年领行业之先率先打造先进的采购供应体系，并在2014年改版升级，全资打造全新的金陵采购网，建立了免费为旗下成员酒店服务的集中采购交易平台。平台交易额当年即突破千万元，为旗下酒店平均降低了5~10个百分点的采购成本，并实现了交易额逐年稳步递增和采购成本有效持续降低。

在“2018首届中国酒店采购高峰论坛”上，金陵饭店采购中心总经理孙玉女士做了关于“未来酒店采购发展趋势”的主题演讲：

我将从以下四个方面来谈酒店采购未来的趋势和方向：第一是透明和便捷，第二是规范和专业，第三是线上和线下，第四是个性和定制，这是我从酒店采购方的角度，对中国酒店采购未来发展趋势的理解。

第一，透明和便捷

金陵饭店于1983年开业，当时中国还处于市场经济不发达的时期，非常封闭，做采购要想找到一个东西和寻到一个价格非常难。

现在，茅台酒到处都在卖，但是在1983年这是很难想象的，一瓶茅台酒当时非常便宜，但却很难买到。所幸金陵饭店一个负责采购的主管和茅台的总工程师是校友，通过联系后，他跋山涉水到了茅台酒厂批发了20箱茅台酒，在那个时候这是一件非常不得了的事情。从这一点可以看出，那个时候的采购非常封闭。

传统采购渠道由于封闭性比较强，所以采购效率很低。那时采购人员的沟通手段主要是打电话、发传真，不像现在有互联网，扫码、微信采购就可以了。而未来，我们的采购应该是更加透明和便捷的，更适合未来的酒店采购需求。

第二，规范和专业

现在很多行业都在做标准，我们金陵集团也在做整个酒店用品的标准，未来在酒店用品的采购方面将会越来越标准和规范化。过去，酒店采购的特点是批量小、频次多，一个织品可能有上千种规格，五花八门。未来，这些酒店用品的规范化和标准化程度会不断提升，从而实现品种变少、品质变优。

过去，从事酒店采购的人员大都是从酒店其他部门转过来的，不是从事采购的专业人才，专业化程度相对较低。而现在的情况是大批受过高等教育的供应链管理专业和采购管理专业的毕业生在从事酒店采购，从最简单的单人（单部门）酒店采购阶段逐渐向多元化团队作战、部门业务协同的增值响应阶段过渡。而饭店为了推出更有竞争力的产品和服务，必然整合采购团队，引入懂得各方面知识的人才。

第三，线上和线下

智采云是目前中国饭店业采购供应协会搭建的最专业的酒店采购电商平台，由于方便快捷，线上采购已变成了一种趋势。那么，未来我们为什么还要进行线上线下融合呢？

线下是永远不可或缺的，不是说未来采购就全部线上了，很多东西是线上无法替代的，比如说线下新产品的试样，线上就没办法进行。今天有一个供货商送了一块非常好的牛肉来，放在线上没有办法进行评价，必须放在厨房，由厨师长进行烹饪，试吃之后进行信息反馈。因此，新产品的试样这项工作必须线下完成，线上是做不了的。

另外，对供货商的认证，我们会首先进行验厂，确保采购产品的质量标准。尤其是集团采购，我们讲究的是源头（采购），我们一定要到采购的源头去看，包括去工厂考察、巡查，这些在线上都没有办法进行，所以说我们对供货商认证的流程必须要在线下进行。

第四，个性和定制

在满足了规范化、标准化的基础上，追求个性和专属定制已经成为酒店采购的一种趋势。“模糊采购成本”，形成独有产品，和供应方结成战略合作伙伴关系，资源共享，从而增强酒店核心竞争力。

当前，市场需求日趋多元化，这就迫使企业转变产品生产与盈利模式。个性化、定制化消费需求也逐渐形成新的消费趋势，从多变的个性市场延伸到企业内部的产品设计和市场供应，动态性市场倒逼企业柔性供应链的产生，从而使采购产品多元化成为必然趋势。

酒店定制的产品，对消费者来讲，是赋予产品独特的价值和酒店的企业文化，更能满足客人生理尤其是心理上的需求。对酒店来讲就，大家共同研发、定制一些专属于自己酒店的产品，形成酒店产品或服务的差异化，从而显著增强酒店的竞争力。

未来，科技化、智能化、共享化、跨界融合等都将成为新的发展趋势。未来酒店采购到底怎么做，没有一个标准答案。但是我想有两点你抓住了，并把它研究深、研究透，就没有难做的采购。这两点就是采购什么东西和如何进行采购。

资料来源　佚名. 金陵饭店的采购模式［EB/OL］.［2018-06-04］. https://mp.weixin.qq.com/s?src=11&timestamp=16309193.

问题：

1）现代饭店采购有什么新特点？这些特点和社会发展有什么联系？

2）金陵饭店的采购模式能够避免老式采购的哪些弊病？

【训练要求】

同第1章“基本训练”中本题型的“训练要求”。

第11章 饭店设备管理

学习目标

通过本章学习，应该达到以下目标：

职业知识：学习和把握饭店设备管理的相关概念，设备的分类和特点，设备管理的基本理论，饭店资产，设备的分类编号，设备管理的基础资料，设备使用维护管理制度，设备的维护保养，设备的修理类别，设备的维修形式，饭店能源使用概况，能源管理的内容与方法，节能措施等理论与实务知识；能用其指导或规范本章认知活动和技能活动，正确解答"基本训练"中"知识训练"各题型的相关问题。

职业能力：点评"万能工制度"，训练专业理解力与评价力；运用本章专业知识研究相关案例，培养在与"饭店设备管理"相关的业务情境中分析问题的能力；通过搜集、整理与综合关于"饭店设备的使用和创建绿色饭店"的前沿知识，撰写、讨论与交流《"饭店设备的使用和创建绿色饭店"最新文献综述》，培养"饭店设备管理"中"自主学习"的通用能力。

课程思政：结合本章教学内容，依照相关规范或要求，对"课程思政11-1"和章后"客房'问题'很多"等案例中的企业或其从业人员的行为进行思政研判，强化与案例议题相关的行业规范思考和政治素质，促进"立德树人"根本任务的落实。

引例：怎样管理饭店设备

学习微平台

延伸阅读11-1

背景与情境：几乎所有的饭店管理者都深切地体会到现代化的设备在饭店经营中的重要作用，但对管理好饭店设备——既要使设备正常运行，又要使设备的运行费用最经济，往往感到力不从心。下面我们来看几个在饭店中经常遇到的有关设备方面的实例。

例一：客房电视机为什么打不开？

某日上午，客房服务员小王接到客房中心指令：某房间客人反映电视机开不了，要小王去看一下。小王进入该房间后，首先查看了电视机的电源插头是否插在电源插座上，接着查看床头柜的电视机控制开关是否呈开启状态，但小王随后打开床头灯开关，发现灯不亮，整个房间电源未开。小王走到房间门口查看取电器，果然客人未将房卡插到位，当小王请客人将房卡插到位后，房间内的灯亮了，但是电视机仍然打不开。小王再打开衣柜，查看房间电源，发现总闸是合上的。小王只能向客房中心保修。这个问题出在哪里呢？

例二：Wi-fi怎么连不上？

晚上8点，某房间的宾客打电话给客房中心说，房间里的Wi-fi连不上。客房中心指令当班服务员去解决该问题。服务员来到该房间后，重新输入密码，显示连不上。服务员建议宾客重新开机后再试一次，还是连不上。于是服务员联系客房中心，要求值班的弱电主管来解决该问题。这个问题可能出在哪里呢？

例三：如何使用厨房冷藏柜？

为了保证食品质量，厨房是少不了冷藏柜的。新鲜的食品原材料、半成品以及暂时用不完的成品都需要冷藏柜冷藏，冷藏柜是厨房相当重要的设备。但是很多饭店厨房的冷藏柜都有大大小小的故障：柜门把手损坏，密封条脱落，门铰链松脱，蒸发管上结霜很厚……这些问题都是因使用不当而引起的：①开关门方法不当，有的厨师拿着菜刀去取物，顺便用菜刀去撬下层的冰箱门，损坏密封条，关门时往往用脚踢；②开门取物过于频繁，没有计划性；③开门时间过长——由于食品塞得太满，寻找费时，或取了食品不及时关门；④因开门时间过长，冷藏柜内进入热空气较多，造成蒸发管上结霜过厚。

由于对冷藏柜的使用不当，其冷藏温度达不到预定温度，造成长时间制冷，既浪费能源，又会提高设备故障率，降低设备的使用寿命。

例四：如何提高客房设备故障的维修效率？

工程部维修值班室每天都会接到几十张客房部报来的维修单，其报修的内容十分琐碎：电灯不亮，灯罩松脱；墙纸裂开，墙面破损；龙头拧不紧，抽水马桶漏水；椅子摇晃，窗帘拉不上等等。有时甚至一个房间会有电工、管道工、木工同时进房维修，而每一个工种的维修任务都很简单。能不能采取一种措施来提高客房设备故障维修的效率呢？

例五：饭店各部门的设备怎么管理？

工程部规定维修班每周要召开一次例会，由领班对上一周的工作情况进行总结，布置下一周的工作任务，同时讨论最近工作中发现的问题。每次例会上，大家都会抱怨由于各部门对设备的使用、维护不当而引起设备故障，人为地增加了维修工作量。

例如，客房服务员推行布草车时不当心，工作车擦伤墙纸、碰坏墙角；服务员擦拭床头灯时，过重地摇动灯杆，使紧固的螺丝松动；吸尘时拉着吸尘软管移动吸尘器，使软管破裂；在拔取电器插头时，不是捏着插头拔，而是连着电线用力拉，轻者拉松插头上的接线，严重时将插头损坏；多功能搅拌器不关机换挡，打碎齿轮等等。

怎样才能使各部门员工正确使用和维护设备设施呢？

现代饭店的设备采用最新的科技成果，特别是一些重要设备，如电梯、锅炉、制冷机等，都是综合了多种学科的高、精、尖产品；饭店的通信系统、视听系统、计算机系统则更是采用最先进技术的电子产品。以上设备及设备系统都具有自动化、电子化、系统化的特征，对许多饭店管理者来说，其结构和原理显得十分深奥。饭店设备虽然种类繁多、功能各异、分布广泛、管线复杂，但是它们有自己的特点和运行规律。我们只要了解了这些特点和运行规律，运用设备管理的基本理论和管理方法，就能有效地管理好饭店设备。

设备是饭店经营的依托和载体，是饭店服务的重要组成部分，是市场营销中维持品牌等级的后盾，也是饭店保证服务质量、降低成本费用的重要环节。

问题：

（1）客房应该怎样检查和处理设备故障？

（2）怎样才能使员工完全了解并能够教会宾客使用现代化设备？

（3）怎么理解饭店设备管理的重要性？

11.1 饭店设备和设备管理

饭店的设备种类繁多，既有一线服务部门中宾客使用的设备、员工使用的工作设备；也有后台的供应设备，生产、服务设备。饭店的设备管理首先要对饭店的设备有一个认识，在这个基础上，才能对设备进行管理。我们根据我国当前饭店设备的一般情况来阐述饭店设备和设备管理。

11.1.1 饭店设备概述

1）饭店设备的含义

饭店设备的含义包括以下三层意思：

（1）设备是饭店各部门所使用的机器、机具、仪器仪表、家具用具、系统及系统终端设备及其他一些列入设备范围的物质技术装备的总称。

（2）设备具有长期、多次使用的特性，不是一次性消耗品。对于不同设备，作为非经营固定资产的，使用年限必须在2年以上；经营用固定资产使用年限必须在1年以上；或者有其他规定的使用年限。

（3）设备在会计科目中被列为固定资产，固定资产的价值有一定的规定。

2）饭店设备的分类

对饭店的设备可以从不同的角度进行分类。为了便于管理，饭店一般将设备按照结构功能和特点进行分类。

（1）动力设备系统

饭店运行离不开电能、热能和水的供应，提供能源和水的设备系统被称为动力设备系统（又称强电系统）。

①供配电系统，包括高压配电柜、变压器、低压配电柜、发电机组、电缆、电线传输设备和用电设备。

②给水系统，包括蓄水池、水泵、储水箱、给水管道和用水设备设施。

③供热系统，包括锅炉、锅炉附属设备、蒸汽管道、热交换器、热水管道和用气、用热水设备设施。

④空调系统，包括冷水机组、热泵机组、冷却系统设备、冷冻水泵、冷冻水管道系统和风机盘管。

⑤空调通风系统，包括空气集中处理机组、风道和出风口。

⑥运送系统，包括电梯、自动扶梯和自动人行道三类。饭店普遍使用的是电梯，部分饭店使用自动扶梯，也有极少数饭店根据需要在某些区域安装自动人行道。

（2）弱电智能化设备系统

①通信系统，包括程控电话系统、无线电对讲机系统和无线传呼系统。

②电视系统，包括接收电视节目的共用天线系统、有线电视系统和闭路电视系统，执行保卫安全任务的电视监视系统。

③音响系统，包括扩声音响系统（背景音乐、客房音响、广播和紧急广播系统）、舞台音响系统（歌舞厅音响系统、卡拉OK音响系统和会议扩音系统）。

④计算机系统，包括计算机信息管理系统和计算机应用系统。

⑤火灾报警系统，由火灾探测器、火灾报警控制器及广播系统构成。

⑥楼宇智能系统，由计算机、检测元件、控制元件和辅助管理设备组成。

教学互动11-1

互动问题：高星级饭店越来越多地采用智能化客房控制系统，这个系统包括智能化门锁、身份识别、灯光模式、四合一显示牌、客房温控、离店通知、电视控制、VOD信息、多媒体、保险箱控制等；还有一些饭店正在使用客房音控系统。你觉得高星级饭店是否都需要配备这些智能化设备？

要求：同“教学互动1-1”的“要求”。

（3）生产服务系列设备

为了便于管理，饭店所有的生产服务设备均可以按照生产服务的功能及作用分为以下类别：

①厨房系列设备，包括烹调加热设备（电热炉具、煤气灶具、蒸汽炊具）、冷藏冷冻设备（冷藏柜、电冰箱、冷藏陈列柜等）、食品加工设备（切割类设备、搅拌类设备、面食加工设备等）、洗涤设备等。

②洗衣系列设备，包括水洗机、烘干机、干洗机、大烫机、熨烫设备和辅助设备等。

③清洁系列设备，包括清洁地毯设备、洗地设备等。

④客房系列设备，包括电视机、通信设备、卫生洁具、家具等。

⑤娱乐系列设备，包括多功能健身器、跑步机、登山机和桌球台、高尔夫球练习

室、电子游戏机等。

⑥维修系列设备，包括五金机械、电焊机、氧气切割机、空气压缩机等。

⑦办公系列设备，包括打印机、传真机、照相机、投影仪、摄像机等。

以上所述的动力系统和信息系统的设备按功能不同可分为三部分：第一部分是动力（主机）设备，如动力系统中的变压器、发电机、水泵、锅炉、冷水机组，信息系统中的程控交换机等。动力设备是各系统的“心脏”，非常重要。第二部分是传输设备，如电缆、电线、水管、蒸汽管道等，是各系统将产生的能量（电能、热能、水）传输出去的设备设施。动力设备和传输设备一般由工程部或专业技术人员管理。第三部分是工作设备，其实生产服务系列设备就是各动力、信息系统的工作设备，也就是各系统的末端设备，工作设备由饭店各部门员工（或客人）使用，由部门进行管理（见表11-1）。

表11-1 饭店设备分类一览表

大类	设备系统	动力/主机设备	传输设备	工作设备	设备系列
机电设备	供电系统	变压器、发电机	电缆、电线	用电设备	为方便设备的管理，将工作设备按功能及作用的不同分为以下设备系列：厨房设备 洗衣设备 清洁设备 客房设备 娱乐设备 维修设备 办公设备
	给水系统	水泵	水管	用水设备	
	供热系统	锅炉	蒸汽管	用气设备	
	制冷系统	冷水机组	水管	风机	
	通风系统	空气集中处理机	风道	出风口	
	运送系统	曳引机	钢丝绳	轿厢	
电子设备	通信系统	程控交换机	电话线	话机	
	电视系统	接收天线	馈线	电视机	
	音响系统	音响设备	馈线	音箱	
	计算机系统	主机/服务器	馈线	终端设备	
	消防报警系统	报警控制器	电线	感应器	
	楼宇智能系统	电脑主机	电线	传感器	
管理和使用		工程部或专业技术人员管理		各部门管理，员工或客人使用	

3）饭店设备的特点

由上文可见，饭店设备有以下特点：

（1）种类繁多，分布广泛

一家饭店的设备多达几百个种类，有数千台，且各设备系统如同人体血管、神经一样遍布饭店各部门。

（2）设备先进，管线隐蔽

饭店的动力设备和信息系统的主机大多采用最先进的技术，各设备系统的管道、线路都隐蔽安装在管笼内或天花板上。

(3) 投资额大，维护费高

由于饭店设备量大且技术含量高，因此设备的投资通常要占饭店固定资产的35%～55%，且设备的维护、保养费用也比较高。

(4) 构成产品，更新期短

饭店设备的一个重要特点是设备本身就是饭店产品（服务项目）的构成部分，因此设备的安全性、可靠性要求高，并且要能满足客人求新求异的心理需求，需要经常更新。

因此，饭店的设备是饭店服务质量的重要组成部分，同时又是满足客人需求的基本条件。

11.1.2　设备管理的基本理论

设备必须在规定的环境条件下运行，才能发挥一定的功能，否则设备将会发生故障。所以，创造符合要求的环境条件，确保设备正常运行是设备管理的主要任务。设备的运行都有一定的规律，因此，对设备的管理也有一定的规范和要求。设备综合管理理论和设备磨损理论就是揭示设备运行规律和设备管理的基本理论。

1）设备的综合管理理论

(1) 现代设备带来的新问题

传统的设备管理是以维修为中心的管理方式。但近50年来，科学技术的飞速发展，特别是在原子能、电子计算机和空间技术的推动下，设备的现代化水平得以迅速提高，并不断地向自动化、连续化、电子化方向发展。一方面，使用效率不断地提高，为人类创造的财富越来越多；另一方面，这也给人们带来了新的问题：

①设备的投资增加。饭店单项设备的价格可能会随着生产力的发展而降低，但是饭店先进设备总量的增加，使饭店设备的投资在总量上不断增加。

②设备的能耗费用提高。能源价格的上涨和耗能设备的增加，都会使能耗费用提高。

③设备的维修技术要求高、维修费用大。

④饭店对设备的依赖性增强。

⑤设备的质量、维修频率、正确使用与维护对饭店经营效益的影响较大。

现代饭店大量使用高新技术设备，使得传统的设备管理方法逐渐显现出它的局限性，无法解决现代设备管理在技术方面和经济方面面临的新问题。在这种情况下，业界提出了设备的综合管理理论。

(2) 对设备的一生进行管理

传统的以维修为中心的管理方法已不适应现代饭店的设备管理，必须对设备的一生进行管理，也就是要对设备从决策、采购、运输、验收、安装、调试、移交、使用、维护、检修、改造直到报废为止的全过程进行系统的、有效的管理。

(3) 强调设备管理的经济性

设备一生的每一个过程都伴随着资金的运动：购买设备时要支付购置费，将设备运到饭店要付运输费，安装调试也要付安装调试费，这些费用构成了设备的设置费。在设备正式运行之后，饭店要支付人员工资及福利费、管理费用、能源费用、保养维修费用。发生故障时，产生设备损失和停产损失费，设备还有改造费、保险费等，所有在设备使用以后发生的费用都称为设备的维持费。设备在整个生命周期中发生的所有费用，即设置费加上维持费称为设备生命周期费（如图11-1所示）。所以，对设备进行投资决策时，必须对设备生命周期费进行综合分析，不能仅以购置费的高低作为决策依据。

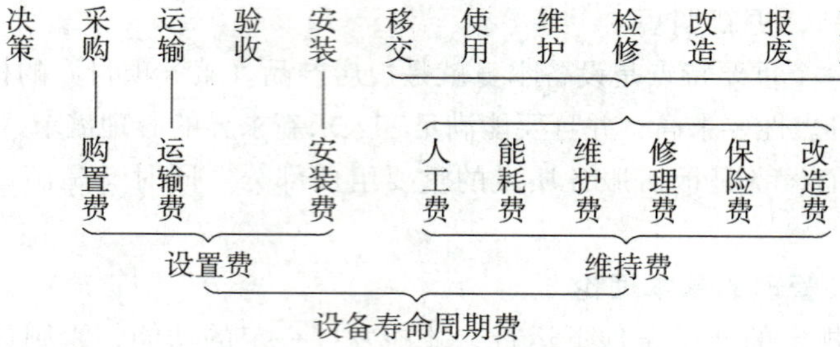

图11-1　设备生命周期费

（4）设备综合管理的要求

设备综合管理就是以饭店经营目标为依据，运用各种技术、经济和组织措施，对设备从决策、安装、使用、改造直到报废为止进行全过程的综合管理，以达到设备生命周期费用最经济的管理目标。

业务链接11-1

设备管理理论发展的三个阶段

1）经验管理阶段

19世纪后半期，以电力的发明和应用为重要标志的第二次技术革命后，由于内燃机、电动机的广泛使用，生产设备的类型逐渐增多，结构日趋复杂，很多操作工无法胜任设备的维修工作，维修工作逐渐从产品生产中分离出来，形成了专门的设备维修工种。当时，对设备维修实行“不坏不修，坏了再修”的事后维修方式，管理方法简单，专业维修人员一切凭经验出发，所以称为经验管理阶段。

2）科学管理阶段

20世纪初，企业的生产规模不断扩大，使工场手工业生产完全过渡到机器大工业生产，出现了许多可以产生巨大动力、结构十分复杂的机器。为了提高劳动生产率，就必须确保设备的正常运行。在美国工程师泰罗（1856—1915）提出科学管理的理论后，人们开始重视设备管理工作在生产中的作用。通过长期的经验积累，为防止设备在持续使用中因严重磨损而发生故障，设备的维修管理逐渐由事后维修发展到预防性维修，使得设备在发生故障前隐患就被排除，有效地延长了设备的使用寿命。根据磨损理论，有计划地进行预防性维修有效地防止了设备因剧烈磨损而损坏，大大降低了设备的故障率。这一阶段被称为设备的科学管理阶段。

3）现代管理阶段

近50年来，科学技术的迅速发展，使设备的现代化水平极大地提高，在使生产率不断提高、劳动强度降低、为人类创造越来越多的物质财富的同时，也给人们带来了新的问题，使得传统的设备管理越来越显现出它的局限性，无法解决现代设备管理工作在技术和经济方面提出的新问题。现代管理科学的发展为解决这一问题创造了条件：第一，必须对设备从设计制造阶段开始一直到报废为止的全过程进行管理；第二，不能只注意维修，更要注意对设备经济方面的管理；第三，必须把与设备有关的全体人员的积极性都调动起来，参与设备管理。这样用组织的手段，将技术和经济两方面结合起来，对设备全过程进行管理，就形成了现代管理阶段——设备的综合管理。

2）设备的磨损理论

饭店的设备在使用过程中，总会受到各种外力和环境的影响而发生磨损，如何才能减少设备的磨损，更有效地对设备磨损进行补偿？这就需要了解设备的磨损规律。设备的磨损分为两种形式：有形磨损和无形磨损。

（1）有形磨损

所谓有形磨损，又称物质磨损，一般是看得到或者感觉得到的实体磨损。有形磨损又可以分为机械磨损和自然磨损两类。

设备有形磨损的磨损程度可以用以下公式来计算：

$$\alpha_1=\frac{F}{K_1} \tag{11-1}$$

式中：α_1——设备有形磨损的程度；F——修复全部磨损零件的费用；K_1——在确定设备磨损程度时该设备再生产的价值。

（2）无形磨损

无形磨损是设备在非使用和非自然力作用下所引起的价值上的损失，又称为精神磨损。无形磨损分为经济性磨损和技术性磨损两类。

衡量无形磨损常采用价值指标。在技术进步的情况下，通常利用设备价值降低系数来表示无形磨损程度。其计算公式是：

$$\alpha_2=\frac{K_0-K_1}{K_0}=1-\frac{K_1}{K_0} \tag{11-2}$$

式中：α_2——设备无形磨损的程度；K_0——设备的原值；K_1——在确定设备磨损程度时该种设备再生产的价值。

（3）综合磨损

实际上，设备自被购入饭店时起，有形磨损和无形磨损就同时发生。我们把同时作用于一台设备的各种磨损的总和称为综合磨损。因此，综合磨损的程度，要用设备两种磨损的综合指标来计算。设备综合磨损程度的公式为：

$$\alpha=1-(1-\alpha_1)(1-\alpha_2) \tag{11-3}$$

设备的综合磨损程度用来衡量设备总的磨损状况，以判断设备的维修性。一般情况下，当 $\alpha<0.6$ 时，维修是合算的；当 $\alpha>0.6$ 时，就要考虑维修的经济性。

同步案例 11-1

维修还是更新

背景与情境：一台厨房使用的工作台冰箱，单价 3 700 元，折旧年限 10 年，使用 5 年后发现制冷效果不好，经检查发现制冷压缩机故障，排管泄漏，需要维修。请特约维修单位维修要付费 650 元（设备的残值率为 3%）。

问题：请确定是修理还是更新。

分析提示：每年的折旧费用 $=\frac{\text{单价}\times(1-\text{残值率})}{\text{折旧年限}}=\frac{3\,700\times(1-3\%)}{10}=358.9$（元/年）

$K_1=3\,700-358.9\times5=1\,905.5$（元）

$\alpha_1=\frac{F}{K_1}=\frac{650}{1905.5}=0.34$

$\alpha_2=\frac{K_0-K_1}{K_0}=\frac{3\,700-1905.5}{3\,700}=0.49$

$\alpha=1-(1-\alpha_1)(1-\alpha_2)=1-(1-0.34)\times(1-0.49)=0.66>0.6$

因为$\alpha>0.6$，因此维修不经济，建议更新。

（4）设备磨损的补偿

有形磨损严重的设备，事故率提高；任何受到无形磨损的设备，虽然可以继续运行，但会降低运行效率。设备的两种磨损都会导致原始价值的降低，影响饭店的经营效益，降低对客服务的质量，因此必须对设备的磨损进行补偿。

根据设备磨损的形式和磨损的程度不同，对设备磨损的补偿方法也不同：

①局部补偿。当设备发生有形磨损时，其局部补偿的方法是维修，即修复或更换磨损的零部件；对无形磨损的设备所采用的局部补偿方法则是对其进行技术改造。

②完全补偿。当对受到磨损的设备采用局部补偿方法在经济上不合算或技术上不可行时，就要进行完全补偿——更新。

3）饭店设备的寿命

饭店由于自己不制造设备，所以，饭店设备的一生是指从设备的决策采购开始到报废为止的全部时间，也就是设备的寿命。根据管理的需要，可以对设备的寿命从不同的角度进行分析，主要有以下四种：

（1）物质寿命

设备的物质寿命又称自然寿命或物理寿命，是指设备从全新状态使用开始，由于物质磨损而逐渐丧失工作性能，直到不能使用而报废为止的全部时间。设备的磨损可以通过维修、更新得到补偿，从而延长设备的物质寿命。一般情况下，随着设备的使用，维修费用的增加，设备的技术状况不断劣化，过分延长设备的物质寿命在经济上、技术上有时是不合理的。

（2）经济寿命

设备的经济寿命又称价值寿命，是指设备从运行开始到由于磨损而需要维修在经济上已不合算为止的时间，即设备的最佳使用年限。对饭店来讲，经济寿命的长短直接关系到经营成本。一般情况下，设备的经济寿命越长，经营成本会越低。

（3）技术寿命

设备的技术寿命是指设备从研制成功到因技术落后被淘汰为止的全部时间。科学技术的迅猛发展，特别是微电子技术和计算机技术的发展，促进了机电产品的更新换代，使设备的技术寿命逐渐缩短。

（4）折旧寿命

设备的折旧寿命是指设备根据规定的折旧率和折旧方法进行折旧，直到设备的净值为零的全部时间。它不同于设备的物质寿命，设备在企业固定资产账面上的净值可能已经为零，但其物质寿命还存在；也可能规定的折旧寿命未到，而设备的物质寿命已经结束。

当前，国家规定了各类设备的折旧年限范围，饭店必须从自己的实际情况出发，为各类设备确定一个合理的折旧寿命。

11.2 饭店设备资产管理

饭店的设备都是饭店的资产。所谓资产，就是饭店拥有或者控制的，能以货币计量的经济资源，它是饭店的财产。资产是饭店经营的基础，也是饭店经济实力的基本反映。饭店经营的目的是使反映资产货币价值的资本能够保值和增值。饭店设备的资产管理是饭店资产管理的一个重要方面。

11.2.1 饭店资产

饭店的资产分为固定资产和流动资产两大类。

1）固定资产

固定资产是指同时具备以下特征的有形资产：

（1）为生产商品、提供劳务、出租或经营管理而持有的；

（2）使用寿命超过一个会计年度。

可见，固定资产是指使用年限超过1年的房屋、建筑物、机器、运输设备和其他与生产有关的设备、设施。饭店可以根据自身的实际情况，明确一定价值以上的与生产有关的设备、设施、器具、工具和不属于生产经营设备的物资，并且使用年限超过2年的，也应当作为固定资产。饭店固定资产按其外表形式及自然属性可分为七大类：①房屋及建筑物；②机器设备；③交通运输工具；④家具设施；⑤电影电视设备；⑥文体娱乐设备；⑦其他设备。

2）流动资产

与固定资产相对应的就是流动资产，也可以认为一切属于非固定资产的物资都可以称为流动资产。它是饭店在生产经营活动中所必需的各种生产消耗品的总和。从管理角度可将饭店流动资产分为：①低值易耗品；②物料用品；③原材料；④燃料及能源。

与设备管理有关的流动资产有：不属于固定资产的设备、工具，建筑原材料，设备维修材料，燃料及能源。

11.2.2 设备的分类编号

饭店使用的设备种类多、分布广，为了便于管理，应对所有设备进行分类编号。编号的目的有三个：第一，可以直接从编号中了解设备的属性；第二，便于对设备进行分类统计；第三，便于使用计算机进行信息管理。所以，设备的分类编号是饭店设备资产管理中一项重要的基础工作。

1）设备的分类

设备分类编号的方法很多，现介绍一种比较适合饭店设备管理的分类编号方法：根据设备的性能、用途，将饭店所有的设备分为10大类，每一大类又分为10个分类，每个分类再分为若干组。每大类、分类、组分别用0～9的数字表示，并依次排列；每一大类都可由分类和组别组成大类目录表，而所有大类的目录就构成了“饭店设备分类编号目录”（见表11-2）。这样，对任何一个设备编号（用三位数字表示）后，都可以在“饭店设备分类编号目录”中找到设备名称。例如，卧式风机盘管的设备编号为154。

表 11-2　　　　　　　　**饭店设备分类编号目录**

大类	组别分类		1	2	3	4	5	6	7	8	9	0
0 供配电及控制设备	0	发电机及变压器	交流发电机组	直流发电机组	干式变压器	有载调压干式变压器	油浸式变压器	有载调压油浸式变压器				
	1	高压配电设备	进线柜	计量柜	联络柜	出线柜						
	2	高配控制设备	操作屏	控制屏	信号屏	直流屏	蓄电池柜					
	3	低压配电设备	进线柜		联络柜	出线柜	发电柜	电容柜				
	4	配电控制设备	动力控制柜	动力配电柜	计量配电箱	照明配电箱	音响配电箱	组合插座箱				
	5	电源及整流设备	后备电源	不间断电源	交流稳压电源	直流稳压电源	硅整流器	蓄电池				
	6	组合照明设备	大型吊灯	中型吊灯	舞台追光灯	舞厅灯	电脑灯					
	7	舞台照明设备										
	8	电脑灯										
1 水暖空调设备	0	锅炉	燃气锅炉	燃油锅炉	燃煤锅炉	油热水锅炉	电热水锅炉	蒸汽发生器				
	1	锅炉附属设备	离子交换器	软水水箱	除氧器		分汽缸	分水器				
	2	热交换设备	高效立式热交换器	高效卧式热交换器		容积式热交换器		板式热交换器		冷却水塔		
	3	中央空调电动式冷水机组	活塞式冷水机组	离心式冷水机组	螺杆式冷水机组	模块式冷水机组						
	4	中央空调热力式冷水机组	蒸汽吸收式冷水机组	热水吸收式冷水机组	直燃式冷水机组							
	5	热泵	空气源热泵	水源热泵	地源热泵							
	6	空气处理设备	变风量空气处理机	定风量空气处理机		立式风机盘管	卧式风机盘管	全热交换器				
	7	小型空调设备			柜式空调器	窗式空调器	壁挂式空调器					
	8	空气净化设备	离子发生器	除湿器	空气净化器							
	9	—										

续表

大类	组别分类		1	2	3	4	5	6	7	8	9	0
2机械动力设备	1	泵	单级离心泵	多级离心泵	管道泵	潜水泵	恒压泵			油泵		
	2	通风设备	轴流风机	离心风机	换气扇			脱排油烟机	防爆风机	风幕机		
	3	变速传动设备	炉排变速箱	出渣机	曳引机			变速箱总成				
	4	垂直运送设备	观光电梯	客梯	工作梯	货梯	食梯	自动人行道	自动扶梯			
	5	交通运输设备	大中型客车	面包车	小轿车	货车	行李车	冷藏车	油罐车			
	6	工程维修设备	车床	钻床	套丝机	弯管机	压力机	高空作业台	砂轮机	电焊机	烘箱	
	7	木工机械设备	木工车床	木工锯床	刨床							
	8	电动工具	电锤	电锯	电刨	电钻	铆钉枪		真空泵	空压机		
	9	工作车	高空工作车	布草车	万能工具车							
	0	—										
3通信、信息设备	1	程控电话设备	数字交换机	模拟交换机	话务台	维修终端		多功能话机	普通话机	电传机	传真机	
	2	无线通信设备	传呼台	无线发射机		无线电台	对讲机		手提电话		车载电话	
	3	电脑管理设备	小型机	终端	PC机		收银机	账单打印机	笔记本电脑	POS机	扫描仪	
	4	楼宇管理设备	网络控制器	网络终端	传感器		温控仪	手提检测器				
	5	磁卡门锁设备	制卡机	电子门锁								
	6	电视监视设备	彩色摄像头	黑白摄像头	画面分割器	延时录像机						
	7	消防报警设备	回路盘	报警控制器	联动控制屏	水流指示器		煤气报警器	广播控制台			
	8	保安服务设备	红外线报警器	微型终端供应器	红外线报警控制器	红外线报警操作台			报警式保险箱	普通保险箱		
	9	电气测量仪器	场强仪	示波器	频率计		万用表	兆欧表	钳形电流表			
	0	—										

续表

大类	组别分类		1	2	3	4	5	6	7	8	9	0
4音频、视频设备	1	节目源设备	FM/AM调谐器		激光唱机	录音卡座	传声器	影碟机	放像机	VCD		
	2	放大控制设备	功率放大器	节目分配器	调音台	倒备切换器	监听器	信号分频处理机	音箱	喇叭		
	3	音频处理设备	频率均衡器	压缩限制器	延时器	混响器	激励器	点歌器				
	4	同声传译设备	中央控制器	红外线发射器	主席机	代表机	传译器	红外线接收器	耳机			
	5	CATV设备	卫星接收天线	电视接收天线	卫星接收机	高频头	频道转换器	混合器	放大器	制式转换器	发射机	
	6	CCTV设备	摄像头	万向云台	摄像控制器	多路切换器	画面分割器	字符发生器	时间/日期发生器	长延时摄像机	指令切换机	操作盘
	7	节目制作设备	摄像机	录像机	特技机	编辑机	电影电视转换机	电脑成像机				
	8	—										
	9	—										
5厨房设备	1	主食加工设备	和面机	压面机	切面机	面团分割机	淘米机	包饺子机	磨豆浆机			
	2	肉食加工设备	绞肉机	切肉片机	切割机		搅拌机	锯骨机	粉碎机			
	3	蔬菜加工设备	洗菜机	切菜机	切片机	球根剥皮机	切丁机	碎菜机	打蛋机	榨汁机		
	4	饮料加工设备	雪粒机	制冰机	冰淇淋机	果汁冷饮机	咖啡机	饮料制兑机	热酒机	酒吧组合机	奶昔机	
	5	电热炉具	电灶	电炸炉	电烤箱	电热锅	保温箱	微波炉	电热开水炉	电磁灶	爆玉米机	
	6	燃气炉具	炒炉	油炸炉	烤炉	汤炉	蒸炉	快餐灶	燃气开水炉	乳仔炉		
	7	蒸汽炊具	蒸柜	蒸饭车	蒸汽套锅	蒸汽稀饭锅			蒸汽开水炉	醒发箱		
	8	冷藏冷冻设备	冷藏库	活动冷库	立式冰柜	台式冰柜	冰箱	立式陈列柜	卧式陈列柜		冰淇淋柜	
	9	食品运送车	煎炸车	早茶粥车	保温餐车	汤粉车	熟食车	点心车		酒水车		
	0	啤酒加工设备	糖化罐	过滤槽	发酵罐	过滤机	贮酒罐	磨麦机				

续表

大类	组别分类		1	2	3	4	5	6	7	8	9	0
6 洗衣、清洁、消毒设备	1	洗衣设备	干洗机	全自动洗衣机		普通洗衣机	工业洗衣机	脱水机		干衣机		
	2	熨烫设备	大烫机	人像精整机	万能夹机	工衣夹机	真空烫台		特型夹机		手工熨斗	
	3	洗衣辅助设备	折叠机	打码机	去渍机		缝纫机	拷边机				
	4	吸尘吸水设备	吸尘机	直立式吸尘机	肩背式吸尘机	干湿两用吸尘机	抽洗式地毯清洗机		干泡沙发清洗机			
	5	地面清洁设备	刷地机	多功能洗地机		电子打泡机	清洁打磨机	上油机	扫地机			
	6	其他清洁设备	打松机	地毯风干机	撒粉机	干洗清洁机	高压射水机		擦窗机			
	7	—										
	8	餐具清洁设备	洗碗机		洗杯机	容器清洗机	银器抛光机					
	9	清洁消毒设备		电子消毒柜	蒸汽消毒柜	紫外线消毒柜	紫外线灯		毛巾保温机			
	0	—										
7 健身、娱乐、美容设备	1	健身设备	登山机	组合健身器	跑步机	室内自行车	单项健身器	划船器	滑雪练习器	按摩机	体能测试仪	
	2	保龄球设备	排瓶机	回球机		电脑记分器	犯规警告器					
	3	桑拿浴设备	桑拿炉	按摩浴池	三温池							
	4	电子游戏设备										
	5	休闲设备	台球桌	自动麻将桌		模拟高尔夫球机						
	6	乐器	钢琴	电子琴	手风琴	提琴	电吉他	爵士鼓				
	7	美容美发设备	理发椅	吊臂焗油机	面膜机	拉皮去斑机	洗头椅	大吹风	离子喷雾机	美容椅		
	8	医疗保健设备										
	9	游泳池设备										
	0	—										

续表

大类	组别分类		1	2	3	4	5	6	7	8	9	0
8 其他设备	0	消防设备	高倍泡沫发生器	1301灭火器	1211灭火器		泡沫灭火器	干粉灭火器	CO_2灭火器			
	1	水处理设备	活性炭过滤器	砂过滤器	紫外消毒器		净水器					
	2	环保设备		除尘器	脱排油烟机	消音机	水锤吸收器					
	3	储水储油设备	蓄水池	气压水箱	水箱			储油罐	日用油罐			
	4	高压容器	液化石油气瓶	氧气瓶	乙炔瓶							
	5	办公设备	打印机	复印机	碎纸机		照相机		验钞机	打卡机		
	6	演示设备	电脑投影机	幻灯机	幻灯投影仪							
	7	印刷设备	平板胶印机		凸版印刷机	名片机	烫金机	装订机				
	8	彩扩设备	胶卷冲洗机		彩色扩印机	放大机						
	9	—										
9 家具	0	桌子	经理桌	办公桌	电脑桌	大圆桌	圆桌	方、圆桌	西餐桌	组合桌	客房办公桌	大/小会议桌
	1	椅子	转椅	折椅	安乐椅				躺椅			
	2	沙发	组合沙发	三人沙发	双人沙发	单沙发						
	3	茶几，小桌	小方桌	小圆桌		茶几						
	4	箱，柜，架	壁柜	货柜	陈列柜	文件柜			行李架	衣架	花架	保龄球架
	5	床	双人床		单人床				按摩床	美容床		
	6	不锈钢家具										
	7	地毯										
	8	—										
	9	—										

由于当前科学技术发展得很快，很多饭店都会增设新型设备，可能在“饭店设备分类编号目录”中找不到相应的设备名称，各饭店工程部可以在类似的设备类别表的空格中增加新的设备名称，从而确定其编号。

2）设备的编号

饭店设备的编号可以采用两节数字编号法：第一节为系统类别编号，第二节为顺序号、来源代码和地址编号。编号模式如图11-2所示。

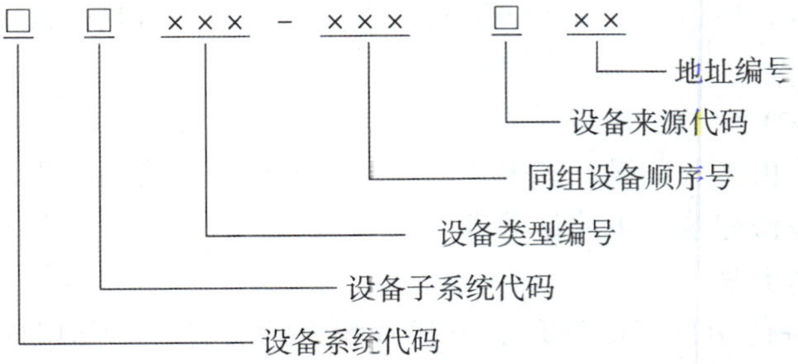

图11-2　饭店设备的编号模式

其中，“设备系统代码”、“设备子系统代码”、“设备来源代码”和“地址编号”由饭店工程部自行编制。如果是小型饭店，这些代码可以有选择地设置，下面两个可以省略：

（1）设备来源代码是指设备的来源处，分进口、合资企业和国产三类。

（2）地址编号是指设备安装（或使用）场所的编号。

11.2.3　设备管理的基础资料

设备管理的基础资料包括设备台账、设备卡片、设备铭牌和设备档案等。饭店工程部、财务部和各设备的使用部门应根据本部门对设备管理的要求，建立和完善必要的设备管理基础资料。饭店一般在电脑中专门设置设备基础资料文档，登记饭店设备的基础资料。

1）设备台账

设备台账是各部门掌握设备概况的最基本的资料，不同部门应根据管理的需要按不同的形式编制设备台账。

（1）固定资产分类台账

它由财务部按固定资产的分类编制，主要反映饭店设备资产的价值情况和资产的变动情况。由于固定资产每年都要计提折旧，所以，固定资产分类台账每年都要进行记录，这对手工操作来说工作量是很大的，但对电脑操作来说却是一件轻而易举的事。

（2）设备系统分类台账

它是将设备按系统进行分类，按一定的先后顺序而编制的台账，反映了饭店各设备系统拥有各种类型设备的情况、设备的分布情况。设备系统分类台账是由工程部编制的，便于工程部对饭店所有设备系统的管理。

（3）设备使用分类台账

它是按各部门拥有的设备，根据不同的用途来编制的台账。设备使用分类台账是由设备的使用部门来编制的，便于使用部门对设备的管理和对设备资产的清点。

2）设备卡片

设备卡片是最简单的设备档案，是设备资产的凭证，是做好设备管理工作的基本资料。

（1）固定资产卡片

固定资产卡片由财务部设立，卡片内容侧重反映设备的价值变动情况，包括设备每年计提的折旧额、净值等。若饭店固定资产采用计算机管理，固定资产卡片可以由计算机生成。

(2) 设备技术卡片

设备技术卡片由工程部设立，卡片的内容主要反映设备的基本技术参数和技术状况的变动，包括检修记录、事故记录等。

(3) 设备使用卡片

为了便于设备使用部门的管理、方便查找有关资料，各部门应设置设备使用卡片。该卡片除应记录设备的基本情况外，还应详细说明设备的操作（使用）规程和维护规程。

3）设备铭牌

为了使设备的账、卡、物一一对应，每台设备都应按其编号制作铭牌，粘贴在设备的明显部位。设备铭牌的内容包括饭店名称、设备编号、设备出厂日期和安装日期。

4）设备档案

设备档案是设备运行过程中和对设备运行全过程进行管理（包括技术管理和经济管理）所产生的所有文字、图纸、图表、照片、录像等资料的集合，它记录了设备一生的运行情况。饭店的主要设备及各系统设备都要建立档案。这些档案是做好设备管理工作的基础和依据。

根据设备档案的产生过程，档案主要有下述五方面的内容：①与设备一起装箱的技术文件；②设备系统工程设计资料及施工图纸；③设备安装及验收过程中产生的技术文件；④设备使用过程中产生的技术文件；⑤设备检修、改造过程中产生的技术文件。

11.3 饭店设备的全员管理

设备的正确使用和维护在很大程度上决定了设备的使用寿命和运行效率。饭店设备的特点之一是种类繁多，分布广泛，要确保饭店设备满足客人的需求，其关键在于每一位员工都正确使用和精心维护相关设备，减少设备的故障和应急维修量；工程部要做好重要设备的计划维修工作，使饭店的设备管理实现规范化、制度化。保证设备正确使用的主要措施是制定并严格执行设备管理制度，强化员工的设备管理意识，对员工进行设备操作和使用方面的培训，加强对设备使用和维护的检查。

11.3.1 设备使用维护管理制度

1）一般设备的管理制度

设备的使用维护规程及有关的规章制度是保证正确使用设备的必要条件。对各部门使用的一般设备而言，设备的使用维护规程和规章制度主要有：

(1) 设备管理的岗位职责

设备管理是饭店管理中的一项重要内容，每一个部门的管理者都负有对本部门设备的管理职责。饭店各部门对设备管理的原则应是“谁使用，谁管理”，且要做到“三好”：管理好设备，使用好设备，维护好设备。不同岗位的管理者对设备管理的职责是不同的，通过对设备管理岗位职责的制定，明确设备管理的内容和要求，以强化部门对设备的管理。

（2）设备管理责任人制度

设备的使用应实行岗位责任制，凡由固定人员操作的设备，操作员工即该设备的责任人；由多人操作或使用的设备，则指定一人为设备的责任人。每一位员工都要做到“四会”：会检查，会使用，会维护，会排除一般故障。设备的责任人必须对设备的完好负责。他们必须掌握设备的正确使用方法和维护方法，能及时发现设备的异常情况，负责设备故障的报修，负责在其他员工使用该设备时对他们进行指导。

（3）设备的操作维护规程

设备的操作维护规程是设备操作人员正确掌握设备的操作技能与维护方法的技术规范。它根据设备的结构特点、运行规律及安全运行的要求，规定设备的操作人员在其全部的操作过程中必须遵守的事项、程序及动作。操作人员认真执行设备的操作维护规程，可以保证设备的正常运行，减少故障，防止重大事故发生。设备操作规程的编制原则主要有：

①设备操作规程要按设备的操作程序分条编排，内容精练，重点突出，易懂易记，全面实用。

②设备操作规程应以设备操作技术要求为基础，结合实际情况，将设备的操作规范、运行特点、注意事项和维护要求分别列出。

③重要设备的操作规程要在设备旁用醒目的标牌说明，并注上重点标记，要求操作者特别注意。

④一些由服务员使用或者操作的一般设备、终端设备，其操作规程可以加入服务规程中；比较复杂的操作规程应单独列出。

2）动力设备运行管理制度

工程部对所管辖的动力设备必须制定详细的运行管理制度并严格执行，以减少故障，防止事故的发生。

（1）设备使用初期的管理

根据设备运行的一般规律，设备使用初期是设备管理的关键时期，因为这是了解设备技术性能、掌握设备运行特征、调整设备误差使其达到设计功能的时期。所以，在设备使用初期要由熟练员工操作，并做好以下工作：①对使用初期设备的运转状况进行观察、记录和分析处理；②认真做好运行中的各项原始记录，包括实际开动时间，使用范围、条件，初期故障及故障记录，零部件损伤和失效记录等；③对典型故障和零部件失效情况进行研究，并提出改善措施和对策，需要生产单位或者保修单位进行零配件调换或者维修的，要及时和有关单位联系解决；④对设备设计、制造或安装上的缺陷提出改进建议，并提出改善性维修措施；⑤对设备初期使用的费用和效果进行记录并进行经济分析，做出评价；⑥对操作人员进行操作、维护、保养方面的技术培训。

（2）机房管理制度

各机房还要制定相应的机房管理制度以加强管理，规范机房值班人员的行为，提高设备的运行效率。机房管理制度主要有：①凭证操作制度；②交接班制度；③巡回检查制度；④清洁卫生制度；⑤安全保卫制度；⑥机房值班制度；⑦操作规程；⑧维护规程；⑨安全技术规程。

3）设备润滑管理制度

设备的润滑是指向设备的传动机构、摩擦表面供给适当的润滑油，以减少零部件相互间的磨损，降低零部件的损坏率，使设备保持良好的技术状态。因此，设备的润滑工作具有重要作用。做好设备的润滑工作首先要做好调查研究和资料收集的基础工作。基础工作的内容包括了解设备的润滑部位和所用的润滑油/脂的名称、牌号，制定换油周期和消耗定量，确定润滑工作责任人，每台重要设备设立润滑卡片，还要制订设备的润滑计划。

11.3.2 设备的维护保养

设备维护保养分两个层次：一是设备的日常维护保养；二是设备的定期维护保养。

1）日常维护保养

设备日常维护保养是设备最基本的维护工作，分为每班保养和周末保养。每班保养要求操作人员在每班工作中必须做到以下几项：

（1）班前对设备的各部分进行检查，并按规定加油润滑。

（2）做好班前检查，确认设备正常后才能使用。

（3）按设备操作维护规程正确使用设备。

（4）下班前认真清洁、擦拭设备。

（5）工程部机房员工还应办好交接班手续。

周末保养要求用1～2小时对设备进行彻底清洁、擦拭和加油，并按照设备日常维护的基本要求进行检查评定及考核。

2）日常维护保养的基本要求

（1）整齐

整齐体现了饭店的管理水平和工作效率。饭店内所有非固定安装的设备和机房里的物品都必须摆放整齐；设备的工具、工件、附件也要放置整齐；设备的零部件及安全防护装置齐全；设备的各种标牌完善、干净；各种线路、管道完整。

（2）清洁

设备的清洁是为设备的正常运行创造一个良好的环境，以减少设备的磨损。因此，必须保持机房内设备周围的场地不起灰、无积油、无积水、无杂物。设备外表清洁，铁无锈斑、漆显光泽；各滑动面无油污；各部位不漏油、不漏水、不漏气、不漏电。

（3）润滑

保持油标醒目；保持油箱、油池和冷却箱清洁，无杂质；油壶、油孔、油杯、油嘴齐全，油路畅通。每台需要润滑的设备都应制定“五定”润滑表，即定点按质、按量、按时由专职员工加油或换油。

（4）安全

遵守设备的操作规程和安全技术规程，防止人身和设备事故；电气线路接地要可靠，绝缘性良好；限位开关、挡块均应灵敏可靠：信号仪表要指示正确，表面要干净、清晰。

(5) 完好

设备完好，能正常发挥功能，是设备正确使用、精心维护的结果，也是设备管理的目标之一。

3) 定期维护保养

设备的定期维护保养是由维修工进行的，是工程部以计划的形式下达的任务。定期维护工作主要针对的是重要的机电设备。定期维护的间隔时间视设备的结构情况和运行情况而定。设备的定期维护保养根据保养工作的深度、广度和工作量可分为一级保养和二级保养。二级保养的工作量比一级保养要大得多，主要由专职维修人员承担，操作人员配合。

定期保养的内容主要有：

(1) 拆卸设备的防护罩、箱盖及部件等，彻底清洗、擦拭设备内外各零部件。

(2) 检查、调整各部件间隙，紧固松动部位，更换个别易损件。

(3) 疏通油路，增添油量，清洗滤油器、油标，更换冷却液，清洗冷却液箱。

(4) 清洁、检查、调整电器线路及装置。

课程思政 11-1

一位住店宾客的感受

背景与情境：我去江西井冈山旅游，入住一家“准五星”的酒店，酒店的设备管理存在非常大的问题。房间内的冰箱、空调全不能用，电工跑来修了半天，直接告诉我：“修不好了，给你调换房间吧。”几个维修工来回串，折腾了一个多小时，我等了一个多小时，还是得换房间，且没有一句抱歉的话。换了一个房间，空调是可以用了，可是噪声很大，让人无法入睡。第二天早上下楼，电梯半天没有上来，好不容易上了电梯，轿厢微微晃动。我哭的劲都没有了。

问题：

(1) 这家饭店的设备设施有什么缺陷？

(2) 饭店的设备维护和保养情况怎么样？为什么会这样？

研判提示：饭店产品不合格，维修不到位，员工素质不高，疑似劣质产品，售后服务又差。

11.4 饭店设备的维修

设备零部件的磨损会导致设备技术状态的劣化，设备技术状态劣化到一定程度，就会出现故障，使设备的功能降低或丧失。故障的频繁发生会影响饭店的服务质量和经营效益，所以在设备管理中，应掌握故障发生的规律，针对不同类型的故障，采取有效措施控制故障的发生。

设备技术状态劣化或发生故障后，为了恢复其功能和精度而进行的更换或修复磨损、失效的零部件，并对整机或局部进行拆装、调整的技术活动称为设备维修。设备维修是使设备在一定时间内保持其规定的功能和精度的重要手段。

业务链接 11-2

设备故障的分类

在设备的实际运行过程中，设备故障的类型是多种多样的，为了便于管理，可对故障进行如图11-3所示的分类。

- 设备的故障
  - 潜在故障
  - 实际故障
    - 功能故障
      - 渐发性故障
      - 突发性故障
    - 参数故障
- 渐发性故障、突发性故障
  - 允许故障
  - 不允许故障

图11-3　设备故障的分类

1）潜在故障和实际故障

所有的设备故障都可以分为以下两大类：

（1）潜在故障

设备因初始参数劣化而产生故障是有一个过程的。在零部件的损伤达到一定程度前，总存在着将要发生的故障，这种故障称为潜在故障。例如，皮带轮上的皮带就存在着潜在故障。虽然初期运行得很正常，并没有异常情况，但使用到一定时间后皮带就会被拉长或断裂。实际上，潜在故障是由零部件之间的磨损而引起的，要控制设备的潜在故障，就应遵循设备的磨损规律，制订维修计划，在零部件达到剧烈磨损之前就修复或更换，使设备排除因剧烈磨损而可能发生的故障。

（2）实际故障

实际故障就是已经发生的故障，它又分为功能故障和参数故障。

①功能故障

当设备的个别零部件损坏或卡滞，设备不能继续完成应有的功能时，称为功能故障。产生功能故障有两种情况：一种是由于设备的零部件随着时间的推移而逐渐产生磨损、老化、腐蚀引起的故障。这种故障的特征是设备使用的时间越长，发生故障的概率越高，所以称为渐发性故障，又称磨损故障。另一种是由于各种不利因素及偶然的外界影响共同作用，且这种作用超出了设备所能承受的限度而引起的故障。这种故障与设备使用的时间长短无关，往往是由于操作失误、保养不当或自然灾害造成的，故称为突发性故障。

②参数故障

有些设备或设备系统虽然在正常运行，但它的主要功能参数有时达不到标准值，这类故障称为参数故障，一般来说，凡是有热交换的系统都可能存在参数故障。例如，锅炉系统热交换器蒸汽管道外表面结有水垢，将大大降低热传导率，使热水加热的效率降低；又如，风机盘管表面积满灰尘，其传热（降温）的效果也会大幅降低。在复杂的设备和系统中，某一部件的参数故障还可能引起功能故障。因此，参数故障是设备管理中要特别引起重视的问题，了解参数故障具有重要的意义。

2）允许故障和不允许故障

设备故障，根据是否为正常情况，可分为允许故障和不允许故障。

（1）允许故障

凡是与零部件磨损或设备寿命有关的一般设备的故障，被认为是允许故障。例如，照明灯管熄灭；皮带轮皮带断裂等。

（2）不允许故障

因管理不善、操作失误、维护不当、修理技术不良和周围环境不符合设备运行的要求等造成的故障称为不允许故障。

11.4.1 设备的维修方式

饭店设备的维修主要有三种方式：事后维修、预防维修、改善维修。每种维修方式都有其适用范围。工程部应根据各种设备的特点及使用条件，选择最适合的维修方式，以实现效率高、费用少的效果。

1）事后维修

在设备发生故障后或性能、精度降到合格水平以下时所进行的修理称为事后维修，也就是设备坏了以后再进行修理。这种维修方式适用于利用率低、维修技术简单、能及时提供备用机、实行预防性维修在经济上不合算的设备。如客房内的换气扇、洁具水嘴、照明灯具等，都可以采用事后维修的方式。当以上设备出现缺陷和故障会影响服务质量时，就必须及时修复。

2）预防维修

“预防为主”是饭店设备维修管理工作的重要方针，对设备进行预防维修是贯彻这一方针的重要工作。预防维修有两种方法，即计划性维修和预知性维修。

（1）计划性维修

计划性维修是按事先制订的计划和相应的技术要求所进行的维修，是一种以时间为基础的预防性维修方法。它具有对设备进行周期性修理的特点，根据设备磨损规律，事先确定修理的类别、周期结构、修理工艺和工作量，提出维修所需要的备件、材料计划。计划性维修适用于已掌握了磨损规律的设备，如锅炉、水泵、风机、各类电动机及部分机械设备。对于以上设备，除了了解其他单位同类型设备的计划性维修方法和参考该设备使用说明书外，还应研究探索本饭店设备的特点，明确符合本饭店设备实际情况的修理周期结构，并在实践中不断完善。

（2）预知性维修

预知性维修是一种以设备技术状态为基础的预防性维修方法。它根据设备的日常点检、定期检查、状态监测和诊断提供的信息，经统计分析、处理来判断设备的劣化程度，并在故障发生前有计划地进行有针对性的维修。由于这种维修方法可以对设备进行适时的、有针对性的维修，不但能保证设备经常处于完好状态，而且能充分利用零部件的寿命，所以比定期维修更为合理。

3）改善维修

只按原设计结构和技术要求对设备进行维修，往往不能从根本上改善和提高设备性能，特别是对一些性能先天不足的设备，光进行一般性的维修，是无法改善和提高设备性能的。因此，在条件许可的情况下，可以对设备进行改善维修（如对设备的局部结构或零件通过修理加以改进），以减少设备的先天性缺陷或频发故障，从而提高其可靠性。

11.4.2 设备的修理类别

设备的修理类别是根据修理的内容和要求以及工作量的大小，对设备修理工作的划分。修理类别分为小修、项修、大修。

1）小修

设备的小修是工作量最小的一种修理。对于实行计划性维修的设备，小修的工作内容主要是根据零部件的磨损量，更换或修复失效或即将失效的零部件，并进行调整，以保证设备的正常工作性能。对于实行预知性维修的设备，小修的工作内容主要是针对日常点检和定期检查中发现的问题，拆卸、检查、更换或修复失效的零部件，以恢复设备的正常功能。

2）项修

项修（项目修理）是根据设备的实际情况，对状态劣化已达不到生产要求的项目，按实际需要进行的针对性修理。项修时，一般要进行部分的拆卸、检查、更换或修复失效的零部件，从而恢复其所修部分的性能和精度。

3）大修

大修是对饭店设备进行的工作量最大的一种计划性维修。大修时，可能要对设备进行全部的解体，修整所有基准件，修复或更换磨损、腐蚀、老化及丧失精度的零部件，使之达到规定的技术要求。大修会消耗较多的费用，一般占该设备原值的1/3甚至更多。大修后，设备的性能往往难以达到出厂时的技术标准，因此，对设备的大修应事先进行可行性分析。

11.4.3 饭店设备的维修形式

饭店设备因在经营中的地位和作用不同，所采取的维修形式也不同。

1）委托维修

委托维修是指委托生产厂家或专业维修公司进行修理。从目前的情况看，饭店要培养专业的维修人员对锅炉、冷水机组、电梯、电脑系统、程控电话交换机等重要设备进行维修保养比较困难；维修保养人员的技术水平如达不到要求，设备就难以得到良好的修理和维护。在这种情况下，委托修理是发展的方向。因为受委托人员的专业水平较高、技术性较强，而且委托维修的费用往往比增加一位工程技术人员的费用要低，因此，委托维修成为饭店重要设备维护的主要方式。

2）自行维修

对于一般设备的常见故障，饭店多采用自行维修方式。自行维修又有四种形式，除了上文提到的计划性维修外，还有巡查检修、故障报修和万能工维修制。

（1）巡查检修

巡查检修由工程部派员负责。如公共区域的设备设施、传输设备等由维修人员巡查检修，一般故障在现场修复。较大故障由巡查人员填写报修单另行安排修理。工程部也会对客房定期派员检查，主要是检查客房服务员不易检查出的问题，如风机盘管、换气扇及电器的线路等。每一位巡查人员每次检查都要填写巡查表，做好记录。

（2）故障报修

故障报修是指各部门员工在设备操作、使用过程中或检查过程中发现故障，通知工程部进行检修；有时，客人发现设备故障或设施有缺陷时，也通过服务员通知维修人员；公共区域的设备设施由所管辖的部门向工程部报修。各部门向工程部报修后，由工程部调度员按维修内容将维修任务分配给维修人员，维修人员凭报修单前往维修；修理完毕，报修部门在报修单上签字，由维修人员送回工程部核销，并汇总成修理日报表上报。这种维修的单项工作量不大，但次数频繁、工种多、时间要求紧。如果饭店的客房数量多或客房的分布范围较广，那么维修工将花费许多时间在往返途中，工作效率较低。

（3）万能工维修制

从对客房设备的维修工作分析中我们发现，无论是报修还是检修，都存在维修项目多、单项工作量小、维修工作效率低的问题。目前，不少饭店针对上述问题，对客房设备维修采用万能工维修制。这是一种以万能工定期检修为主、以应急维修为辅的维修方式。万能工最早是由美国假日饭店管理集团设置的一个特有工种，其任务就是对客房所有的设备进行有计划的循环检查维修。由于万能工要承担客房所有设备的保养维修任务，所以万能工应具备饭店工程维修各方面的知识和技能。饭店档次不同，客房维修的周期也不同，一般为3～4个月，每个万能工的维修定额一般为每天3～4间客房。万能工除了要按计划对客房进行检查外，还要承担所负责区域的其他应急维修任务。当发现客房某设备设施损坏严重，一时无法修复时，则由万能工填写报修单，由工程部另派员维修。

学习微平台

延伸阅读11-2

11.5 饭店能源管理

节约能源是我国经济建设中的一项重大战略举措，它关系到我国经济发展的速度，是提高企业经济效益的重要手段。从企业用能的角度来看，采取措施后，可以降低企业的经营成本，增加收益。所以，能源管理是饭店管理的一个重要组成部分，在当前能源紧张的情况下，必须更加重视能源的管理。饭店能源管理水平的提高，除了取决于技术条件外，还取决于生产组织的合理性和饭店经济、技术管理的水平。浙江省旅游局于1999年在全国率先开展创建绿色饭店的活动，2002年浙江省质量技术监督局发布了地方标准“绿色饭店”，2006年国家旅游局发布了首个行业标准《绿色旅游饭店》（LB/T 007—2006）。创建绿色饭店活动的重要内容之一就是加强能源管理，努力节约能源，降低消耗。

同步链接11-1

以党的二十大精神为指引做好饭店节能减排工作

11.5.1 饭店能源使用概况

1）饭店的能耗

据统计，浙江省星级饭店能源费用占饭店总营业额的4%～12%，平均为7.5%。就整体而言，我国饭店的能源消耗在营业收入中的占比大概也是这个水平。所以节能降耗是饭店管理的一个重要方面。饭店的能耗主要包括以下三方面：

（1）电力

现代饭店的特点就是设备设施的现代化，而现代化的设备设施是离不开电的，电力是饭店的主要能源。饭店的动力设备、空调设备、电气设备和照明都要以电作为能源。

（2）热能

饭店冬天要取暖，客人要用热水，洗衣房洗衣需要蒸汽，厨房制作菜肴需要炉火，因此饭店经营需要热能。供应饭店热能的是燃料，主要燃料有煤、柴油、天然气和液化石油气等。

（3）水

饭店的空调系统需要以水作为媒质，锅炉系统则对水进行加热，消防系统需要水；饭店的经营部门厨房、洗衣房需要水；娱乐部门的游泳池、桑拿房需要水；客人、员工生活需要水。据统计，饭店人均用水量是城市居民的3~5倍。

2）饭店能源管理中的问题

目前，许多饭店由于管理不善，造成设备损坏、老化；员工缺乏节能意识，能源浪费严重，造成设备能耗的大幅度增加。其具体表现包括：①饭店高层管理机构对能源管理不够重视；②饭店能源管理制度不健全；③工程部没有能源管理的措施；④饭店能耗计量系统不完善；⑤节能技术运用较少，动力设备运行效率较低；⑥设备维护不力，跑电、冒气、滴水、漏油现象普遍；⑦员工缺乏节能意识，能源浪费严重。

所以，饭店必须转变观念，增强节能意识，建立能源管理机构，健全能源管理制度，做好能源管理的基础工作，加强对设备经济运行的管理和节能降耗的技术改造。

11.5.2 能源管理的内容与方法

1）能源管理的内容

（1）建立健全饭店的能源管理体系，明确各级管理者的职责范围。

（2）贯彻执行国家有关节能的方针、政策、法规、标准和有关规定，制定并组织实施本饭店的节能措施，完善各项节能管理制度，降低能耗，完成节能工作任务。

（3）建立健全能耗的原始记录、统计台账及报表制度，定期为各职能部门制定先进、合理的能源消耗定额，并进行考核。

（4）完善能源计量系统，加强能源计量管理。认真进行能源消耗分析研究，针对突出的问题提出解决方案。

（5）按照合理用能的原则，均衡、稳定、合理地调度设备运行，提高能源的利用率，避免用能多时供不应求、用能少时过剩浪费的现象。

2）能源管理的方法

（1）建立管理机构

饭店能源的使用遍及各个部门。加强对能源的统一管理，实现能源的统筹安排和合理使用，是管好、用好各种能源的重要保证。因此，对一个饭店尤其是大型饭店来讲，应设立专门的能源管理机构和人员；可指定一位副总经理总负责、工程部落实专人负责能源管理，以有效统管饭店的能源。

（2）建立健全能源管理制度

为了使能源管理科学化、制度化，必须建立健全一套管能、用能、节能的规章制度，明确饭店能源管理机构及管理人员的分工和岗位职责，饭店各有关部门在能源管理工作中的相互关系及能源的生产、使用、节约等各个环节的要求。

（3）做好能源管理的基础工作

能源管理的基础工作包括以下两方面的内容：

①建立完善的能源计量体系。计量工作是能源科学管理的基础，只有安装好计量仪表，健全计量制度，加强测定、记录工作，才能使能源管理工作定量化。饭店首先要为主要耗能设备配备能源计量和测试仪表，为各主要用电、用水部门安装计量仪表；其次应配备仪表管理和维修人员，建立健全仪表管理制度，建立完善的能源计量体系。

②做好能源消耗统计工作。饭店要建立健全能源消耗原始记录、统计台账与报表制度，把饭店能源的消耗分布、收支盈亏、节约浪费和波动情况搞清楚。能源统计资料是制定能源消耗定额和用能计划的基础。饭店应通过计量取得相关数据，做好原始记录，并在此基础上进行统计、分析，从数据中找出变化规律，发现问题，进而提出改进措施。

11.5.3　节能措施

饭店用能设备多，能耗量大，因此饭店的节能潜力也大。做好饭店的节能工作，除了要加强对能源的管理外，根据饭店的不同情况，还应采取各种不同的节能措施。总体上讲，可以从以下方面来考虑：

1）空调节能

空调的能耗在饭店的能耗中占有相当大的比例，空调节能将大大地降低饭店的能源费用。空调的节能措施包括以下三方面：

（1）严格控制室内的设定温度

饭店的空调是为满足客人的舒适要求而设置的，饭店等级不同，对空调的要求也不一样。对一家饭店而言，不同的部位对空调的要求也不尽相同。人的舒适性是一个相对的概念，不同的人对空调的要求也是不同的。我国针对室内空气的温度和湿度制定了国家标准来控制，对不同星级饭店的不同场所在不同的季节也规定了不同的空气参数。饭店应该严格控制室内温度，以节约能耗。根据测定，夏季室内温度设定每升高1℃，空调的能耗量下降10%～15%；冬季室内温度设定每降低1℃，空调能耗可节约5%～10%。所以，冬季适当降低室内的设定温度，夏季适当地提高室内的设定温度，有利于饭店的节能。从节能的角度出发，夏季以采用规定的上限为佳，而冬季以采用规定的下限为宜。

业务链接11-3

人体感到舒适的环境条件

人体对空气环境是有一定要求的，空气对人体舒适程度有影响的因素主要是温度、相对湿度、新鲜度和流动速度，简称为“四度”。

①温度。人体感到舒适的温度为24℃左右。但由于夏天与冬天室内外温度相差较大，室内感到舒适的温度也有所不同：夏季为24℃～26℃，冬季为20℃～24℃。

②相对湿度。夏季，人体感到舒适的湿度为50%～65%，冬季则为40%～55%。

③新鲜度。洁净而新鲜的空气是使人感到舒适的重要条件。新鲜度是指空气中的含尘浓度和空气混浊的程度。灰尘又称为悬浮颗粒物，其中直径小于10微米的称为可吸入尘。灰尘是病毒和有害物质的载体，可吸入尘则能携带这些污染物进入人的肺

泡中。公共场所中的可吸入尘应控制在0.12～0.15mg/m³，空气中氧气的含量应不少于21%，二氧化碳的含量应不大于0.07%。

④流动速度。当温度较低时，流动的空气会使人不适（感到冷）。室内允许的空气流速为0.1～0.25m/s。其中，0.1～0.2m/s是人体感到最舒适的风速范围；0.2～0.25m/s是用于冷却目的而感到舒适的风速范围；当室内的空气流速大于0.3m/s时，会使人感到不适。

（2）采用变风量系统（VAV系统）

饭店的宴会厅、会议厅在使用与不使用时，负荷相差很大，采用传统的送风系统显然很浪费。变风量系统适用于室内空调负荷变化的地方。当举行宴会或会议时，由于人员增加，灯光全部打开，空调的负荷增大，这时变风量系统会进行自动调节，使风量增大，满足宴会或会议的需要。当宴会或会议结束时，空调负荷减少，变风量系统会减少送风量，使宴会厅、会议厅保持在一定的温度范围内。

（3）余热回收

余热回收也是空调节能的一个重要方面。它包含热源系统如锅炉排放的余热回收，空调、排风的余热回收，厨房的余热回收等。余热回收的方式有蓄热池收集余热等。客房排风可采用全热回收装置（适用于南方）、显热回收装置（适用于北方）。

业务链接 11-4

冷水机组冷凝热的回收

冷水机组中的制冷剂在蒸发器内蒸发后由压缩机排出时形成高温高压的制冷剂气体，再进入冷凝器由冷却水将热量从冷却水塔排放出去。因此可对冷水机组进行改造：将压缩机排出的高温高压制冷剂气体先接入热回收器加热自来水，然后再进入冷凝器由冷却水塔使其凝结为高压制冷剂液体。这两次冷却既能使制冷剂提高过冷度，降低冷凝压力，又可以获得50℃左右的热水。

2）照明节能

（1）按饭店的等级选定适合的照度

照明节电与室内照度的要求直接相关，饭店中不同场所的照度要求是不同的；相同的用房在不同等级的饭店，照度要求也是不同的，所以按规范标准设计照度是饭店照明节电的首要工作。

（2）选择适当的照明用具和照明方法

在饭店内应尽可能选择直接照明型灯具，减少间接照明型灯具；尽可能选择节电型光源及其电器附件，更换、淘汰效率低的灯具，如用U形节能荧光灯取代普通灯具。

（3）采用自控照明装置

在可利用自然光照明的场所中庭、餐厅等处设置自控照明装置。该装置可以根据这些场所的照度变化，自动控制照明灯具的开启或关闭。当自然照度未达到要求照度标准时，照明灯具自动开启；当自然照度达到要求照度标准时，灯具即关闭。

3）采用节能新技术

（1）选择高效的节能设备

业务链接11-5

热泵型供热

热泵是一种高效的热量搬运设备，从空气、水或土壤中获取低品位的热量，经过电驱压缩机做功输出高品位的热量。热泵按照不同的热量来源分为空气源热泵、水源热泵和地源热泵三种。

饭店锅炉房中的锅炉、洗衣房中的烫平机和烘干机等设备在运行状态下都会释放出大量热量，特别是在夏季，两个工作场所的室内温度都会达到40℃～45℃，严重影响操作工人的健康，并大大降低其工作效率，同时对室内其他设备的使用寿命亦有较大影响。杭州太虚湖假日酒店为了改善锅炉房和洗衣房的室内环境，分别在锅炉房和洗衣房安装了6台共70P的空气源热泵。热泵运行后吸收锅炉房、洗衣房室内空气中的热量，将热量传输给常温的自来水，产生55℃的热水，再输送到锅炉房的容积式换热器中，作为生活热水供酒店使用。空气源热泵在吸收热量制备热水的同时，还能为机房室内提供稳定的冷量，热空气被自来水吸热后变成凉风，再利用引风管将凉风引到室内工人的岗位上方，既改善了工人的工作环境，又提高了其工作效率，同时还节约了饭店的空调开支。

（2）采用再生能源的设备

业务链接11-6

太阳能热水器

太阳能是一种可再生清洁能源。太阳能热水器是饭店最容易利用再生能源的设备。建筑物顶部的太阳能集热器在阳光照射下吸收热量，将集热器中的水温升高，温度较高的水总是向上移动，然后流入热水箱形成一个热虹吸现象，使温度较低的水不断流入集热器中被加热。如此往复循环，整个水箱中的水就不断升温，达到使用要求。太阳能热水器制备的热水有两种用途：①补充锅炉用水。利用太阳能热水器产生的热水作为锅炉补充用水，提高了锅炉进水的温度，节约了锅炉的燃料消耗。这种利用方式比较简单，又不会受到阳光不足的影响。②直接作为生活用水。太阳能热水器制备的热水也可作为客房生活用水。为了防止受到阴雨天的影响，热水箱装有电加热装置，并采用智能模块进行实时监测和自动控制，确保热水达到设定的温度。

业务链接11-7

一、饭店设备全员管理组织结构

第一条　总经理对饭店工程设备管理负有领导责任。

第二条　在总经理的领导下，分管工程设备管理的副总经理对饭店工程设备管理负有直接全面管理的责任。

第三条　为切实贯彻实施工程设备的综合管理，饭店成立设备管理领导小组。设备管理领导小组由分管副总经理任组长，工程部经理、财务部经理任副组长，各有关部门负责人为组员。

第四条　设备管理领导小组具有以下职能：

1.审议饭店各项设备管理制度，并提出修改意见；

2.审议设备管理检查标准和奖惩办法；

3.积极在各个部门贯彻执行设备管理的各项规章制度；

4.定期研究饭店设备管理中存在的问题，不断完善各项管理措施。

第五条　工程部和工程部经理

1.工程部是饭店设备管理的职能部门，工程部经理全面负责工程部的管理工作；

2.工程部负责能源设备系统的运行，确保提供饭店生产、经营所需要的电力、热、冷能源和水资源；

3.工程部承担饭店所有设备的维护、检修、改造和更新工作；

4.工程部负责配合人力资源部对各部门的设备管理工作进行培训和指导。

第六条　各部门负责人是本部门设备管理的第一责任人，负责管理好、使用好、维护好本部门的设备。

第七条　各部门设1~3名设备管理员，设备管理员由主管担任，协助部门经理做好本部门（区块）的设备管理工作：

1.负责建立本部门（区块）的“设备使用台账”和“设备使用卡片”，并负责设备登记卡片的增补、登录和设备资产分类台账的调整；

2.负责办理本部门设备的购置、移置、移装、调动、出借、报废等手续；

3.负责完善各设备的操作规程和维护规程，并检查、督促员工按照规程进行操作和维护；

4.负责指定设备管理责任人，并编制“设备管理责任人一览表”；

5.及时向部门经理反映本部门设备管理、设备运行存在的问题，对于设备故障或设备损坏，及时主动与工程部联系；

6.对于计划维修的设备，及时报告部门经理，并配合工程部做好设备的维修工作；

7.协助人事部门做好对员工设备管理的培训；

8.参加饭店质检部门组织的设备管理定期检查、评比，不断总结设备管理经验，努力使本部门设备管理规范化。

第八条　各部门每一台设备都要指定一名员工作为管理责任人。设备管理责任人的职责如下：

1.熟悉所管设备的基本性能、特点、使用方法和维护保养要求；

2.对设备及其安装的场地的清洁卫生状况负责，保证设备的清洁，以延长设备的使用寿命；

3.对设备的运转状况及完好程度负责，确保设备安全、正常运行；

4.发现设备异常或损坏，要及时报工程部维修，并及时查找原因和责任人；

5.负责对新上岗员工进行设备使用、维护保养的培训和指导；

6.负责检查、督促员工正确使用、维护保养设备，减少设备的人为损坏。

二、普通吸尘器管理制度

（一）操作规程

1.使用前的检查

(1) 检查吸尘器外部是否完好，有无破损。

(2) 检查电源插头是否完好，电线有无破损。

(3) 检查开关是否灵活，接触是否良好。

(4) 检查吸入软管有无破裂变形，吸尘器内有无异物。

2.使用规程

(1) 先查看吸尘器上的开关是否处于关闭位置。

(2) 将电源插头插入就近插座，同时检查插座是否完好。

(3) 将吸尘器上的开关打开，检查吸尘器运行是否正常。

(4) 吸尘器运行正常即可进行吸尘。

(5) 吸尘器不得吸水、黏性物质和硬物。

(6) 吸尘器移动时，应手提吸尘器机身，不得拉着电线和软管拖动。

(7) 不吸尘时，应随手将开关关上；如连续运转，必须每小时停用10分钟后再使用。

3.停用时的操作

(1) 关上吸尘器上的开关。

(2) 拔下电源插头，绕好电线。

(3) 每天上午最后使用者和下午最后使用者用毕后负责清灰。

(4) 清洁外部，物归原处。

（二）维护规程

1.每班吸尘后，应将上盖打开，取出网罩和滤芯进行清理。必要时，可用另一台吸尘器吸去网罩和滤芯上的尘埃。

2.网罩和滤芯清理后，仔细装回机体内，关好上盖，扣好搭襻。

3.用干布将吸尘器表面擦拭干净。

4.全面检查吸尘器各部分是否完好。

5.每月将吸尘器送交工程部，检查电机工作情况并进行绝缘检测。

（三）安全规程

1.发现电源线有破损、接线头松脱、插座损坏都不得使用，必须送工程部修复后再使用。

2.如吸尘器运行时发出异常声音，应停用检查，送工程部排除故障后再继续使用。

3.当吸尘器机体温度超过50℃时，应暂停使用，待温度下降后再继续使用。

（四）吸尘器管理责任人的职责

1.掌握吸尘器的基本性能和结构特点，会检查、排除一般故障。

2.上班后负责检查吸尘器各部分的完好情况。

3.指导、督促使用人员按操作规程操作，做好保养工作。

4.在使用过程中如发现问题，及时协助解决，防止吸尘器带病运行。

5. 下班前必须对吸尘器进行全面检查。发现问题，应查明原因，如机器损坏，要追究使用者的责任。

6. 如吸尘器损坏而找不到原因，则由管理责任人本人承担责任。

本章概要

□ 内容提要

本章的主要内容是根据设备管理的两个基本理论——设备综合管理理论和设备磨损理论，阐述设备综合管理的内容和方法。

本章具体阐述了饭店设备管理的理论依据、管理的内容和方法。饭店设备管理的主要理论依据是设备综合管理理论，强调要从技术、经济、组织三方面对设备的一生进行管理，以追求设备生命周期费用最经济。设备综合管理的内容主要有：设备的资产管理、设备的正确使用和维护、设备的维修和能源管理。设备管理的方法是建立有效的管理机构，完善规章制度，实施设备专人负责制。

□ 主要概念和观念

▲ 主要概念

设备的一生　设备生命周期费用　设备的磨损　参数故障　计划性维修　预知性维修　万能工　能源管理

▲ 主要观念

对设备的一生进行综合管理　设备全员管理理念

□ 重点实务

设备的界定标准　设备一生的管理　设备寿命　设备的台账　设备维护保养　饭店能源

基本训练

□ 知识训练

▲ 复习题

1）饭店设备按照结构功能和特点可分为哪三大类？各类的典型设备有哪些特点？

2）饭店设备有哪些特点？

3）为什么饭店设备管理要实施全员管理制度？

4）从不同的角度分析设备有哪些寿命。

▲ 讨论题

1）设备和低值易耗品怎么区分？

2）现在大部分饭店客房的棉织品几天一换，而不是每天调换，这和节约能源有什么关系？

3）设备日常维护的基本要求是什么？

□ 能力训练

▲ 理解与评价

饭店现在逐步推行万能工制度，就是维修工要能够做电工、管工、油漆工、五金工。有人认为，各工种都有专业性，万能工不是很现实。但是一些饭店实际上已实行万能工制度。你认为万能工制度可行吗？

▲ 案例分析

【训练项目】

案例分析-Ⅺ。

【相关案例】

客房设备维修

背景与情境：越城大酒店是一家五星级饭店，夏季是饭店的旺季。夏季的某一天早会上，客房部提出饭店1203房间的空调不制冷已经两天了。由于空调坏了，这个房间两天都处于封闭房状态，无法出租。客房部提出已经向工程部送了报修单，但是一直没有维修工来维修。客房部还拿出了报修单的存根联。工程部则指出，没有收到关于1203房空调报修的单子。于是这个问题成了一个踢皮球问题。针对这个问题，总经理提出三条意见：第一，立即修复1203房空调；第二，客房部、工程部都扣除绩效分；第三，责成办公室马上重新调整报修制度，以后报修一律使用饭店的OA系统，维修以后再由维修工填单。

问题：总经理的意见对吗？为什么？

【训练要求】

同第1章“基本训练”中本题型的“训练要求”。

▲ 自主学习

【训练项目】

自主学习-Ⅵ。

【训练步骤】

1）将班级同学组成若干“自主学习”训练团队，每队确定一人负责。

2）各团队根据训练项目需要进行角色分工。

3）各团队通过校图书馆、院资料室和互联网，查阅“文献综述格式、范文及书写规范要求”和近三年关于“饭店设备的使用和创建绿色饭店”研究的前沿学术文献资料。

4）各团队综合和整理“饭店设备的使用和创建绿色饭店”研究的前沿学术文献资料，依照“文献综述格式、范文及书写规范要求”，撰写《“饭店设备的使用和创建绿色饭店”最新文献综述》。

5）在班级交流各团队的《“饭店设备的使用和创建绿色饭店”最新文献综述》。

6）在校园网的本课程平台上展出经过修订并附有教师点评的各团队《“饭店设备的使用和创建绿色饭店”最新文献综述》，供学生相互借鉴。

□ 课程思政

【训练项目】

课程思政-Ⅺ。

【相关案例】

客房“问题”很多

背景与情境：一天，客房中心接到1208房间宾客的电话，宾客显得很不高兴：你这个房间问题很多，电灯关不了，没有空调，窗帘拉不严，电视机打不开，电源插座没有电，无法充电。客房中心指派小陈去处理问题。小陈到了1208房，心里暗暗发笑，原来客房都装有客控系统，客控系统又由音控系统控制，宾客不懂得怎么使用。于是，小陈告诉宾客，客房内所有的设备都可以用音控，你坐在沙发上或者躺在床上动动嘴就可以控制所有的开关和客房内需要控制的设备。比如，你说关房灯，房间主灯就关了；你说拉窗帘或者开窗帘，窗帘就会自动拉上或者拉开；你说打开电视机，电视机就打开；你说调到11频道，电视机就自动切换到11频道；你说打开空调到27度，那么空调就自动打开并设定温度为27度，等等。音控的总控就在你的床头柜上，你只需要打开总控的开关，距离总控不超过3米，你就能够指令音控，音控根据你的指令完成你所需要的操作。这个总控使用起来其实方便简单。这时候，宾客才恍然大悟。后来，宾客连上Wi-Fi后，发现利用饭店App还能享受到其他一些服务，如房内用餐、预订包厢、问询服务、结账、预订火车票等。这些功能很受年轻宾客的喜爱。

有了音控系统，客房就没有那么多的电源开关了。电源开关一多，宾客还搞不清楚哪个开关控制什么，要一个个去摸索。特别是空调调节，有时候还有地暖设施等，再加上新风，就更加麻烦。现在宾客只要动动嘴就可以控制所有设备，而且不需要跑来跑去按开关。不过也有宾客反映，这种智能化反而麻烦，还是原来的开关省事儿。你怎么看？

问题：

1）随着现代化进程的加速，饭店业实现了智能化，用上了音控系统，这对宾客来说是好事还是坏事？

2）为了避免宾客的尴尬，工程管理和服务应该怎样改进？

3）现在年轻人都喜欢用手机解决问题，那么用老年机或不用智能机的宾客怎么办？

【训练要求】

同第1章“基本训练”中本题型的“训练要求”。

主要参考书目

[1] 海斯，奈米尔. 饭店经营管理［M］. 彭青，曾国军，译. 北京：中国人民大学出版社，2013.

[2] 金丽娟. 饭店管理实务［M］. 北京：北京大学出版社，2013.

[3] 邹益民，周亚庆，黄浏英. 持续追求价值领先［M］. 杭州：浙江大学出版社，2013.

[4] 周亚庆，黄浏英. 酒店人力资源管理［M］. 北京：清华大学出版社，2011.

[5] 马里奥特，布朗. 毫无保留：一句承诺成就万豪传奇［M］. 陈磊，译. 杭州：浙江人民出版社，2016.

[6] 李勇. 互联网+酒店：传统酒店的战略转型营销变革与管理重构［M］. 北京：人民邮电出版社，2016.

[7] 郭琰，孙靳. 酒店管理［M］. 北京：旅游教育出版社，2016.

[8] 川名幸夫. 帝国酒店：恰到好处的服务［M］. 张舒鹏，译. 北京：东方出版社，2015.

[9] 容莉. 酒店全程运作实用工具大全［M］. 北京：化学工业出版社，2016.

[10] 郑向敏. 酒店管理［M］. 4版. 北京：清华大学出版社，2019.

[11] 党印. 酒店收益管理［M］. 北京：经济科学出版社，2020.

[12] 姜红. 酒店运营管理［M］. 武汉：华中科技大学出版社，2020.

[13] 陆均良，杨铭魁. 酒店电子商务［M］. 北京：清华大学出版社，2019.

[14] 蒋丁新. 饭店管理［M］. 北京：高等教育出版社，2020.

[15] 陈雪钧，李莉. 酒店集团经营管理［M］. 重庆：重庆大学出版社，2019.